DIE REISE DER »STARSHIP« IN 1000 TAGEN UM DIE WELT

Ein Buch
von Michael Poliza und
Peter Sandmeyer

stern buch
FREDERKING & THALER

Stille, Ruhe – oft waren die Morgenstunden die schönsten. So viele Tage auf der Reise der »Starship« auch anbrachen, kein Sonnenaufgang glich dem anderen. Jeder war einzigartig, so wie dieser vor der Küste von San Blas in Panama

DIE VERLOCKUNG DER FERNE

Prof. Dr. Irenäus Eibl-Eibesfeldt

Irenäus Eibl-Eibesfeldt ist Evolutions-Biologe und Gründer der Forschungsstelle für Humanethologie der Max-Planck-Gesellschaft. Seit fast 40 Jahren beschäftigt er sich weltweit mit der Natur und Kultur des Menschen. Forschungsschwerpunkte waren die Buschleute im südlichen Afrika, die Eipo in Neuguinea, die Yanomami-Indianer am Orinoco, die Himba in Namibia und die Trobriander in der Salomonensee. Neben Werken über die Natur des menschlichen Verhaltens schrieb Eibl-Eibesfeldt auch über die Galapagos-Inseln und die Malediven

Reiseberichte fesseln uns auf besondere Weise. Sie verleihen unserem Geist Flügel, erwecken schlummernde, doch stets vorhandene Wünsche, und sie erweitern mit ihren Schilderungen unseren Horizont. Und waren wir einmal selbst auf Reisen, dann wird die eigene Erfahrung zum Schlüssel, der es uns erlaubt, die Berichte anderer nachzuerleben und nachzuvollziehen. Dann reisen wir mit dem Berichterstatter, und seine Bilder erwachen in uns zu neuem Leben.

Aber worin besteht der Anreiz des Neuen für unsere Sinne, und was drängt uns eigentlich in die Ferne? Nehmen wir nicht ganz unnötig Risiken auf uns, wenn wir auf die hohen Tafelberge klettern, die sich aus den Regenwäldern Venezuelas wie Festungen erheben, vom Nebel umwoben, von Wolkenbrüchen gebadet und dann wieder von der Sonne verbrannt? Was veranlasst uns, in die Meeresabgründe zu den Hammerhaien zu tauchen? Und schließlich: wozu dieser Wagemut? War er einst überlebensfördernd – und ist er es heute noch?

Das Abenteuer lockt, und wir suchen die Herausforderung subjektiv, um uns zu bewähren. Wir wollen ferner Neues erleben, im Kleinen wie im Großen. Das Treiben an einer Putzerstation im Korallenriff fasziniert uns ebenso wie die Spiele der Seelöwen, die Balz der Blaufußtölpel oder die Turnierkämpfe der Meeresechsen auf den wogenumbrandeten Klippen der Galapagos-Inseln.

Karl Popper, einer der genialsten Philosophen des 20. Jahrhunderts, meinte, alle Lebewesen wären Sucher nach einer besseren Welt. So auch wir! Er wollte damit auf die allem Leben innewohnende Dynamik hinweisen und so dem verbreiteten Bild entgegenwirken, das Organismen nur als passive Erleider von Auslese und Ausmerzung vorstellt. Allerdings drängt sich das meiste Leben ziellos voran mit Mutationen, neue Möglichkeiten auslotend. Ob Treffer oder Niete, entscheidet die Selektion. Wir Menschen allein können uns auch die Zukunft vergegenwärtigen und uns dementsprechend im Wissen um die Folgen unseres Verhaltens Ziele setzen. Sind wir zur rechtzeitigen Fehlerkorrektur bereit, dann können wir, wie Popper betont, Hypothesen sterben lassen. Wir müssen Irrtümer nicht notwendigerweise mit dem eigenen Tod bezahlen. Und damit sind wir die ersten in die Selbstverantwortung entlassenen Lebewesen.

Aber was treibt uns nun konkret in die Ferne, zu suchen, was hinter den blauen Bergen liegt? Da wäre zunächst einmal unsere Neugier zu nennen und des Weiteren unsere

Angriffslust. Wie das Wort »Gier« schon ausdrückt, handelt es sich bei diesem Hunger – wissenschaftlich »Appetenz« (von Appetit) – um eines unserer stärksten Begehren. Das spiegelt auch der umfangreiche Markt, der ihm seine Dienste anbietet: Fernsehen, Rundfunk, Kinos, Internet, Presse, Buchhandel, Museen und nicht zuletzt die Touristik. Neugier kennen schon die höheren Säugetiere, deren Junge ihre Umgebung erkunden und die im Spiel mit Umweltdingen und Artgenossen Kenntnisse und motorisches Geschick erlernen. Während die Neugier bei Tieren in der Regel mit zunehmendem Alter abnimmt, bleibt bei uns Menschen der Appetit auf Neues bis ins hohe Alter erhalten.

Seine Umwelt zu erkunden mit allen ihren Gefahren und Angeboten war für unsere Vorfahren von lebenserhaltender Bedeutung. Sie mussten um die Wanderungen des Wildes wissen, um Feinde und um mögliche Orte der Zuflucht. Kurz, sie mussten bereit sein zu lernen, und zwar aktiv angetrieben von Neugier. Der Wortsprache, mit der wir Wissen anderen mitteilen und so auch über Generationen tradieren können, danken wir das akkumulative Wachsen kulturellen Wissens. Neugier motiviert auch den Forscher.

Ausgezeichnetes Objekt unserer Neugier ist der Mitmensch, als potenzieller Handelspartner, Freund, aber auch Feind von lebenswichtiger Bedeutung. Zuweilen wirkt dieser Mitmensch fremd. Er spricht eine andere Sprache, betet zu einem anderen Gott, kleidet und ernährt sich anders. Doch wer längere Zeit in der Fremde weilt, wird feststellen, dass Fremde uns so fremd nicht sind. In aller Welt erleben Menschen die gleichen Gefühle des Glücks, der Trauer und der Verärgerung, und sie teilen uns diese auch durch das gleiche Spiel der Mimik mit.

FOTO: D. HEUNEMANN

Der Verhaltensforscher Eibl-Eibesfeldt 1975 beim ersten Kontakt mit einer Gruppe Eipo im westlichen Hochland von Neuguinea. Die Eipo sind ein kleines Volk in der Völker-Familie Papuas, deren Vorfahren vor rund 50 000 Jahren in die Berge Neuguineas einwanderten

ABER ES IST NICHT ALLEIN DIE NEUGIER, die uns in Bewegung setzt. Sie verbindet sich vielmehr mit der Aggression, dem Drang vorwärts zu streben und sich Welt und Wissen auch unter Überwindung von Hindernissen zu erobern. Es handelt sich um einen ursprünglich im sozialen Kontext entwickelten Trieb, der zwischenmenschlichen Wettstreit um begrenzte Lebensgüter anspornte – ein höchst problematischer Antrieb, wie wir wissen. Aber wir können ihn auch als Werkzeug einsetzen, um Probleme anderer Art in Angriff zu nehmen und uns in die verschiedensten Aufgaben zu verbeißen. Und in solchem Zusammenhang ist unsere kämpferische Natur, die sich nicht so leicht unterkriegen lässt, durchaus zu bejahen. Zu ihr passt eine hohe Risikobereitschaft, man kann sogar von einem »Appetit« auf Risiko sprechen. Gewinnen wir im Spiel der Kräfte, dann werden wir auf bemerkenswerte Weise belohnt. Das fand man zunächst bei Tennisspielern heraus, als man den Testosteronspiegel im Blut vor und nach einem Turnier maß. Hatte der Spieler gewonnen, dann stieg der Spiegel dieses Hormons innerhalb kurzer Zeit deutlich an. Hatte er verloren, dann sank er ab. Beides wirkt sich auf die Gemütslage aus – insbesondere bei Männern, in etwas geringerem Maße auch bei Frauen. Bei Sieg wird über den Hormonreflex das Selbstgefühl bis zum Glücksgefühl, ja selbst Triumph gesteigert. Ein Versagen dagegen wirkt sich in vorübergehender Depression aus. Man fand heraus, dass nicht nur Sieg im sportlichen Zweikampf, sondern jeder erkämpfte Erfolg physiologisch so belohnt wird, auch der Gipfelstürmer, der den Kampf mit den Naturgewalten bestand.

Alle diese hier aufgeführten, unserem Forscherdrang zugrunde liegenden Verhaltensdispositionen einschließlich der Risikoappetenz entwickelten sich in der langen Zeit, in der unsere Vorfahren auf der Kulturstufe altsteinzeitlicher Jäger und Sammler lebten. Sie macht gut 99 Prozent der Menschheitsgeschichte aus, denn erst vor zehn- bis fünfzehntausend Jahren begannen die Menschen mit der Feldbestellung und Tierhaltung und leiteten so die rasante Entwicklung bis zur Jetztzeit ein.

1 *September 1998 Start in Anacortes*
2 *September 1998 Orcas, Vancouver Island*
3 *Oktober 1998 Mikroben, San Diego*
4 *November 1998 Robbenfelsen, Guadeloupe*
5 *Dezember 1998 Zentralamerika*
6 *Februar/März 1999 Karibik*
7 *April 1999 Humboldt, Venezuela*
8 *Juni 1999 Tierexpedition, Galapagos*
9 *Juli 1999 Passage zu den Marquesas*
10 *August 1999 Marquesas, Polynesien*
11 *November 1999 Fidschi, Rotuma*
12 *November 1999/Februar 2000 Neuseeland*
13 *März 2000 Great Barrier Reef, Australien*
14 *April/Mai 2000 Trobriands, Papua-Neuguinea*
15 *Juni 2000 Palau, Yap, Mikronesien*
16 *Juni/Juli 2000 Magellan, Philippinen*
17 *Juli 2000 Sulawesi, Indonesien*
18 *August 2000 Komodo Island, Indonesien*

19 August 2000 Orang-Utans, Borneo
20 September 2000 Liebesmahl, Singapur
21 Oktober 2000 Seychellen
22 Oktober/November 2000 Sansibar, Tansania
23 November 2000 Aldabra, Seychellen
24 November/Dezember 2000 Madagaskar
25 Dezember 2000 Kap der Stürme, Südafrika
26 Dezember 2000 Safari, Botswana
27 Januar 2001 Weiße Haie, Südafrika
28 Februar 2001 Lüderitz, Namibia
29 Februar 2001 Himba, Namibia
30 März 2001 Napoleon, St. Helena
31 März 2001 Flaschenpost, Ascension
32 März 2001 Schimpansen, Gambia River
33 März/April 2001 Fischerfrauen, Gambia
34 April 2001 Balearen
35 Mai 2001 Finisterre, Nordspanien
36 Juni 2001 Ankunft in Hamburg

IMPRESSUM

Ein Buch der Partner
stern und
FREDERKING & THALER
stern-buch im Verlag
Gruner + Jahr AG & Co.
Am Baumwall 11
20459 Hamburg

Herausgeber:
Thomas Osterkorn
Andreas Petzold
Michael Poliza

Art Director:
Tom Jacobi

Redaktionsleitung:
Peter Sandmeyer
Mitarbeit: Marcel März

Objektleitung:
Magdalene Gaese

Autoren:
Reimer Eilers, Wilfried Erdmann, Rainer Fabian, Teja Fiedler, Cornelia Fuchs, Uli Hauser, Wolfgang Metzner, Michael Poliza, Dörte Rehren, Wolfgang Röhl, Peter Sandmeyer, Gerd Schuster, Klaus Thews, Hans-Christof Wächter, Jan Christoph Wiechmann

Fotografen:
Hanns-Jörg Anders, Theodor Barth, Brandon S. Cole, Wilfried Erdmann, James Frankham, Thomas Höpker, Tom Jacobi, Cornelius Meffert, Michael S. Nolan, Obi Oberholzer, Michael Poliza, Jeff Rotman, Peter Thomann, James D. Watt, Jörg Wischmann, Michael Wolf

1998

1999

FOTO: JÖRG WISCHMANN

2000

2001

Layout:
Norbert Kleiner

Bildredaktion:
Volker Lensch,
Beate Margrich, Andreas Trampe, Helga Mahlitz (Assistenz)

Positionskarten:
Microsoft Encarta ™

Dokumentation, Infografik, Schlussredaktion: *stern*

Projetbetreuung:
Kristin Foerster

Reproduktion: Lorenz & Zeller, Inning a. A.

Druck und Bindung: Mohn Media GmbH, Gütersloh

Printed in Germany

ISBN 3-89405-450-6

Die Deutsche Bibliothek – CIP-Einheitsaufnahme
Ein Titeldatensatz für diese Publikation ist bei Der Deutschen Bibliothek erhältlich

Umwelthinweis:
Das Papier wurde aus chlorfrei gebleichtem Zellstoff hergestellt und enthält keine Aufheller. Die Einschweißfolie – zum Schutz vor Verschmutzung – ist aus umweltfreundlicher und recyclingfähiger PE-Folie

Ausfahrt nach Plan – Aufbruch ins Ungewisse. Eine Reise im Rhythmus der Meere, der letzten gigantischen Wildnis auf dem Globus, die ihre eigenen Gesetze hat. Die fordern manchmal einen neuen Kurs und führen zu unverhofften Zielen. Nicht jede Küste ist erreichbar, doch die erreichten steigen wie Träume aus dem Meer. Tausend Tage im ewigen Wechsel der Gezeiten: Ebbe und Flut, Flaute und Sturm, hohe See und flache Buchten, stille Inseln und lärmende Häfen. Und Begegnungen mit fantastischen Tieren und exotischen Menschen. Fremde, die zu Freunden werden. Eine Entdeckungsreise zu den faszinierenden Küsten unseres Planeten über *the deep blue of the*

OCEANS

ALLE FOTOS: MICHAEL POLIZA/STARSHIP

Alltag in der Südsee: Ein kleines Eiland mit einer einzigen Palme darauf, durch deren Blätter eine sanfte Brise streift. Im Hintergrund erheben sich die Berge der zu Fidschi gehörenden Insel Viti Levu

Auf Kiriwina wird der Besatzung der »Starship« ein besonderer Empfang bereitet: Die Einwohner der zu Papua-Neuguinea gehörenden Insel führen anlässlich des Besuchs einen traditionellen Tanz auf. Die Frauen sind reich geschmückt und ihre eingeölte Haut ist mit Sporen bestäubt

Vor der Bank Peninsula der Südinsel Neuseelands tauchen Orcas auf. Immer wieder kreuzten die Killerwale mit ihren glänzend schwarzen Rücken die Route der »Starship«

Am Ende einer zehntägigen Festperiode begehen im Sambidi-Tempel auf Bali Hindus den Kuningan-Feiertag. Sie tragen ihre schönsten Gewänder und bringen den Göttern, die an diesem Tag in die Tempel kommen, reiche Opfergaben dar

Sie gilt vielen als schönste Insel der Südsee: Fatu-Hiva, Teil der zu Französisch-Polynesien gehörenden Marquesas. Der norwegische Forscher und Abenteurer Thor Heyerdahl war so fasziniert von Fatu Hiva, dass er hier acht Jahre seines Lebens verbrachte

Vor dem südafrikanischen Gansbaai taucht der wohl gefürchtetste Fisch der Weltmeere auf – ein Weißer Hai. Spezialisten locken den Killer mit berauschenden Ködern an und bringen ihn dazu, aus dem Wasser zu tauchen und sich seine Nase tätscheln zu lassen

Besondere klimatische und ozeanische Bedingungen ließen auf dem Galapagos-Archipel eine einzigartige Tier- und Pflanzenwelt entstehen. So leben auf der Isla Bartolome Pinguine – obwohl die Insel am Äquator liegt. Möglich macht das der Humboldt-Strom, der das Meer hier auf 15 bis 20 Grad abkühlt

Tod nach der Fortpflanzung: Nachts kommen Seeschildkröten auf Aldabra zur Eiablage an Land. Auf ihrem Rückweg bleiben die Tiere oftmals in Felsspalten stecken. Kommt dann mit dem Tag die heiße Sonne, werden die hilflosen Riesen in ihren Panzern regelrecht gekocht

Wie an so vielen Stationen der Reise tanzen auch in Nosy Komba im Nordwesten Madagaskars Kinder begeistert für die Kamera der »Starship«-Crew. Die digitale Technik ist hierbei der entscheidende Spaßfaktor, da die Kleinen sich sofort selbst anschauen können

Die Welt wird gemächlich erfahren. Geschwindigkeit: neun Knoten, das Tempo der alten Entdecker. Die zweite Entdeckung der Langsamkeit, jeden Tag neu. Ein andere Einstellung zum Horizont bildet sich, zu Meilen, Meeren und Zielen. Gleichzeitig herrscht im Inneren des Schiffes das Tempo des dritten Jahrtausends. Das Satellitentelefon klingelt, Faxe kommen, E-Mails gehen. Pendeln zwischen den Zeiten. Die Fahrt ist nicht schnell und nicht immer bequem, denn das Schiff ist flach. Dadurch kommt es aber in Flussmündungen und Buchten, die für andere unerreichbar bleiben. Ein spezielles Schiff für eine spezielle Reise, die

STARSHIP

FOTO: JÖRG WISCHMANN

Michael Poliza

DER TRAUM, DER MANN, DAS SCHIFF, DIE CREW

Am Anfang gibt es eine Traumvorstellung, am Ende ein komplettes Schiff mit High-Tech-Ausrüstung, Proviant, Mannschaft und einem Projektprogramm für 1000 Tage. Was liegt dazwischen? Und wer sorgt dafür, dass der Wunsch zur Wirklichkeit wird? Welche Schwierigkeiten überwindet er dabei? Und warum?

VON PETER SANDMEYER UND MICHAEL POLIZA (FOTOS)

Jeder Traum ist Gegenwelt. Die Welt: Das waren Business-Termine, Büroluft, stressige Konferenzen, hektische Reisen: alles, was zur Führung eines erfolgreichen Software-Unternehmens gehört. Zivilisationsalltag im ausklingenden 20. Jahrhundert. Der Traum: Das waren lange Sonnenuntergänge, freier Himmel, Gemächlichkeit, Natur, eine lange, langsame Entdeckungsfahrt. Der feiertägliche Beginn eines neuen Jahrtausends. Der Mann mit diesem Traum ist kein Träumer. Er hat bei Microsoft in Seattle gelernt, hat in Deutschland erfolgreich zwei Unternehmen aufgebaut und ist es gewohnt, aus Träumen Taten werden zu lassen.

Der Mann überlegt: Firma verkaufen, Schiff kaufen und dann mit der Freundin die Westküste Amerikas hinunterbummeln, von Alaska bis Mexiko. Gemütlich fahren, nach Lust und Laune in lauschigen Buchten liegen, Zeit haben. Aussteigen. Fotografieren.

Aussteigen? Der Mann ist kein Aussteiger. Er ist ein Einsteiger. Er hat immer neue Ideen, entwickelt Projekte, fährt Schiffe, fliegt Flugzeuge, lernt Sportarten, unternimmt Reisen, macht Tauchexpeditionen. Warum, denkt er, sollte er nur die Westküste Amerikas entdecken, warum nicht die Welt? Und warum sollte die Welt nicht dabei sein bei dieser Entdeckung?

Entdeckung – ein großes Wort. Sind die Tage der Entdecker nicht lange vorbei? Ist die Welt nicht erschlossen, bekannt, vermessen von den Regenwäldern des Äquators bis zu den Eisgebirgen der Antarktis?

Zwei gegensätzliche Antworten gibt es. Beide stimmen.

Ja. Es gibt keinen Quadratmeter des blauen Planeten, den die Kameras der Satelliten nicht in gestochener Schärfe an die Erde übermittelt und für Atlantenhersteller und Spionagezentralen zur Verfügung gestellt haben. Weiße Flecken gibt es nicht mehr.

Nein. Erstens wird die Welt immer wieder neu entdeckt, und immer wieder werden auf ihr neue Wunder entdeckt. Und zweitens gibt es ja doch noch eine gigantische letzte Wildnis auf dieser Welt – ihre Ozeane. Voller unbekannter Tiefen und Geheimnisse, Heimat unentdeckter Lebewesen, mächtiger Ströme, gewaltiger Kräfte, großer Mythen. Welches bessere Ziel für eine Entdeckungsreise zum Jahrtausendwechsel könnte es geben als das Meer?

So wird der Traum zur Idee: eine lange Fahrt ins neue Jahrtausend, über die blauen Meere zu den bunten Küsten der Welt. Die Idee trägt der Mann dem größten Magazin Europas vor. Der Redaktion gefällt sie. Man beschließt Zusammenarbeit, und aus der Idee wird ein Projekt. Sein Name: »Millennium Voyage«. Der Mann heißt Michael Poliza. Das Magazin ist der *stern*. Frühjahr 1997.

Dann fängt die Arbeit an.

Ein Schiff muss gebaut, Ausrüstung zusammengestellt, eine Crew gefunden werden. Dann müssen Themen recherchiert und Sponsoren gewonnen werden.

Das Schiff soll ein besonderes Schiff sein. Wenig Tiefgang haben, damit Flüsse und flache Küsten befahren werden können; große Reichweite besitzen, damit es möglichst unabhängig ist; ausreichend Komfort bieten, damit man drei Jahre darauf leben kann; und vor allem über die beste Navigations- und die fortgeschrittenste Kommunikationstechnik verfügen, damit das Schiff jeden Punkt der Welt erreicht, an jedem Punkt erreichbar ist und von jedem Punkt die Welt erreichen kann.

WER BAUT EIN SOLCHES SCHIFF, das passen muss wie ein Maßanzug? Auf seinen Reisen ist Michael Poliza auch nach Anacortes gekommen, eine 14 000-Seelen-Stadt auf einer Insel im äußersten Nordwesten der USA, früher Zentrum der pazifischen Lachsfischerei. Dort gibt es die Northern-Marine-Werft, die sich auf den Bau von Kunststoffbooten spezialisiert hat, die am Typus der klassischen amerikanischen Fischtrawler orientiert sind. So sollte er aussehen, der Maßanzug. Die Werft für den Bau der »Starship« ist gefunden.

Dörte Rehren, Reisegefährtin von Michael Poliza, rüstet das Schiff mit Proviant aus, nachdem sie es im Juli 1998 in Anacortes an der nordpazifischen Küste der USA getauft hatte

Damit ist ungefähr ein Promille aller Probleme gelöst. Jede große Expedition erlebt im Vorfeld diese Verstrickung von Hunderten verschiedener Taue, an deren Enden ein Problem hängt; zusammen bilden sie ein unentwirrbares Knäuel, und je mehr Kraft man darein setzt, an ihnen zu ziehen, um ein Problem zu lösen, desto stärker verknäult sich das Ganze.

Trotzdem macht das Projekt sichtbare Fortschritte. Im Sommer 1997 ist der Schiffsrumpf fertig, im September werden die MAN-Dieselmotoren eingebaut, und im Mai 1998 beginnt der Innenausbau. Viel zu spät. Michael Poliza pendelt ständig zwischen Hamburg und Anacortes und gilt dort inzwischen als »bloody pushing German«. Denn ein Cyberschiff wie dieses hat die Werft noch nie gebaut, vollgestopft mit Computern und überragt von einem gewaltigen Satellitendom. Über 20 Kilometer Kabel müssen an Bord verlegt werden.

Im Juli 1998 dann der große Augenblick; Dörte Rehren, die Reisegefährtin Polizas, tauft das Schiff und lässt eine Flasche Champagner am Wulstbug zerschellen. Und dann heißt es für die Probefahrt zum ersten Mal: »Los die Vorleinen, los achtern!«

Maschinen, Ruderanlage, Instrumente werden geprüft, sechstausend Seekarten weltweit hat der Navigationscomputer gespeichert. Er ist mit dem Satelliten-Navigator, dem Radar und dem Autopiloten vernetzt, zeigt immer exakt, wo sich das Schiff befindet, und sorgt dafür, dass der Autopilot den rich-

EIN SCHIFF FÜR BESONDERE ANSPRÜCHE

Die Starship wurde speziell für die Expedition entworfen und gebaut. Sie ist 23 Meter lang, sechs Meter breit und hat einen Tiefgang von 1,8 Metern. Angetrieben von einem sparsamen MAN-V8-Dieselmotor, hat sie eine Reichweite von ungefähr 6000 Kilometern. Rollstabilisatoren erleichtern die Fahrt, und das Heck- und Bugstrahlruder das Manövrieren. Das Schiff hat zwei Wassermacher an Bord mit 6000 Liter Kapazität pro Tag. Zwei Zodiac-Beiboote mit Honda-4-Takt-Motoren und zwei Kajaks ermöglichen lokale Mobilität. Mit zehn Leuten ist es auf den drei Decks gemütlich, mit 14 wird's eng

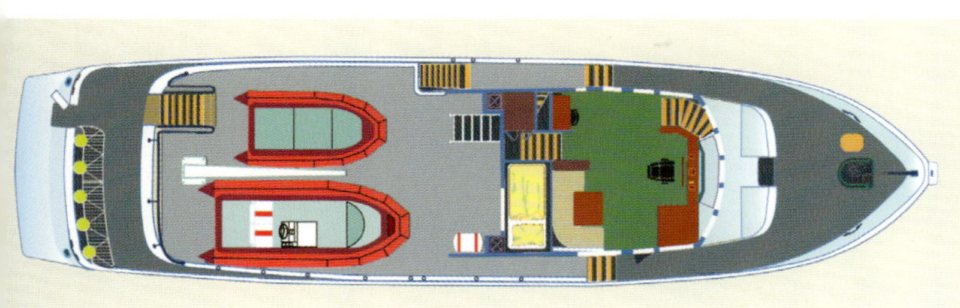

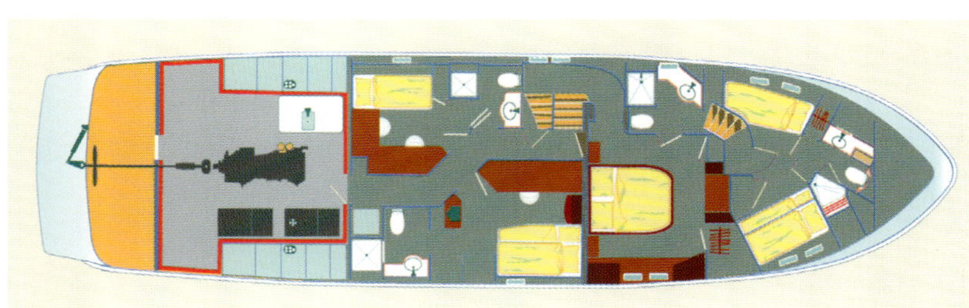

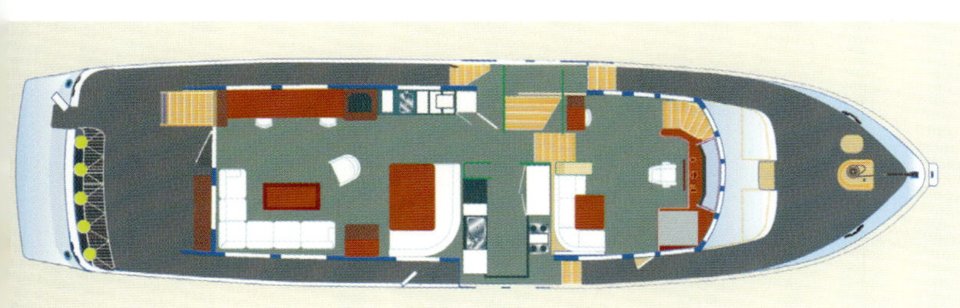

ANNE-LISE BREUNING, AYA GRUBER, ANGELICA BUTLER, BIRGIT KLUMPP, CAROLINE CHABOUIS, CORINNE DAVIES, DAVE ABBOTT, DIANA KRUEGER, DOERTE REHREN, ENRICO NOETZOLD, IB SONDERGAARD, JAMES FRANKHAM, JANET FROMEYER, LARS TEGERMARK, LOU OLIVER, MARTIN BURLEY, MONIKA WEAVER, PIUS VON BEVERFOERDE, RICH DAVIES, RUDI FROMEYER, STEVEN SHOREY, ELENA KURZE, TREVOR WEAVER, CHARLES & LISA CURREN

tigen Kurs hält. Zehn bewegliche Ziele kann das Radar gleichzeitig verfolgen, ihren Kurs berechnen und bei Kollisionsgefahr warnen. Eines der beiden Sonarsysteme des Schiffes kann in Fahrtrichtung voraus schauen und Alarm auslösen, wenn Auflaufgefahr auf ein Riff besteht oder der Zusammenstoß mit einem treibenden Container droht. Über siebzig Sensoren an Bord registrieren ständig Motortemperatur, Treibstoffverbrauch, Tankinhalt, Luftfeuchtigkeit, Windstärke etc. Zwei Meerwasseraufbereitungsanlagen sorgen für 6000 Liter Trinkwasser pro Tag.

Natürlich fördert die Probefahrt Mängel zutage. Die Seitenstrahlruder funktionieren nicht richtig. Es gibt andere Kinderkrankheiten. Nachbesserungen werden nötig, gerade montierte Verkleidungen wieder geöffnet, frisch verlegte Kabel wieder gelöst. Neues Chaos an Bord. Und noch größeres Chaos herrscht inzwischen in der Landbasis der Expedition, einem kleinen Haus an der nebelkalten Bay, wo die allmählich eintreffenden Crew-Mitglieder wohnen, umtürmt von Digitalkameras, Gummistiefeln, Töpfen, Ferngläsern, Videotechnik, Pfannen, Navigationshandys, Software aller Art, Rettungsanzügen, Restlichtverstärkern, Ladegeräten, Klappfahrrädern, Brotbackgeräten, Verbandskästen, Schwimmwesten, Werkzeug, Seekarten, Mikroskopen und Stapeln von Büchern über Wale, Wetter, Routenplanung, indische Küche, Survival, Seevögel und – nicht zu vergessen – Seekrankheit.

Die richtige Crew zu finden ist die schwierigste Aufgabe – und sie wird sich während der folgenden drei Jahre immer wieder stellen. Die Teilnehmer der Fahrt müssen sehr viele und sehr verschiedene Voraussetzungen mitbringen, spezielle Fachkenntnisse besitzen, möglichst tauchen können, neugierig, einsatzwillig, gruppenfähig und einigermaßen seefest sein. Kein Wunder, dass sich die Zusammensetzung der Crew während der Reise immer mal wieder ändert. Die prinzipielle Verteilung der Verantwortungen aber, die in Anacortes gefunden wird, bewährt sich in den folgenden drei Jahren.

Neben Michael Poliza als dem Gesamtleiter des Projektes und seiner Reisegefährtin Dörte Rehren, die für Buchführung, Bordapotheke und die Koordination des Gästebesuchs zuständig ist, gibt es einen Kapitän, der die Oberverantwortung für Nautik, Schiffstechnik und Schiffssicherheit trägt; seine Frau (oder Lebensgefährtin) kümmert sich um das reiche Innenleben des Schiffes, Messe und Möbel, Vorräte und Getränke, Wäsche und Geschirr.

Hinzu kommen vier Volontäre, von denen einer gut kochen können soll; ein weiterer soll möglichst professionelle Videokenntnisse haben und für den Schneideraum verantwortlich sein; die beiden anderen führen die Oberaufsicht über das umfangreiche Tauchequipment, arbeiten als Deckshände und schreiben zeitweilig die Internet-Logbücher. Oft bringen sie auch spezielles Fachwissen mit, das die Wahrneh-

EIN BAD IN DER MENGE

Nach einer langen Überfahrt von Galapagos in die Südsee genießt die Pazifik-Crew der Starship das Insel-Hopping in Fidschi und das warme Wasser der Atolle. Von links: Doerte Rehren, Rudi Fromeyer, Trevor Weaver, Monika Weaver, Anne-Lise Breuning, Michael Poliza, Janet Fromeyer und Enrico Nötzold

Das Logo der »Starship« Millennium Voyage begleitet das Schiff auf seinem Weg um die Welt. Weit über 1000 T-Shirts mit dem Logo wurden verteilt und machen Werbung für die Idee dieser Reise

mung der Crew beispielsweise um meeresbiologische oder zoologische Aspekte bereichert.

Leichter als die Teilnehmer der Fahrt zu finden, ist es, Unterstützer für sie zu gewinnen. Erstaunlich leicht. Denn bei dieser Sponsorensuche geht es nicht um übliches Schnorren, um mildtätige Unterstützung, sondern um das Angebot, sich an einer technologischen Herausforderung zu beteiligen. Taugt die avancierte Computer-Technik dazu, eine Seefahrt von 75 000 Meilen zu überstehen und in allen Lebenslagen des Schiffes funktionsfähig zu bleiben? Ist die Technik der Digitalkameras gut genug, um nicht nur Bilder von den entlegensten Orten der Welt zu übermitteln, sondern auch den hohen Ansprüchen von Europas führendem Bild-Magazin zu genügen? Was wird die Reise eher demonstrieren – die Großartigkeit oder die Grenzen moderner Telekommunikation?

Die angesprochenen Führungskräfte von Sony, Microsoft, Olympus und der Deutschen Telekom begreifen die Chance dieses globalen Qualitätstestes auf Anhieb und sind schnell mit im Boot, trotz der Flut von Sponsoring-Bitten, mit der jede dieser Firmen fertig werden muss. Allein Microsoft/Deutschland bekommt jeden Tag 13 Anfragen. Am schnellsten entscheidet sich Olympus für die Unterstützung des »Starship«-Projektes.

Wie klug diese Entscheidung ist, demonstriert nicht zuletzt dieses Buch: 65 Prozent seiner Fotos sind mit digitalen Kameras aufgenommen. Auch Sony ist nach Prüfung des Projektes zu großzügiger Förderung bereit; der Konzern stellt den Schneideraum an Bord und schickt eigens einen Techniker in die USA, um ihn einzurichten. Ebenso entsendet Microsoft Mitarbeiter nach Anacortes, um die Computer des Schiffes zu installieren und die Netzwerke zu konfigurieren.

Auch Brockhaus und der WWF-Deutschland unterstützen die Fahrt der »Starship« und stehen ihr mit Fachwissen und Kontakten zur Verfügung.

So ist schließlich auch die Finanzierung der Millennium Voyage gesichert. Die Start-Crew steht bereit. Die Computer funktionieren. Konserven, Bücher und Schwimmwesten sind verstaut. Die Kojen frisch bezogen. Die ersten Reporter an Bord. Und die Reise geht los.

Anacortes, 17. September 1998.

COCKPIT FÜR CYBER-SAILORS

Die Brücke der Starship ist mit modernster Elektronik vollgestopft. Mit Hilfe des Kreiselkompasses und zwei GPS-Systemen steuert der Transas-Navigations-Computer das Schiff über den Autopiloten präzise auf Kurs. Zu jeder Zeit zeigt der Monitor bis auf wenige Meter genau die Position der Starship auf einer der über 6000 gespeicherten Seekarten an. Der Wachhabende hat in erster Linie eine Überwachungsfunktion. Ganz rechts ist der Monitor für das Sonarsystem. Dadurch kann man auch nachts oder in trüben Flüssen mögliche Gefahren erkennen. Untere Reihe: Michael Polizas Arbeitsplatz – via Satellit mit der ganzen Welt verbunden; die Messe mit Essplatz; die Internetstation mit Video-Schneideplatz und die kleine, aber feine Kombüse

MAILS AUS ALLER WELT – SEHNSUCHT FÄHRT MIT

Das Internet macht's möglich: Während ihrer Fahrt steht die »Starship« stets in Kontakt mit einer weltweiten Fangemeinde, die virtuell mitreist

26. 10. 1998
Thomas J. Seibert
Thomas.Seibert@t-online.de

Liebe »Starship«-Crew, ich finde es außerordentlich mutig und bewundernswert, nicht nur 1000 Tage den Planeten Erde zu erkunden und auf Probleme hinzuweisen, sondern dabei auch auf engstem Raum miteinander zu leben. Dieses Unternehmen ist in dieser Form wirklich einzigartig. Ich wünsche der ganzen Crew viel Erfolg, gute Zusammenarbeit, Harmonie und viele einzigartige Eindrücke. Die Gewissheit, dass Hunderttausende – vielleicht sogar auch Millionen – an Ihrer Expedition teilhaben können, sollte Sie zu Recht mit Stolz erfüllen und Ihnen die Gewissheit geben, niemals ›alleine zu sein‹. Weiterhin alles erdenklich Gute und für die Daheimgebliebenen viele schöne Bilder und Artikel! Machen Sie weiter so.

13. 1. 1999
Ernst-August Kuhlemann
ernst-august.kuhlemann@t-online.de

In meinem früheren Leben muss ich mal ein Fisch gewesen sein. Wenn ich Eure Bilder sehe, höre und spüre ich den Wind, das mächtige Rauschen der großen Wellen, und ich halte mich an der Schreibtischkante fest. Wenn ich doch nur einen Tag lang bei Euch sein könnte! Herzliche Grüße hier aus Lemgo, ich werde Euch noch oft besuchen!

28. 3. 1999
Bernhard ›Bearfood‹ Bechter
bearfood@globalance.com

Viele Grüße an die »Starship« von einem winzig kleinen roten »Walschützer«-Kayak (derzeit in Miami) mit Kurs Österreich – Grönland – Amerika – Venezuela – Grenada (Ankunft geplant am 24. Mai 99 zur 51. IWC). Schade, dass sich unser Kurs nicht gekreuzt hat, aber vielleicht bläst mich mal ein Sturm vor Euren Bug. Lass mich dann gerne von Euch retten. Keep on moving . . .

Matthias Ennersch
M.Ennersch@gmx.net

Während in den kalten Gefilden der deutschen Lande selbst die Sonne sich den ganzen Tag über nicht getraut hat, ihre wärmenden Strahlen hinter der dicken Wolkendecke herauszustrecken, ging der triste Tag langsam in eine wolkenzerfetzte Nacht über. Mit Fernweh im Herzen sitze ich in meiner kleinen Kemenate, flackerndes Licht über dem Monitor, und das Herz möchte mir übergehen bei dem Gedanken, wie viel interessanter es jetzt bei Euch wäre. Ich hoffe, Ihr nehmt mich das nächste Mal mit. Immer eine Handbreit Wasser unterm Kiel!!

5. 5. 1999
Peter Grimm
pgrimm@dr-grimm.de

Ahoi »Starship«, herzlichen Dank für die aktuellen Streiflichter Eurer Reise. Die Beiträge sind sehr gut gelungen. Es gelingt Euch auch, uns Landratten und Daheimgebliebenen ein bisschen Fernweh zu machen und einen kleinen Hauch von Salzwassergeschmack auf die Lippen zu zaubern. Ich freue mich auf den nächsten Besuch auf dieser Site und wünsche einen erfolgreichen Törn.

8. 6. 1999
neumayer@awi-bremer-haven.dez

An die »Starship«-Crew. Herzliche Grüße aus dem ewigen Eis von der deutschen Antarktis-Forschungsstation Neumayer auf Position 70°39'Sued und 8°15'West, auf dem Ekstroemeisfeld. Wir verfolgen täglich Eure Route und Erlebnisberichte, die für uns willkommene Abwechslungen darstellen. Ein wenig beneiden wir Euch ob der tropischen Temperaturen. Wir sind seit Anfang des Jahres hier im Eis und erleben gerade den kalten und dunklen antarktischen Winter. Schade, dass Ihr nicht zum Mittwinterfest (21. 06.) vorbeikommen könnt. Wir würden uns über diese Abwechslung freuen, und Ihr könntet Euch etwas Abkühlung verschaffen.

I just stumbled across your web site today and I'm enthralled! Thanks for taking the world on this journey and for some of the best nature pictures I have ever seen, they make great wallpaper!

Ed Kellogg

14. 3. 2000
Eugen Laub
eugenlaub@t-online.de

Hallo, »Starship«-Freunde, ich bin erst seit ein paar Wochen dabei. Inzwischen habe ich aber alle Logbuchberichte usw. gelesen und ausgedruckt. Drei Ordner sind fast voll. Ich bin begeistert, auf diese Weise an der Reise teilnehmen zu können, zumal ich viele Länder davon selbst, allerdings mit dem Flieger, besucht habe. Eure Reise um die Welt ist zur Zeit die größte Sache im Internet. Absolut super. Weiterhin gute Reise und beste Grüße.

16. 4. 2000
Anja Schnurer
cjana9@yahoo.com

I read about the »Starship« millennium voyage in *stern*. Imagine my surprise when I went on a dolphin excursion with Dr. Michael Poole in Moorea, Tahiti, and he wore a »Starship« hat! I am from Germany, live in Portland, OR, and went on vacation on Moorea. And meet a guy who just met you. How is that for a small world? Michael told me how impressed he was with the whole idea. Did you enjoy the spinner dolphins as much as I did? It was wonderful to see them wild and free. Too bad I missed you. I would have loved to hear about your experiences first-hand. But the webpage helps – keep up the great work!

By accident, I came across your website while exploring the Microsoft Network. WOW! I didn't even know the »Starship« existed, nor heard of this project until now. Being an admirer of the late Jacques Costeau whose TV series I used to watch some years ago, you can imagine how thrilled I was to ›discover‹ »Starship«. Now I can vicariously experience to follow your daily journal and navigate those parts of the world along your route which I have not been to!

TITO ESPIRITU, BELLEVILLE, NJ (USA)

10. 5. 2000
Johannes Württemberger
JWuerttemberger@aol.com

Liebe »Starship«-Crew, was Ihr betreibt, ist für mich der spannendste und bedeutendste Beitrag zum Kennenlernen und zum Verständnis unseres Planeten. Ich hoffe, dass Eure Erfahrungen und die dazugehörenden visuellen Dokumentationen nicht nur Einzug in den *stern*, sondern vor allem in die Klassenzimmer unserer Kinder halten. Macht weiter so, vor allem auch mit der Präsenz im Internet. Herzliche Grüße, wo immer Ihr auch seid, aus dem ebenfalls wunderschönen Hohenloher Land.

24. 5. 2000
Ulrike Oldemeier
Ulrike.Oldemeier@uni-bielefeld.de

Ich bin Biologielehrerin und versuche meine Begeisterung für die »Fahrten als solche« an meine SchülerInnen weiterzugeben. Vielleicht steckt in jedem von uns ein »Starshipper«. Vielleicht nehmt Ihr mal eine Lehrerin mit.

7. 7. 2000
Udo Fischer
udo.moersch@gmx.de

Nach langer Zeit bin ich mal wieder auf Eurer Website. Die Reise ist noch immer so spannend wie am ersten Tag. Ich wünsch Euch allen viel Glück und weiterhin gute Reise. Diese Aktion macht einem klar, das wir nur diese eine Welt haben, und die ist mit aller Kraft erhaltenswert . . .

Elke Alt
E-Alt@gmx.de

Schiff ahoi! Wünsche Ihnen voller Neid noch eine gute Reise! Als Landratte aus dem meerfernen Regensburg habe ich voller Ehrfurcht Ihre Kapreportage verfolgt, hin- und hergerissen zwischen »ich will auch!« und »bloß nicht!«. Bin süchtig nach Ihren Dossiers und Reportagen und will noch jede Menge davon zu lesen bekommen. Und bei der nächsten »Starship«-Reise bin ich garantiert Bewerber um einen Platz.

21. 7 .2000
Thomas Reko
bootshaus@online.de

Ihr von »Gott Geliebten«. Wollte schon immer mal reinschauen. Jetzt bin ich sprachlos. Einfach beneidenswert!!! Good luck und »immer eine Handvoll Wasser unterm Kiel«.

30. 01. 2001
Marcel Kaluza
kaluzamarcel@hotmail.com

Vielen Dank für Eure stets wundervollen Berichte, und macht unbedingt weiter so! Warte auf einen großen Abschlussbericht im Fernsehen von und über Euch. Hoffentlich wird eine Serie daraus.

22. 3. 2001
Beat Gerber
beat.gerber@vebo.ch

Vielen Dank für die tollen Bilder von Eurer Reise. Habe selten so viel Interessantes und Verschiedenes aus einer einzigen Expedition herausnehmen können. Viel Glück und Erfolg auf dem letzten Teil Eurer Reise.

25.3.2001
Wolfgang März
Wolfimaerz@aol.com

Es ist immer wieder erstaunlich, was Menschen alles auf sich nehmen, um anderen die Wunder dieser Erde näher zu bringen. Vielen Dank dafür. Vielleicht hilft Ihre Reise, die Schätze dieser Welt zu erhalten. Wäre schön. Weiterhin viel Glück.

David Barrager
Georgetown, Ontario

It has been a great passage, wish I was there, thanks to the crew of »starship« and all the sponsors that make it possible for us (the cyber sailors) to be along and enjoy your day to day.

Skip-sfarwel@aol.com

Your discography and literary description of your journey makes one believe that they are just about one of the crew. A lucky crew it is, keep up the great work(fun).

Robert /e@eliæ, Rijeka,Croatia

Thank you, Michael, for providing us with such good images. They are really something . I'm excited as much as man can be.

Yakayakme@aol.com

It's been fun watching this event unfold and just to share something with you that has blended this into my life is that just within the last week I've been diagnosed probable MS and you will never know how much this site has helped keep the spirits up.

André Sweeney
Montréal, Canada

The most fantastic idea anyone ever had. Now internet members have their own exploration team. Marvellous.Thanks for the incredible pictures. For those of us who never had the chance to tour the world, I'm glad the »Starship« Enterprise was imagined. What a fantastic venture!

John Janes, Syracuse IN

This website justifies the money spent on my pc and provider. Thank you!

NIMM UNS MIT, KAPITÄN...

In vielen Häfen – wie hier in San Diego – kommen Kinder und Schulklassen an Bord, lassen sich das Schiff und das Projekt erklären – und würden am liebsten bleiben

Abfahrt in Anacortes bei Nacht und Nebel, Aufbruch in die ersten hundert Tage, bei wechselnden Winden und Eindrücken. Delfine schwimmen uns voraus wie Pfadfinder. Vieles ist anders als erwartet, und Killerwale sind ganz anders als ihr Ruf. Von der rauen Küste Kanadas dann ins warme Klima Kaliforniens. Erste Konfrontation mit den Folgen der globalen Klimaerwärmung für den Ozean und die Menschen. Begegnung mit Meeres-mikroben, einer unsichtbaren Wunderwelt, die bedroht ist. Vor Mexiko erleben wir Glück unter Wasser und den Schrecken einer Sturmnacht

1998

FOTO: MICHAEL POLIZA

ORCAS: PLÄDOYER FÜR EINEN KILLER

Orcas, auch Schwertwale genannt, sind elegante Killer mit weißer Weste, ebenso geschickte wie gnadenlose Jäger. Aber auch hoch entwickelte soziale Wesen, sensibel und dem Menschen wohlgesinnt. Doch der hat sie jahrhundertelang als Todfeinde behandelt und abgeschlachtet

VON GERD SCHUSTER

Es ist halb sieben, und die Orcas schlafen noch. Rund 150 Meter vor der »Starship« schieben sich zwölf gewaltige schwarz lackierte Buckel, breit wie Jagdbomberrümpfe, durch den Blackfish Sound. Die Schwertwale schwimmen wie in Trance. Ihre Formation ist so dicht geschlossen, dass sie sich berühren. Majestätisch und fast synchron heben sich die mächtigen Schädel mit der Kuppelstirn und die Spitzen der Rückenfinnen aus dem anthrazitgrauen Wasser. Die Riesen atmen unisono aus und ein, und es hallt wie eine Salve von Flintenschüssen durch die Morgenstille von British Columbia. Weiße Dampfwolken steigen auf wie Mündungsqualm. Die Rückenfinnen wachsen ganz aus dem Wasser empor, neigen sich in träger Eleganz nach vorn und schneiden langsam wieder nach unten. Kaum zu glauben, dass in jedem dieser träge dahinziehenden Wesen die Kraft einer ICE-Lokomotive steckt.

Die meisten »Schwerter«, denen die Wale ihren Namen verdanken, sind kurz und krumm wie Türkensäbel; eine Rückenfinne in der Mitte des Pulks ist jedoch gewaltig – fast zwei Meter lang, kerzengerade und spitz wie ein Messer. »Das ist Nimpkish, ein 27 Jahre alter Bulle. Er hat das Namenskürzel A33«, sagt Paul Spong, der auf der Brücke der »Starship« die Orcas beobachtet. »Hier haben sich die drei Familien A12, A8 und A25 zusammengeschlossen. Wir denken, dass sie das getan haben, um sich gegenseitig zu trösten; denn sie verloren kürzlich einen Angehörigen.«

Der Psychologe, der seit über 30 Jahren Leben und Laute der Orcas in den Gewässern von British Columbia studiert, erzählt, was passiert ist: A31, Bruder von Nimpkish und mit 40 Jahren ältester Sohn der Matriarchin A12, starb als Folge eines Unfalls seiner Schwester A34. Als sie im August 1995 von einem Motorboot verletzt wurde, geriet er völlig außer sich. Schwamm wie von Sinnen an den Strand einer Insel, lag fast eine Stunde auf dem Trockenen, schrie laut und ängstlich, kippte auf die Seite und atmete Wasser ein. Zwar konnte er sich befreien, aber er verfiel sichtlich. Im Dezember 1996 war er total abgemagert und kehrte im Sommer 1997 nicht zum Lachsfang in die Gewässer um Vancouver Island zurück – genau wie in diesem Jahr Stripe, das Oberhaupt der Familie A23. 1997 starb auch die nur elfjährige Ivy (A57) aus der Sippe A8. Todesursache war ein vereiterter Zahn, der zu einer Blutvergiftung führte.

Auf einmal sind sie weg. Wenn Orcas schlafen oder dösen – niemand weiß genau, wie sie ruhen –, atmen sie immer fünf- bis sechsmal an der Oberfläche und tauchen dann drei Minuten lang weg. Man nimmt an, dass ein Mitglied des Rudels Wache hält. Plötzlich ist es totenstill in der Meerenge zwischen der kanadischen Pazifikküste und Vancouver Island. Nicht einmal eine Möwe kreischt. Der Himmel ist diesig-hyazinthenblau, und ein Nebelschleier hängt über den zottigen Hügeln der Plumper Islands und des Donegal Head. Der Kapitän dreht die »Starship« zehn Grad nach Backbord, um den Walen nicht in die Quere zu kommen, falls sie unter Wasser

FOTO: MICHAEL S. NOLAN

den Kurs ändern. »Die Orcas können sich stundenlang so ausruhen«, sagt Spong. Ein Schwarm winziger Odinshühnchen schwirrt davon. »Hat jemand auf die Uhr geschaut?«, fragt die Koordinatorin Dörte Rehren besorgt. Wie lange drei Minuten sein können.

Kawumm! Kawumm! Kawumm! Die Orcas sind etwa 200 Meter entfernt an Backbord aufgetaucht und schieben sich in eine enge Passage zwischen zwei Inselchen, wohin ihnen die »Starship« nicht folgen kann. »Sie haben etwas gemerkt«, sagt Paul Spong. Und dann erzählt er die Geschichte der Schwertwale, einer über 2000 Jahre lang als Monster diffamierten und immer noch weitgehend rätselhaften Tierart.

FOTO: MICHAEL S. NOLAN

In ihrem »Orcalab« lauschen Dr. Paul Spong und seine Frau Helena den Rufen der Wale, die von Unterwassermikros übertragen werden. Der Forscher kennt die Laute jedes Wal-Clans

Es ist die Geschichte eines Wesens der Widersprüche. Schwertwale haben alle kalten und warmen Weltmeere von den Polen bis zum Äquator besiedelt, sind aber trotzdem selten. Ihre Kraft kennt keine Grenzen, und sie sind bei der Jagd ungeheuer brutal. Sie töten Riesenwale, nur um deren Lippen und Zunge zu fressen. Sie verspeisen den kapitalsten Weißen Hai wie wir eine Ölsardine. Im Umgang miteinander sind sie aber zärtlich, verspielt, fürsorglich und vernünftig. Sie besitzen Traditionen und Riten, die über Generationen weitergegeben werden. Und sie hatten das Geheimnis der harmonischen Koexistenz schon gelöst, als der Mensch noch überlegte, ob er aufrecht gehen sollte. Sie sind die furchtbarsten Killer der Meere, haben aber eine Schwäche für Menschen, ihren einzigen Feind. Soweit bekannt, haben frei lebende Schwertwale noch nie einen Menschen getötet. Ihre Gesellschaftsstruktur ist im Tierreich einzigartig. Alle Kinder bleiben zeitlebens bei der Mutter, dem sozialen Herz der Familie. So besteht die Großfamilie, der die »Starship« gefolgt ist, aus der Matriarchin Scimitar (A12, 57 Jahre alt), Nimpkish, seiner 23-jährigen Schwester Simoom (A34) und deren Kindern Echo (acht Jahre, A55), A62 (sechs) und A67 (zwei). Die Familie A8 wird von der 45-jährigen Licka geführt und besteht aus ihren Töchtern Havannah (A28, geboren 1974) und Holly (A42, geboren 1980) sowie Hollys Baby Surf (geboren 1996). Von der Familie A25 sind nur die Kuh Spike (13 Jahre) und die vierjährige Surge übrig geblieben.

Weil Fortpflanzung innerhalb der Familie tabu ist, werden die Babys bei großen partyähnlichen Treffs mehrerer Clans gezeugt. Die Begattung ist laut Spong noch nie von Menschen

FOTO: BRANDON D. COLE

GELEIT VOR VANCOUVER ISLAND

Vier Orca-Weibchen, ein Kalb und ein Schwarm Möwen eskortieren in der Johnston Strait das Schiff auf seinem Weg zu Paul und Helena Spong. Bevor die Tiere ihre Eskorte bildeten, haben sie das Schiff mit ihrem natürlichen Sonar »abgetastet«. Für Taucher und Unterwasser-Mikrofone sind die Klickgeräusche der Tiere dabei deutlich hörbar

beobachtet worden. Kämpfe um Weibchen sind den Schwertwalen ebenso fremd wie Dominanzgerangel oder Auseinandersetzungen um Reviere und Nahrung. Spong: »Die Orcas haben gelernt, zusammenzuleben und ihre enorme physische Kraft zu kontrollieren. Sie haben gewaltfreie Methoden zur Lösung sozialer Konflikte entwickelt. Ihre Lebensprinzipien sind Kooperation, Koordination, Kommunikation, Vertrauen, gegenseitige Unterstützung und totale individuelle Freiheit. Sie haben keine Geheimnisse voreinander, gehen sich nicht auf die Nerven und teilen alles. Ihre sozialen Systeme funktionieren – im Gegensatz zu denen des Menschen. Was sie vorleben, würde bei uns Weisheit genannt.«

Zwar glaubt der 59-jährige Psychologe, dass die mentale Potenz der größten Delfinart ihrer physischen Kraft entspricht; Spong zögert aber, die Lebensart der Meeressäuger auf ihre Intelligenz zurückzuführen. »Ihr hoher neurophysiologischer und sozialer Entwicklungsstand hängt eher damit zusammen, dass sie Millionen Jahre Zeit hatten, sich zu vervollkommnen.« Von Intelligenz redet Spong im Zusammen-

FOTO: JOHN K. B. FORD/URSUS

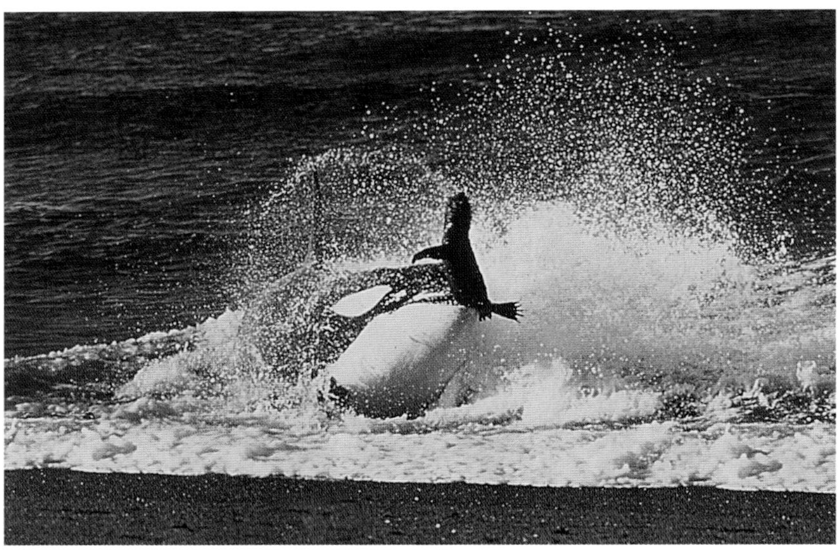

Orcas vor British Columbia jagen vor allem Fisch. Ihre Verwandten vor der Küste Argentiniens stürzen sich auch auf Seelöwen, die an den Strand geflüchtet sind. Orcas sind die mächtigsten Raubtiere der See und töten selbst 200 Tonnen schwere Blauwale

hang mit Walen und Delfinen nur ungern. Einmal wehrt er sich gegen die esoterische Mystifizierung und Verkitschung der Tiere. Zweitens sei es unmöglich, eine Intelligenz-Skala zu entwerfen, die Zahnwalen gerecht wird. Drittens könne er die Frage nicht beantworten, warum Orcas ein dermaßen hoch entwickeltes und voluminöses Gehirn besitzen – es ist rund viermal so groß wie sein eigenes – und wofür sie es benötigen.

Der vierte Grund, weshalb Spong so widerstrebend über die Intelligenz von Delfinen redet, ist besonders peinlich. »Streng genommen kann man den Menschen nicht ohne weiteres als intelligentes Wesen einstufen«, sagt der Gründer des »Orcalab«. »Er schafft es nämlich nicht, sich der Welt, in der er lebt, anzupassen. Wir zerstören mit der Umwelt die Grundlage für unsere Existenz und machen in unseren zwischenmenschlichen Beziehungen dauernd die gröbsten Fehler.«

Die »Starship« hat die Plumber Islands umrundet und wieder zu den Orcas aufgeschlossen. Auf dem Radarschirm sind sie als kleine Punkte zu erkennen – genau 412 Meter entfernt. Die Schwertwale hätten guten Grund, sich abzusetzen; denn die Menschen haben sie verkannt, verfolgt und abgeschlachtet – als wollten sie demonstrieren, wie unterlegen ihr Entwicklungsstand dem der Orcas ist. Seit der römische Historiker Plinius der Ältere vor 2000 Jahren schrieb, man könne den Killerwal nur als »eine riesige Masse von Fleisch mit gefährlichen Zähnen« angemessen charakterisieren, hatte die größte Delfinart ihren Ruf als blutrünstiges Monster weg. Noch in den 60er Jahren stufte das Taucherhandbuch der US-Navy Orcas in die höchste Gefahrenklasse ein.

DIE SCHWARZWEISSEN GROSSDELFINE wurden überall gejagt, als seien sie das leibhaftig Böse. Weil die isländische Regierung meinte, Orcas seien für einen Fangverlust ihrer Heringsfischer verantwortlich, bat sie 1956 die amerikanische Luftwaffe um Hilfe gegen die Ungeheuer. Die Marineflieger-Zeitschrift »Naval Aviation News« meldete später, Flugzeuge der US-Marine im Nordatlantik hätten »wieder eine erfolgreiche Mission gegen Killerwale abgeschlossen«, bei der »Hunderte mit Maschinengewehren, Raketen und Wasserbomben vernichtet« worden seien. 1964 veranstalteten US-Kampfflugzeuge über dem Atlantik mit ihren Bordkanonen ein Zielschießen auf Orcas.

Dabei wusste man so gut wie nichts über die Tiere, die man wie Ungeziefer ausmerzte. Zwar gab es eine Anzahl von grausigen Augenzeugenberichten von Attacken eines Orca-Rudels auf Robben, See-Elefanten, Delfine und Großwale. Erst 1964 konnten Meeresbiologen ein Exemplar des vermeintlichen Seeungeheuers aus der Nähe bestaunen. Der vor Vancouver Island mehrfach mit dem Gewehr angeschossene und später harpunierte junge Schwertwal wurde an dem in seinem Rücken steckenden Spieß nach Vancouver geschleppt. 87 Tage überlebte er im dortigen Aquarium seine Verletzungen und verblüffte Wissenschaftler und Zuschauermassen mit seiner Sanftmut. Der Orca, der nach seiner Einlieferung in das Betonbecken 55 Tage lang jede Nahrung verweigerte, wurde von den Forschern als Weibchen identifiziert und von der Presse »Molly Dick« getauft. Als sie starb, erschienen die ersten positiven Berichte über die Tierart seit Menschengedenken. Sogar die »Times« im weit entfernten London widmete dem Tier einen Nachruf.

Weil sich Molly Dick als Kassenmagnet erwiesen hatte, wollte jeder Vergnügungspark Orcas haben, um sie mit Sonnenbrillen und Perücken auftreten zu lassen. Bis 1973 wurden rings um Vancouver Island rund 262 Schwertwale in Netzen gefangen, 53 davon abtransportiert und in

FOTOS: BRANDON D. COLE

HIMMELS-STÜRMER AUS DER TIEFE

Mit der Kraft einer ICE-Lok katapultiert der Orca seine sechs Tonnen aus dem Meer. Die spielfreudigen Meeressäuger beherrschen ein reichhaltiges Repertoire an Sprüngen. Bauchklatscher knallen wie Kanonenschüsse und die Gischt spritzt meterhoch. Vor allem junge Schwertwale geben ganze Serien von Kunstfiguren zum Besten

Betonbecken mit Chlorwasser gesperrt, die kaum größer waren als die Tiere selber. Die meisten Orcas, für die Trennung von ihrer Familie »Extremstress« (Spong) bedeutet, starben nach kurzer Zeit. Damit die Zuschauer nichts von der Tierquälerei hinter der fröhlichen Rummelplatz-Kulisse merkten, wurden die toten Wale durch Neufänge gleichen Namens ersetzt.

Paul Spong, der von der Brücke der »Starship« Nimpkish beobachtet, traf seinen ersten Orca auf dem Höhepunkt der Fangwelle. Nach seinem Examen suchte er einen Job als Psychiater. 1967 fand er einen Posten an der Uni Vancouver. Er sollte die Neurophysiologie gefangener Orcas erforschen. Im dortigen Aquarium ergründete der damals 28-Jährige das Sehvermögen der Orca-Kuh Skana. Klaglos kooperierte der Wal, mit Heringen belohnt, und erreichte stets eine Trefferrate von 100 Prozent. Spong ermittelte, dass Schwertwale über Wasser so scharfäugig sind wie Katzen.

Nach zwei Monaten und 72 eintönigen Versuchsreihen »schimpfte« Skana eines Tages plötzlich los, und die Quote der richtigen Antworten sackte auf null. Dem Jungforscher blieb nur ein Schluss: Der Orca machte die Fehler mit Absicht. Die Sehtests waren ihm offenbar zu öde. Spong brach das Projekt ab. »Wem hätte ich damals erklären sollen, dass mein Versuchstier die Tests hintertrieb, weil sie nicht unterhaltsam genug waren?«

NÄCHSTE AUFGABE FÜR SPONG war der Orca-Bulle Hyak. Er dümpelte so lethargisch in seinem winzigen Pool, dass sich der Aquariums-Veterinär Sorgen um Hyaks Überleben machte. Spong belohnte ihn mit Unterwassermusik von Bach, Beethoven und den Beatles, wenn er im Kreis schwamm – und der Wal drehte Runde auf Runde. Als ihm Spong aber zwei Tage hintereinander dasselbe Stück vorspielte, wurde er böse: »Er machte eine Vollbremsung, kam zu mir, hob sich aus dem Wasser und starrte mich ärgerlich an«, sagt Spong. »Ganz klar: Er wollte Abwechslung.«

Total vernarrt war Hyak in klassische Musik, und bei seinem Lieblingsstück, Beethovens Violinkonzert in D-Dur, flippte er ganz unmonstermäßig aus. Spong: »Sein Körper bewegte sich im Takt. Er schlug den Rhythmus mit den Brustflossen und untermalte die Melodie mit Paukenschlägen, indem er an genau den richtigen Stellen seine Fluke aufs Wasser knallte. Mit einem Wort: Er tanzte.«

Als dann noch Skana alle Anzeichen von Gram zeigte, weil sie ihren Spielgefährten, einen Tümmler, aus Versehen zerquetscht hatte, war Spong klar, dass Orcas weder blutrünstige Monster waren noch Clowns, die man in kleine Betonbecken einsperren durfte. »Skana kochte vor Scham. Sie schaute betrübt aus dem Wasser, und von ihrem schwarz glänzenden Schädelrund stiegen Dampfwolken auf wie aus einem Kochtopf.« Der Wissenschaftler begann, gegen den Schwertwalfang und die Show-Industrie zu kämpfen. Gleichzeitig erforschte er die Orca-Population in den Gewässern um Vancouver Island. Von seinem Holzhaus auf Hanson Island hört er über sechs Unterwassermikrofone die Rufe der so genannten Northern Residents ab – 16 Familien mit rund 200 Orcas.

Tag und Nacht klingt Musik durch Spongs Heim: ein Chor im Glissando klagender Sopran- und Altstimmen, untermalt mit Elefantentrompeten, Wildschweingrunzen, Nashornvogelgeschrei, Crescendo-Muhen und Wolfsgeheul, ab und zu einem Ochsenfrosch- und einem wütenden Bernhardiner-Fortissimo, Hahnengekrähe, dem Quietschen rostiger Türangeln, einem gelegentlichen Donnerfurz und dem Geräusch, als reibe ein Riese mit dem Daumenballen grob über einen zum Bersten aufgeblasenen Mega-Luftballon. Alles ist unterlegt mit dem gespenstischen Nachhall der riesigen Unterwasserräume und dem Knarren, Rattern und Rumpeln der Orca-Sonarortung. Zwar kann Spong die Großfamilien A, G und R an ihrem »Dialekt« erkennen, und er weiß, ob die belauschten Schwertwale jagen, dösen oder mit Besuch feiern, ob sie aufgeregt sind oder ruhig. Die Frage »Was sagen die denn?« kann er aber nicht beantworten. »Wir wissen nicht, was die Laute bedeuten und ob es überhaupt eine Sprache ist«, sagt Spong.

FOTOS: BRANDON D. COLE

Neugierig hält ein Orca-Paar Ausschau. Spy-Hopping heißt das Manöver, bei dem die Wale sich aufrichten und ihre Köpfe über Wasser halten, um zu sehen, was es da oben gibt. Ihre Augen sind scharf wie die von Katzen

Für den Psychologen ist es »keine Frage«, dass die Orcas miteinander kommunizieren. »Wir sind nur zu blöde, um sie zu verstehen.« Die Laute seien dermaßen vielfältig und variabel, dass sie das Potenzial zur Übermittlung komplexer Informationen besäßen. Spong kann aber auch nicht ausschließen, dass die Wale mit ihren Rufen bloß ihren Gemütszustand herausschreien oder mit den Familienmitgliedern akustisch auf Tuchfühlung bleiben wollen, um sie bei der Jagd nach Lachsschwärmen nicht aus den Ohren zu verlieren.

KLAR IST NUR DIE PHYSIK: Die Rufe sind mit rund 125 Dezibel so laut, als würde einem mit einer Trompete direkt ins Ohr geblasen. Wären die Wale, denen die »Starship« folgt, wach, würde der Schiffsrumpf möglicherweise von ihren Rufen vibrieren. Sie sind unter Wasser rund zehn Kilometer weit zu hören, meist nur zwei Sekunden lang, und bestehen aus »Feuerstößen« von vielen tausend extrem kurzen Einzelimpulsen. Verwandte Familien haben das gleiche Ruf-Repertoire, das je nach Gruppe sieben bis 17 Basislaute umfasst und nicht angeboren, sondern erlernt ist. Jede Einzelfamilie hat aber einen eigenen »Dialekt«, den die Mutter ihren Kindern beibringt. Die Laute der »vagabundierenden« Orcas sind von denen der Sesshaften so verschieden wie Schwedisch von Spanisch.

In Betonbecken gefangene Wale schweigen. Wohl nicht nur, weil sie laut Spong nach spätestens zwei Jahren den Verstand verlieren. Ein Grund könnte auch die Lautstärke der Orca-Sprache sein. Ihre Rufe würden von den Wänden zurückgeworfen und ihnen als Echo ins Gesicht knallen. Das ist etwa so, als sänge Luciano Pavarotti in einer winzigen gekachelten Herrentoilette Puccini-Arien.

Beim Belauschen der Wale ist Spong Zeuge von Unterwasserdramen geworden: »In einer Nacht im Dezember 1990 hörten wir plötzlich ungewöhnliche Rufe der Familie A9, die uns ganz neu waren. Gegen sieben Uhr morgens änderte sich ihre Frequenz schlagartig, und uns war klar, dass etwas passiert sein musste«, erzählt der Forscher. Als es hell wurde, sah Spong die beiden Söhne der Matriarchin A9 zum ersten Mal ohne ihre Mutter. Die Tiere, 33 und 19 Jahre alt und längst erwachsen, waren wie von Sinnen und rasten im Schnellboottempo um Hanson Island. Eine Woche später wurde die Orca-Kuh A9 angeschwemmt. Sie war etwa sieben Tage lang tot. »Da waren wir sicher, dass wir gehört hatten, wie die Familie die Krankheit und den Tod ihrer Stamm-Mutter erlebt und betrauert hatte.« Trauer ist keine ungewöhnliche Orca-Emotion. Als die weiße Schwertwal-Frau Chimo am 2. November 1972 im Vancouver Aquarium starb, verweigerte ihr »Mann«, der Bulle Haida, eine Woche lang jedes Futter. Haida musste zuschauen, wie Chimo am Beckenrand seziert wurde.

Wie gemein Menschen zu Schwertwalen sein können und wie erstaunlich die Orcas reagieren, wird am Beispiel von

VOM DEVIL ZUM DARLING

Seit dem Film »Free-Willy« erfreuen sich die einst gefürchteten Killerwale größter Beliebtheit. Whale-Watching ist in British Columbia zu einem einträglichen Business geworden. Hier bestaunen Touristen eine Herde von Orcas, die sich um einen kapitalen Bullen schart. Wenn die Tiere ausatmen, steigen Dampffontänen auf

Chimos Familie deutlich, die zusammen mit ihr im März 1970 gefangen wurde. Nach dem Abtransport des Albinos Chimo und eines anderen Orcas waren drei Wale in der mit Netzen abgesperrten Pedder-Bucht auf Victoria Island übrig. Obwohl sie sich zu fressen weigerten, sahen die Menschen lieber zu, wie sie verhungerten, als sie freizulassen. Nach 75 Tagen ohne Futter (und Wasser, das die Tiere aus ihrer Nahrung beziehen) raste eins der drei Tiere in das Sperrnetz, blieb mit der Rückenflosse in den Maschen stecken und starb.

Zwei Tage später, am 77. Tag des Martyriums, geschah das Unglaubliche: Der alte Bulle Charlie Chin nahm einen Lachs an, schwamm zu der Kuh, die entkräftet und sonnenverbrannt an der Meeresoberfläche dümpelte, und »redete« lange mit ihr. Dann ließ er den Fisch vor ihrer Schnauze fallen. Sie packte diesen am Schwanz, zog Kreise und »antwortete«. Charlie Chin biss in den Kopf des Lachses, der aus ihrem Maul hing. Die Wale schwammen umher, den Fisch zwischen sich gespannt. Schließlich rissen sie ihn in zwei Teile, und jeder fraß seine Hälfte.

Charlie Chin und die Kuh vertilgten später jeweils 200 Kilo Fisch am Tag. Sie wurden an einen Freizeitpark in Texas verhökert, doch im Oktober 1970, kurz vor dem Abtransport, von Unbekannten freigelassen. Ein paar Jahre später wurden sie vor Vancouver Island gesehen – mit einem jungen Kalb.

Warum sich die Orcas nicht an den Menschen rächen, ist auch für Paul Spong ein »absolutes Rätsel«. Möglicherweise hätten die Orcas, die seit undenklicher Zeit keine Feinde haben, die Bedrohung Mensch noch nicht zur Kenntnis genommen. Allzu lange sollten die Wale mit der Gegenwehr aber nicht warten. Denn obwohl ein Show-Orca heute eine runde Million Dollar kostet und der Schwertwal-Zirkus in den Vergnügungsparks dafür sorgt, dass die mächtigsten Raubtiere des Meeres immer mehr zu einer Art See-Panda umgestylt werden, hat sich an dem uralten Orca-Gemetzel auf offener See anscheinend wenig geändert.

1997 kaufte das Zoologische Institut der Universität Hamburg den Kadaver einer bei Island angeschwemmten Orca-Kuh für seine Schausammlung. Bei der Obduktion fanden die Zoologen eine ganze Ladung Schrot in der »Melone« des Tieres, der Fettkuppel auf der Stirn, die zum Abstrahlen und Bündeln der Ortungssignale dient. Im Rückgrat des Tieres steckte ein großkalibriges Geschoss, die Halswirbelsäule war durch den Rammstoß eines Schiffes zerschmettert.

MIKROBEN: DIE MACHT IM MEER

Nicht Haie, Wale oder Riesenkraken sind die Herrscher der Ozeane – sondern winzige Mikroorganismen. Myriaden von Algen und Einzellern bilden die Nahrungsgrundlage der Meere, beeinflussen das Klima der Erde und bestimmen über das Schicksal der Menschen. Aber Klimaerwärmung und Überdüngung bedrohen die Vielfalt der Winzlinge ebenso wie den Bestand der unterseeischen Kelp-Wälder vor Kaliforniens Küste

VON GERD SCHUSTER UND JAMES D. WATT (FOTOS)

Wenn Farooq Azam mit Meerwasser hantiert, vergisst er alles um sich herum. Behutsam träufelt der Meeresbiologe ein paar salzige Kubikzentimeter aus einer langen Glaspipette in ein Plastikgefäß. Damit in der Pazifikdünung kein Tropfen danebenfällt, hat sich der Professor von der Scripps Institution of Oceanography in San Diego zwischen Gummiwulst und Steuerkanzel des Beiboots der »Starship« festgekeilt. Seine buschigen Augenbrauen sind vor Konzentration gesträubt. »Wasser«, sagt der 57-jährige Forscher, »ist ein ganz großes Wunder.«

Zurück auf der »Starship« verpackt Azam seine Proben. Im Labor wird er unter dem Fluoreszenz-Mikroskop das Gewusel von Meerwasser-Mikroben betrachten, das jeden Tropfen zu einem lebensstrotzenden Universum macht. »Heute ist es kaum noch zu verstehen, dass wir uns bis vor wenigen Jahren nur um Fische und andere Meerestiere kümmerten und es für unmöglich hielten, dass in der offenen See auch größere Mengen von Mikroorganismen leben können. Wir haben mehr als 99 Prozent des Lebens im Meer übersehen.«

Kopfschüttelnd geht der aus Pakistan stammende Gelehrte ins Ruderhaus der »Starship«, die zurückkehrt zu ihrem Liegeplatz auf Shelter Island.

Farooq Azam berichtet von seinen Entdeckungen und denen seiner Kollegen. Je genauer die Wissenschaftler das Meerwasser unter die Lupe nahmen, desto größere Heerscharen von mikroskopischen Winzlingen entdeckten sie: In einem einzigen Liter Oberflächenwasser drängeln sich Dutzende Milliarden Viren, etwa eine Milliarde Bakterien, rund fünf Millionen tierische Einzeller und eine Million Algen. Selbst in der lichtlosen und lebensfeindlichen Tiefe von 6000 Metern schwirren noch viele Hundert Millionen Viren und Dutzende Millionen Bakterien in jedem Liter umher.

Will man die Mikrobenpopulation ausrechnen, kommt man auf Zahlen, die jedes Vorstellungsvermögen sprengen. Denn die Ozeane, 361 Millionen Quadratkilometer groß und im Schnitt 3,7 Kilometer tief, enthalten rund 1,4 Milliarden Kubikkilometer Wasser – das sind 1 400 000 000 000 000 000 000 Liter. Nicht Großwale und Haie, Orcas und Riesenkraken, sondern die fürs bloße Auge unsichtbaren Einzeller-Myriaden sind die Macht im Meer. Allein Algen produzieren so viel Biomasse wie alle Wälder, Felder, Wiesen und Gärten auf dem Festland zusammen. Lange glaubte man, die Algenblüte sei auf Küstenzonen beschränkt. Doch dann zeigten Satellitenfotos, dass der Nordatlantik im Frühjahr vom US-Bundesstaat North Carolina bis nach Spanien ergrünt. Wesentlichen Anteil an diesem Aufblühen des Meeres hat die blaugrüne Alge Prochlorococcus marinus, eine Art Zwitter zwischen Bakterium und echter Alge. Sie wurde vor zehn Jahren rein zufällig von der amerikanischen Meeresbiologin Sally Chisholm entdeckt. Dabei ist der nur 0,0007 Millimeter große Einzeller die häufigste Kleinstpflanze der

Ozeane. Sie produziert in vielen Meeresgebieten rund ein Drittel der pflanzlichen Biomasse. Bakterienschwärme verzehren rund die Hälfte der von Prochlorococcus und den anderen Algen synthetisierten Biomasse. Wie, weiß man erst seit wenigen Jahren. 1995 beobachteten Forscher, dass die mikroskopischen Myriaden im Meer nicht passiv auf Nahrung warten, sondern ihre Beute mit chemischen Sinnen orten, auf sie lospaddeln und sie mit ihrem Arsenal von Enzymen zerlegen. Bei dem großen Mikroben-Gelage frisst jeder jeden, und alle tun sich nebenher auch an den diversen Formen organischer Stoffe gütlich (siehe Grafik Seite 56).

Simple horizontale »Nahrungsketten« gibt es nicht. Die von Generationen von Biologielehrern verbreitete Doktrin, Kleinsttiere weideten Algen ab und würden ihrerseits von Fischen verzehrt, war eine meeresbiologische Milchmädchenrechnung. Azam: »Bei dem Gerede darüber haben wir das wirklich wichtige Leben im Meer total missachtet und übersehen, dass die Ozeane ohne die Bergungs- und Recyclingarbeit der Bakterien rasch zu Unterwasserwüsten verkommen würden.«

Ebenfalls neu und noch ein wenig gewöhnungsbedürftig ist die Erkenntnis, dass Wasser für die Mikroorganismenschwärme quasi Balken hat: Der Lebensraum der Winzlinge ist von miteinander verknüpften Makromolekülen wie von Hängebrücken durchzogen – einem Flechtwerk, das unsere Vorstellungskraft auf eine harte Probe stellt. Azam: »Das Meerwasser besitzt ein Gerüst von langen Ketten aus Polysacchariden – Zuckermolekülen aus der klebrigen Hülle der Algen – sowie aus der Erbsubstanz DNS, Kolloiden und Polymeren. Unter dem Mikroskop sieht man Bündel von transparenten Fäden, Häuten und Filmen. Sie machen das Wasser zu einem dünnen Gel. Hier finden die Bakterien unzählige Nischen, in denen sie leben können.«

AZAMS TEAM HAT ERRECHNET, dass in einem einzigen Milliliter Seewasser, einem Würfel mit einem Zentimeter Seitenlänge, etwa zwei Kilometer DNS-Moleküle, 310 Kilometer Proteine und 5600 Kilometer Polysaccharide ausgespannt sind. »Ein dichteres Netz ist kaum denkbar.« Weil der Mikrokosmos einzelliger Fressmaschinen und Chemiefabriken sämtliche biochemischen Zyklen in den Meeren unseres Wasserplaneten kontrolliert, bestimmen die Winzlinge über die Zukunft der Menschheit – und zwar gleich mehrfach. Beispielsweise steuern sie den Kohlenstoffkreislauf – und damit den Treibhauseffekt. Die Algen binden rund die Hälfte der von uns Menschen in Form von Kohlendioxid jährlich in die Atmosphäre gepusteten sechs Milliarden Tonnen Kohlenstoff. Täten sie das nicht, wüchsen in Grönland vielleicht längst Palmen. Die Bakterien entscheiden auch, welcher Teil des ungeheuren Kohlenstoffreservoirs im Meerwasser in Treibhausgas umgewandelt wird.

FOTOS: DANIEL JOUVANCE / J. C. REVY/COLLECTION

John McGowan, Meeresbiologe aus San Diego, vergleicht zwei Planktonproben, zwischen denen vier Jahrzehnte liegen. Von 1954 bis 1994 hat die Dichte des Zooplanktons vor Kaliforniens Küste um 80 Prozent abgenommen

SCHÖNHEIT UNTERM MIKROSKOP

Auf Plankton bauen sich die Nahrungsnetze in den sieben Weltmeeren auf. Unterm Mikroskop offenbaren sich Vielfalt und Farbenpracht der Mikroorganismen. Obere Reihe: Strahlentierchen, Panzeralge, Kieselalge und ein Fisch-Ei. Mittlere Reihe: Kieselalge, Meduse und Kieselalgen-Stern. Untere Reihe: transparente Molluske, Meduse mit Tentakel-Kranz, stachelige Kieselalge (jeweils von links)

Azam: »In den Ozeanen ist zehnmal mehr Kohlenstoff gelöst, als in allen lebenden Tieren und Pflanzen enthalten ist.« Gewaltige Mengen des Grundbaustoffs irdischen Lebens sinken darüber hinaus als wasserunlösliche Chemikalien zum Meeresgrund. »Käme eine Bakterie auf die Idee, auch nur zehn Prozent des gelösten Kohlenstoffes oder der schwer zu knackenden Verbindungen in CO_2 zu verwandeln, würde die Erde zum Dampfkochtopf.«

Fazit des Forschers: »Die Bakterien haben uns in der Hand. Mikroorganismen spielen in allen globalen Klima-Szenarien die Hauptrolle. Sie kontrollieren sämtliche Parameter des Ökosystems. Sie steuern die Welt.« Doch die Menschen pfuschen den Winzlingen ständig ins Handwerk. Sie missbrauchen die Meere als Abfallkippe, Jauchegrube, Ölsumpf, Sonder- und Atommülldeponie sowie als Endlager für Giftgase und Kampfstoffe. Sie rotten eine Fischart nach der anderen aus und blasen dermaßen viel Kohlendioxid in die Luft, dass die daraus resultierende Erderwärmung die mächtige, aber sehr sensible Maschinerie der Meere durcheinander bringt.

»Sie glauben nicht an Erderwärmung? Dann schauen Sie sich das mal an.« John McGowan hebt zwei Marmeladengläser hoch. Das eine scheint mit dicker Hühnersuppe gefüllt; der Inhalt des anderen ist fast wasserklar. Beide Gefäße, erklärt der Scripps-Ozeanograph, enthalten an der gleichen Stelle vor der kalifornischen Küste entnommene Proben von Zooplankton – im Seewasser wimmelnde Winztierchen. Zwischen den beiden Proben liegen vier Jahrzehnte: Das eine Glas stammt aus dem Jahr 1954, das andere von 1994. »Unsere Studien beweisen, dass die Dichte des Zooplanktons in dieser Zeit um 80 Prozent abgenommen hat«, sagt der 73-jährige Forscher mit dem grauen Wurzelbart. »Zugleich ist die durchschnittliche Temperatur des Oberflächenwassers von 12,5 auf 14,1 Grad gestiegen. Das ist kein Zufall.«

Für McGowan, dessen Institut seit 1916 die Meerestemperaturen misst und seit 1951 die Planktondichte eines 130 000 Quadratkilometer großen Gebiets vor der kalifornischen Küste überwacht, ist es unbestreitbar, dass die Erderwärmung im Norden des Stillen Ozeans »fundamentale Veränderungen« bewirkt hat. Unter anderem sei der Transport von Nährstoffen aus dem Tiefenwasser an die Oberfläche unterbrochen worden. Weil das Zooplankton verschwinde, seien mehrere planktonfressende Vogelarten dezimiert worden, und der Fischfang sei um 37 Prozent zurückgegangen.

Mit Aussagen über Gründe der Erwärmung ist McGowan noch vorsichtig. »Höchstwahrscheinlich erfahren wir in den nächsten fünf bis zehn Jahren, ob wir daran schuld sind.« Was der Forscher nicht ausspricht, steht in sein wettergegerbtes Gesicht geschrieben: Dann gnade uns Gott. »Wir kennen vom Meer und seinen Gesetzmäßigkeiten nur etwa ein Prozent, deshalb sollten wir die Finger von ihm lassen und nicht mit ihm herumpfuschen.«

Aus einem ganz anderen Grund beunruhigt der Gedanke an eine Erderwärmung Scripps-Wissenschaftler Russ Davis. Sein Forschungsgebiet sind Tiefseeströmungen. Seit 1990 hat er in den Weltmeeren knapp 1000 rund 1,20 Meter lange Aluminiumzylinder aussetzen lassen. Die schlanken Schwimmkörper treiben in 900 bis knapp 2000 Meter Tiefe in den mächtigen Unterwasserflüssen, steigen alle 25 Tage an die Meeresoberfläche, funken ihre Position an einen Satelliten und tauchen wieder ab. So lässt sich enträtseln, welchen Weg die »jet streams« des Meeres nehmen

Die Tiefseeströmungen bilden laut Davis ein komplexes Netzwerk gewaltiger Naturkräfte. Der die Antarktis umkreisende Südpolarstrom etwa ist 1000 Kilometer breit, 20 000

KREISLAUF DES LEBENS

Professor Farooq Azam bei einer Wasserprobe. Im Meer gibt es keine simplen »Nahrungsketten«. Das Leben beruht auf einem komplexen Geflecht von Räuber-Beute-Beziehungen. Das große Fressen beginnt und endet bei den Bakterien. Sie verwerten die Reste größerer Lebewesen und sind zugleich deren Nahrungsgrundlage

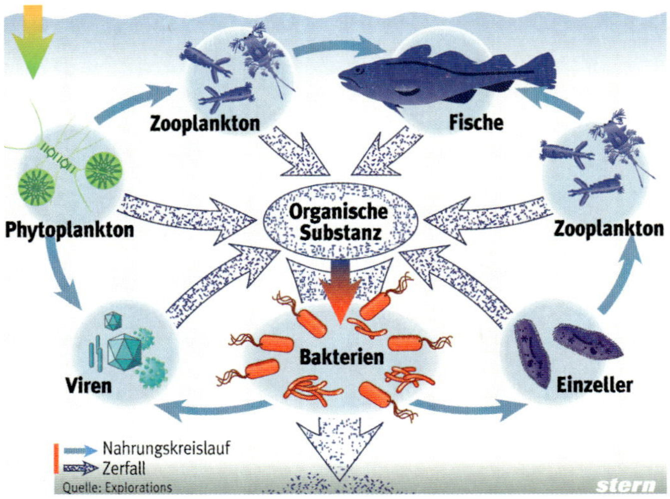

Kilometer lang und schiebt 100 Millionen Tonnen Wasser pro Sekunde durch die Tiefsee. Alle irdischen Flüsse zusammen schaffen nur einen Bruchteil davon. Verlasse ein solcher Mammutstrom seinen Kurs, sagt Davis, werfe er damit alle anderen Tiefseeflüsse aus ihrer Bahn. Antrieb der Strömungen ist das Gefälle im Salzgehalt der Meere, das vor allem durch Verdunstung von Atlantikwasser entsteht. Der zweitgrößte Ozean des Planeten verliert nach Berechnungen des amerikanischen Forschers Wallace Broecker pro Sekunde 350 000 Tonnen Wasser als Dampf. Dadurch steigt seine Salzkonzentration. Doch dieser »Motor« ist sehr anfällig für Klimaänderungen: Süßes Schmelzwasser von Gletschern kann ihn lahmlegen und so die Strömungsriesen stoppen.

Sollte das passieren, wären die Folgen katastrophal: Würde nur die obere Schleife des globusumspannenden Strömungssystems, das Broecker »das große Förderband« getauft hat, ihren Kurs ändern oder zum Stillstand kommen, bräche in London und Hamburg eine neue Eiszeit aus. In weiten Teilen Europas herrschte klirrende Kälte wie auf Spitzbergen, der Insel im Nordpolarmeer. Das Förderband führt in Form einer verknautschten Acht um die halbe Welt. Seine obere »Schleife« befördert warmes Oberflächenwasser vom Nordpazifik über den Indischen Ozean und um Afrika herum in den Nordatlantik. Die »Heizung Europas« gibt dort eine Wärmemenge an die Luft ab, die der Leistung von 400 000 großen Atomkraftwerken entspricht. Einmal ist die Katastrophe schon eingetreten: Vor rund 13 000 Jahren brachten Süßwassermassen, die von Gletschern ins Nordmeer geflossen waren, das Förderband zum Stillstand, und zwar ganz plötzlich. Bei der Untersuchung von Eisbohrkernen stellte sich heraus, dass das Klima damals innerhalb von nur zehn bis 20 Jahren komplett gekippt war.

IN DER KALTEN TIEFSEE LAUERT eine weitere tödliche Gefahr für die Menschheit: Tausende Milliarden Tonnen eines Gemisches aus Methan und Wasser, das unter dem hohen Druck zu Kristallen erstarrt ist. Bei einer Erwärmung der Ozeane könnte das Gashydrat, das an der Meeresoberfläche wie Zitroneneis aussieht, in seine Bestandteile zerfallen. Ungeheure Mengen Methan, dessen Treibhauswirkung zehnmal stärker ist als die von CO_2, würden aus der See in die Atmosphäre blubbern – und durch die von ihnen bewirkte Aufheizung weitere Hydratlager aufkochen. Die Erde würde zum Backofen.

Unter der von McGowan festgestellten Wassererwärmung leidet auch der Kelpwald bei Point Loma. Das zehn Quadratkilometer große Biotop ist nur ein paar Kilometer von Scripps entfernt. Die »Starship« pflügt an der schmalen Landzunge entlang durch das ölig glatte Wasser. Nur hier und da sind Kelpzweige zu sehen. Die Stürme vom vergangenen Herbst haben die meisten der bis 50 Meter hohen Braunalgen-»Bäume« entwurzelt. »Ein ganz normaler Vorgang«, sagt die Meeresbiologin Mia Tegner, »die Bäume wachsen rasch wieder nach. Schlimmer sind Skrupellosigkeit und Gier der Menschen.« Sie weist auf einen rund 300 Meter entfernt liegenden Kutter, auf dessen Deck ein Tauchkompressor knattert: »Da drüben greift sich jemand die letzten Seegurken.«

Mia Tegner und ihr Kollege Paul Dayton, Scripps-Professor für Meeresökologie, haben während der vergangenen 27 Jahre auf mehr als 20 000 Tauchgängen mit ansehen müssen, wie der Tanghain vor ihrer Institutspforte von einem lebensstrotzenden »Regenwald des Meeres« (so nannte Charles Darwin die Kelpwälder wegen des »Laubdachs«, das die Pflanzen an der Wasseroberfläche ausbilden) zu einer Unterwassereinöde verkam. »Noch in den 50er Jahren war hier ein Paradies«, sagt Dayton. »Es wimmelte von kapitalen Kalifornischen Judenfischen, die über zwei Meter lang waren, und von großen Zackenbarschen, Haien und Mantas. Der weiße Sägebarsch war so häufig, dass beim Tauchen seine Schwärme stundenlang an einem vorbeizogen. Und auf dem Grund stapelten sich die Abalone-Schnecken übereinander.«

Das Schicksal der als Delikatesse geschätzten Abalone, die bis 30 Zentimeter groß werden und wegen der Form ihres Gehäuses bei uns »Meerohren« genannt werden, ist beispielhaft für die Zerstörung des Kelpwaldes. 1879 sammelten chinesische Einwanderer bei Ebbe im flachen Wasser vor San Diego 1 860 000 Kilo, und ein Helmtaucher raffte 1913 in einer Vierstundenschicht 1500 bis 2000 Kilo zusammen.

Zwischen 1969 und 1977 wurden die Bestände dann in großem Stil kommerziell ausgebeutet. Als die fünf wirtschaftlich bedeutenden Abalone-Arten im Mai 1997 endlich geschützt wurden, war es zumindest für die Weißen Meerohren, die begehrteste Art der delikaten Schnecken, zu spät: Ein Wissenschaftler, der ein mehrere Hektar großes Seegebiet nach Tieren für ein Zuchtprogramm absuchte, fand nur noch drei Exemplare. Alle waren männlich. Weil die Meerohren immer seltener werden, steigen nach dem Gesetz von Angebot und Nachfrage die Preise. Tiefgefrorenes Abalone-Steak kostet im US-Großhandel heute 330 Mark pro Kilo. Doch weil die Preise so gepfeffert sind, suchen die Fischer besonders eifrig nach den letzten Schnecken.

Als sie im Kelpwald auch alle Großfische und die Languste ausgerottet hatten, entdeckten sie den Kalifornischen Schafskopf-Fisch als neue Beute. Nach der Geschlechtsreife mit ungefähr vier Jahren ist das Tier zunächst weiblich und rot. Mit acht wird es männlich und trägt schwarzrote Streifen. Ende der 80er Jahre wurden die Weibchen wegen ihrer Farbe bei Asiaten als »Good-luck-Fisch« beliebt, dessen Verzehr Glück bringt. Die Folge: 1989 zogen Fischer 16 203 Tonnen junger Weibchen aus dem Wasser, 1995 schon 194 942 Tonnen. Heute sind die Schafsköpfe verschwunden. Dadurch haben sich die Purpurseeigel, einst ihre Hauptbeute, explosionsartig vermehrt und fressen die Kelppflanzen ab.

DIE ROTEN NADELKISSEN sind die letzten essbaren Überlebenden in dem Unterwasser-Forst, früher die Heimat von bis zu 1200 Arten. Im Unterschied zu den anderen ausgerotteten Seeigeln gelten sie als zu klein für Sushi. Dagegen sind die Gehäuseschnecken und Seegurken, die lange Zeit niemand wollte, mittlerweile so gut wie ausgemerzt. »Die Fischer wissen, dass ihr Beruf keine Zukunft hat«, sagt Paul Dayton bitter. »Deshalb schnappen sie sich den letzten Fisch, bevor es ein anderer tut – eine Katastrophe.« Nach dieser Maxime habe man 1949 die kalifornischen Sardinen fast ausgerottet, 1972 die peruanischen Sardellen und 1992 den neufundländischen Kabeljau. Alle drei Bestände galten als »unerschöpflich«.

Nach Angaben der Ernährungs- und Landwirtschaftsorganisation der Vereinten Nationen (FAO) stieg die angelandete Menge Fisch zwischen 1950 und 1989 von 18 auf 84 Millionen Tonnen. 3,8 Millionen Fangschiffe jagen Kabeljau, Knurrhahn und Köhler. Alle 17 wichtigsten Fanggebiete des Globus sind laut FAO an ihrer Ertragsgrenze angelangt. 86 Prozent der 152 kommerziell wichtigen Seefischarten sind nach einer Studie britischer Biologen bedroht. Obwohl die Schwärme schwinden, ist Verschwendung weiterhin an der Tagesordnung: Zwischen 18 und 40 Millionen Tonnen, das

DIE KLIMA-ANLAGE DER WELT

Eine Mitarbeiterin des »Scripps«-Instituts für Ozeanographie in San Diego präpariert einen Tiefsee-Drifter, der über eine Spezialantenne Messdaten aus dem empfindlichen System der globalen Meeresströme übermittelt. Schon geringe Veränderungen dieses weltumspannenden Förderbands hätten größte Auswirkungen auf das Klima Europas und anderer Regionen

sind 30 bis 70 Prozent der für den menschlichen Verzehr gefangenen Fische, werden nach einer Greenpeace-Schätzung als »Beifang« tot über Bord gespült.

Was auf den Meeren geschieht, ist für den Biologen Carl Safina von der National Audubon Society in New York ein totaler »Krieg gegen die Fische«, der auch noch staatlich subventioniert ist. »Die FAO hat ausgerechnet«, so Safina, »dass der globale Jahresfang einen Wert von rund 70 Milliarden Dollar hat, aber Kosten von 124 Milliarden verursacht. So entsteht bei der Zerstörung der Meere ein Defizit von 54 Milliarden.«

Auf der Brücke der »Starship« schüttelt Farooq Azam den Kopf. »Das ist Irrsinn. Das Geld, was dort unter gewaltigen Umweltkosten vergeudet wird, fehlt uns auch in der Forschung. Weil wir so kurz gehalten werden, entspricht unser Wissen über die Meere dem, was die Medizin vor 150 Jahren über den menschlichen Körper wusste. Damals war Aderlass das Allheilmittel.« Meeres-Meteorologe David Rogers stimmt Azam zu: »Wir beuten die Meere aus, aber wir wissen nichts über die Konsequenzen. Das kann sich rächen.«

Die amerikanische Meeresbiologin Sylvia Earle hat das Desinteresse an der Tiefsee auf einen Nenner gebracht. Der gesamte Etat für Tiefseeforschung der »National Oceanic and Atmospheric Administration« (NOAA), einer großen staatlichen Forschungsbehörde, habe 1993 schlappe 16 Millionen Dollar betragen. In die Toilette der amerikanischen Raumfähre dagegen habe man 23 Millionen Dollar investiert.

NEUN KNOTEN, RICHTUNG ROBBENFELSEN

Spröde und karg ist der größte Teil der langen Landzunge, die sich vor der Pazifikküste Mexikos ins Meer schiebt. Doch so arm an Attraktionen die Überwasser-Welt von Baja California ist, so reich ist sie unter dem Meeresspiegel. Für die Taucher der »Starship« sind die Begegnungen mit Seelöwen, Pelzrobben und See-Elefanten ein faszinierendes Vergnügen

VON WOLFGANG RÖHL UND JAMES D. WATT (FOTOS)

Es war auf der Fahrt zu den San-Benitos-Inseln, als unser Schiff zum ersten Mal Flagge zeigen musste. Treibstofffilter nicht rechtzeitig gewechselt, Strafe: abrupter Maschinenausfall. Kein Spaß bei Dreieinhalbmeter-Dünung nebst schaumgekrönten Windwellen. Die 23 Meter lange »Starship« kam heftig ins Rollen. Ganz ohne Fahrt funktionieren ihre hydraulischen Stabilisatoren nicht. Alles, was nicht solide verstaut war, ging da unvermeidlich koppheister. Ein Drehstuhl krachte von der Brücke in den Salon, ein Kühlschrank sprang auf und erbrach seinen Inhalt. Schranktüren und Schubladen, die man zu fixieren vergessen hatte (sie besitzen einen speziellen Sicherungsknopf für stürmische Passagen), schossen spukhaft auf und zu. Bei anderen funktionierte die Sicherung nicht.

Wir taumelten hektisch durch das Boot, um Schäden zu verhüten. Kamen uns dabei öfter in die Quere. Stellten schmerzlich fest, dass da und dort noch Haltegeländer fehlten. Die man überall benötigt in so einem unsteten Behältnis. Es war der erste echte Test für die »Starship«, und ein notwendiger. Denn auf jedem nagelneuen Kahn gibt es Schwachstellen, technische und menschliche. Als der Filter ausgetauscht war und das Boot sich, wieder Fahrt machend, stabilisierte, wusste die Mannschaft: Es gibt einiges nachzubessern.

Landratten wie mir kommt die »Starship« zunächst als Geisterschiff vor, gesteuert von magischen Kräften. Wir fahren von San Diego nach Guadeloupe. Das Eiland, Mexikos westlichster Posten, liegt 140 Seemeilen vor der Halbinsel Baja California. Was dazumal intensiven Seekartenstudiums und zäher Zirkelei bedurfte, geht heute so: Poliza schaltet auf der Brücke einen Computer an, das Herz des hochmodernen Navigationssystems. Auf dem Schirm erscheint die nördliche Pazifikküste. Per Tastendruck wird der Ausschnitt zwischen Abfahrts- und Zielort herangezoomt, mit der Maus eine Linie zwischen beiden gezogen. Klick. Ein Rechner, dessen 20 000 Dollar teure Software über die seekartografischen Daten aller Weltmeere und vieler Buchten verfügt, arbeitet in ein paar Sekunden den schnellsten Kurs aus. Dabei berücksichtigt er Hindernisse wie Inseln oder Untiefen.

Klick. Das Programm wird mit dem »Global Positioning System« vernetzt. GPS liefert permanent die Position des Schiffs. Klick. Die Kursbefehle, automatisch korrigiert um strömungs- oder windbedingte Abdrift, werden auf die Ruderanlage übertragen. So erreicht das Schiff sein Ziel mit einer Fehlermarge von höchstens ein paar Metern. Die Elektronik errechnet aus Fahrstrecke und »Speed Over Ground« (tatsächliche Geschwindigkeit) sogar die voraussichtliche Ankunftszeit. Christliche Seefahrt am Ende des zweiten Jahrtausends: Kinderspiel für Computerfreaks?

Leider zum Glück denn doch nicht. Darüber später mehr. Wir erreichen nach 24 Stunden Guadeloupe, ohne ein einziges Mal den kleinen Hebel für die manuelle Steuerung berührt zu

BRAUNER STEIN IN BLAUER SEE

Die Isla Adentro an der Südspitze vor der Insel Guadeloupe besteht aus nacktem Fels vulkanischen Ursprungs, auf dem keine Pflanze Wurzeln schlagen kann. Eine Welt, die den Seevögeln und den Robben gehört

haben. Die Vulkaninsel in Form eines Seepferdchens kommt surreal in Sicht. Fast ratzekahl, mit schroffen Küsten, idealer Drehort für einen Endzeitfilm. Und doch hausen Menschen an diesem Ende der bewohnbaren Welt. Wir ankern im Süden und fahren mit dem Beiboot zu einer Fischersiedlung. Ein paar Bretterbuden, eine garagenhafte Behelfskirche. Gefischt wird, je nach Windlage, von verschiedenen Buchten der Insel. In einem Dorf im Westen, das eine kleine Schule unterhält, leben 20 Familien.

Krustentiere sind die gängige Währung der Fischer an den Küsten Baja Californias. Der Gegenwert wird in Whisky und Männermagazinen bezahlt

Die Geldwirtschaft ist auf Guadeloupe suspendiert, mangels Kapitalumlaufmöglichkeiten. Wir tauschen eine Flasche Whisky sowie eine familienfreundliche Großration Süßigkeiten gegen acht lebende Langusten. Die Krustentiere sind Handelswährung vor den Küsten Baja Californias. Intensivere Recherchen untersagt der lokale Militärkommandant aus Gründen nationaler Sicherheit. Kunststück: Wem wäre eine Landungstruppe, auf deren Windjacken ein seltsam gezackter *stern* aufgenäht ist, wohl ganz unverdächtig?

Die Gewässer vor Guadeloupe sind ein Kultziel amerikanischer Harpunen-Enthusiasten, die sich »Blue Water Hunter« nennen. Enorme Tun- oder Schwertfische sind ihre Lieblingsbeute. Sie jagen auf die rustikale Art – Gummizugharpune, keine Tauchflasche – und fühlen sich deshalb als Erben der Indianer. »American Spearos« (Wortspiel aus Speer und Held) leben riskant.

Guadeloupe ist ein Revier des Großen Weißen Hais. Den lockt das Gezappel blutender Fische zuverlässig. Al Schneppershoff, ein Freund von *stern*-Fotograf Jim Watt, wurde vor Jahren nahe unserem gegenwärtigen Ankergrund von einem »Great White« tödlich verletzt. Sein vorletzter Ruf, erinnern sich die Jagdfreunde, lautete: »Tunfisch, 300 Pfund!« Sein letzter: »Hai!«

Wir jagen nur mit Unterwasserkameras, und das auch erst, nachdem uns Guadeloupes Fischer versichert haben, der letzte »Gran Blanco« sei vor Monaten gesichtet worden. Vor der Steilküste umkreisen uns junge schwarze Guadeloupe-Pelzrobben. Sich um die eigene Achse drehend, uns nicht aus den großen Glubschaugen lassend, kommen sie aus allen Richtungen immer näher, lassen sich beinahe berühren. Die

auf den San-Benitos-Inseln schaffen sich kalifornische Seelöwen rudelweise von ihren Sonnenfelsen, als unser Beiboot aufkreuzt. Wir sind kaum abgetaucht, als die silbermetallicfarbenen Torpedos, offenkundig nach Action lechzend, uns in ihre Mitte nehmen. Wem so etwas widerfährt, der ist reif für den Robbenschutzverein.

INSELHÜPFEN. Von den Benitos weiter zur Isla Cedros. Da päppeln sie Tunfische für den japanischen Markt hoch. Ein einträgliches, nicht unbedingt sympathisches Geschäft. Wir fotografieren im Inneren eines 20 Meter tiefen Netzgeheges. Ein paar hundert der bis zu 60 Kilo schweren Tunas drehen dort unablässig ihre Runden, gleich Knackis beim Hofgang. Sehr behutsam laufen wir aus Cedros aus, wegen der zahlreichen Langustenfallen um den Hafen. Kurs Festland. Baja California – für ihre Fans »die Baja« – ist eine der kargsten, eigenartigsten, grandiosesten Landschaften der Welt. In der Abendsonne wirken ihre schluchtendurchzogenen Hügelketten wie von einer Riesenfaust zerknautscht.

Jede Reiseetappe braucht Zeit. Die »Starship« läuft im Normalbetrieb neun Knoten. Siebzehn km/h, Radlergeschwindigkeit. Oft fahren wir die Nacht durch. Jeder an Bord, auch der *stern*-Reporter Röhl, muss Wache schieben. In Wahrheit nämlich fährt das Schiff keineswegs von selbst. Im Gegenteil. Die hochgerüstete Technik muss dauernd gecheckt werden. Pendelt die Motordrehzahl um 1600 UpM? Liegen alle Drücke und Temperaturen, die ein Display auf der Brücke anzeigt, im grünen Bereich? Folgt das Boot, ein Pünktchen auf dem LCD-Schirm, brav seiner vorgezeichneten Kurslinie? Zeigt das Echolot ausreichend Wasser unter dem Kiel an? Was bedeuten denn die komplizierten Wetterdaten, die wir empfangen?

Ein Ohr lauscht dem Funkgerät, das auf den Kontakt- und Notfallkanal 16 eingestellt ist. Ein Auge vergewissert sich, wo im Jet-Cockpit-ähnlichen Gewirr der Schirme und Schalter und Tastaturen sich die womöglich lebensrettende MOB-Taste befindet. Sie speichert im »Man Over Board«-Fall die aktuelle Position. Ohne die es bei Nacht kaum eine Chance gäbe, ein

Im Meer vor der Isla Benito del Centro tummeln sich Hunderte kalifornischer Seelöwen. Die reichen Fischgründe und menschenfernen Felsen bieten ihnen ideale Nahrungsgrundlage und Lebensbedingungen

FOTO: MICHAEL POLIZA

Spezies, wegen ihres seidig glänzenden, mit einem Unterfutter versehenen Fells bei exklusiven Kürschnern hoch im Kurs, galt schon mal als nahezu ausgerottet. Inzwischen hat sie sich erstaunlich erholt. Beim Landgang heulen uns die Sympathiebolzen aus Felsenhöhlen an.

Auf der zehntägigen Fahrt entlang der Baja-Küste sehen wir mehr Meeresgetier als in drei Cousteau-Filmen. Irgendeine Delfineskorte schwimmt jeden Tag ein Weilchen vor dem Tropfenbug der »Starship« her. Die fetten, ulkigen See-Elefanten gähnen uns von den Inseln an, die wir passieren. Hunderte von Pilotwalen – auch sie eine Delfinart – umzingeln das Schiff auf offener See, ihrerseits beäugt von Schildkröten. Und

abgängiges Crewmitglied aufzufischen.

Ständig müssen Monitore überwacht werden, eingestellt etwa auf Maschinenraum und Heck. Nachts hellt eine Infrarotkamera die See auf. Zwei Radarschirme sind zu checken. Liegt da irgendwer mit uns auf Kollisionskurs? Auch die Überwacher werden überwacht. Wenn wir nachts nicht alle zehn Minuten eine Art Stechuhr drücken, schrillt der Alarm. Wir könnten ja entschlummert sein, im wiegenden Rhythmus des Bootes.

FOTO: MICHAEL POLIZA

Geschlafen wird auf der »Starship«, wann es gerade passt. Wachdienst geht vor. Wir haben rasch begriffen: Auch das ankernde Boot muss kontrolliert werden. Nachts lassen wir das Radar laufen, stellen den Radius ganz eng ein. Einmal, gegen ein Uhr früh, fängt das Gerät an zu fiepen. Mit einem Restlichtverstärker glasen wir die Finsternis ab.

SIEH DA: IN EINEM PANGA, dem offenen Fischerboot der Region, warten 200 Meter von der »Starship« zwei Gestalten auf ihre Chance. Die schöne »Starship« weckt unvermeidlich Begehrlichkeiten. Eine Tauchflasche mit Tarierweste zum Beispiel, wie sie stets einsatzbereit am Heck steht, ist für manch armen Hund eine enorme Verlockung. Arme Hunde aber gibt es in der Baja wie Kakteen, und nicht nur dort. Dennoch haben wir vor, unsere Ausrüstungen zu behalten.

Kurs Südost, Richtung Bahia Magdalena. Wir sind auf dem Whale Highway, sagt Jim. Er kennt die Baja wie seine Kameratasche. Ab Mitte bis Ende Dezember sammeln sich Grauwale in der riesigen Bucht, um sich zu paaren und Junge zu werfen. Dass sie wieder so weit südwärts ziehen, manche sogar bis zur Spitze der Halbinsel, ist relativ neu. Es beweist, wie sehr die Populationen erstarkt sind, dank der internationalen Ächtung des Grauwalfangs.

Bei Punta Belcher sehen wir Reste einer 150 Jahre alten Walfängerstation nebst ausgebleichten Mega-Knochen. Einst gab es hier Winter für Winter ein Gemetzel. Auch heute profitieren die Fischer von den Riesen. Wale-Gucker mit Booten hinauszufahren ist ein hübsches Saisongeschäft geworden. Die Mag Bay bietet eine Alternative für Touristen, denen die nördlicheren Whalewatcher-Lagunen von Guerrero Negro oder San Ignacio zu überlaufen sind. Hier unten herrscht noch träge Ruhe.

Ruhe suchen See-Elefanten am Strand, wo sie sich mit Sand zuschaufeln. Die 2 bis 3 Meter großen, fetten Tiere sehen aus wie aus einer Liaison von Robbe und Elefant hervorgegangen. Letzte Ruhe finden die Toten der Küstenregion auf dem steinigen Gottesacker von Puerto Magdalena

Auf der langgezogenen Isla Magdalena entdecken wir ein einzigartiges Biotop. Eine weiträumige, bewachsene Dünenlandschaft wie in Westjütland, gesäumt von einem zig Kilometer langen, blitzsauberen Traumstrand. Kein Hotel, nicht die kleinste Bude zerstört das robinsoneske Idyll. Dessen einzige Nutzer scheinen langschnäbelige Strandläufer zu sein. Ein irgendwie anachronistischer Platz, wie aus einem Logbuch von James Cook oder einem Roman von Joseph Conrad.

FOTO: JAMES D. WATT

DIE ERSTEN 100 TAGE AUF SEE

Kinderkrankheiten, Crew-Querelen, technische Probleme – jeder Anfang ist schwer. Es dauert einige Zeit, bis Mannschaft und Schiff zusammengewachsen sind und ihre erste Bewährungsprobe in einer stürmischen Nacht vor der mexikanischen Küste bestehen. Michael Poliza erinnert sich

Endlich unterwegs! Weg von der Werft und den letzten Horror-Monaten. Ich habe immer gedacht, ein Computerunternehmen mit 150 Mitarbeitern zu führen sei Stress. Aber es war ein Sonntagspicknick dagegen, ein Schiff zu bauen, noch dazu so komplex und unter so großem Zeitdruck. Stress mit der Werft, Stress mit der Mannschaft, Stress mit dem *stern*, der neun Stunden weit weg ist und nicht begreift, warum alles so lange dauert. Da die Werft immer noch einen Tag brauchte und noch einen, sind wir schließlich einfach losgefahren, buchstäblich bei Nacht und Nebel und unter Offenlassen diverser Rechnungen für Unerledigtes. Der Werftchef tobt. Will uns die Küstenwache hinterherschicken. Mein Anwalt beruhigt mich.

Kurs San Francisco. Ich Kapitän. Respekt! Der Sprung vom sechseinhalb Meter langen Motorflitzer zur 23 Meter langen »Starship« ist größer, als ich dachte. Aber dank Bug- und Heckstrahlruder lässt sie sich leicht manövrieren. Fünf Tage Fahrt und unterwegs kaum Häfen, in die wir bei technischen Problemen oder schwerem Wetter flüchten könnten. Vorsichtshalber ist ein zweiter Kapitän an Bord, der die Küste kennt. Doch das Glück ist auf unserer Seite. Das berüchtigte Revier vor Oregon und Nordkalifornien bleibt friedlich, das Wetter gut, die Sonne freundlich. Und langsam hebt sich meine Stimmung.

Bis am dritten Tag achtern plötzlich ein grauer Punkt auftaucht und schnell größer wird. Ein Schiff der US Coast Guard! Hat sich mein Anwalt getäuscht? Mit zwanzig Knoten Fahrt rauschen die Küstenschützer heran, holen die langsame »Starship« ruck, zuck ein und stoppen 200 Meter steuerbords. Angriff ist die beste Verteidigung, denke ich, und suche Funkkontakt. Ein wenig stotterig noch, aber dann klappt die Verständigung. Was macht so ein kleines deutsches Schiff hier, will die Coast Guard wissen, das auch noch diesen merkwürdigen Namen trägt – »Starship«. Ich erläutere unser Projekt und sehe, dass sie das Schiff mit Ferngläsern abchecken. Dabei sehen sie auch den Hinweis auf die Website am Brückenhaus. Jetzt beruhigt sich die Lage. »Good luck on your trip!« Und schon sind sie wieder weg.

Wenn die Küstengewässer für die flache »Starship« zu seicht werden, steigt die Crew auf das Zodiac-Beiboot um

San Francisco – Los Angeles – San Diego. Reporter kommen an Bord, Fernsehstationen berichten, das berühmte Monterey-Aquarium zeigt uns seine Schätze. In San Diego kommt die Werft erneut an Bord und versucht, die letzten Mängel zu beseitigen. Aber auch nach zwei Wochen ist noch nicht alles fertig.

Wir kaufen ein und bunkern. Fast 8000 Ersatzteile und jede Menge Verbrauchsmaterial. Noch gibt es alles in Hülle und Fülle, und alles kann über Nacht geliefert werden. USA – das Logistikparadies.

Dann, schon wenige Meilen südlich von San Diego, ändert sich die Lage schlagartig. Kein Handy-Kontakt mehr, kaum Schiffe, und auch auf Kanal 16, der internationalen Ruf- und Notruffrequenz, wird es plötzlich ruhig. Jetzt wird es zum ersten Mal ernst auf unserer Reise. Bisher war es ein Schönwettertrip und die Küstenwache immer in Rufweite. Zum ersten Mal lassen wir jetzt auch das Festland im Heckwasser. Vor uns liegt Guadeloupe Island, ein gottverlassenes Inselchen, 200 Kilometer vom mexikanischen Festland entfernt. Und dann kommt es, wie es kommen muss. Es fängt an zu blasen. Erst nur mit fünf bis sechs Beaufort, aber in der Nacht wird der Wind stärker, wir messen acht, in Böen neun Windstärken. Dann fällt plötzlich die Maschine aus. Wenn das Herz stehen bliebe, könnte der Schreck auch nicht viel größer sein.

Die »Starship« tanzt auf den großen Pazifikwellen wie eine Nussschale. Alles fliegt durcheinander. Auf alles habe ich versucht, mich vorzubereiten, jedes Buch über Stürme, Seenot und Krisenmanagement auf See gelesen – und jetzt möchte ich diesen Film nur noch anhalten, er ist mir zu heftig. Aber da gibt es keinen Stoppschalter, und die Minuten verrinnen und dehnen sich zu Stunden. Doch Yb, unser dänischer Mechaniker, bleibt gelassen und hat die Lage auch bald wieder im Griff.

FOTO: MICHAEL POLIZA (3)

Die Treibstofffilter waren verstopft. Nachdem sie gewechselt sind, springt der Motor an, und die »Starship« stampft wieder ihrem Ziel entgegen. Die Stimmung an Bord steigt. Wir bekommen das Schiff immer besser in den Griff, das Leben an Bord spielt sich ein, und die ersten ausgedehnten Tauchgänge sind überwältigend. Wir begegnen den riesigen Mantarochen bei Socorro, den kalifornischen Seelöwen bei Los Islotes in den Buchten der Baja California und – besonders beeindruckend – den Walhaien, den größten Fischen der Meere.

Weihnachten verbringen wir auf einer Trauminsel für Taucher, der Isla de Cocos, 600 Kilometer vor Costa Rica. Und auf dem Weg dahin erlebe ich den schönsten Sonnenuntergang meines Lebens, eine Symphonie in Rot und Gold, ultimativ kitschig und einfach klasse.

Begegnung mit einer Ikone: Bei dem für San Francisco typischen Nebel fährt die »Starship« unter der Golden Gate Bridge durch und erreicht ihren ersten sicheren Hafen

Hauptanziehungspunkt der Isla de Cocos sind Haie. Kein Tauchgang, ohne dass man 50, 60 von ihnen begegnet. Manchmal sind es Hunderte – Riff-Haie, Galapagos-Haie und riesige Schulen von Hammerhaien. Seltsamer Effekt: Weil es so viele sind, verliert man die Angst vor ihnen. Man muss sich entscheiden: Entweder bekommt man einen Herzinfarkt, oder man gewöhnt sich an sie. Wir entscheiden uns fürs Letztere.

Silvester sind wir wieder auf See. Es ist mein Geburtstag. Ich schlafe ins Jahr 1999 und mein neues Lebensjahr hinein. Keine Raketen. Auf der Brücke stößt die Wache um Mitternacht mit sich selbst an. Alles entspannt. Der Panamakanal treibt den Adrenalinpegel wieder nach oben. In den Yachthäfen erzählt man sich Horrorgeschichten über den Papierkram, der zu bewältigen ist, und den Überlebenskampf kleiner Schiffe zwischen den Containerriesen im gurgelnden Strömungswasser der großen Schleusenkammern. Aber bei dem Papierkrieg hilft der nette Agent Pete Stevens, und auch beim Schleusen geht alles gut. Nach einem Tag Kanalfahrt haben wir die Karibik erreicht.

Allabendlich das kostenlose Himmelsspektakel der Sonnenuntergänge auf See. Jeden Tag gibt es eine andere Inszenierung, aber jede ist virtuos. Diese hier findet auf der Fahrt zur Isla de Cocos statt

Dort mache ich meinen ersten schweren seemännischen Fehler. Da Sturm gemeldet ist, will ich versuchen, ihm auszuweichen, und eine Abkürzung durch die Honduran Banks fahren. Genau falsch. Denn statt rauszufahren aufs Meer und uns dem schweren Wetter auf sicheren Wassertiefen zu stellen, sind wir plötzlich zwischen unzähligen Untiefen in flachen Gewässern gefangen. Es wird dunkel, der Wind kommt von vorn und nimmt noch zu, und die Strömung schiebt von hinten. Die Wellen werden immer kürzer und steiler, hart fällt das Schiff in jedes neue Wellental. Eine unangenehme Lage, in der wir uns ganz auf unsere TRANSAS-Navigationsanlage verlassen müssen und uns mit Radarhilfe zwischen den Inseln und Riffen hindurchtasten. Katastrophal wird die Lage, als plötzlich das GPS ausfällt. Es liegt nicht am Gerät – für das wir Ersatz hätten –, sondern an der Kommunikation mit den 24 Satelliten, die uns unseren Standort verraten. Jetzt haben sie Sendepause, und wir wissen nicht, wo wir sind. Wenn es nicht so heiß wäre, ginge mir der Arsch auf Grundeis. Denn die Inseln sind zwar auf dem Radarschirm zu erkennen, aber bei diesem Sturm ist das Meer so aufgewühlt, dass sich brechende Wellen über einem Riff auf dem Radarbild unerkannt bleiben – und mit ihnen leider auch das Riff. Hans Albers schießt mir durch den Kopf: »Schroff ist ein Riff und schnell geht ein Schiff zugrunde / Früh oder spät schlägt jedem von uns die Stunde . . .« Aber das wäre doch verdammt früh.

Zum Glück nimmt das GPS nach fünf Minuten seine Arbeit wieder auf, und die Lage beruhigt sich. La Paloma, ohé! Über Funk kommt wenig später ein Hilferuf der US-Küstenwache. Einer Segelyacht ist das passiert, was ich befürchtet hatte: Sie ist auf ein Riff gelaufen und in Not. Wir bieten unsere Hilfe an, sind aber zu weit weg. Die Küstenwache notiert unsere Position und verspricht, uns auf dem Laufenden zu halten. Zwei Stunden später Entwarnung. Ein Fischkutter konnte das Segelschiff relativ unbeschädigt vom Riff ziehen. Und vier Wochen später in Florida kommt der Skipper der Yacht zu uns an Bord und bedankt sich für unser Hilfeangebot. Die Welt ist klein.

Auf den Traumkursen deutscher Yachten durch die Inselwelt der Karibik. Auf Humboldts Spuren nach Venezuela. Auf Darwins Fährte in das Evolutions-Laboratorium der Galapagos-Inseln, wo Pinguine, Riesenschildkröten und Meeresechsen sich gute Nacht sagen. Ein Weltumsegler kommt an Bord und fährt mit auf den Routen seiner Jugend in die Südsee. Auf den Marquesas erleben wir den Albtraum einer ohnmächtigen Suche nach Schiffbrüchigen, in Fidschi den Traum des Besuchs einer Insel, die für Fremde normalerweise gesperrt ist. In Neuseeland verabschieden wir das alte Jahrtausend

1999

ALLE FOTOS: MICHAEL POLIZA/STARSHIP

Für Kinder in aller Welt, wie hier im entlegenen Salinopolis im Amazonas-Delta, ist es ein Riesenspaß, wenn ein Crew-Mitglied mit ihnen ein paar Runden auf dem schnellen Zodiac-Beiboot dreht

SIMRAD
Anritsu

Immer wieder schwimmen Delfine ein Stück mit der »Starship« mit. Besonderes Vergnügen bereitet ihnen das Surfen auf der Bugwelle des Schiffs. Dabei wechseln sie ständig die Plätze; der beste ist genau vor dem Bug – jeder kommt mal dran

Jäger zu Wasser und in der Luft: Im Urwald von Venezuela verspeist ein Kaiman einen Piranha (oben), ein Paar Falken lauert auf Beute (unten links), und in großer Gruppe durchstreifen karibische Riff-Haie das Meer um die Bahamas

Tierbegegnungen in Venezuela: Die Lachmöwe hockt im Nacken eines braunen Pelikans und versucht dem gut einen Meter großen Vogel Beute zu stibitzen (oben). Von einem Ast aus beobachtet ein Eisvogel das Wasser (rechts unten), und ein Piranha am Haken zeigt sein messerscharfes Gebiss

Eine Gruppe von Scharlach-Ibissen im Amazonas-Delta: Die Stelzvögel picken im Brackwasser nach kleinen Tieren und sind trotz ihres staksigen Äußeren ausgezeichnete Flieger

FOTOS: MICHAEL POLIZA

KREUZ UND QUER DURCH DIE KARIBIK

In ihrem persönlichen Tagebuch hat Mannschafts-Mitglied Dörte Rehren besondere Erlebnisse des dreimonatigen Aufenthalts zwischen Florida und Grenada festgehalten

SONNTAG, 21. FEBRUAR 1999, FORT LAUDERDALE

Gut drei Wochen Werftaufenthalt gehen zu Ende. Die »Starship« wurde wieder flottgemacht, die Kinderkrankheiten der ersten Monate wurden kuriert. Nicht ohne Stress mit der Werft.

Es gibt auch Probleme mit der Crew. Rich hat sich nach vielem Hin und Her entschlossen, uns zu verlassen. Nun fängt auch Yb an, missmutig zu werden. Er hätte sich die Reise anders vorgestellt, und überhaupt würde er gern mehr Geld verdienen. Ein komplexes Problem.

Zugegeben, das Leben auf der »Starship« ist nicht so rosig, wie es unsere Besucher auf der Web-Site glauben. Mit Urlaub hat es wenig zu tun. Die Bezahlung macht nicht reich, und an erster Stelle steht harte Arbeit. Die Freunde fehlen und oft der Spaß in der knappen Freizeit. Überfahrten können lang und langweilig sein. Eben typisches Leben auf einem Schiff. Aber unser Projekt bietet auch eine Gegenleistung, die ihresgleichen sucht. Dennoch haben wir uns entschlossen, als neue Crew einen professionellen Kapitän bzw. ein Pärchen anzuheuern. Der Grat zwischen Freund und Chef ist doch sehr schmal und schwierig.

SAMSTAG, 27. FEBRUAR 1999, BAHAMAS

Kurs: West End auf Grand Bahamas Island. Mission: Delfine. Scott und Robin stehen am Bug und halten Ausschau. Sie kennen die Tiere in diesem Gebiet seit mehr als 15 Jahren. Plötzlich sind sie da, wie aus dem Nichts. Fast 20 Delfine. Michael und Rich zücken die Kameras und machen sich fertig zum Schnorcheln. Ich stehe in voller Montur auf der Tauchplattform, wippe von einem Fuß auf den anderen und warte auf mein »go«. Geduld war noch nie meine Stärke. »Go!« Großartig. Neugierig schwänzeln die gefleckten Gesellen (Atlantic Spotted

Ein Ananas-Bauer auf Kuba präsentiert stolz die Produkte seiner Farm

Dolfins) um mich herum und necken mich. Fast kann ich sie berühren, doch jedesmal biegen sie nur Zentimeter vor meinen Fingerspitzen ab, um sich dann von neuem heranzupirschen und sich über meine beschränkten Schwimmkünste geradezu lustig zu machen.

Wieder an Bord, haben alle nur ein Thema. Wir sind überwältigt. Die Tiere sind wild, sagen wir uns immer wieder, nicht mit Futter angelockt. Sie suchen unsere Gesellschaft, weil sie es wollen – warum auch immer. Am nächsten Tag eine andere Gruppe, an die 25 Tiere. Pfeilschnell schießen sie an uns vorbei, umkreisen uns, drehen Loopings und scheinen dabei den Schalk in den Augen zu haben. Sie wirken richtig menschlich mit ihrem kecken, herausfordernden Blick.

Plötzlich stoppt einer der Delfine neben mir. Vorsichtig strecke ich meine Hand aus, um ihn nicht zu vertreiben. Er schaut mich an, dreht die Nase leicht zu mir und stößt dann kleine fiepende Töne aus. Ganz zart berühre ich die glatte, feste Haut am Rücken. Er dreht sich herum, streckt mir den Bauch entgegen und genießt es, gekitzelt und massiert zu werden. Ganz nah sind wir zusammen für ein paar Momente. Ich lege beide Arme um ihn, umarme ihn. Und dann ist er weg, so unvermittelt, wie er gekommen ist.

DIENSTAG, 9. MÄRZ, TURKS UND CAICOS / UNTERWEGS ZU DEN BRITISCHEN JUNGFERNINSELN

Die 36-Stunden-Überfahrt zu den Turks- und Caicos-Inseln gibt mir einen Vorgeschmack auf die lange Überfahrt zu den Jungferninseln, unserem nächsten großen Ziel. Kurze, abgehackte Wellen aus allen Richtungen, unangenehmes Geschaukel. Endlich der Hafen von Providenciales,

Ein kubanischer Veteran erzählt lebhaft vom Verlauf der Revolution und ihren Errungenschaften. Aber auch er muss mit dem täglichen Mangel leben und Zigarrenreste in einer Pfeife rauchen

Vereinzelt werden in der Karibik noch immer Wale gefangen und geschlachtet. Auf der Grenadinen-Insel Bequa finden wir die imposanten Überreste eines Buckelwals

aber der nächste Launebrecher. Die Hafeneinfahrt ist sehr eng und flach. Doch der Hafenmeister schickte uns ein Lotsenboot – und beruhigende Worte . Don't worry, wir hätten genügend Wasser unterm Kiel. Hatte das Schiff auch. Aber das Sonar hängt 25 Zentimeter tiefer und schlug auf den Boden auf.

MITTWOCH, 17. MÄRZ 1999, BRITISH VIRGIN ISLANDS

Es ist geschafft. Buckelwale begleiteten uns in einen Archipel aus vielen kleinen, paradiesisch schönen Inseln, den britischen Jungferninseln. Satte grüne Bergfelder, unberührte Natur, keine Hotelkolosse, kein Stadtlärm. Wie weggewischt sind die Strapazen der letzten Tage.

Nach langer Zeit gehe ich heute wieder glücklich zu Bett. Auch mit unserer neuen Crew scheinen wir einen Glücksgriff getan zu haben. Trevor und Monika sind ein prima Team. Er ist Australier und fährt seit mehr als 13 Jahren als Kapitän und Ingenieur zur See. Monika ist Österreicherin und mit Trevor seit sechs Jahren ein Paar. Sie ist eine perfekte First Maid mit einem Blick für die kleinste Kleinigkeit. Es hat keinen Tag gedauert, und die beiden hatten die meisten Dinge im Griff.

DONNERSTAG, 25. MÄRZ 1999, GRENADA

In nur sechs Tagen haben wir viele Traumziele in der Karibik passiert. Von Saba ging es nach Dominica, über Martinique und St. Lucia nach Bequia und von dort nach Grenada – Urlaubsziele für die Reichen und Schönen. Schaut man hinweg über die Oberflächlichkeiten, eröffnen sich herrliche Landschaften. Zum Beispiel die Wasserfälle auf Dominica. Zehn Minuten schwimmen wir durch eine schmale Felsspalte, Bäume hängen tief und vor Nässe tropfend über die Felsen. Die Luft ist feucht und kühl, das Wasser glasklar. Immer lauter hören wir den Wasserfall, bis er sich am Ende des kleinen Durchschlupfes zeigt. Aus fünf Meter Höhe ergießt sich das Wasser auf die glatt gewaschenen Steine. Stundenlang könnte ich mir von dem kräftigen Strahl den Rücken massieren lassen, doch die Kälte kriecht mir in alle Glieder.

DONERSTAG, 15. APRIL 1999, TRINIDAD

Die letzte Nacht haben wir an der nordöstlichen Seite Trinidads Lederschildkröten bei ihrer Eiablage beobachten können. Jedes Jahr kommen zwischen März und August Hunderte Lederschildkröten zu diesem Küstenstreifen, an dem sie selbst aus dem Ei geschlüpft sind. Erst nach 20 bis 25 Jahren, wenn sie geschlechtsreif sind, erinnern sie sich an diesen Strand, auf dem sie ihre ersten Schritte machten, und kehren dann alle zwei Jahre zu ihm zurück.

Die größte und älteste aller Meeresschildkröten streifte schon zu Zeiten des Jurassic Parks durch die Meere, 120 Millionen Jahre vor unserer Zeit. Sie hat ihren Namen von dem lederartigen weichen Panzer, der es ihr ermöglicht, in Tiefen bis zu 1000 Meter hinunter zu tauchen, um nach Nahrung, hauptsächlich Quallen, zu jagen. Schätzungen zufolge werden sie 80 bis 100 Jahre alt und können eine Größe von bis zu zwei Meter und ein Gewicht von bis zu einer Tonne erreichen.

Mit großer Mühe kriechen die im Wasser so behenden Schwimmer an Land. Dort legen sie über drei, vier Monate hinweg zwei Wochen 60 bis 80 Eier. Eine erstaunliche Leistung, wenn man sieht, wie anstrengend und schwierig diese Prozedur ist. Erst mit den Vorder-, dann mit den Hintergliedmaßen schaufelt die Schildkröte ein tiefes Loch in den Sand, gibt es aber wieder auf, wenn sie feststellt, dass zu viele Steine darin liegen oder der Sand immer wieder nachrutscht. Dann schaufelt sie es zu und hebt eine neue Grube aus, so lange, bis das geeignete Nest bereitet ist. Wir hatten großes Glück, schon das zweite Loch wurde für gut befunden. Innerhalb von zehn Minuten waren alle Eier abgelegt. Während dieser Zeit ist das sonst lichtscheue Geschöpf so konzentriert, dass weder unsere abgedämmte Taschenlampe es stört, noch menschliche Berührung.

DONNERSTAG, 22. APRIL 1999, CHACACHACARE

Es war neblig und diesig, als wir die Insel erreichten. Trotz der Schönheit der grünen Berghänge und der fast romantisch im Gebüsch versteckten Häuser herrscht eine eigentümliche Atmosphäre. Bis in die siebziger Jahre war Chacachacare eine Kolonie von Leprakranken aus Trinidad. Hier konnten sie von gesunden Menschen ferngehalten werden, um eine Ausbreitung der Krankheit zu verhindern.

Einige hundert Kranke lebten hier, und noch heute sind viele Gebäude – die Wohnhäuser, das Krankenhaus, die Nonnenstation – gut erhalten. Als die Menschen die Insel verlassen konnten, weil neue Medikamente ihnen gestatteten, zu ihren Familien

Tradition begegnet Moderne: Als die »Starship« sich dem Amazonas-Delta nähert, kreuzen Fischer ihren Kurs, die mit einem offenen Segelboot und einem einfachen Krebsscheren-Segel zum Fang aufs Meer fahren

zurückzukehren, ließen sie viele Einrichtungsgegenstände und persönliche Dinge zurück. Erst langsam erobert sich die Natur zurück, was ihr einst genommen wurde.

Die meisten Fensterscheiben sind zerstört, eine frische Meeresbrise fegt durch die alten Räume. Aber die alten Bettgestelle stehen noch im Krankenhaus, das Operationsbesteck liegt bereit, in der Apotheke im Obergeschoss stehen Medikamente in Reih und Glied, und die Bücher mit den Krankenberichten sind auch noch da. Heute ist die Insel Chacachacare unbewohnt. Nur die Generatoren des mehr als hundert Jahre alten Leuchtturms müssen von einem wöchentlich wechselnden Zweierteam gewartet und überwacht werden. Diese Woche haben Mannah und Joseph Schicht, die sich wahnsinnig über den Besuch der »Starship«-Crew auf ihrer Insel freuen.

HUMBOLDT – EIN PREUSSE AM ORINOCO

Vor 200 Jahren brach der deutsche Naturforscher Alexander von Humboldt zu einer Expedition nach Venezuela auf. Von der Küste folgte er dem Lauf des Orinoco, der sich mehr als 2000 Kilometer lang ins Landesinnere windet. Als er zur Heimreise wieder an Bord geht, führt er 45 Kisten voll exotischer Fundsachen mit sich

VON RAINER FABIAN UND THOMAS HÖPKER/ MAGNUM (FOTOS)

Am 16. Juli 1799, die Sonne ist gerade aufgegangen, fährt die Fregatte »Pizarro« in die Bucht der venezolanischen Hafenstadt Cumaná ein. Zwei Männer, ein Preuße und ein Franzose, stehen an der Reling und blicken auf die Mündung des Manzanares-Flusses. Einbäume kommen ihnen entgegen, in denen Indianer sitzen, unbeweglich wie »Bronzestatuen«. Alexander von Humboldt hört das Schlagen der Ruder, die in das hellgrüne Wasser eintauchen, sieht die »Schätze der armen Indios«, Wunder der Tropen in seinen Augen, Bananenbüschel, den Schuppenpanzer eines Gürteltiers, »Früchte als Trinkgefäße«.

Schon beim ersten Blick auf die Uferlandschaft überkommt Humboldt das Entzücken vor dem »großartigen Charakter der tropischen Natur«. Da fliegen Silberreiher, Flamingos und Pelikane vorüber, da wachsen Kandelaber-Kakteen, Mimosen und »Bäume mit riesenhaftem Wuchs auf den Hügeln«, und da sind – wie er hinzufügt – »viele, viele echte halbwilde Indianer«. In den ersten Tagen sind der preußische Naturforscher Alexander von Humboldt und der französische Botaniker Aimé Goujaud Bonpland aufgeregt wie Kinder an einem Muschelstrand, »wir konnten kaum die Pflanzen tragen, die wir bei jedem Schritt sammelten«.

Da ist die Tropenidylle am Fluss, da sind die Delfine, die den Manzanares heraufkamen und die Badenden erschreckten, da sind die Einwohner der ältesten spanischen Stadt des südamerikanischen Kontinents, die des Nachts bei »schönem Mondschein Stühle ins Wasser stellten«, die Füße in die Kühle streckten, Zigarren rauchten und in die Nacht schwatzten.

Die »Pizarro«, auf der Humboldt und Bonpland den Atlantik überquerten, war von einem halbirren Kapitän geführt worden.

Schon zwischen den Kanarischen Inseln wusste der Seemann oft nicht, wo er sich befand. So hielt er einen Basaltfelsen für eine militärische Festung, grüßte den Klotz durch Flaggenhissen, und am Hafen von Cumaná fuhr er fast vorbei.

In Cumaná war aus dem spanischen Postdampfer ein schwimmendes Hospital geworden. Im stickigen Zwischendeck herrschte typhusähnliches Fieber, das der Quacksalber an Bord einer mysteriösen »Verderbnis des Blutes« zuschrieb. Die Passagiere waren dem Fieberwahn verfallen – »keine Chinarinde an Bord«, notierte Humboldt. Ein Matrose war gestorben und seine Leiche beim Läuten der Totenglocke im Meer versenkt worden.

Am 25. März 1999, die Sonne ist fast untergegangen, läuft die»Starship« in den Hafen von Cumaná ein, bemannt mit Internauten und Cybersailors, unterwegs auf der benutzerfreundlichen Oberfläche des Planeten. Der erste Blick auf das Ufer von Cumaná, auf die verschwitzte Provinzhauptstadt des Bundesstaates Sucre, ein Blick in die Dritte Welt. Die Mündung des Flusses ist zu einem Müllschlucker verkommen; im Wasser treiben aufgehackte Kokosnüsse und Plastikflaschen, es riecht nach Fischblut und den Innereien geschlachteter

WEISSES GOLD AUS ROTER LAKE

Seit Humboldts Zeiten nahezu unverändert wird an der Küste von Cumaná Salz gewonnen. Die Bakterien färben das Wasser der Lagune rötlich, verdunstet es, bleibt Salz zurück und wird in urtümlichen Schuten abtransportiert

Tiere. Östlich von Cumaná sieht man die Kette der Küstenberge, an denen das Humboldtsche Tropengrün wie mit riesigen Klauen weggekratzt ist, kahle Berge wie Tierkadaver, die unter der tropischen Sonne zerfallen.

Der erste Schritt an Land. Am Kai sitzt eine Frau und verkauft Chiclets, die kleinen rechteckigen Kaugummis. Abgesplitterte Fingernägel, ein goldglänzendes Gebiss, ein Karibiklächeln. Humboldt? »Wer ist das, dieser Humboldt?«, antwortet sie. »Ist das einer von der Regierung? Hat er was zu essen?«

DIE KARIBIKKÜSTE, die einmal das Entzücken Humboldts gefunden hatte, ist zu einer Müllküste verkommen, eine riesige Franse von Plastikbechern, Kronkorken und Zigarettenkippen wäscht an die Strände. Und was in der von vielen Erdbeben totgemachten und von Schmutz zerfressenen Hafenstadt an Humboldt erinnert, das sind nur noch die Graffiti an den zerborstenen Mauern der Stadt, naive Malereien von tropischen Paradiesen, »nach denen ich mich seit meiner frühesten Jugend gesehnt hatte«, Bilder von Flamingos in ihrem Hochzeits-Rot, so fremd, so ausgestorben wie die Saurier.

FOTO: AKG BERLIN

Forscher in der Wildnis und an der Küste: Humboldt und sein französischer Kollege Bonpland (o.). Der Deutsche entdeckte Seevogel-Mist als Dünger, der seither abgebaut und nach Europa verschifft wird

Es war nicht nur der Wissensdurst gewesen, der Alexander von Humboldt in die Ferne getrieben hatte. Das preußische Wunderkind hatte es schon immer weit hinausgezogen, zu den Sternbildern des Südens, den »Ufern des Ganges mit ihren Bananenbäumen und Palmen«, zu den Tropen. Humboldt fühlte sich »eingeengt, engbrüstig«, aber auch das »häusliche Leben der feineren Welt« stieß ihn ab. Nagendes Fernweh überfiel den Europamüden schon beim Anblick eines getrockneten Reishalms in einem Herbarium.

Aber er wollte wohl auch dem Schloss Tegel entkommen, dem düsteren Familiensitz, das die Humboldts in Erbpacht verwalteten. »Schloß Langweil« nannten es die Humboldt-Brüder Wilhelm und Alexander. Hier, inmitten von Sanddünen und Kiefernwäldern, hatten sie ihre Kindheit in »entbehrender Einsamkeit« verbracht, von Privatlehrern und der Mutter streng erzogen, die Alexander für das Finanzamt

DIE HÖHLE DES FETT-SCHWALMS

Schon für Humboldt war es ein spektakuläres Erlebnis, als das »gellende, durchdringende Geschrei widerhallt vom Felsgewölbe«. In der Guácharo-Höhle bei Caripe hausen zehntausende von Fettschwalmen, nachtaktive Vögel, die bei Anbruch der Dämmerung ihre Tropfstein-Nischen verlassen und mit Hitchcock-Geschrei ins Freie flattern. Früher wurden die Guácharos gejagt, aus ihrem Körperfett wurde Brennstoff für ewige Lichter gewonnen

bestimmt hatte. An der Akademie der Wissenschaften in Berlin ließ der künftige Universalgelehrte kein gutes Haar, er verspottete sie als »Leprahaus«, mokierte sich über Wissenschaftler, die noch daran glaubten, dass die Pyramiden Vulkane wären und die Sonne eine Art Küchenofen, Rußhaufen die Sonnenflecken. Als er die berühmte Baumschule besuchte, sah er dort »viele Glieder der Naturforschenden Gesellschaft, krüppelhafte Figuren«, die ihm mehr Abscheu als Liebe zur Naturkunde einflößten.

Doch die Sehnsucht nach dem Exotischen gehörte in der Epoche der Forschungsreisen zum Zeitgeist. In den königlichen Gärten und Parks gab es Gewächshäuser, in denen Heliconien wuchsen, tropische Pflanzen mit Blüten, rot und riesig wie Fleischlappen. »Orchideenjäger« beschafften kostbarste, nie gesehene Blumen, die bei Krönungsfeierlichkeiten für eine Nacht an den Brüsten der Hofdamen erblühten. Seeleute brachten von ihren Reisen Kuriositäten mit, ausgestopfte Tiere, Tukanschnäbel, Schrumpfköpfe.

Eine zeitgenössische Darstellung des Fettschwalms. Humboldt notierte: »Je tiefer man in die Höhle hineinkommt, je mehr Vögel das Licht der Copal-Fackeln aufscheucht, desto größer wird der Lärm«

Nun ist Alexander von Humboldt in Cumaná, und auf die Einheimischen wirkt er wie ein Wesen von einem anderen Stern. Ein Mensch, der Gläser an die Augen hält! Der andauernd Steine und Pflanzen in die Taschen stopft! Die größte Attraktion ist das Mikroskop des merkwürdigen Fremden. Die Señoritas klauben sich gegenseitig die Läuse aus den Frisuren und wollen sie zu Monstren vergrößert sehen. »Jede Läuseart hat ihren eigenen indianischen Namen«, bemerkt Humboldt.

Fast ein halbes Jahr bleiben die beiden Naturforscher in Cumaná. Aber sie gehen nicht nur am Ufer des Manzanares spazieren, sie beobachten auch den Alltag in der spanischen Kolonie. Was Humboldt am meisten empört, ist der Menschenhandel. Wie sie die schwarzen Sklaven mit Kokosöl einreiben! Wie die Käufer den Männern den Mund aufreißen, »als wären sie zum Verkauf stehende Pferde!«. Wie die Kreaturen geschlagen werden, mit Seekuhriemen.

Eines Nachts erleben Humboldt und Bonpland einen Meteoritenschauer: »Tausende von Feuerkugeln« rasen über den Himmel, und »viele zogen einen Schweif hinter sich her«. Dann das erste Erdbeben. Humboldt ist eher entzückt als verschreckt, spürt den heftigen Stoß, obwohl er gerade in der Hängematte liegt. Doch beobachtet er auch geistesgegenwärtig, dass sich die magnetische Neigung der Nadel um mehr als ein Grad vermindert. Am größten ist die Euphorie der beiden Freunde, als sie die Hafenstadt in Richtung Inland

ALTER BRAUCH IN NEUEM OUTFIT

Als Humboldt am Hofe seines preussischen Königs Friedrich Wilhelm IV. von seiner Reise berichtete, erzählte er auch von der Prozession der Fischer in Santa Fé. Heute noch bitten die ihre Schutzheiligen alljährlich um guten Fang, und die Jugend nutzt den Anlass für ein fröhliches Bord-Fest

FOTO: AKG BERLIN

verlassen und – endlich! – in den Tropenwald eintreten. Der Urwald ist für Humboldt kein Schlachtfeld im darwinistischen Sinn, sondern ein Naturparadies. Er schwärmt von der Himmelsbläue, der Saftfülle der Kräuter und dem Glanz der »ungeheuren Blätter«, er fühlt sich in das »göttlichste und vollste Land« versetzt. Was Humboldt über die Pflanzen notiert, gleicht denn oft eher einem barocken Gemälde als einer botanischen Beschreibung der Spezies.

»Die verschiedenen Eindrücke der Fröhlichkeit und der Melancholie!« Quirlförmige Äste! Mimosen mit »sehr reizbaren Blättern!« »Nankinggelbe« Wollbüschel! »Der Seidenglanz und das strotzende Fleisch der« Saftpflanzen! Eine »schaumgebende« Seifenfrucht! Vom Wind geschaukelte Rankengewächse! Schmarotzer, die »durcheinander wirren!« Und der Kuhbaum, dessen Rinde eine Milch ausscheidet, »die die Neger trinken!«.

Humboldt war Ökologe, als es den Begriff noch gar nicht gab. Wer die Wälder durch Brandrodungen zerstört, schrieb er prophetisch, zerstört die Quellen, »die Dürre des Bodens vermehrt sich in dem Verhältnis, wie die Bäume sich vermindern, die ihm Schutz vor den brennenden Sonnenstrahlen gewähren«.

Humboldt und Bonpland, das schienen Figuren zu sein wie aus einem Roman von Jules Verne. Auf den alten Stichen sieht man zwei modisch gekleidete Herren aus der Goethezeit, die durch die Raubtierwelt der Tropen streifen. Der Herr Baron trägt eine weite, bauschige Hose und eine langärmelige Bluse im französischen Stil, ein blaues Jackett mit vergoldeten Knöpfen und seinen »müden, alten Hut«, einen schwarzen Sombrero, und an einem exotischen Baum lehnt ein exotischer Eingeborener und reicht dem Herrn aus der Mark Brandenburg den Sextanten. Ununterbrochen ist er damit beschäftigt, die Welt zu erforschen, das Chaos durch Daten zu bändigen. Schon auf der Überfahrt nach Venezuela hatte er Längen- und Breitengrade und die Temperatur des Meerwassers gemessen, das an den Planken der »Pizarro« vorbeirauschte, hatte Tangbüschel unter dem Mikroskop betrachtet, Quallen und Fliegende Fische untersucht und festgestellt, dass deren Schwimmblasen 98 Prozent Stickstoff enthielten.

Auf der Reise ins Amazonasgebiet erfasst er alles, die Fließgeschwindigkeit der Flüsse und den Durchsichtigkeitsgrad der Luft, er macht Luftröhrenschnitte an Krokodilen und stellt fest, dass man aus deren Rückenmuskeln bessere Gitarrensaiten machen kann als aus den Därmen der Brüllaffen. Er misst die Neigungswinkel der Bergpfade und die Länge der Eingeweide (33 Meter) einer erlegten Seekuh.

Die Humboldtschen Instrumente sind heute Museumsstücke: der Inklinationskompass, das Cyanometer (eine Skala zur Messung der Himmelsbläue), die Leidener Flasche (älteste Form eines Kondensators), Eichmaß und Quecksilberhorizont und der achtzöllige Spiegelsextant »von Ramsden mit silbernem Limbus«. Oft wendet Humboldt noch primitive Messmethoden an. Um die Höhenmeter eines Berges zu erfahren, erhitzt er Schmelzwasser über einem Feuer, aus dem Siedepunkt des Wassers liest er die Höhe ab.

Die Wege, auf denen Humboldt vor 200 Jahren durch die Savanne zwischen Cumaná und Ciudad Bolívar auf dem Maultier ritt, sind heute Highways durch eine Industrielandschaft, die Region ist das zweitgrößte Ölförderungsgebiet Venezuelas. Pipelines. Nickende Ölpumpen. Tote Buschlandschaften mit Riesendisteln. Felsen, auf die Politiker ihre Namen gekalkt haben. Autowracks mit pathetischen Blechschäden. Benzinzapfstellen, unkrautüberwachsene Hütten, Billboards, die Frauen in weißer Unterwäsche zeigen.

Durch diese Ölprärie gehen Männer, auf deren T-Shirts »construcción« steht und »desarollo« (Fortschritt). Im Foyer der »PDVSA« (Petróleos de Venezuela) sind die Objekte der Ölindustrie zu sehen, das Kuriositätenkabinett des 20. Jahrhunderts: vergoldete Schutzhelme wie aus präkolumbischer Zeit. Ein Bohrkopf wie ein zu lange benutzter Zahn. Auch in den abgelegenen Dörfern dieser Industrielandschaft ist nichts Humboldtsches mehr. Es sind Genreszenen in einem Dritte-Welt-Land, wo die Moderne ein Markenartikel ist, etwas Importiertes, sonst nichts. Die Männer sitzen in Pepsibuden aus Blech und trinken »Budweiser« und »Heineken«, die Kinder tragen Mützen der »Chicago Bulls« und werfen Kronkorken in Plastikeimer, aufgehängt über ihren Köpfen, und in den termitenzerfressenen Hütten laufen die Fernseher, kreischen die Disneymäuse und das Baby Sauro.

»BIS INS ALTER DUNKLE SEHNSUCHT«

Die verspürte der heimgekehrte Humboldt nach Südamerika. Nicht nur nach den Kordilleren, sondern besonders nach Cumaná, der Stadt, wo er den Boden des neuen Kontinents betrat. Heute ein Armenhaus, wo hungrige Kinder schwelende Müllhalden nach Essbarem durchwühlen

NUR AN EINEM EINZIGEN ORT in der Nähe von Cumaná kann man heute, Ende des Jahrtausends, noch so etwas wie die Gegenwart des Forschungsreisenden fühlen. Es ist eine legendäre Höhle, deren Alter auf etwa 130 Millionen Jahre geschätzt wird. Nichts hat sich hier geändert, seit Humboldt und Bonpland mit Fackeln aus Baumrinde und Harz in das Innere der Tropfsteinhöhle vordrangen und das infernalische Hitchcockgekreisch der »Guácharos«, der Fettvögel, vernahmen.

Der surrealistische Vogellärm ist wie das Gezeter kämpfender Katzen, wie Rabenkrächzen, ein »gellendes, durchdringendes Geschrei«, aber auch ein metallisches Klicken, mit dem sich die Nachtvögel im Höhlendunkel nach Art der Fledermäuse orientieren. Es sind – wie Bioakustiker herausgefunden haben – 9000 Klicks pro Sekunde.

Nach wenigen Metern des Ganges, der neun Kilometer tief in die Höhle führt wie die Windungen einer unterirdischen Riesenschnecke, wird es stockdunkel. Es knirscht beim Treten auf die violetten Kotplacken, es stinkt nach Raubtier. Zehntausende von Guácharos – Fettschwalm auf Deutsch – nisten in den 20 Meter hoch in den Wänden gelegenen Tropfsteinnischen. Erst nach Einbruch der Dämmerung verlassen die geflügelten Höhlenbewohner die von Feuchtigkeit triefende Grotte, schwärmen aus auf der Suche nach Palmnüssen und Beeren.

FOTO: AKG BERLIN

Die Grubenlampe unseres Führers reißt das Grottenleben aus dem ewigen Dunkel: Krebse, dünnstielige Pflanzen, bleich wie Bohnenkeime, kleine, blinde Ratten und Grottengrillen. Jeder »Saal« hat einen anderen Namen, Schutzengel, Elefantenkopf, Humboldt-Platz, dann die »Galerie des Schweigens«, ein Reich der Toten, in dem kein einziger Tierlaut mehr zu hören ist.

Zu den Guácharos gehen, so hatten die Indianer dem Forschungsreisenden erzählt, »bedeutet, zu den Vätern zurückzukehren, also zu sterben«.

Damals schlugen die Indianer jedes Jahr Tausende der Vogelküken tot, schnitten den Fettwulst zwischen After und Unterleib ab. Sie siedeten daraus ein klumpiges, geruchloses Fett und ein Öl, mit dem in den Klosterküchen gekocht und das ewige Kirchenlicht über dem Altar gespeist wurde. Das Fett, das die Tiere im Dunkel ansetzten, erinnerte Humboldt an »die uralten Erfahrungen beim Mästen der Gänse und des Viehs«, den Vögeln dient es in Wirklichkeit als Schutz gegen die Grottenkälte.

Nach Anbruch der Abenddämmerung ist es wie in Key West in Florida, wo die Touristen der Sonne applaudieren, wenn sie im Meer versinkt. Hier setzen sie sich vor dem

RESPEKT VOR EINEM GROSSEN FORSCHER

Alexander von Humboldt war ein fleißiger Zeichner. Der erste, der Menschen, Landschaft, Tiere und Pflanzen des heutigen Venezuela dokumentierte. Bis heute inspiriert sein Aufenthalt die Menschen des Landes – wie den Straßenkünstler Rafael Zerpa, der Porträts des Forschers verfertigt

FOTO: AKG BERLIN

Höhleneingang auf die Steinstufen, warten auf das Ausfliegen der krähengroßen Vögel, und dann ist es so weit, die riesige Horde flattert ins Freie. Es ist ein Geräusch wie in den Horror-Comics.

Aaaaaargh!

Als Alexander von Humboldt im Jahre 1804, nun 35 Jahre alt, wieder in Europa eintrifft, geht eine der größten Forschungsreisen in der Geschichte der Naturwissenschaften zu Ende. Auf der Reise durch sieben Länder der beiden Amerikas hatten sich Humboldt und Bonpland 10000 Kilometer durch Savannen, Regenwälder und Hochgebirge geschlagen, 700 Orte mit astronomischen Methoden bestimmt, zum ersten Mal die Grundlagen einer Pflanzengeografie und Geophysik beschrieben und – als Höhepunkt der anderthalb Jahre dauernden Venezuela-Reise – entdeckt, dass der Casiquiare-Fluss, 320 Kilometer lang und breit wie der Rhein, den Orinoco mit dem Amazonas verbindet.

Das Ergebnis der Zwei-Mann-Expedition steckte in 45 mit Gesteinen, Zeichnungen, Tierbälgen, Karten, Muscheln und Samen gefüllten Kisten. Auch eine Hand voll Guano-Vogelmist war dabei, »eine chemische Merkwürdigkeit« für Humboldt – und ein mit dem indianischen Pfeilgift Curare gefülltes Gläschen.Vor allem war da aber ihr »Heu«, wie es die Freunde nannten: Herbarien mit 6000 getrockneten Pflanzen, mehr als die Hälfte davon neu entdeckte Spezies für die Botaniker der Alten Welt.

Humboldt war ein besessener, ein rastloser Arbeiter, ein Workaholic, oft dachte er, er »verliere darüber den Verstand«. Sein Lebenswerk wuchs sich zu dem umfangreichsten Reisebericht aller Zeiten aus, 35 Bände, 9000 Seiten Text, fast 1500 zum großen Teil nach Humboldts Skizzen gezeichnete Abbildungen und Karten. In seinen berühmten »Kosmos«-Vorlesungen in Berlin saß ein gebildetes Publikum aller Stände im überfüllten Hörsaal zu seinen Füßen. Manche seiner Bewunderer kamen ihm zu Ehren in gestreiften Hosen, wie sie Humboldt im Dschungel getragen hatte.

Der Naturwissenschaftler war ein Universalist, die Erde begriff er als einen Organismus, in dem eins vom anderen lebt. Ein umfassendes vernetztes Bild der Natur wollte er entwerfen, ein Gemälde vom »Zusammen- und Ineinanderweben aller Naturkräfte«, ein »kosmisches Naturgemählde« der – heute würde man sagen – Biosphäre.

Kaum ein berühmter Zeitgenosse, den Humboldt nicht kannte. Er hatte Beethoven und Schiller getroffen, war mit Goethe befreundet, Gast der Zarenfamilie und des US-Präsidenten Jefferson, er kannte auch originelle Zeitgenossen wie Rudolf Erich Raspe, der die Urfassung des Barons von Münchhausen erfabelt hatte.

Zeit seines Lebens pflegte er Freundschaften zu Männern von »stillem, edlem und tiefem Gemüte«. Er selbst hatte sich von den Frauen weggewünscht und so die ewige Streitfrage der

ALTER TRAUM, NEUE WIRKLICHKEIT

Zu Humboldts Zeit wurde die Tropenidylle in aufwendigen Palmenhäusern, wie auf der Berliner Pfaueninsel, schwärmerisch nachgebildet. Heute wird sie in der Realität immer stärker zerstört. Durch Kahlschlag, wie bei Barrio del Valle, erodieren die Hänge großflächig, und weite Landstriche verslumen

Humboldtforschung aufgeworfen: War er homosexuell? Hatte er ein geheimes Leben? Nie werde er sich »von einer starken Leidenschaft hinreißen lassen«, hatte er vor dem Aufbruch ins Ungewisse geschrieben, »ernsthafte Geschäfte und am meisten das Studium der Natur werden mich von der Sinnlichkeit zurückhalten«.

In Berlin war er schon zu Lebzeiten wie ein Monument im Park, und in Paris gab es damals keinen größeren Löwen der »naturwissenschaftlichen« Salons als den preußischen Baron. Kaum einem gelang es, zu Wort zu kommen, wenn die »enzyklopädische Katze« ihr einschüchterndes Wissen verbreitete, wenn sie erzählte, dass die Indianer die Sternschnuppen den »Urin der Sterne« nennen, oder wenn sie beschrieb, wie die Eier der Termitenkönigin, vermischt mit Maniok und Wasser, schmecken, nämlich »wie ranzige Butter mit Brotkrumen geknetet«.

Dass er eine »unglückliche Neigung zu allzu dichterischen Formen hatte«, gab er offen zu. So schilderte er sich als einen Abenteurer, der in den sumpfigen Niederungen von Venezuela die Schläge des Zitteraals erduldet hatte, auf Berggipfel gestiegen war, wo es einem das Blut in die Augen trieb. Er beschrieb sich als Draufgänger, der Gewässer voller Krokodile, Stachelrochen und Piranhas befahren und blutgierigen Kannibalen ins Auge gesehen hatte.

Humboldt war »wie die Mona Lisa ein Klischee« (Umberto Eco), eine Kultfigur des Bürgertums und der Wissenschaften, und das ist bis heute so geblieben. Sein Name kommt auf den Landkarten öfter vor als der jedes anderen Menschen, tausendmal insgesamt. Humboldt, das ist eine Tatsache der Natur sozusagen, Humboldt, das ist ein Gletscher und ein Strom und ein Staudamm, Humboldt ist ein Salzsee und eine Kette von Bergen, Humboldt ist ein Krater und ein Meer auf dem Mond, auf der Erde ist er Schulen, Universitäten und Städte, ein Pinguin und eine Lilie wurden nach ihm benannt.

FOTO: SMPK, AKG BERLIN

In Cumaná und in Caracas ist sein Name manchmal so banal wie die Hamburger von McDonald's. So konnten wir unseren Wagen in einer Autowäscherei Humboldt waschen lassen, Humboldt-Hot-Dogs in der Imbissstube Humboldt essen. Den Namen Humboldt tragen Barbershops, ein Optiker, eine Bäckerei, ein Kino. Einer der Slums der Metropole und ein Shoppingcenter heißen Humboldt, wo der Name des preußischen Barons auf Fußmatten, Kellnerjacken und Parkscheinen erscheint.

Mit ihm hat das alles natürlich nicht das Geringste zu tun.

Er ist für das Gedächtnis der Welt der Archetyp des Forschungsreisenden, ein romantischer Held, an einen tropischen Baum gelehnt, neben sich ein Tisch mit der Botanisiertrommel, dem Herbarium und vielleicht einem gelehrten Buch, und im Hintergrund erhebt sich der Tafelberg »Duida«.

GALAPAGOS – EIN REICH OHNE ANGST

Die Inselwelt im Pazifischen Ozean ist ein einzigartiges Laboratorium der Evolution. Hier gewann Darwin grundlegende Erkenntnisse für seine Entwicklungstheorie. Bis in unsere Tage haben die Tiere auf den Inseln keine Scheu vor dem Menschen. Heute sind die Gewässer um den Archipel Meeresschutzgebiet – eines der größten unseres Planeten

VON KLAUS THEWS UND TOM JACOBI (FOTOS)

Es ist früh am Morgen. Im ersten Licht des heraufziehenden Tages taucht die Insel Wolf auf. Schroff und abweisend wirkt sie aus der Entfernung, ein einsamer Felsklotz im Pazifik. Der Eindruck der Unzugänglichkeit verstärkt sich noch beim Näherkommen. Nahezu lotrecht steigen die Felswände über 200 Meter in die Höhe. Darüber schweben Scharen schwarzer Fregattvögel, die den längst ausgestorbenen Flugsauriern ähneln. Es scheint, als wollten sie das Eiland gegen die Besatzung des 23-Meter-Bootes verteidigen, das da im Windschatten vor Anker ging.

Neun Monate nach Beginn ihrer Expedition hat die »Starship« Galapagos erreicht. Die Weltumfahrer wollen einen Archipel inspizieren, der so ganz anders ist als andere tropische Inseln rund um den Äquator. Keine Palmen, wenig Regen, kaum Sandstrände. Dafür zerklüftete Felsküsten, schwarze Lavafelder und wüstenähnliche Landstriche. Nur an den Flanken der Vulkane wächst so etwas wie ein Wald. »Man stelle sich 25 Aschehaufen vor, einige davon zu Bergen vergrößert und von Wasser umgeben, einer Gruppe erloschener Vulkane nach einer strafenden Feuersbrunst gleich, und man hat eine Vorstellung von den ›Encantadas‹, den ›verwunschenen Inseln‹«, schrieb 1841 der Autor von »Moby Dick«, Herman Melville, nach seinem Besuch auf Galapagos.

Doch diese abweisende Welt aus rund zwei Dutzend größeren und kleineren Eilanden gehört zu den einmaligen Ökosystemen des Planeten, ein natürliches Labor der Evolution, in dem Forscher die Entwicklung neuer Arten studieren können. Im vorigen Jahrhundert hatte der englische Naturforscher Charles Darwin bei seiner Weltumsegelung auf Galapagos wichtige Anregungen für seine damals revolutionäre Entwicklungstheorie erhalten.

Eine Echsenart, die es nur auf diesem Archipel im Pazifik gibt, hat sich als einzige an das Leben im Meer angepasst. Den Vormittag über wärmen sich die bis zu einem Meter langen Kriechtiere, deren drachenähnliches Aussehen Japanern als Vorbild für ein neues Godzilla-Epos diente, auf den Klippen in der Sonne. Wenn sich die Körper der Echsen genügend aufgeheizt haben und ihr Stoffwechsel auf Hochtouren läuft, stürzen sie sich in die Brandung, um Grünalgen abzuweiden. Wieder an Land, dösen die Leguane vor sich hin und machen dabei häufig ein Geräusch wie Spucken: Um das beim Algenfressen aufgenommene Salz wieder loszuwerden, blasen es die Meerechsen in Abständen als konzentrierte Lake aus den Nasenlöchern.

Ein ebenfalls nur in Galapagos heimischer Fisch ist den umgekehrten Weg gegangen und hat sich an das Landleben angepasst. Der um die sechs Zentimeter kleine Vieraugen-Schleimfisch kriecht auf seinen Flossen über die Klippen oder bleibt auf den Felsen zurück, wenn die Brandungswellen wieder ins Meer laufen. Bis zu 30 Meter landeinwärts wagt sich Dialommus fuscus, so sein lateinischer Name, auf der Jagd nach Krabben und Insekten.

FOTO: MICHAEL POLIZA

FISCH MIT SCHEREN-FERNSICHT

Hammerhaie sind bis heute für Wissenschaftler faszinierend, denn noch immer ist nicht restlos geklärt, warum ihre Augen sich an extremen Auswüchsen befinden. Die nördlichen Galapagos-Inseln sind einer der wenigen Orte auf der Welt, wo man Hammerhaie noch in großen Schulen antrifft. Vor Tauchern haben sie keine Scheu, zeigen aber auch keine Aggression

Gruselig ist das Verhalten einer Finkenart. Normalerweise leben die Vögel wie ihre Verwandten in aller Welt von Samenkörnern. Wenn aber der Regen ausbleibt und sich ihr Lebensraum in Wüste verwandelt, werden die Spitzschnabel-Grundfinken zu Eierdieben. Allein oder zu zweit rollen sie das Gelege anderer Vögel Abhänge hinunter, bis es an Steinen zerschellt und die Räuber an den nahrhaften Inhalt kommen.

Den Namen Vampirfinken verdanken die spatzengroßen Tiere ihrer Eigenart, in schlechten Zeiten auf dem Rücken größerer Seevögel wie Masken- und Rotfußtölpel zu landen, ihnen die weiche Haut um die Wurzel der Schwanz- und Flügelfedern aufzupicken und das Blut zu trinken.

Ein Blaufuß-tölpel schwankt vor Liebe: Beim Balztanz pendelt der See-vogel langsam von einem Bein aufs andere, so lange, bis die Angebetete ihn erhört

Nur noch ein paar tausend dieser blutrünstigen Abart der Spitzschnabel-Grundfinken gibt es auf Galapagos. Sie leben alle auf einem einzigen, gerade mal 134 Hektar großen Eiland ganz im Norden des Archipels, jener Insel Wolf, dem ersten Ziel der »Starship«.

Mit an Bord ist eine ecuadorianische Meeresbiologin von der Charles-Darwin-Forschungsstation auf Galapagos. Die 28-jährige Veronica Toral-Granda freut sich darauf, zum ersten Mal in den Gewässern rund um Wolf und die Nachbarinsel Darwin tauchen zu können. Außer Korallen und Fischen reizen sie die bis zu vier Meter großen Hammerhaie mit der T-förmigen Schnauze, die mit Delfinen, Tunfischen, Schildkröten sowie den riesigen Walhaien regelmäßig hier auftauchen – wohl um sich an den Riffen von Putzerfischen lästige Hautparasiten entfernen zu lassen. Fast überall in den tropischen Meeren leben Hammerhaie als Einzelgänger. »Auf Galapagos dagegen«, so Toral-Granda, »sammeln sich die silbergrauen Räuber in Rudeln von 30 bis 50 Tieren.«

NIRGENDWO AUF DER WELT sind diese Tiere so wenig scheu wie hier. »Ich hätte einige mit der Hand berühren können«, sagt die Biologin nach einem ihrer vielen Tauchgänge. Angst brauchte sie in den Fluten nicht zu haben. Das jedenfalls ist die Erfahrung des englischen Biologen Godfrey Merlen, der seit vielen Jahren auf Galapagos lebt und forscht. In anderen Ozeanregionen beißen die Riesen schon mal zu. Innerhalb des Archipels seien sie allerdings nie aggressiv geworden. Noch vor kurzem drohte diesem Taucherparadies die Zerstörung. Große Fischdampfer aus Japan, Costa Rica und Ecuador machten dicht vor den Inseln von Galapagos Jagd auf

DRACHENFELSEN ÜBER DEM MEER

Zu Hunderten wärmen sich Meeresechsen auf den schwarzen Lavaklippen der Insel Fernandina. Nach kühler Nacht bringt die Sonne die Reptilien auf Betriebstemperatur. Wenn sie ausreichend aufgeheizt sind, tauchen die Vegetarier in den kalten Pazifik ab, um unter Wasser grüne und braune Algen abzugrasen

Tunfisch. Doch in den Haken der Langleinen verfingen sich auch Delfine und Seelöwen. Besonders begehrt als Beifang aber waren Haie. Ihre Flossen, zu exotischer Suppe ausgekocht, bringen Höchstpreise auf den Delikatessenmärkten von Hongkong, Singapur und Taiwan.

Auch die auf den Inseln heimischen Fischer beteiligten sich an der Ausbeutung des Archipels. Sie schafften Kompressoren und Taucheranzüge an, um die am Meeresgrund zu Tausenden wachsenden Seegurken aufsammeln zu können – ebenfalls ein Leckerbissen für ostasiatische Gaumen.

FOTO: MICHAEL POLIZA

Hat sich ein Tölpel-Paar gefunden, machen die Partner sich unter innigem Schnäbeln an den Nestbau und ziehen später ihre Brut gemeinsam auf

Diese »Pepinos« scheinen als eine Art Müllabfuhr der Meere eine Schlüsselrolle im Ökosystem unter Wasser zu spielen. Als die ecuadorianische Regierung deshalb die Übernutzung der Gewässer um Galapagos bremsen wollte, kam es vor vier Jahren zu einem Aufstand in Puerto Ayora, mit 7000 Einwohnern größte Ortschaft der Inseln.

Veronica Toral-Granda erinnert sich noch gut an die Revolte. Sie gehörte zu den Mitarbeitern der Charles-Darwin-Forschungsstation, die von wild mit Gewehren und Macheten herumfuchtelnden Fischern als Geiseln genommen wurden, um die Regierung zum Nachgeben im Seegurkenstreit zu zwingen. Eduardo Veliz, einer der beiden für Galapagos zuständigen Abgeordneten im Nationalkongress, hatte die Stimmung zusätzlich mit populistischen Parolen aufgeheizt. Tierschutz gehe hier vor Menschenschutz, rief er empört seinen Landsleuten zu.

INZWISCHEN IST WIEDER RUHE eingekehrt. Veronica Toral-Granda: »Die Leute reden wieder miteinander.« Eduardo Veliz musste nach Panama fliehen, nachdem seine dunklen Geschäfte aufgeflogen waren. Und das Parlament von Ecuador hat sich endlich zu einem Kraftakt durchgerungen, nachdem die Unesco gedroht hatte, Galapagos den Status eines Erbes der Menschheit abzuerkennen. Im vergangenen Jahr entschied der Nationalkongress in Quito, die Schutzzone um den Archipel von 15 auf 40 Meilen zu erweitern. »Nach dem australischen Barriereriff ist damit das zweitgrößte Meeresreservat der Welt entstanden«, sagt Robert Bensted-Smith, Direktor der Charles-Darwin-Forschungsstation.

Für den englischen Biologen bietet sich so die einmalige Chance, außer den Inseln, seit langem Nationalpark, auch

TÖLPEL, DRACHE UND CO.

Täglich kommt es auf den Galapagos-Inseln zu bizarren Begegnungen zwischen Tieren und Menschen. Ein Tölpel und ein Leguan kommen sich in die Quere, eine Pelzrobbe blinzelt in die Kamera, eine Krabbe schafft in den Felsen, ein Leguan schwimmt auf dem Weg zur Weide, und ein Fregattvogel bläst sich auf, um einem Weibchen zu imponieren

FOTOS: MICHAEL POLIZA (4)

KEINE ANGST VOR STACHELN

Neben Meeresechsen haben sich auf den Galapagos auch Land-Leguane entwickelt. Wenn außerhalb der Regenzeit nichts anderes sprießt, fressen die bis zu zehn Kilo schweren Kriechtiere Kakteen und deren Früchte

eines der wichtigsten Meeresökosysteme der Welt zu schützen. In Galapagos treffen gleich drei ozeanische Strömungen mit unterschiedlich kaltem und nährstoffhaltigem Wasser aufeinander. So ist es zu erklären, dass auf dem Archipel Flamingos und Pelikane zusammen mit Pinguinen leben, die sonst viel weiter in Richtung Antarktis zu Hause sind. Um die Bevölkerung des Archipels für die Reservatspläne zu gewinnen, wurde sie in die Gesetzgebung einbezogen. Im »grupo nucleo« diskutieren Fischer, Tourismusunternehmer und Naturschützer darüber, wie die Schutzmaßnahmen für das Meeresreservat aussehen sollen. In einem Punkt konnten sich die Beteiligten schnell einigen: Industrialisierten Fischfang soll es in den Gewässern um die Inseln nicht mehr geben. Schwieriger wird es sein, die 130 000 Quadratkilometer Seegebiet zu kontrollieren. Vielleicht werden bald weltweit für Fischtrawler Sender vorgeschrieben, die per Satellit ständig zu orten sind. Eine solche Technik könnte helfen, die Überfischung einzudämmen.

FOTO: MICHAEL POLIZA

Krabben krabbeln zum Wasser, ein Leguan folgt friedlich. Auf Galapagos gibt es genügend Raum für alle und die allgemeine Devise heißt leben und leben lassen

Die Mitarbeiter des Nationalparkamts in Puerto Ayora sind jetzt auch für das Meeresreservat zuständig und nicht mehr die Beamten des Fischereiministeriums im fernen Quito, bei denen viele Galapagenos den Verdacht hatten, sie würden mit den Besitzern der großen Fischdampfer kungeln.

UNUMSTRITTEN IST UNTER DEN EINHEIMISCHEN die Idee, das Meeresreservat in unterschiedliche Nutzungszonen einzuteilen. In einigen Gebieten dürfen die etwa 600 heimischen Fischer mit ihren kleinen Booten Jagd auf Fische, Langusten und Seegurken machen – auch außerhalb der Schonzeiten. Andere Areale sollen dem Tourismus, Haupteinnahmequelle der Inselbewohner, vorbehalten bleiben. Außerdem wird es »No-take-zones« geben, in denen die Natur sich selbst überlassen bleibt und der Mensch nichts zu suchen hat.

Die von den Touristen auf den Inseln ausgegebenen Dollars haben viele Zuwanderer vom Festland angelockt. Seit 1960 hat sich die Bevölkerung auf heute etwa 15 000 versiebenfacht. Der Zivilisationsdruck auf den Nationalpark, der 97 Prozent der Fläche des Archipels umfasst, war dadurch enorm gestiegen. Deshalb gilt seit März vergangenen Jahres ein totaler Einwanderungsstopp. Und der wird strikt befolgt. »Wir weisen etwa zehn Leute pro Woche aus«, sagt Michael Bliemsrieder, Deutsch-Ecuadorianer und Leiter der Ingala, der Behörde, die

SKULPTUREN DER SEE

Die Inseln Wolf und Darwin sind vom Meer geprägt. Die ewige Brandung hat aus dem Lavagestein über Jahrtausende Terrassen, Statuen und Skulpturen geformt. Für Seefahrer eine gefährliche Küste, für Tiere ein Refugium

FOTOS: MICHAEL POLIZA

das Verbot überwacht. Fast noch mehr als die menschlichen Zweibeiner sind Lebewesen gefürchtet, die nicht auf den Archipel gehören. Nach Untersuchungen von Forschern haben es bisher etwa 800 fremde Pflanzen- und Tierarten von der Feuerameise bis zur Katze geschafft, im Gepäck von Einwanderern oder als blinde Passagiere an Bord der Versorgungsschiffe nach Galapagos zu gelangen. Allzu oft sind die einheimischen Organismen, die sich in Hunderttausenden von Jahren Abgeschiedenheit entwickelt haben, der plötzlichen Konkurrenz nicht gewachsen.

BESONDERS VERWILDERTE HAUSTIERE sind zur Gefahr geworden. Auf Isabela, der größten der Galapagosinseln, versucht die Nationalparkverwaltung seit langem, der vielen tausend Ziegen Herr zu werden, die den Riesenschildkröten das Grünfutter wegfressen. Vergebens. Walfänger und Robbenjäger hatten in vergangenen Jahrhunderten die anpassungsfähigen Tiere als lebende Fleischreserve auf dem Eiland ausgesetzt. Auf der Insel Santiago graben verwilderte Schweine nach den Eiern der Meeresschildkröten und fressen sie auf.

Ein Kaktusfink beim Lunch auf einer Kaktusfrucht. An den Finken auf Galapagos und dem hohen Grad ihrer Spezialisierung auf die jeweiligen Lebensbedingungen machte Charles Darwin seine wichtigsten Entdeckungen zur Evolution

Einige einheimische Tierarten litten in den letzten beiden Jahren unter extremem Wetter. Wieder einmal hatte »El Niño« das Klima rund um den Pazifik durcheinandergewirbelt. An die Küsten von Galapagos strömte dadurch wärmeres Meerwasser als sonst. Die Folge: Die Grünalgen – Nahrung der Meerechsen – verschwanden. Viele Fischarten tauchten in kühlere Wasserregionen ab und fehlten so als Beute für die Seelöwen. Galapagos-Besucher stolperten monatelang über sterbende oder zu Skeletten abgemagerte Tiere. Inzwischen hat sich das Wetter normalisiert. Wohlgenährte Meeresechsen und Seelöwen dösen wieder an der Küste, wenn auch noch nicht ganz so viele wie vor zwei Jahren.

Für die Forscher sind diese harschen Klimawechsel ein Grund, weshalb die Evolution auf dem Archipel sehr viel schneller verläuft als auf dem südamerikanischen Festland. Die Spottdrosseln, die wie alle Landtiere zumeist mit sehr wenig Süßwasser auskommen müssen, haben in den vergangenen Jahren dazugelernt. Sie warten schon an der Küste, wenn die Touristen von ihren Schiffen mit kleinen Booten an Land gebracht werden. Fototaschen und Schnürsenkel interessieren die neugierigen und frechen Vögel allerdings nicht mehr so stark wie früher. Sie haben es auf die Wasserflaschen abgesehen. Gezielt picken die Drosseln nach dem Verschluss, um vielleicht einen Tropfen kostbares Nass zu erbeuten.

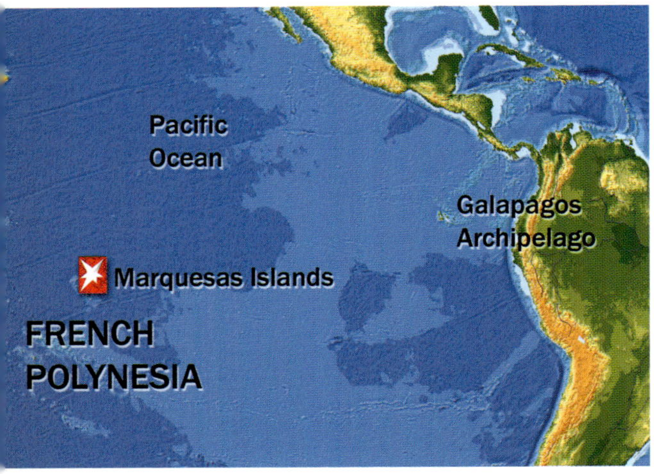

AHOI, ALOHA, ADIEU!

Es ist die bisher längste Passage der »Starship«, von den Galapagos quer über den Pazifik in die Südsee. Nach fast 16 Tagen Non-Stop-Fahrt erreicht das Schiff das Paradies Polynesiens, wo sich Tausende von Inseln aus der Weite des Pazifiks erheben, so wie Moorea nahe Tahiti. Während des Törns war der Weltumsegler Wilfried Erdmann zu Gast an Bord und führte Tagebuch

VON WILFRIED ERDMANN (TEXT UND FOTOS)

4. Juli, 2. Seetag. Ich und seekrank? 30000 Meilen bin ich schon auf einen Schlag gesegelt, allein und nonstop von Kiel nach Kiel. Das war 1984/85 und meine vierte Weltumsegelung. Danach kam 1988 ein verrückter Törn zum 40. Geburtstag des *stern*, einmal über den Atlantik und zurück mit den Gewinnern eines Preisausschreibens an Bord. Sieben Jahre später war ich wieder für den *stern* unterwegs, diesmal mit einem Katamaran auf dem Pazifik, um den Protest gegen die französischen Atomtests auf Mururoa zu unterstützen, eine elend lange und gottserbärmlich heftige Schaukelei. Ausgemacht hat sie mir nichts. Und jetzt bin ich auf dem *stern*-Schiff – und seekrank.

Dabei ist es schon mein zweiter Tag an Bord, unterwegs in vertrautem Seerevier. Hinter mir ist der Hafen von Puerto Ayora auf der Hauptinsel der Galapagos im Kielwasser versunken, vor mir liegen 3000 Seemeilen Pazifik und danach erst wieder festes Land, die Inselgruppe der Marquesas. 16 Tage See vor dem Bug, ohne Landsicht, ohne Zahnarzt, ohne Kneipe. Immer wieder ein seltsames Gefühl, mulmig und schön zugleich, weil die See auch eine fürsorgliche Therapeutin ist und alle Sorgen und Probleme an Land zurückbleiben.

Vor 20 Jahren schon bin ich mit meiner Frau und meinem damals noch kleinen Sohn auf gleichem Kurs gesegelt, dem Horizont der Südsee entgegen, dem blauen Traum, der mein Leben prägte. Heute wie damals ist der Pazifik ein Meer mit weitem Horizont und blauweißem Gesicht. Blau der Himmel, blau die See, weiß die Wolken und weiß die Gischt, die der Bug aufwühlt. Verlässlich schiebt der Südostpassat von achtern – Passat: für mich das schönste deutsche Wort. Trotzdem ist diesmal alles ganz anders. Kein weißes Segel wölbt sich über mir, sondern der gewaltige Antennendom der »Starship«. Und neben meiner luxuriösen Kabine mit den beiden King-Size-Kojen arbeitet der 420-PS-MAN-Diesel und treibt das Schiff mit acht Knoten durch die See. Alles Mögliche bin ich als Weltumsegler gewohnt, aber kein Motorschiff. Seltsame Bewegungen macht das in der drei Meter hohen, seitlich einfallenden Dünungssee, ein merkwürdig verdrehtes Rollen über beide Achsen. 14-mal pro Minute, so zähle ich, legt sich die »Starship« über, torkelt von Steuerbord nach Backbord und zurück.

8. Juli

»Wilfried, it's your watch!« Dr. Janet, die sympathische Vulkanologin aus England, weckt mich zu meiner Wache. Ich rappele mich aus dem Tiefschlaf hoch und klettere auf die Brücke. »Alles klar?« Ich nicke. Dann bin ich allein. Ein Steinzeitsegler auf einem schwimmenden Computer, der mit Stick, Tastatur und Maus gefahren wird. Die wichtigsten Dinge habe ich inzwischen gelernt. Kurs, Log, Kartenplotter und die Instrumente der Motorüberwachung habe ich jetzt im Blick. Keine Auffälligkeiten. Das Schiff bahnt sich seinen Weg durch die schäumende

See. Gesteuert wird es von Mr. Robertson, unserem Autopiloten. Der Wachgänger auf der »Starship« hat im Normalfall so viel zu tun wie ein Jumbo-Pilot, wenn die Reiseflughöhe erreicht ist: nichts. Ich kann mich völlig in die Betrachtung der Sternbilder am nächtlichen Himmel versenken und den weißen Gebirgen zuschauen, die das Schiff von achtern einholen, anheben und manchmal für Sekunden zum Surfen bringen. Hundert Tonnen, die auf einem Wellenkamm gleiten wie ein Surfbrett! Ein atemberaubendes Gefühl. Selbst bei diesem Tempo bleibt die »Starship« noch manierlich auf Kurs, bricht maximal zehn Grad pro Seite aus. Mr. Robertson versteht sein Handwerk.

Die Sonne schiebt sich über den östlichen Horizont, ein neuer weißblauer Tag bricht an. Nach und nach erscheinen die anderen Crew-Mitglieder und widmen sich ihrer Tagesroutine. Trevor, der derzeitige Kapitän, ein 35-jähriger Australier, checkt die Maschine. Monika, seine 29-jährige Frau aus Österreich, ist heute mit der Zubereitung des Frühstücks dran. Rudolf, Kameramann und Kommunikationstechniker aus Kiel, sieht die E-Mails durch, die über Nacht eingetroffen sind. Angel, 25-jährige Deckhand aus den USA, beginnt mit der täglichen Mühsal des Deck-Waschens, um das Salz von Bord zu spülen. Und Janet, unsere Wissenschaftlerin, hält bekümmert Ausschau nach irgendetwas auf dem Wasser, was ihrer Neugier Nahrung geben könnte, aber da ist nichts: kein Schiff, kein Fisch, kein Vogel. Nur blauweiße Unendlichkeit.

FOTO: MICHAEL POLIZA

FOTO: JAMES D. WATT

Während auf Hula Huka riesige Vogelkolonien die Luft beherrschen, gleitet unter Wasser ein gewaltiger Einzelgänger durch den Pazifik: der Walhai. An seinem Bauch haben sich Schiffshalterfische angesaugt und lassen sich von dem friedlichen, 15 Meter messenden Planktonfresser befördern

12. Juli

Blauweiße Tage und Bordroutine. Zwei Stunden Wache, acht Stunden Freizeit. Keine Arbeit, keine Mühsal, keine Leistung, keine Entbehrung. Wir verfügen über eigene Bäder, klimatisierte Räume, Bordtelefon, eine Eiswürfelmaschine, 277 Videofilme und volle Kühl- und Tiefkühlschränke. Gestern Abend gab es Reis mit Curry und gebackener Banane. Als ob wir an Land wären. Vieles ist hier wie an Land, und der schwimmende Computer ist auch ein schwimmendes Wohnzimmer. Für mich, den Segler, der meistens ohne Motor und mit einem Minimum an Elektronik unterwegs war und seine Törns als Rückkehr zur Einfachheit erlebt hat, ist diese Seefahrt der Sprung ins nächste Jahrtausend.

13. Juli

Wie konnte ich mir das antun? Drei Stunden »Titanic«-Videofilm auf 4173 Meter Wassertiefe. Und das auch noch bei einer Dünungssee, die die »Starship« tanzen und schlingern ließ wie ein Spielzeugschiff. Während die Decks der Titanic auf dem Bildschirm kopfüber wegsackten, bohrte sich der Bug der »Starship« tief in die See. Und als die Teller der »White Star Line« stapelweise aus den Regalen stürzten, legte sich unser Schiff plötzlich so hart auf die Seite, dass das Geschirr über die Anrichte schoss. Auf der Titanic strömte das Wasser durch die Gänge, bei uns donnerte es knallend gegen die Bordwand. Visuelle und körperliche Wahrnehmung vervielfachten und verstärkten sich. Ein wahrhaft dreidimensionales Filmerlebnis.

15. Juli

Tag um Tag azurblaue See unter einem riesigen Himmel. Wir sind immer noch ein winziger Punkt auf dem weiten Pazifik, kein Land in Sicht und kein Schiff. Wenn ich den Horizont an Steuerbord querab ins Auge fasse, weiß ich: Bis zur kanadischen Küste gibt es nur Wasser, kein Land, keine Insel liegt dazwischen. Auf der Backbordseite ist die Entfernung noch krasser. Bis zur Antarktis befindet sich auf

schiebt, wie Gischt aufspritzt, Schaumberge sich auftürmen, wieder zusammensacken und die Lichtreflexe der Sonne über die Wellen jagen. Und die See erzählt mir brüllend und raunend, wispernd und geschwätzig ihre uralten und immer neuen Geschichten.

19. Juli

Land in Sicht! Im fahlen Licht der Morgendämmerung sehen wir ihn vor uns aufragen, den gewaltig zerklüfteten Vulkanschroffen von Nuku Hiva. Die kleine Insel hat viele Buchten, aber kaum Strände. Fast überall stürzen die Felsen steil ins Meer ab. Vorsichtig steuert Trevor das Schiff in den Scheitel einer tiefen Bucht. Jetzt trägt der Wind den Landgeruch zu uns herüber, süß, exotisch, gut. Welche Verführung muss er früher für die Männer gewesen sein, die manchmal Monate auf See hinter sich hatten?

Südsee-Romantik: In der endlosen Weite des Pazifik schwimmen Tausende grüner Palmenoasen – so wie dieses kleine Eiland im Archipel der Tuamotus, dessen einzige Bewohner Krabben und Fregattvögel sind

Monika löst die Ankersicherung. Der Anker und 90 Meter Kette rauschen in das ruhige Wasser der Bucht. Die Schiffsschraube dreht sich nicht mehr, und plötzlich ist es sehr still. »Okay«, sagt Trevor, »let's have breakfast.« Aber vorher muss ich noch ins Wasser springen, so wie ich bin, in voller Montur. Rudolf springt hinterher. Lebendiges, frisches Seewasser, wunderbar. Wir schwimmen einmal um das ankernde Schiff herum. »Gut gemacht, ›Starship‹«, ruft Rudolf. Dem Frühstück folgt auf der Brücke die Etappenbilanz: 3036 Seemeilen in 15 Tagen und 16 Stunden; Durchschnittsgeschwindigkeit 8,1 Knoten; Dieselverbrauch 19,5 Liter pro Stunde.

diesem Längengrad kein Stück sichtbarer Boden. Nur Pazifik. Wir sind hier sehr allein. Aber die Welt geht bei uns ein und aus. Faxe kommen, E-Mails gehen. Eine Fangemeinde begleitet und kommentiert die Fahrt im Internet, und die Mutter von Bord-Frau Angel teilt mit, in welchem Restaurant sie gerade gegessen und wie es geschmeckt hat. Mutterseelenallein sind wir auf dem Ozean, aber elektronisch können wir jederzeit vor die Tür auf die Dorfstraße treten und mit den Nachbarn klönen. Trotzdem geht bei einigen an Bord die Geduld zur Neige. Noch 700 Meilen bis zum Landfall, Janet ist genervt. »Immer das gleiche Wetter, kein Vogel, kein Schiff, keine Insel.« Und Monika sagt: »Ich will endlich Land sehen, riechen, fühlen. Grünes Land!«

16. Juli

Und ich? Mir geht es wie dem Mann in einem Film von Alain Tanner, der sagt: »Das einzige Land, das ich wirklich liebe, ist das Meer.« Seetage sind mein Leben, und die Übelkeit zu Beginn ist lange vergessen. E-Mail hin, Video her – meine beste Unterhaltung bleibt das Wasser. Früh am Morgen setze ich mich mit einer Muck Tee in den Bugkorb. Die Beine über Bord, beobachte ich, wie das Schiff die See auseinander

21. Juli

Taiohae, Hakatea, Haahopu – wir tuckern durch die Marquesas. Steile Felsen, dazwischen sandige Ufer, dahinter kleine Plantagen mit Kokospalmen und Brotfruchtbäumen. Manchmal ziehen sich Täler ins Inland, gebildet von Flüsschen, die sich in Jahrtausenden eingefräst haben in die hohen Felsen, die sie zu beiden Seiten säumen.

Ein paar Hütten gibt es, ein paar Hunde und Hühner. Wenig Menschen. Als James Cook vor etwas mehr als 200 Jahren auf seiner zweiten Weltreise Station auf den Marquesas machte, schätzte er deren Bevölkerung auf 70 000 bis 100 000 Menschen. Cook hielt sie für die robustesten unter allen Polynesiern. Er täuschte sich. Als die Europäer kamen mit Missionaren und Keuchhusten, mit Typhus und Syphilis, mit

SCHATTEN IM PARADIES

Gastfreundschaft ist in Polynesien noch immer Tugend Nummer eins. Zur Begrüßung der »Starship« auf Ua Huka tanzt eine Gruppe junger Mädchen, deren Alltagsjob es ist, Kokosnüsse zu halbieren und für den Export zu trocknen (u.M.). Die nächste Insel, Fatu Hiva, sollte nur ein Zwischenstopp sein. Doch als die Crew von dem Schiffbruch eines Mannes und seiner Kinder erfährt, bleibt die »Starship« und hilft bei der Suche (u.l.). Vergebens. Die Gekenterten sind tot. Zum Abschied wirft die Mannschaft Blumen ins Meer

Bedarf an Holz für ihre Walfänger und an Frauen für ihre Mannschaften, da wurde die Bevölkerung der Inselgruppe fast ausgerottet. 1930 lebten hier noch ganze 2200 Insulaner. Heute ist die Zahl wieder auf gut 7000 gestiegen. Und trotz der unsäglichen Erfahrungen, die ihre Vorfahren mit uns Weißen gemacht haben, werden wir begrüßt wie lang ersehnte Freunde. Auf Ua Huka werden wir von einer Willkommens-Combo und lächelnden Mädchen empfangen, die uns duftende Blütenkränze um den Hals legen und dann zu Ukulele und Trommel auf den schwarzen Lavasteinen des Ufers tanzen. Die Dorfbewohner sitzen auf dem Steilhang daneben und klatschen den Rhythmus mit. Bilderbuch-Südsee.

FOTO: MICHAEL POLIZA (2)

Von der Profitaucherin Angel begleitet, wagt Wilfried Erdmann seinen ersten Tauchgang und ist begeistert vom Erlebnis der Schwerelosigkeit unter Wasser

Dem schönen Fest folgt eine scheußliche Nacht. Plötzlich baut sich in der Ankerbucht der »Starship« eine gemeine, kurze, steile See auf, schüttelt das Schiff und zwingt es zu Bocksprüngen wie ein Rodeo-Pferd. Bei 30 Grad Schräglage schafft es keiner, in der Koje zu bleiben. Und selbst oben auf der Flybridge spielt meine schräg gelegte Matratze Rodelschlitten mit mir.

1. August

Auf Fatu Hiva, der südlichsten Marquesas-Insel, wollten wir eigentlich nur kurz bleiben, um dann den Sprung zu den Tuamotu-Inseln zu machen. Doch als wir gerade vor Anker liegen und dabei sind, unser erstes Bier aufzureißen, kommt ein einheimisches Kanu längsseits, und der Mann darin berichtet, dass gestern an der Ostküste der Insel ein Fischer mit seinen Kindern, einem dreijährigen Jungen und einem 18 Jahre alten Mädchen, gekentert ist; keiner der drei hat es an Land geschafft.

5. August

Die See, durch die das Schiff pflügt, ist tiefblau und ruhig. Ein Badesee. Keine Welle stört den Kurs. Kein Gedanke, dass die gleiche See gerade noch drei Menschen das Leben geraubt hat. »Ich sah die See jetzt, wie sie in Wirklichkeit ist«, hat Joseph Conrad geschrieben, »die See, die mit Männern ihr Spiel treibt, bis ihnen das Herz bricht, und die starke Schiffe zu Tode hetzt. Nichts vermag die unheilbrütende Grausamkeit ihrer Seele zu rühren. Sie steht allen offen und ist keinem treu. So übt sie ihren Zauber aus, um die besten zugrunde zu richten. Es ist nicht gut, sie zu lieben.« Es fällt schwer, sie heute nicht zu lieben, glatt und glänzend, das Bugwasser beidseitig ebenmäßig und der Horizont weit und klar.

FOTOS: MICHAEL POLIZA

TRÄNEN IM PARADIES

Die Marquesas-Inseln sind für viele Segler ein Paradies und Fatu Hiva gilt als seine Krönung. Ausgerechnet dort, wo die Luft seidenweich, die Früchte saftig und das Leben süß sind, wird die »Starship«-Crew in die schrecklichen Folgen eines Schiffbruchs verwickelt. Michael Poliza berichtet von dem traurigen Einsatz

Fatu Hiva ist das Paradies. Vor allem für die, die von Galapagos kommen – 5 600 Kilometer nur Wasser und Seewind, 20 Tage mit wachsender Sehnsucht nach der Farbe der Bäume, dem Geruch der Erde, dem Geschmack frischer Früchte. Und dann das: eine Insel wie aus dem Bilderbuch, Granitfelsen und wucherndes Tropengrün, Schatten und frisches Wasser, Bananen, Ananas, Mangos in Hülle und Fülle. Thor Heyerdahl, der norwegische Forscher und Abenteurer, war von der südlichsten Insel der Marquesas so begeistert, dass er gleich für ein paar Jahre blieb.

Alles, was übrig blieb: die Hose des ertrunkenen Vaters, in 30 Meter Tiefe gefunden, von Haibissen zerfetzt

Viele Segler teilten seine Begeisterung. Sie waren die einzigen Touristen auf der Trauminsel, und die Insulaner freuten sich, ihnen Früchte und frische Lebensmittel zu verkaufen. Aber je stärker sich der Ruf der Insel als Traumziel verbreitete und je mehr Segler von ihm angezogen wurden, desto stärker stiegen die Preise im Paradies. In den vergangenen Jahren so dramatisch, dass die Besucher wieder wegblieben.

Bei der Einfahrt zur Bucht im goldenen Licht des späten Nachmittags sehen wir kein anderes Schiff. Haben wir das Paradies ganz exklusiv? Wir sind nur auf Stippvisite hier, wollen einen kurzen Inselbesuch machen, ein bisschen fotografieren und dann weiter auf die Tuamotus.

Gerade haben wir den richtigen Ankerplatz gefunden und die erste Dose Bier aufgemacht, als wir eine Piroge entdecken, die direkt auf uns zuhält, Männer darin mit finsteren Gesichtern. Wollen sie Geld? Uns wegjagen?

Doch die bedrückten Mienen haben einen ganz anderen Hintergrund. Ein Unfall ist geschehen, gestern Abend auf der anderen Seite der Insel. Ein Boot gekentert, ein Fischer mit seinen Kindern. Vier Menschen werden vermisst. Ob wir suchen können? Tauchen?

Die Leute sind aufgeregt, besorgt, drängen uns. Doch die Sonne steht schon tief, unser Schiff würde mindestens anderthalb Stunden bis zur anderen Inselseite brauchen, erst bei Dunkelheit ankommen und müsste dann doch wieder umkehren, weil es auf der Ostseite keine Ankerplätze gibt. Aber mit dem Zodiac-Tender sind wir schneller.

Wir nehmen das Nötigste mit und erreichen die Unfallstelle nach 20 Minuten. Viele Pirogen dümpeln herum, suchen hilflos, sind wie gelähmt und wollen die Suche auf keinen Fall einstellen. Jetzt erfahren wir Einzelheiten des Unglücks. Ein Familienvater war an Bord mit seinem zweijährigen Sohn, seiner siebzehnjährigen Tochter und deren gleichaltriger Freundin. Bei einer unerwarteten Welle kippte der kleine Sohn ins Wasser. Er konnte nicht schwimmen. Der Vater sprang sofort hinterher, ließ aber den Außenborder an. Der Boot schlug quer und kenterte. Das Wasser ist rau hier, die Wellen nehmen von Südamerika aus Anlauf, bevor sie bei Fatu Hiva auf die Felsen krachen und sie zu messerscharfen und pfeilspitzen Schroffen schmirgeln. Der Freundin gelang es trotzdem, sich an die Küste zu retten; von dort sah sie, wie die drei anderen im Sog der Brandung kämpften und von

Zur Abwechslung ein Bad in Süßwasser: ein Wasserfall füllt einen See auf Nuku Hiva

Nach der langen Pazifik-Überquerung kann man auf dem Markt von Papeete wieder aus dem Vollen schöpfen. Es gibt nicht nur alle Arten von Früchten, sondern auch französische Spezialitäten

den Wellen immer wieder hin und her geworfen wurden. Das Mädchen suchte Holz, an dem man sich festklammern kann, um es den Schwimmenden hinzuhalten, doch als es ans Wasser zurückkehrte, war niemand mehr zu sehen.

Zum Tauchen ist es zu spät. Morgen früh werden wir suchen, sagen wir den verstörten Menschen auf den Pirogen. Sie hoffen immer noch auf ein Wunder.

Abends meldet sich auf dem Satellitentelefon der »Starship« der französische Administrator für die Marquesas aus Papeete. Er erkundigt sich nach der Lage und fragt dann nach der Ausrüstung unseres Schiffes. Als er erfährt, dass wir einen Kompressor an Bord haben, beschließt er, Taucher der Gendarmerie Nationale aus Tahiti zur Unterstützung zu schicken. Die können aber erst am Nachmittag des nächsten Tages eintreffen.

Wir sind um sieben Uhr im Wasser. An der Unglücksstelle ist das Meer 22 bis 30 Meter tief. Die Sicht ist okay, trotzdem ist es schwierig, den unübersichtlichen Meeresboden systematisch abzusuchen. Außerdem ist die Strömung stark, und wir können nicht allzu lange unten bleiben wegen der notwendigen Dekompressionsphasen. Drei Tauchgänge schaffen wir bis zur Ankunft der französischen Profi-Kollegen.

Die Insulaner drängen uns, länger unter Wasser zu bleiben, intensiver zu suchen. In der polynesischen Kultur ist es wichtig, dass der intakte Leichnam eines Verstorbenen beigesetzt wird, nur so kann seine Seele Ruhe finden. Doch wir brauchen unbedingt Entgasungsphasen zwischen den Tauchgängen.

Inzwischen ist auch noch der einheimische Tauchlehrer mit dem Spitznamen Pipapo zu uns gestoßen. Mit ihm und den Gendarmerie-Tauchern durchkämmen wir dann das ganze Unfallgebiet, fünf Männer an einer langen Leine im Abstand von 12 bis 15 Metern, je nach Sicht. Den ganzen Nachmittag lang suchen wir und zwei volle weitere Tage. Die »Starship« ist Einsatzzentrale und Basis der Aktion. Am dritten Tag wird Pipapo fündig. Sein geschultes Auge entdeckt einen Stofffetzen. Auf der »Starship« dann die Gewissheit: Ja, das sei die Hose des Vaters, bestätigt der Bürgermeister seines Dorfes, der die Suchaktion an Bord verfolgt. Die Hose trägt die Spuren von Haibissen, vermutlich die eines Tigerhais. Jede weitere Suche ist sinnlos.

Wanderung über die grünen Berge von Nuku Hiva: Die Insel ist fruchtbar, das Leben ist friedlich, und die Insulaner sind herzlich und gastfreundlich

Im Hafen von Papeete bedankt sich die Gendarmerie National bei Dörte und der Crew für die Hilfe bei der Suchaktion

Der französische Administrator und der Bürgermeister beratschlagen und beschließen dann, der Witwe des Mannes den Fund zu verschweigen. Die Körper ihres Mannes und ihrer Kinder seien ins tiefe Meer gesunken, soll sie glauben, dorthin, wo kein Hai hinschwimmt und sie ihre ewige Ruhe finden werden.

Im Dorf Hanavave herrscht Trauer. Und wir, die bisher ganz und gar vom Aktionismus der anstrengenden Unterwassersuche beansprucht waren, werden uns jetzt auch dieses Verlustes eines Familienvaters und zweier seiner Kinder bewusst. Wir haben die drei ja gar nicht gekannt, aber jetzt lernen wir sie kennen. Durch das Dorf, in dem sie lebten, und die Frau, die ihnen Gattin und Mutter war. Alle wollen uns danken für unsere Hilfe, nehmen uns in die Arme, auch die junge traurige Witwe. Sie lädt uns in ihr Haus ein, die Fotos der Verstorbenen an der Wand, schon nach polynesischer Sitte mit Blumen geschmückt. Der Tod ist persönlich geworden. Tränen fließen. Auch unsere.

Das Dorf besteht auf einem Essen zu unseren Ehren. Dankesreden werden gehalten, Geschenke überreicht, Schnitzereien und Malereien auf besonderem, hier geschöpftem Papier.

Wir sind verlegen, suchen nach Gegengeschenken, haben dann eine Idee. Nach Absprache mit »West Marine«, unserem amerikanischen Schiffsausstatter, lassen wir ein Dutzend unserer Schwimmwesten auf der Insel, einschließlich Kindergrößen. Hoffentlich helfen sie, eine Tragödie, wie wir sie gerade miterlebt haben, zu verhindern. Auch zwei kleine Funkgeräte überreichen wir. »West Marine« wird uns Ersatz nach Tahiti schicken.

Aus unserem Internet-Logbuch haben Menschen weltweit vom Schicksal der Ertrunkenen und ihrer Familie erfahren. Viele nehmen Anteil. Dutzende von Kondolenz-E-Mails treffen auf der »Starship« ein. Wir drucken sie aus und übergeben sie dem Bürgermeister.

Auf dem Foaroa River, dem einzigen befahrbaren Fluss Polynesiens, bringen Jeanette und Angelica die beiden Kajaks der »Starship« zum Einsatz

Schweren Herzens scheiden wir von Fatu Hiva, dem kleinen Paradies im Pazifik, das so plötzlich zur Hölle werden kann. Wir lassen dort Freunde zurück. Und wir haben einmal mehr gespürt, wie schnell sich Menschen nahe kommen, wenn sie gemeinsam erfahren, dass sie sterblich sind.

Die Ereignisse auf Fatu Hiva haben dann noch einen unerwarteten Nebeneffekt. Überall in Französisch-Polynesien genießen wir Vorzugsbehandlung der Behörden. Auf Tahiti werden wir mit Blaulicht durch Papeete gefahren, und die Taucher der Gendarmerie zeigen uns die besten Tauchplätze der Inseln.

Und sie sind doch Realität, die Bilder aus dem Südsee-Märchenbuch: grüne Palmen, weißer Strand, ein stilles Atoll und kein Mensch. Dieses Foto entstand vor Raroia, einem Ringatoll in den Tuamotu-Inseln

FOTO: MICHAEL POLIZA

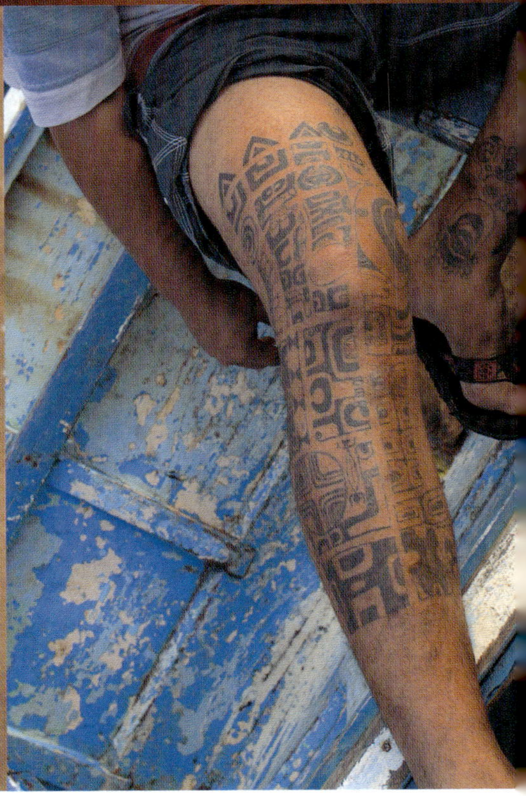

Französisch-Polynesien ist eine fröhliche Mixtur aus polynesischen Traditionen und französischen Einflüssen. Alte Bräuche, wie der Dorftanz im Tiki Village, werden heute wiederbelebt, Delfine als Glücksbringer verehrt, Kinder zu frühem Selbstbewusstsein erzogen und Tattoos als männlicher Körperschmuck geschätzt

FOTOS: MICHAEL POLIZA

Ein französischer Bräutigam, polynesisch geschmückt, lässt sich auf Morea zu seiner Braut paddeln, um sie nach Südsee-Brauch zu heiraten (o.). In vielen Familien ist es Tradition, einen Sohn als Mädchen aufzuziehen. Der »Mahon« behält lebenslang eine Sonderrolle und gilt als Glücksbringer (u. l.). Die Inseln sind reich mit Fisch gesegnet (u. r.)

FOTO: MICHAEL POLIZA

Die Sonne ist noch nicht aufgegangen, die Inseln der Tuamotus schwimmen wie nächtliche Träume überm Meer. Aber die ersten Boote sind schon unterwegs zu den Anlagen der Austern, in denen die Zuchtperlen reifen

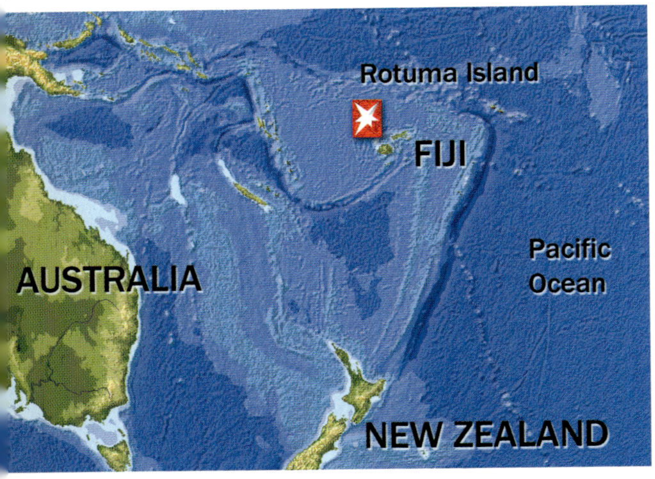

DIE INSEL VON KÖNIG RAHOS KINDERN

Die Südseeinsel Rotuma ist ein verschlossener Garten Eden. Ihre Einwohner haben es mit dem Tourismus versucht und ihn verworfen. Lieber pflegen sie ihre Traditionen und bleiben ihren Mythen treu. Wie der Legende vom Schwertfisch, der mit einem Hieb den Felsen Hofliua spaltete

VON HANS-CHRISTOF WÄCHTER UND HANNS-JÖRG ANDERS (FOTOS)

Am Morgen kommen die Delfine. Backbord voraus kreuzen sie den Kurs der »Starship«. In eleganten Schwüngen heben sich ihre glänzenden Rücken über eine spiegelglatte See. Vilsoni Amoe, unser rotumanischer Guide, atmet auf: »Wenn du Delfine siehst, verheißt das glückliche Ankunft.« Wir fahren nach Rotuma. 600 Kilometer voraus, über 30 Stunden kein Krümel Land. Die Insel der Unbelehrbaren, sagen die Nachbarn. Die Insel der Standhaften, sagen stolz die Rotumanen. Denn sie könnten reich sein. Hoteliers oder Restaurantbesitzer, Boutiqueneigner, Autoverleiher oder Discobetreiber. Mindestens aber Barkeeper, Kellner, Taxifahrer oder Tauchlehrer. Was sind sie stattdessen? Kleinbauern und Fischer. Und angewiesen auf die Schecks ausgewanderter Familienmitglieder in Fidschi, Australien und Neuseeland. Sie wollten nicht mithopsen ums Goldene Kalb. Sondern weiter den Tautoga und den Mak Pek tanzen auf ihrer polynesischen Exklave inmitten des melanesischen Siedlungsgebiets. Ihre ethnisch nächsten Verwandten – Samoaner, Tonganer, Cook Islander, Tahitianer – leben Tausende Kilometer entfernt. Zu Fidschis machten die englischen Kolonialherren sie vor über 100 Jahren. Eine Zwangsheirat, keine Love-Affair.

Kreuzfahrt-Reedereien und Hotelketten haben die Insulaner umworben, ihnen immer verlockendere Offerten unterbreitet. Auch Fidschis Tourismusministerium sähe Rotuma gern in seiner weltweit präsentierten Kollektion idyllischer Inseln mit Sonne, Strand und Palmen satt. Denn der Südseetourismus boomt. Fidschi ist Australiens Mallorca. Aus Japan und Südkorea kommen neue Besucherströme. Es beginnt eng zu werden.

Ausnahme: Rotuma, das alles bietet, was das Südseeklischee verspricht. Vulkankegel in samtgrünen Schonbezügen, tropische Regenwälder, garantiert frei von bissigem und giftigem Ungetier, türkisgrünjadeblaue Lagunen, in denen Korallengärten blühen, weißpulvrig endlose Sandstrände, Dörfer unter lichten Palmenhainen – und gastfreundliche Insulaner, geschmückt mit Blütenketten, lächelnd, sanft und liebenswert.

Klein und fern heben sich kurz vor Sonnenaufgang blaugraue Hügelwellen über einen graublauen Horizont. Mit den ersten Sonnenstrahlen streift die Insel ihr laubgrünes Kleid über, die Küste entfaltet sich in weißgesäumte Buchten, schwarze Lavaklippen, das aufgestickte Filigran der Kokospalmen. Blasser Rauch der Herdfeuer kräuselt sich zwischen den Bäumen. Langsam gleitet die »Starship« am Saum der Riffbrandung entlang. Vilsoni, der seine Heimat fünf Jahre nicht gesehen hat, steht auf der Flybridge und schaut. Plötzlich ruft er jubelnd: »Rotuma, here I'm coming!« Und lacht verlegen.

Von Captain Weaver mit dem Joystick sensibel dirigiert, gleitet die »Starship« zeitlupenhaft zwischen opal schimmernden Korallenblöcken zur Oinafa Bay. Das Schiff scheint zu schweben; so durchscheinend klar ist das Wasser über dem weißen Sandgrund. Wir bereiten uns vor zum ersten Landgang. Ob wir willkommen sind, wissen wir noch nicht. Zwar hat Michael Poliza,

FOTO: MICHAEL POLIZA

TOD NACH VOR-SCHRIFT

Auf Hatana, der letzten Ruhestätte des mythischen Inselschöpfers Raho, ist Blutvergießen verboten. Die Insulaner haben sich mit dem Tabu arrangiert. Die jungen Tölpel, die sie wie reife Früchte eingesammelt haben, werden in der Lagune ertränkt

der »Starship«-Skipper, sein Cruising Permit für Rotuman waters in der Tasche, doch über die Genehmigung, die Insel zu betreten, entscheidet allein der Council der sieben District Chiefs. Chief Gagaj Maraf, ranghöchster Inselherr, empfängt uns in seinem blütenumrankten Häuschen am Dorfanger von Noatau. Ganz regierender Fürst, ganz nach Neuigkeiten dürstender Insulaner. Die Gattin serviert Eiswasser. Wir plaudern. Und die Aufenthaltsgenehmigung?! Maraf winkt lässig ab. Lappalie, jetzt, da man sich kenne. Reine Formsache, er werde das regeln. Viel wichtiger: Das weiße Schiff in der Bucht. Der Chief will es sehen. Als Erster, seiner gesellschaftlichen Position entsprechend.

Einladungen und Gegeneinladungen werden getauscht, Bordbesuche und Inselausflüge arrangiert. Zum unterirdischen Süßwasserteich im Dschungel von Fapufa; zum Königsfriedhof auf dem Berg Sisilo; zum »Hünengrab« von Juju aus heidnischer Vorzeit.

Vierzehn Kilometer in ostwestlicher Richtung, an den breitesten Stellen vier Kilometer tief, erstreckt sich die Insel, mit 44 Quadratkilometern nicht mal halb so groß wie Sylt. In North Coast Road und South Coast Road gliedert sich die Küstenstraße. So könnte man sich die Wege im Garten Eden vorstellen: Durch paradiesisches Grün eine weiße Sandpiste hügelauf, hügelab, daran aufgefädelt ein Dorf nach dem anderen, weite Palmenhaine, rote Baldachine der Flammenbäume, cremeweiß die Frangipanis, vielstämmig uralte Banyan-Riesen im Wald – und immer neue Ausblicke auf die Lagune, Inselchen, weiße Schaumstreifen der Riffbrandung.

FOTO: MICHAEL POLIZA (2)

Festvorbereitungen: Bevor es zum Tanz geht, schmücken sich die Männer mit Blätterkränzen und Blütenohrringen. Und keine Feier ohne ein ausgiebiges Essen, bei dem Fische nie fehlen

DOCH DASS SICH DIE INSEL so unvergesslich in die Erinnerung prägt, ist mehr noch als ihrem natürlichen Reiz der selbstbewusst freundlichen Würde, dem selbstverständlich herzlichen Entgegenkommen ihrer Bewohner zu danken. Rotumanen sind Gastgeber in Vollendung. Die Barbaren sind wir. Hier kann man sie wieder lernen, wenn man denn die Muße dazu aufbringt: die Kunst des Plauderns; das endlose Be-, Zer- und wieder Zusammenreden von Ober- und Unterwelt, von banalen Alltags- und wichtigen letzten Dingen. Vil-

VÖLLEREI ZUM ABSCHIED

Am fünften Tag macht sich die Seele auf ins Totenreich – daran glauben die Rotumanen. So findet zu Ehren des verstorbenen District Chiefs von Itu'ti'u ein Leichenschmaus statt, bei dem jeder Gast kiloweise Fleisch vorgesetzt bekommt. Aufessen muss man nicht. Denn auf Rotuma ist ein Gastgeber umso angesehener, je mehr Essen seine Gäste in den ortstypischen »dog bags« aus Bananenblättern mit nach Hause nehmen

soni sagt: »Man muss über alles reden auf der Insel. Immer wieder. Dann werden die Sachen rund, sagen die alten Männer.« Und mit einem Seufzer fügt er an: »Es weiß sowieso jeder alles von jedem. Und alle wissen mehr von dir als du selbst.«

Am ersten Abend, nach Sonnenuntergang, ist die »Starship«-Mannschaft zur Kava-Party geladen. Auf dem Dorfanger sind Matten ausgelegt, mit untergeschlagenen Beinen lagern die Männer um eine große Holzschale mit einer bräunlichen Flüssigkeit, die Frauen haben sich zum Kartenspiel zusammengesetzt, die Kinder toben zwischen den Gruppen, klimpernd werden Gitarre und Ukulele gestimmt. Der Zeremonienmeister füllt Kokosschalen mit Kava und lässt servieren. Jetzt heißt es, Haltung bewahren und Etikette beachten.

DIE ETIKETTE: einmal Händeklatschen, Schale mit beiden Händen nehmen und trinken (in einem Zug), Schale zurückreichen (mit anerkennendem Ah), wieder Händeklatschen: Nun ja, es schmeckt, anders jedenfalls als alles, was man je getrunken hat. Erdig bitter, fad und seifig. Ein leicht taubes Gefühl bleibt auf der Zunge. Kava, Aufguss von zerstampften Wurzeln einer Pfefferpflanze (Piper methysticum), ist heilig. Kein Staatsakt ohne Kava. Und kein abendliches Dorfpalaver.

FOTO: MICHAEL POLIZA

Männer füllen heiße Lavasteine in den Bauch eines geschlachteten Schweins. Danach wird das Tier im Erdofen geschmort. In einem Steintrog werden Kava-Wurzeln zerstampft und zu einem leicht berauschenden Getränk aufgegossen

Als ich 1985 für Wochen auf Rotuma lebte, spaltete ein tiefer Riss die Insel. Die Schlange war ins Paradies geschlichen. Burns Philp Shipping Agencies hatte eine Offerte gemacht: Für einen knappen Tag sollte das Kreuzfahrtschiff »Fair Star« vor Rotuma ankern und seine Passagiere an Land setzen. Am Strand sollten sie, ihrer 500, von den Insulanern auf einem rotumanischen Fest beköstigt und unterhalten werden. Man hatte Für und Wider heiß diskutiert, die Methodistische Kirche ihre Schäflein gar zu einer Anti-Tourism-Prayer-Week aufgerufen. Doch die Rotumanen wurden schwach. Das Angebot war zu verlockend; von 4000 Dollar wird geflüstert.

Es lief prima. Im Anschluss an das Fest setzten sich die Dorfräte zusammen, zogen Bilanz und stimmten ab. Trotz einhelliger Meinung, dass das Experiment geglückt sei, siegten die Isolationisten: einmal und nie wieder. Auf Rotuma finden

WELT OHNE ASPHALT

Hügelauf, hügelab zieht sich eine weiße Sandpiste durchs tropische Grün. Kein Asphalt liegt auf der Hauptstraße durch den Regenwald der Insel (oben). Selbst in der Kirche tragen die Rotumanen keine Schuhe. Krawatten sind Pflicht, aber nackte Füße genügen der Etikette

wir ihn exemplarisch, den unlösbaren Antagonismus Öffnung oder Abschottung, Bewahrung oder Anpassung, in dem sich viele pazifische Mini-Staaten – Vanuatu, Solomon Islands, Belau, Federal States of Micronesia, Tuvalu, Kiribati – gefangen sehen. Von der »Hawaiisierung« Rotumas, vom Teufel, dem kleinen Finger und der ganzen Hand menetekeln die Traditionalisten, über notwendige Investitionen für die Insel, die von Fidschi vernachlässigt werde wie sein Hinterhof, ereifern sich die Neuerer.

Zweimal sind die Rotumanen doch noch schwach geworden, liefen Kreuzfahrtschiffe die Insel an. Doch der erste Elan war weg, das anschließende Geldzählen wog die Mühen des Festes für die Fremden offensichtlich nicht auf.

In den Tagen, als die »Starship« in der Bucht von Oinafa vor Anker geht, findet ein anderes Fest statt: Der District Chief von Itu'ti'u ist fünf Tage zuvor gestorben und soll verabschiedet werden. Denn am fünften Tag begibt sich die Seele auf die Reise ins Totenreich. Daran glaubten die Rotumanen, bevor die Missionare kamen. Daran halten sie fest, auch als herzensfromme Methodisten, Katholiken, Siebenten-Tags-Adventisten oder Zeugen Jehovas. Am fünften Tag ist ein Abschiedsfest zu feiern. Wir sind geladen.

Vormittags versammeln sich die Bewohner des Distrikts in sonntäglichem Staat auf Dorfanger, Friedhof und rund um des Verstorbenen Haus. Am Strand dampfen die Lovos. Hohe Sandhügel, unter denen, auf glühenden Lavasteinen, abgedeckt mit Blättern und Bastmatten, Fleisch und Gemüse garen. Drei Rinder, fünf Schweine und zentnerweise Taro-Wurzeln. Erster Höhepunkt des Tages: Öffnung der Erdöfen und fröhlich festliche Prozession mit den in grünen Palmblattkörben dampfenden Speisen zum Dorf. Die Festgemeinde geht zu Tisch. Honoratioren und wir »Starship«-Ehrengäste auf der Veranda des Trauerhauses, jedem Gast gegenüber eine Serviererin, wie es rotumanischem Brauch entspricht, das »gemeine Volk« zu Hunderten in langer Doppelreihe auf der Wiese, lackgrüne Bananenblätter als Tischtuch. Pro Person werden vorgelegt: ein Batzen Rindfleisch von gut einem Kilo Gewicht, ungesalzen, ungewürzt, ein Batzen Schweinefleisch, eine Pfunddose Corned Beef, dicke Scheiben gekochter Taro und als Dessert eine Familienportion des geliebten Fekei, dicker Pudding aus Stärke, Zucker und Kokosmilch.

MEIN NACHBAR, Vermessungsingenieur in Neuseeland, zu Besuch auf seiner Heimatinsel, beugt sich zu mir und zeigt auf die Fleischklumpen: »Na, magst du's?« Während ich noch über eine höfliche Antwort nachsinne, sagt er: »Ich hasse es. Niemand kann das essen. Aber es gehört nun mal dazu. Mach es wie ich, tu so, als ob. Aufessen muss niemand.« Pro forma kauen wir mit scheinbar vollen Backen. Das Festmahl währt kaum eine halbe Stunde, da rüsten die Ersten schon zum Heimweg, unterm Arm die Reste in »dog bags« aus Bananenblättern. Je größer die Portionen »für zu Hause«, desto angesehener der Gastgeber. Zeit, dem ersten Herrscher der

TRAUMSTRAND NUR FÜR ANLIEGER

Palmenhaine, feiner Sand, glasklares Wasser – der Strand von Oinafa ist der Traum jedes Tourismus-Managers. Doch die Rotumanen wollen keine Besucher. Zum Luxus ihres ursprünglichen Lebens gehört das Sammeln von Seevogeleiern, die sie einfach aus den Nestern nehmen

Insel unsere Aufwartung zu machen. Der rotumanische Schöpfungsmythos erzählt dessen Geschichte so: Vor Urzeiten kam der Samoaner Raho von Osten über das Meer, einen Korb Heimaterde im Gepäck. Die schüttete er in die See und schuf die Insel Rotuma, sein Reich, das er streng und weise regierte. Bis ihm ein anderer samoanischer Chief die Herrschaft streitig machte. Im Zorn nahm Raho ein Stück Rotuma und warf es weit hinaus ins Meer. So entstand Hatana: schwarze Lavaklippen, weißer Korallensand, von dichtem Busch und Wald bestandener Hügel, vorgelagert ein Felsklotz, auf dem zu Tausenden Seevögel nisten. Dorthin retirierte der amtsmüde Inselschöpfer samt Ehefrauen und Hofstaat. Dort starb er, dort wurde er beerdigt. Wer Hatana betritt, muss unabdingbare Verhaltensmaßregeln beachten. Missachtet man sie, kann Raho äußerst unwirsch werden. Also wird man nie mit dem Boot anlanden, sondern vor dem Riff über Bord springen, durch die heftig anrollende Brandung wie ums Leben in die Lagune schwimmen und über das spitze Tafelriff zur Küste staksen. Eskortierte einen unterwegs ein Hai, darf man sich glücklich schätzen: Der Schutzgeist der Insel hat dem Tier signalisiert, alles sei im grünen Bereich. Wir haben keinen Hai gesehen.

RAHO EMPFING UNS DENNOCH GNÄDIG. Wir haben uns an seine Regeln gehalten: keine Schuhe, keine Kopfbedeckung, nur mit halber Stimme sprechen, sich keinesfalls »erleichtern« und an Rahos Grab mindestens eine Münze niederlegen. Die Altarplatte, die beiden hüfthohen, König und Königin symbolisierenden Steine, eingefasst von einem Ring runder Lavabrocken, den Dienerinnen – eine uralte Kultstätte von starker Aura. Grandios die Natur, laut und wild. Die Brecher über dem Riff, das Schreien der Seevögel, die in Wolken über uns schwirrten. In den Bäumen und am Boden Tölpelküken, weiße, flaumweiche Federbälle auf blauen Füßen.

Rotumanen besuchen ihren Stammvater nicht oft. Zu tief die Scheu, zu groß der Aufwand. Wenn, dann muss es sich auch lohnen. So mutieren die jungen Insulaner in unserer Begleitung von scheuen Pilgern zu wild begeisterten Jägern und Sammlern. Im Handumdrehen sind Körbe aus Palmwedeln geflochten und mit Hunderten von Vogeleiern gefüllt. Das hat Tradition, das erlaubt der Inselgott. Blutvergießen wiederum verbietet er auf seiner Insel strikt. Aber man hat sich arrangiert: Die Burschen sammeln Jungvögel zu Büscheln wie reife Früchte, waten in die Lagune und ertränken sie dort.

Der Abend unserer Abfahrt. Der Tender an Bord vertäut, Bananenstauden, Brotfrüchte, die sich als Abschiedsgeschenke auf dem Hinterdeck häufen, noch nicht verstaut. Voll verhaltener Melancholie inszenieren Sonne, Wolken, Meer und Insel ein Farbenrauschspektakel, wie es selbst in der Südsee nicht alltäglich ist. Still, zeitlupenhaft gleitet die »Starship« über das flüssige Gold der Bucht südwärts in sternklare Nacht.

Am Morgen kommen die Delfine.

FOTOS: MICHAEL POLIZA

EDEL SEI DER MENSCH

In Neuseeland steht die »Starship« einer Segelyacht in Seenöten bei. Bald darauf erleidet sie selbst eine Karambolage. Danach erfährt Michael Poliza eine neue Dimension des Goethe-Wortes: »Edel sei der Mensch, hilfreich und gut«. Als nämlich MAN-Techniker Hermann Edel einfliegt und die marode Maschine in 36 Stunden wieder flottmacht

Wieder Sturm. Die »Starship« kämpft mit 40 bis 45 Knoten Wind direkt von vorn. Drei Tage mindestens wird es noch dauern, bis sie die neuseeländische Küste erreicht. Und ich sitze in Auckland im Hotel und bange. Dummes Gefühl.

Ich war vorausgeflogen, um mit den neuseeländischen Behörden Route und Programm zu besprechen, als sich das Wetter plötzlich gegen alle Voraussagen dramatisch verschlechterte. Die Zyklon-Saison hat begonnen, und die Wetterexperten zucken die Achseln. Wenn sich da draußen tatsächlich ein Wirbelsturm entwickelt, kann keiner seinen Kurs vorhersagen. Also kann das Schiff auch nicht ausweichen. »Da müssen die durch«, sagt Wetterguru Bob McDavitt lakonisch. Zermürbendes Warten.

Aber sie schaffen es. Tiefes Aufatmen, als das Schiff in Opua, dem Zollhafen im Norden der Nordinsel Neuseelands, einläuft. Dort feiern wir auch Wiedersehen mit vielen unserer Segelfreunde, die wir in Niue und Tonga zuletzt getroffen haben. Gemeinsam haben wir dort die deutsche Fleischerei auf Tonga um ihre Wurstbestände erleichtert, Bordfeste gefeiert und immer wieder die pazifischen Sonnenuntergänge bewundert, mal mit Tim und Ingrid aus Hamburg an Bord ihrer »Sonnenschein«, mal auf der »Josephine«, mal bei uns auf der »Starship« . Wir freuen uns, die alten Freunde fast vollzählig wiederzutreffen.

Nur eine Yacht fehlt. Ausgerechnet die »Attu« mit Charly und Gail und ihren Kindern Hannah und Ezra an Bord. Der Zweimaster hat seinen Heimathafen im US-Bundesstaat Washington, wo auch die »Starship« gebaut wurde, und nicht nur deswegen sind uns die vier von der »Attu« besonders ans Herz gewachsen. Wo sind sie? Stecken sie noch da draußen in diesem schweren Wetter?

Zwei Tage später haben wir Gewissheit. »Attu« meldet sich mit einem Hilferuf, sie steht ca. 100 Meilen vor Opua, hat Wind von vorn, keinen Diesel mehr an Bord, und die Crew ist völlig erschöpft. Neuer Sturm ist gemeldet, und Charly macht sich Sorgen wegen seiner Kinder. Fragt, ob wir rauskommen und helfen können.

Funkrufe sind so gut wie öffentlich. Viele im Hafen haben mitgehört und bieten sofort ihre Hilfe an. Die brauchen wir auch. Denn Diesel hat die »Starship« zwar selbst genug, aber keine Kanister, um ihn an Bord der »Attu« zu schaffen. Doch es vergeht keine Viertelstunde, da stehen 30 Kanister am Tankpier und werden gefüllt. Und noch einer steht da, Charly von der »Attitude«, der unbedingt mit rausfahren will, um seinem Namensvetter zu helfen. Der, sagt er, kann bestimmt einen frischen Mann gebrauchen.

Doch nicht nur Segler haben unsere Vorbereitungen für die Hilfsaktion verfolgt, sondern auch der Zoll. Der mischt sich jetzt mit einer strengen Warnung ein: Diesel zu übergeben und Kinder an Bord zu nehmen verstoße gegen das Zollgesetz und sei strafbar. Denn die »Attu« habe keinen Mayday-Ruf abgesetzt, sei also nicht in Seenot.

Wir beschließen, die Verhandlungen mit dem Zoll am Telefon unter Ausschluss der Funk-Öffentlichkeit fort-

Silvester-Feier auf der Südinsel von Neuseeland. In Akaroa wird das neue Jahrtausend von der»Starship«-Crew mit Champagner und Wunderkerzen begrüßt

FOTO: TOM JACOBI

zusetzen und auf jeden Fall so schnell wie möglich in die Nähe des angeschlagenen Schiffes zu fahren. Doch das dauert, weil der Wind die Yacht von der Küste wegtreibt. Es ist fast Mitternacht, als wir die Lichter des Segelschiffs ausmachen, auf dem der kleine Ezra über Kurzwelle den Kontakt mit uns hält und die Position durchgibt. Sein Vater scheint völlig erschöpft und zermürbt. Seit zehn Tagen kämpft er mit seinem Schiff schon gegen Wind und Wellen.

Als wir endlich bei der »Attu« sind, ist guter Rat teuer. Abschleppen? Wir würden nur ihr Vorschiff unter Wasser ziehen. Diesel nachfüllen? Mit jeder Welle ergießt sich Wasser über Deck und kann in den geöffneten Tank laufen. Die Kinder übernehmen? Wie sollen sie von Bord zu Bord kommen bei dem Seegang?

Wenigstens lässt sich der neuseeländische Zoll von der Lage so beeindrucken, dass er Dieselübergabe und Kinderübernahme ausdrücklich genehmigt. Bleibt nur die Frage: Wie?

Zunächst stellen wir eine Leinenverbindung zwischen beiden Schiffen her. Nicht einfach, aber schließlich gelingt es. Dann wird ein zweites Tau von Bord zu Bord gespannt und an ihm Kanister für Kanister zur »Attu« hinübergezogen. Die »Starship« tanzt auf den Wellen wie ein Korken, denn ihre Stabilisatoren funktionieren nur, wenn sie Fahrt macht. Nach 15 Kanistern machen wir erst einmal Schluss. Dann steigt Charly von der »Attitude« in den Überlebensanzug, legt seine Schwimmweste an und klettert in das kleine Gummibeiboot, das inzwischen zu Wasser gelassen und an die Verbindungsleine zur »Attu« gebunden ist. Eine zweite Sicherheitsleine verbindet es mit der »Starship«.

Während wir langsam Leine geben, ziehen die anderen ihn hinüber zur Yacht. Dort warten die Kinder, in dicke Schutzkleidung und Schwimmwesten gepackt. Erstaunlich ruhig und besonnen klettern sie in das kleine Beiboot und werden zusammen mit Charly von uns Hand über Hand zur »Starship« gezogen. Alles geht gut, bis sie ankommen und Hannah an Bord gehievt wird: Eine Riesenwelle trifft das Schiff genau in diesem Augenblick, es legt sich gefährlich über und drückt Hannah über Bord. Doch wir haben ihre Sicherheitsleine fest in der Hand, können sie sofort rausziehen, und Sekunden später steht auch ihr Bruder an Deck. Alles jubelt. Charly kehrt zurück zur angeschlagenen Yacht, um deren Skipper beizustehen. Gemeinsam schaffen sie es, das Schiff so in den Wind zu legen, dass das Deck trocken bleibt und sie Diesel in den Tank

Vor dem Fall. Die »Starship« posiert vor den Sterling-Falls im Milford-Sound. Kurz darauf setzt die Maschine aus, und das Schiff kracht gegen die Felsen. Drei Tage später ist Hermann Edel zur Stelle, nach 60 Stunden Flug und mit 160 Kilo Ersatzteilen

füllen können. Am nächsten Mittag gibt es dann ein glückliches Wiedersehen von Eltern und Kindern. Und bevor Ezra auf die »Attu« zurückkehrt, wird er in aller Form zum Ehrenmitglied der »Starship«-Crew ernannt. Er ist sehr stolz.

Nicht lange danach kommt die »Starship« selbst in Not. Wir machen gerade Fotoaufnahmen vor dem gigantischen Wasserfall, der sich im Milford Sound auf der Südinsel ins Meer ergießt, ich sitze mit der Kamera in einiger Entfernung im Beiboot, und das Schiff fährt langsam auf den Wasserfall zu. Bis Trevor, der am Ruder steht, findet, dass es nun dicht genug sei und den Rückwärtsgang einlegt. Es kracht furchtbar, dann steht die Maschine, und die »Starship« treibt weiter auf den Wasserfall zu. Dann kracht es zum zweiten Mal, aber noch lauter, die Bugnase ist gegen einen Unterwasserfelsen gedonnert und eingedrückt, Wasser dringt ein, und an Bord herrscht Panik. Der Milford Sound ist 400 Meter tief.

Glücklicherweise ist das Leck nicht sehr groß, wir können es notdürftig abdichten und das Schiff dann dank der zwei starken Außenborder des Beiboots zu seinem Ankerplatz schleppen. Jetzt haben wir endlich Zeit für die Schadenanalyse. Sie ist niederschmetternd. Offenbar ist beim Manövrieren Seewasser in die Auspuffanlage und von dort in die Zylinderköpfe gelangt – bei laufendem Motor! Da muss einiges kaputtgegangen sein, denn Wasser lässt sich bekanntlich nicht komprimieren.

Die Experten, die wir telefonisch um Rat fragen, halten sich bedeckt. Der nächste erreichbare Techniker ist viele Stunden entfernt, kennt sich mit MAN nicht aus und weiß nicht, wie lange er auf Ersatzteile warten muss. Mit drei bis vier Wochen sollten wir rechnen.

Verzweifelter Anruf in Deutschland, ohne große Hoffnung, dort etwas zu erreichen. In Düsseldorf ist nämlich gerade Bootsmesse, alle Experten sind dort und sehr eingespannt und eigentlich unerreichbar. Aber dann ist es wie im Märchen: Die MAN-Geschäftsleitung erfährt von unserem Missgeschick und beschließt, ein Service-Exempel zu statuieren. Noch am gleichen Tag sitzt ein MAN-Techniker mit 160 kg Ersatzteilen im Flugzeug.

Nach 60 Stunden Flug und fünfmaligem Umsteigen steht Hermann Edel an Bord der »Starship«, zieht sich einen nagelneuen MAN-Overall an und verschwindet im Maschinenraum. »Morgen Nachmittag ist Probefahrt« , sagt er, bevor er die Tür zuklappt. Ein Irrer, denken wir, tippen uns heimlich an die Stirn und denken, der schafft das nie. Aber die, die ihm zur Hand gehen, staunen. So schnell können sie die Ersatzteile gar nicht auspacken, wie Hermann unseren V8 zerlegt und wieder zusammenbaut. Um 23 Uhr muss er eine Zwangspause einlegen – eine Dichtung fehlt. Hermann gibt nicht auf. Der Geschäftsführer der MAN-Vertretung für Neuseeland wird aus dem Bett geholt und zum Flughafen zitiert, um das fragliche Teil umgehend nach Queenstown zum nächstgelegenen Verkehrsflughafen zu befördern. Danach verschwindet Hermann wieder im Maschinenraum, arbeitet durch bis zehn Uhr morgens. Dann kommt er nicht mehr weiter, und wir können ihn zu einer Spazierfahrt mit dem Beiboot überreden. Als wir von der Spritztour zurückkommen, wartet am Pier ein Bote mit der Dichtung; eine kleine einmotorige Maschine hat sie aus Queenstown rübergebracht.

Entzückt verschwindet Hermann wieder im Maschinenraum. Um 17 Uhr erscheint er wieder mit strahlendem Lächeln. »Alles klar zum Probelauf.« Wir starten, und der V8 tuckert los, als hätte er nie irgendwelche Probleme gehabt. Dabei hat Hermann – der bei uns ab sofort nur noch »the Blitz« heißt – einen halben Neubau bewältigt. Alle Kolben und Pleuelstangen sind ausgetauscht, die Zylinderwände und -köpfe erneuert. Eine unglaubliche Leistung. Der Mann, der sie vollbracht hat, soll nun endlich den Feierabend genießen, ein kaltes Bier und den Sonnenuntergang. Morgen wollen wir ihm die Delfine und die Seelöwen zeigen. Und dann sein Lieblingsessen kochen . . .

Aber da klingelt das Telefon. Ein Anruf aus Nürnberg. Der König von Spanien hat Probleme auf der Yacht. Der nächste Einsatz für Hermann Edel.

Die »Starship«, die sich jetzt wieder aus eigener Kraft fortbewegen kann, fährt nach Nelson, geht auf die Werft und bekommt eine neue Nase.

FOTOS: MICHAEL POLIZA

Die »Starship« ankert vor Poor-Knight-Island an der Küste der Nordinsel Neuseelands. In der riesigen Rika-Rika-Höhle sollen sich im Zweiten Weltkrieg sogar U-Boote versteckt haben

SZENEN EINER RETTUNG

Die Segelyacht »Attu« kämpft auf der Überfahrt von Tonga nach Neuseeland tagelang in schwerer See. An Bord sind Skipper Charley Moore mit seiner Frau Gail, Sohn Ezra und Hannah. Als der Yacht auch noch der Treibstoff ausgeht, will der Skipper seine Kinder in Sicherheit bringen und bittet über Funk um Hilfe. Die »Starship« läuft aus und schafft es in einer dramatischen Sturmnacht, Kanister mit Brennstoff an Bord der Yacht zu bringen und die Kinder zu übernehmen (Videobild). Überglücklich schließt die Mutter am nächsten Tag im Hafen ihre Tochter wieder in die Arme

FOTO: MICHAEL POLIZA

Vor Christchurch an der Küste der neuseeländischen Südinsel sorgt eine Aufwärtsströmung für nährstoffreiches Wasser, von dem Fische, Seevögel und Menschen profitieren

Ein Land voll herber Schönheit: Der Milford Sound mit seinen schneegekrönten Bergen und seiner eindrucksvollen Fjord-Landschaft ist ein Mekka für Menschen, die wechselhaftes Wetter und Einsamkeit lieben. Auf ihrer Fahrt in diesen Gewässern traf die »Starship« immer wieder auf Buckelwale

FOTOS: MICHAEL POLIZA

Ein Bild aus vergangenen Tagen: der Blick in den Vulkankrater auf White Island. Kurz nach dem Besuch der »Starship« brach der Vulkan aus und brachte den giftgrünen Schwefelsee zum Kochen.
Ein Bild, das immer wiederkehrt: Zur Brutzeit versammeln sich 2000 Tölpel-Paare bei Cape Kidnappers in der Hawke-Bay

FOTO: MICHAEL POLIZA

Tölpel sind treu: Wenn die Hochseevögel flügge sind, bleiben sie drei Jahre auf See. Danach kehren sie jährlich zu ihrer Brutkolonie und zu ihrem Partner zurück. Ein ganzes Vogelleben lang

Im ersten Jahr des dritten Jahrtausends fahren wir in die Gegenwart uralter Zeit. Sie begegnet uns bei den Aborigines und ihren urtümlichen Blasinstrumenten. Wir finden sie in den Jahrmillionen alten Korallenriffen vor Australiens Ostküste. Wir treffen auf sie bei den Trobriandern in der Salomonensee, Nachfahren der Austronesier, die einst den Pazifik eroberten. Auch auf Yap mit seinem mühlradgroßen Steingeld ist uralte Zeit gegenwärtig. Das Nachfahren der Magellan-Reise zu den Philippinen macht uns mit den Qualen der alten Entdecker vertraut. Und auf Komodo begegnen wir den urzeitlichen Waranen, die wie Drachen aus dem Märchen wirken

2000

FOTOS: MICHAEL POLIZA

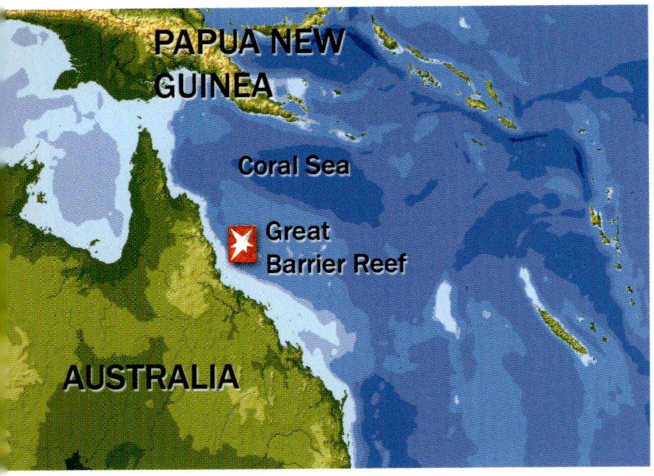

BARRIERERIFF – EIN KÖNIGREICH AUS KALK

Vor der Ostküste Australiens liegt eines der gewaltigsten Naturwunder der Erde: das Great Barrier Reef, in Jahrmillionen von Korallen errichtet. Auf einer Fläche, beinahe so groß wie Deutschland, leben hier eine Million Tier- und Pflanzenarten und haben ein Fantasy-Land unter Wasser geschaffen

VON GERD SCHUSTER UND JEFF ROTMANN (FOTOS)

Die australische Korallensee leuchtet hier und da abgründig smaragden und glüht weiter draußen wie tintendunkler Saphir. Sogar der Himmel ist unwirklich blau. Kein Lüftchen regt sich. Die »Starship« liegt vor den nur zentimeterhoch aus dem Wasser lugenden Sandbuckeln des Wheeler Reef, rund 50 Seemeilen östlich von Townsville. Die Mannschaft taucht und schnorchelt im Meer, das da liegt wie ein bis zum Horizont reichendes Edelsteintableau.

Dicht unter dem Kiel der »Starship« flitzen Schwärme bunter Fische durch ein Labyrinth fantastischer Korallenskulpturen: Hirschgeweihe und Orgelpfeifen, zerbrechlich dünne, geschnörkelte Obstschalen und Couchtische, mystische Collagen aus Messergriffen ohne Klinge, Kakteenkolonien und kürbisgroße Schädel mit bloßliegenden Hirnwindungen. Verbeulte Backbleche voller Kringelplätzchen, endlos gewundene Mäander aus abgeschliffenen Dominosteinen, Teigklumpen mit Mandelsplitterkruste und rätselhafte Blätter, irisierend in allen Pastellfarben.

In vier Meter Tiefe beobachtet die deutsche Riff-Ökologin Dr. Katharina Fabricius einen Schmetterlingsfisch mit senkrecht verlaufenden gelben und blaugrauen Streifen. Zur Täuschung gefräßiger Feinde trägt er einen großen schwarzen Augenfleck mit deutlich sichtbarer Pupille auf dem zitronengelben Endzipfel seiner Rückenflosse. Nur der dünne Pinzettenschnabel verrät, wo sein Kopf tatsächlich sitzt. Als »Starship«-Skipper Michael Poliza ihn filmt, rollt er seine gut getarnten »echten« Augen. Ein besonders dunkler Streifen liegt quer über dem Fischgesicht und verhüllt sie wie eine Zorromaske.

Am Wheeler Reef kann man tagelang tauchen und stößt doch ständig auf neue Naturwunder. Dabei ist die Untiefe nur ein Kalkkrümel im Großen Barriereriff (GBR). Das Monumentalbauwerk millimeterkleiner Korallenpolypen erstreckt sich mehr als 2000 Kilometer an der australischen Ostküste entlang. Es reicht von Fraser Island im Süden bis zur Halbinsel Cape York im Norden, umfasst 2900 Riffe und 600 Inseln und ist mit einer Ausdehnung von nicht ganz 350 000 Quadratkilometern kaum kleiner als Deutschland.

Regenwälder der Ozeane werden Korallenriffe wegen ihres Artenreichtums genannt. Wissenschaftler schätzen, dass das Große Barriereriff rund einer Million Arten Nahrung und Unterschlupf bietet. Etwa 2000 Fische sind darunter – mehr als dreimal so viel, wie es im gesamten Atlantik gibt. In einem einzigen Brocken Korallenkalk von drei Kilo Gewicht fanden Forscher 1441 Würmer, die 103 verschiedenen Arten angehörten. Die Heerscharen der Weichtiere, Stachelhäuter, Schwämme, Krebse und Pflanzen hat weder jemand gezählt noch erforscht. Auch die Korallen bergen noch viele Geheimnisse. Man weiß, dass es zwei große Gruppen gibt – Steinkorallen und Weichkorallen. Man kennt die Grundlagen ihrer Anatomie, Lebensweise, Ernährung und Fortpflanzung. Aber schon bei der Artenzahl fängt das Rätselraten

an. »Weltweit gibt es etwa tausend Arten von Steinkorallen«, sagt Katharina Fabricius, die ihren von vielen Tauchgängen zerfledderten Neoprenanzug abgelegt hat und sich im Salon der »Starship« mit einer Brause stärkt. »Schätzungsweise 400 davon findet man hier. Dazu kommen viele hundert Weichkorallenarten. Doch niemand kennt ihre ungefähre Anzahl.«

Die 36-jährige Münchnerin forscht seit zehn Jahren am »Australian Institute of Marine Science« bei Townsville. Allein in den obersten 50 bis 60 Meeresmetern, die Tauchern problemlos zugänglich sind, hat sie bei ihrer Recherche für ein neues Bestimmungsbuch insgesamt 90 verschiedene Gattungen von Weichkorallen gefunden. »Jeder davon können Dutzende von Arten angehören.«

Am Tage, wenn sie ruhen, sehen Fingerkorallen nicht besonders spektakulär aus. Doch bei Nacht, wenn sie mit ihren Tentakeln Zooplankton angeln, blühen die Blumentiere auf

Die wohlbekannten Steinkorallen und ihre weitgehend ignorierten Verwandten (Fabricius: »Um die kümmern sich weltweit nur fünf Leute!«) haben im Ökosystem Riff grundverschiedene Nischen besiedelt: Die nach ihrem steinharten Kalkpanzer benannten Riffbaumeister sind Räuber. Die kleinen Polypen – sie bestehen im Wesentlichen aus einem Röhrchen mit einer von Tentakeln umkränzten Mundöffnung – sitzen in ihrem selbst gemauerten »Burgturm«, quasi einem externen Skelett, und angeln nach Zooplankton. Sie »harpunieren« ihre winzige Beute mit Nesselkapseln, lähmen und verzehren sie. Nachts, wenn Quadrillionen hungriger Korallentierchen ihre Tentakel aus den Kalkpanzern strecken, erblühen die Riffe wie Blumenfelder.

STEINKORALLEN WACHSEN SELTEN unterhalb von 40 Metern. Weichkorallen haben sich dagegen ein viel größeres Reich erschlossen. Sie besiedeln flache Lagunen ebenso wie die düsteren, aber auch ruhigeren Tiefen der Meere. Mit ihren acht Ärmchen filtern sie vorübertreibende Nahrungsteilchen aus dem Wasser. Sie fühlen sich ledrig, knorpelig oder gallertartig an, besitzen weder Wehrturm noch Skelett und halten sich aufrecht, indem sie sich voll Wasser pumpen. So genannte Skleriten, wie Korsettstangen wirkende Kalkstäbchen, sorgen für zusätzliche Stabilität. Trotzdem verwandeln sich viele schöne Weichkorallen außerhalb ihres Elements in unansehnliche Schleimklumpen.

Ein Eigenheim aus Kalk zu bauen, diesen Luxus können sich Steinkorallen vor allem deshalb leisten, weil sie im Überlebenskampf nicht auf sich allein gestellt sind, sondern

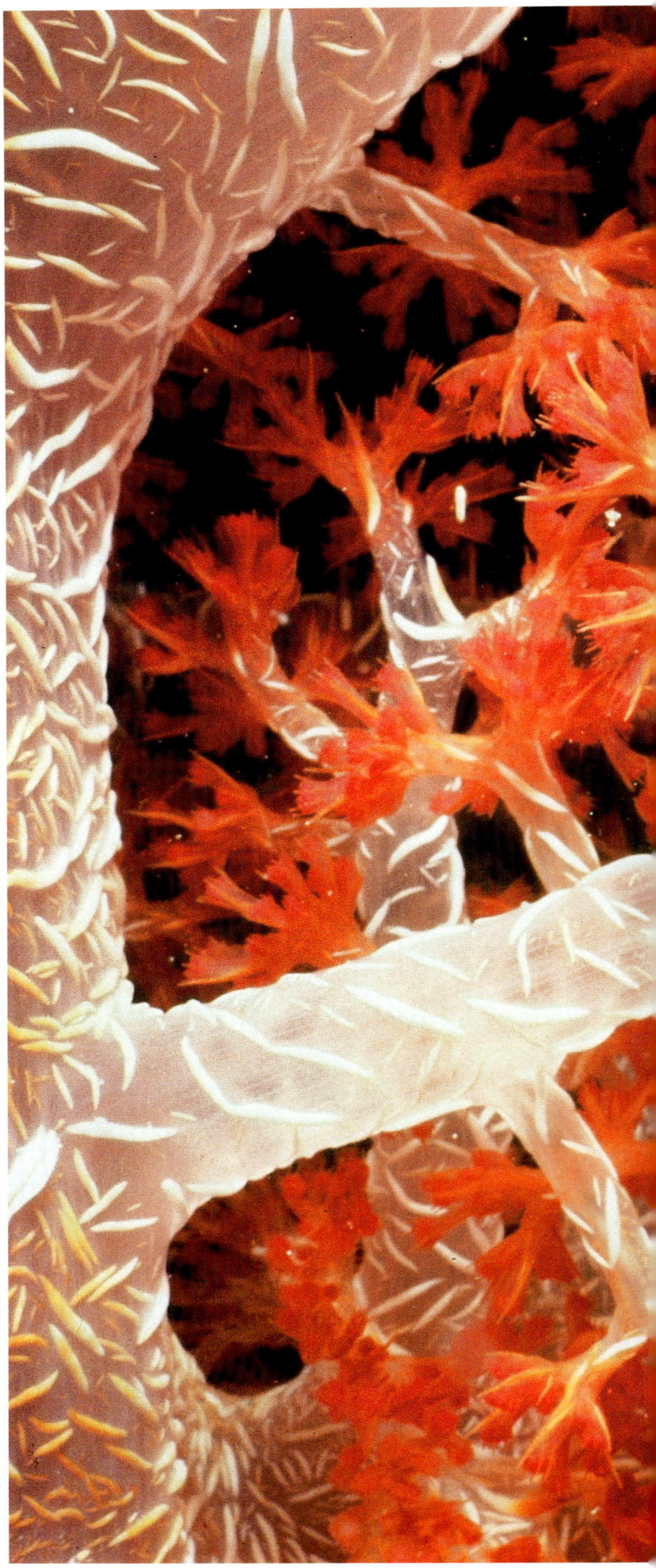

FARBENFROHE WOHNGEMEINSCHAFT

Der kleine gelbe Korallenfisch passt mühelos in die meisten Ritzen zwischen den Weichkorallen. Die Nischen bieten ihm Schutz und einen Platz zum Schlafen. Rund 2000 Fischarten, mehr als dreimal so viel, wie es im gesamten Atlantik gibt, leben am und vom Großen Barriereriff

EIN BAUM WIE AUS EINEM TRAUM

Der Seefächer sieht aus wie ein Baum. Dabei ist er ganz fragil, seine »Zweige« sind nicht hart, sondern mit Wasser aufgepumpt. Der Seefächer ist eine Weichkoralle. Diese Verwandten der Steinkorallen besiedeln flache Lagunen ebenso wie dunkle Tiefen und filtern mit ihren Ärmchen Nahrungsteilchen aus dem Wasser. Ansonsten sind Weichkorallen bis heute wenig erforscht – gerade mal eine Hand voll Wissenschaftler beschäftigt sich mit ihnen

über eine Armee von Helfern verfügen. Das kristallklare Oberflächenwasser, in dem die Riffmaurer leben, hat nämlich einen gravierenden Nachteil: Es ist sehr nährstoffarm. Von der Harpunenjagd allein könnten die Baumeister nicht existieren.

»Deshalb wimmelt es im Innern der Steinkorallen von Tausenden mikroskopisch kleiner Algen, so genannter Zooxanthellen, mit denen der Polyp in Symbiose lebt«, sagt Katharina Fabricius. »Die Algen in der Koralle sind wie kleine Gärten. Das Korallentierchen versorgt seine Untermieter mit Kohlendioxid und düngt sie mit Phosphaten und Nitraten, Abfallprodukten seines Stoffwechsels, und die Pflänzchen revanchieren sich mit Kohlenhydraten und Sauerstoff.«

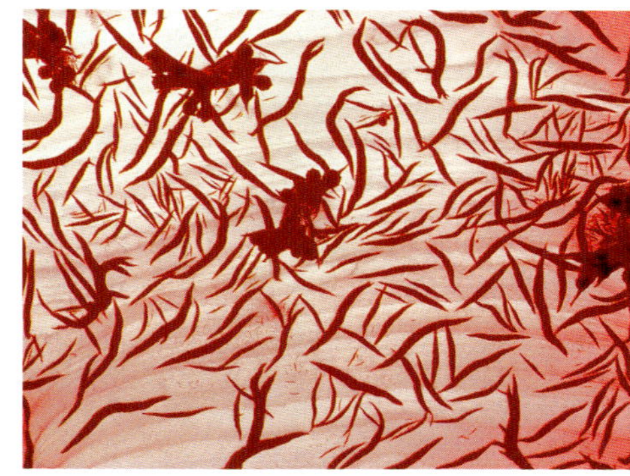

Das Skelett einer weichen Bäumchenkoralle könnte auch Abstract Art sein (oben). Und nachts, wenn diese Gorgonie (unten) ihre Arme ausstreckt, sieht man nur noch Sternchen

Mit Calciumcarbonat aus dem Meerwasser baut der Polyp seine Kalkfestung, die er jedes Jahr ein paar Millimeter höher zieht. Stirbt er, errichtet ein anderes Hohltierchen seine Zitadelle auf den Resten seines Wehrturms. So entsteht in Jahrmillionen ein Milliarden Tonnen schweres Riff.

Die wunderschönen Irrgärten aus Kalk sind Wiege, Kinderstube, Speiselokal und Fluchtburg für ungezählte Tier- und Pflanzenarten und damit Nahrungsquelle für Millionen Menschen. Der Umweltschützer Rodney Salm von der World Conservation Union charakterisiert Korallenriffe als »kostenfreie, sich selbst erhaltende Fischfarmen, die aus blankem Seewasser hochwertiges Eiweiß produzieren«. Aber auch als Wellenbrecher und Küstenschutz sind Riffe wichtig und wertvoll. Außerdem bringen sie Touristen ins Land. Weichkorallen wiederum enthalten Chemikalien, aus denen revolutionäre Medikamente gewonnen werden können.

Den wirtschaftlichen Nutzen aller Korallenriffe der Welt bezifferte das Washingtoner World Resources Institute 1998 auf 750 Milliarden Mark pro Jahr. Umgerechnet auf die etwa 600 000 Quadratkilometer Riffe auf dem gesamten Globus ergibt sich pro Quadratkilometer ein jährlicher Wert von immerhin rund 1,3 Millionen Mark. Das GBR schlüge mit rund 450 Milliarden zu Buche – was gut der Hälfte des australischen Bruttosozialprodukts entspricht. Aber statt ihre Riffe zu hegen und zu pflegen, treiben die meisten Besitzerländer Schindluder mit ihnen: Sie ersäufen sie in ungeklärten

SENSIBLE MEERES-GIGANTEN

Das Great Barrier Reef ist über 2000 Kilometer lang. Trotz seiner Größe ist das Ökosystem hochempfindlich. Ebenso die dicken Seekühe, deren Population in den letzten Jahren kollabiert ist. Die Ursache dafür kennt man nicht

FOTO: PAUL CHESLEY/FOCUS/AGENTUR FOCUS

FOTO: JÜRGEN FREUND/WILDLIFE

Abwasserfluten, begraben sie unter Schlamm, fischen sie leer, zersprengen sie mit Dynamit und vergiften sie mit Zyankali. (Mit der Killerchemikalie werden Fische betäubt, die man lebend fangen will.) Sie zerfetzen sie mit Schiffsankern und Schleppnetzen. Und in flachen Küstengewässern zertrampeln sie die Polypenbauwerke. Einer Studie der Umweltorganisation der Vereinten Nationen (UNEP) zufolge behandeln 93 von 109 Ländern – also fast 90 Prozent – ihre Korallenriffe wie den letzten Dreck. Nach Recherchen des World Resources Institute sind zehn Prozent aller Riffe tot und weitere 58 Prozent schwer geschädigt.

Derartige Zahlen sind nach den Worten des australischen Meeresbiologen Clive Wilkinson jedoch mit Vorsicht zu genießen. Der Forscher ist seit Anfang 1996 Leiter des »Global Coral Reef Monitoring Network« und damit so etwas wie der oberste internationale Riffwächter. Zwar gebe es kaum Zweifel, dass zwischen 70 und 100 Prozent der Korallenriffe in Südostasien, Taiwan und Japan, auf den Malediven, in Kenia und Tansania sowie im Persischen Golf zerstört seien. Die Aussagekraft aller globalen Schätzungen und Vorhersagen sei jedoch begrenzt: »Die sind über den Daumen gepeilt.« Es gebe »einfach zu viele Riffe«, als dass der Grad ihrer Schädigung und deren Ursache mit letzter Sicherheit festgestellt werden könne.

Die ökologische Befindlichkeit des Großen Barriereriffs müsste jedoch zu klären sein. Das Weltwunder ist gut zugänglich – es wird jährlich von drei Millionen Touristen besucht –, und die australischen Meeresforscher sind erfahrene Taucher. Außerdem sammeln gleich drei große Forschungs- und Schutzbehörden, alle in Townsville und Umgebung beheimatet, seit vielen Jahren ganze Fluten von Umweltdaten. Doch die Annahme, das Öko-Kleinod werde im Unterschied zu kaum bekannten Drittwelt-Riffen mitten im endlosen Pazifik umsorgt, abgeschirmt und rigoros bewacht, erweist sich als Irrtum. Nur 1,1 Prozent des Nationalparks sind rundum geschützt. Generell verboten sind allein das Bohren nach Öl und das Speerfischen; 70 Prozent des Parks jedoch werden von Fischerbooten und Garnelenkuttern abgegrast.

»Jahr für Jahr werden von den Grundschleppnetzen der etwa 800 Garnelenfänger rund 60 000 Quadratkilometer Meeresboden verwüstet«, klagt Katharina Fabricius. »Dabei wird so gut wie alles Leben zerstört – Seefächer, Vasenschwämme, Anemonen, Korallen. Das Habitat wird plattgewalzt, und es würde Jahre brauchen, bis es sich erholt. Aber bald schon kommt das nächste Netz.«

Für die Forscherin ist das GBR »nur auf dem Papier ein Nationalpark«. Es gibt lediglich ein einziges Kleinflugzeug zur Überwachung von 350 000 Quadratkilometern. Deshalb werden geschützte Gebiete oft genauso befischt wie ungeschützte. »Viel mehr Riffe« müssten unter Schutz gestellt, die Fischerei begrenzt und der Naturpark besser überwacht werden.

Für Rechtsanwalt Jeremy Tager aus Townsville, Leiter der Umweltorganisation North Queensland Conservation Council, ist die Schleppnetzfischerei im GBR »eine vorsintflutliche Industrie«. »90 Prozent des Fangs bestehen aus Tieren, die man gar nicht haben will und die völlig vergebens und nutzlos sterben.« Sorgen bereitet Tager das Verschwinden bestimmter »Indikator-Arten« aus dem GBR. In der Südhälfte des Riffs sei beispielsweise die Anzahl der Seekühe in den vergangenen zehn Jahren um 80 Prozent gesunken. »Tausende Dugongs sind gestorben, und niemand weiß, warum. Aber keiner spricht darüber!« Der Bestand an Karett- und Suppenschildkröten sei ebenfalls kollabiert. Dafür haben sich die korallenfressenden Dornenkronen-Seesterne explosionsartig vermehrt.

Das GBR wird nicht nur von Schleppnetzen zerdeppert. Es leidet auch unter Fremdstoffen, die in der Regenzeit ins Meer geschwemmt werden. Düngesalze von den Zuckerrohr- und Bananenplantagen und Rinderkot von den Viehweiden sind gleich dreifach schädlich. Sie mindern die Fruchtbarkeit der Korallen, steigern die Überlebensdauer der Larven des Dornenkronen-Seesterns und lassen Grünalgen wuchern, die den Riffbaumeistern Platz und Licht nehmen.

Ein ganz übles Gebräu ist auch die Jauche, die aus den entlang der Küste ins Land gebuddelten Salzwasserteichen der Garnelenfarmen ins Meer läuft. Tager: »Ein mittlerer Betrieb produziert so viel Abwasser wie eine Stadt mit 20 000 Einwohnern.« Mehrfach unheilvoll ist auch der von Bächen und Flüssen ins Meer gespülte Schlamm. Die Sedimente ersticken die Polypen und nehmen ihren Zooxanthellen das Licht. Außerdem verhindert der Modder die Neubesiedlung von Riffen: Wo eine Schlammschicht den Boden bedeckt, können Korallenlarven nicht Fuß fassen.

Außer den scharfen Hufen der einst eingeführten Rinder, die den ausgedörrten Boden weitaus mehr aufwühlen als die Pfoten der einheimischen Kängurus, sind unbefestigte Straßen und die Entwaldungsorgie im Bundesstaat Queensland daran schuld, dass jeder wilde Tropenregen Millionen Tonnen Erde ins verletzliche Reich der Polypen schwemmt. Tager: »Australien steht in puncto Waldzerstörung in der Welt hinter Brasilien, Indonesien, dem Kongo und Bolivien an fünfter Stelle. In Queensland werden pro Jahr mehr als 400 000 Hektar Wald niedergebrannt, um Platz für Viehweiden zu schaffen.«

Niemand kümmert sich um ein Gesetz, das vorschreibt, zwischen Feldern und Wasserläufen 50 bis 200 Meter breite Baumsäume stehen zu lassen, um den Schlamm- und Düngereintrag zu reduzieren. »Bei uns haben Umweltgesetze wenig Gewicht«, sagt der Anwalt. »Hier herrscht immer noch der alte Pioniergeist.« Der Küstenozeanograf Eric Wolanski dokumentiert seit vielen Jahren die Folgen der ungezügelten Kultivierung. »Der Schlammeintrag an der Küste von Queensland liegt heute um 1000 bis 1500 Prozent höher als vor Beginn der exzessiven Rodungen«, sagt der Forscher. Nach einem schweren Regenguss könne man die Spur der braunen Brühe noch 35 Kilometer vor der Küste sehen. Weiße Sandstrände verwandeln sich in schlammige Mangrovenwälder, und im GBR sei die mittlere Sichtweite unter Wasser zwischen 1927 und 1997 von zwölf auf sechs Meter gesunken – »für die Korallen eine Katastrophe«.

AUCH DIE ERDERWÄRMUNG macht den winzigen Riffmaurern zu schaffen: Denn die Symbiose mit den Algen funktioniert nur in einem Temperaturbereich zwischen 18 und maximal 31 Grad. Wird das Wasser wärmer, gerät sie aus den Fugen, und die Partner gehen auseinander. Katharina Fabricius: »Man weiß nicht, ob die Zooxanthellen die Polypen verlassen oder ob sie von ihnen ausgespuckt werden. Die Trennung ist unübersehbar; denn mit den kleinen Pflänzchen verlieren die Korallen ihre Farbe – sie erbleichen.« Bleiben die Partner zu lange auf Distanz, gehen beide ein.

Die ersten Berichte über »Korallenbleichen« habe es in den 80er Jahren gegeben. Seitdem haben sie sich gehäuft. Zwischen September 1997 und November 1998 sind nach einer Studie der »International Coral Reefs Initiative« (ICRI) 40 bis 50 Prozent der Riffe weltweit von schweren bis katastrophalen Bleichen befallen worden. In einer Untersuchung für Greenpeace kam Professor Ove Hoegh-Guldberg, Meeresbiologe an der Universität Sydney, zu dem Schluss, dass sich der größte Teil des GBR in 30 Jahren zu Tode gebleicht haben werde.

FOTO: PH. BOURSEILLER/AGENTUR FOCUS

VIELFALT AM RIFF

Am Großen Barriereriff wuselt das Leben. Über eine Million Tiere und Pflanzen finden Nahrung, Schutz und Partner. Genug Arbeit also für Forscher wie die Riff-Ökologin Katharina Fabricius, die hier eine Weichkoralle mikroskopiert

FOTO: JACK PICONE/NETWORK/AGENTUR FOCUS

Steigende Temperaturen sind aus noch einem anderen Grund gefährlich für das einstige Paradies an der australischen Ostküste: Niemand weiß, ob und in welchem Maße die Erderwärmung menschengemacht ist. Die Wissenschaftler der drei GBR-Institute haben so ein Alibi, einschneidende Schutzmaßnahmen hinauszuzögern. Ein Beispiel ist der Meeresbiologe Terry Done, Präsident der »International Society for Reef Studies«. Bei einem Interview im Ruderhaus der »Starship« erklärt der Gelehrte, es sei »noch zu früh« für die Aussage, dass die Waldzerstörung, die intensive Landwirtschaft, die Fischerei und die anderen menschlichen Eingriffe dem Riff schadeten. Done: »Wir forschen ja erst seit 1928!« Und: »Ich kann nicht sagen, ob das GBR vor 1000 Jahren in einem besseren Zustand war als heute. Möglicherweise ging es ihm sogar schlechter.«

Schützenhilfe erhält Done von Graeme Kelleher, 16 Jahre lang Präsident der Great Barrier Reef Marine Park Authority. Er verwarf Warnungen vor einer Massenvermehrung des Dornenkronen-Seesterns und vor nachteiligen Folgen der Düngerausschwemmung ins GBR als »Hysterie«, beschuldigte die betroffenen Forscher, unwissenschaftlich zu arbeiten, und verdächtigte sie, nur Alarm zu schlagen, um Forschungsgelder zu ergattern.

Meeresbiologe Clive Wilkinson ist da aus ganz anderem Holz geschnitzt. Für ihn sind die Menschen »zu mindestens 50 Prozent« für das Riffsterben verantwortlich. »Uns werden die Riffe auf alle Fälle überleben«, sagt er. »Je eher wir aussterben, desto besser ist es für die Korallen.«

FOTOS: MICHAEL POLIZA

ABENTEUER IN DOWN UNDER

Frisch geschlüpfte Seeschildkröten, die ins Meer streben (o.), tauchen im Great Barrier Reef, Suche nach Krokodilnestern im Sumpf des Regenwalds – Australien bietet der »Starship«-Mannschaft viele Erlebnisse. Doch das stärkste ist für Skipper Michael Poliza die Beinahe-Begegnung mit Vaughan, einem tropischen Wirbelsturm, in dessen Zugbahn das Schiff liegt

Australien beginnt mitten im Tasmanischen Meer. Völlig unvermittelt steigt hier aus der tiefen See steil und spitz ein ungewöhnlicher Felsen aus dem Meer: Balls Pyramid, fast 600 Meter hoch, eine Lanzenspitze, aus dem Meer in die Wolken ragend, eine ungeheure Laune der Natur.

Wenn man sich dem Kegel nähert, fehlt einem jedes Verhältnis, und es ist fast unmöglich, seine Größe zu schätzen. 100 Meter? 200 Meter? Erst aus nächster Nähe werden einem seine Ausmaße bewusst. Aus dem kleinen Flugzeug, das wir auf der benachbarten Insel Lord Howe für Fotoaufnahmen chartern, wird die Dimension erst richtig deutlich: ein gewaltiger Felsklotz – und ein Stecknadelkopf die »Starship« daneben.

Für Menschen ist der Berg nahezu unzugänglich. Hohe Wellen machen es fast immer unmöglich, dort zu landen. Vermutlich bergen seine Fauna und Flora noch manche Geheimnisse. Eine der seltenen Expeditionen auf den Berg hat kürzlich ein 15 Zentimeter langes Stabinsekt entdeckt, das man für ausgestorben hielt.

An der nordöstlichen Küste Australiens wartet ein kompetenter Führer auf uns: Rich Davies, Taucher und einer der ersten Volontäre auf der »Starship«. Jetzt will er uns sein Revier zeigen.

Erster Landgang auf Flinders Reef im Gebiet des Great Barrier Reef. Tausende von Einsiedlerkrebsen und Rotfußtölpeln. Doch die eigentliche Attraktion sind die grünen Seeschildkröten. Jetzt ist die Zeit, in der sie aus ihren Eiern schlüpfen. Die Sonne sinkt, wir warten. Es dauert nicht lange, bis der Sand in Bewegung gerät. Wie auf ein geheimes Kommando beginnen die kleinen Schildkröten vollkommen zeitgleich, sich aus ihren Eihüllen zu befreien und sich durch den warmen Sand – bis zu einem Meter – nach oben zu kämpfen, wo sie dann im Schutz der Dunkelheit und ihrer eigenen Vielzahl zum Wasser watscheln. Den Schutz, den sie sich selber geben, haben sie verdammt nötig. Denn an Land und im flachen Wasser lauert ihnen eine Vielzahl von Feinden auf. Da wir wissen, dass sie erst im tiefen Wasser sicherer sind, sammeln wir ein paar Hundertschaften ein und entlassen sie in sicherer Entfernung vom Ufer ins Meer. Wer möchte nicht mal ein bisschen lieber Gott spielen?

Wir schauen in diesen Wochen beinah öfter aufs Barometer als auf die Uhr. Die Saison der Zyklone hat begonnen, der tropischen Wirbelstürme, die katastrophale Folgen haben für alles, was ihnen in den Weg kommt. Die meisten entstehen im Korallenmeer zwischen Kaledonien, den Salomonen und dem Süden von Papua-Neuguinea. Doch welchen Weg schlagen sie dann ein? Sobald sie sich in Bewegung setzen, wird ihr Kurs berechnet und prognostiziert, welche Region es am härtesten trifft. Ihre zerstörerischste Kraft entwickeln sie 50 bis 100 Kilometer entfernt von ihrem Kern.

Am 5. April wird es dann ernst. Der tropische Wirbelsturm »Vaughan« befindet sich 500 Kilometer vor der australischen Küste und beschließt, direkten Kurs auf die »Starship« zu nehmen. Die liegt in Cairns und muss Reparaturen am Getriebe abwarten. Sie kann also

Ohne einen kundigen Scout wie Bill Pearce, der weiß, wo die Nester der Krokodile sind und wie man sich ihnen nähert, dürfte man sich nicht in den Regenwald auf Hinchinbrook Island wagen

Wetterstationen wie die auf Flinders Reef gehören zum Frühwarnsystem für die Entstehung tropischer Wirbelstürme. Wenn sich ein Zyklon entwickelt hat, zeigt das Satellitenbild seine Ausdehnung und Zugrichtung. Zyklon Vaughan zieht in Richtung Great Barrier Reef und Cairns, wo die »Starship« liegt

leider nicht dem Beispiel anderer Schiffe folgen, die in die Flussmündungen flüchten und sich stromauf in Seitenarmen vor verheerenden Flutwellen und tödlicher Brandung in Sicherheit bringen.

Schnell geht die Kategorisierung des Sturms nach oben. Im Laufe der Nacht wird die Erwartung von Kategorie 1 zu Kategorie 3 hochgestuft – 170 Kilometer Windgeschwindkeit. Ein rechtschaffener deutscher Orkan bringt es gerade mal auf schlappe 100 bis 130 Kilometer pro Stunde.

Die Nerven liegen blank. Die »Starship« wird zwischen zwei Stege verholt und in respektvollem Abstand zu beiden so mit Leinen vertäut, dass sie aussieht wie eine Fliege am Ende ihres Todeskampfes in einem Spinnennetz.

Nach den australischen Vorschriften darf niemand an Bord bleiben, aber keiner von uns will das Schiff jetzt im Stich lassen. »Vaughan« ist uns inzwischen auf 120 Kilometer nahe gekommen, Regen schüttet wie aus Kübeln, und der Wind fegt mit Stärke 8 bis 9 durch die jaulenden Wanten der Segelyachten.

Die Spannung steigt von Minute zu Minute. Abdrehen, bitte, bitte abdrehen! Hundertfaches Stoßgebet. Der kleine Hafen, in dem wir liegen, kann schnell zur Falle werden. Wenn die See mit Urgewalt über die Wellenbrecher und Kaimauern kommt, wird sie in der Enge der Hafenbecken alles kurz und klein schlagen. Deswegen kann es durchaus sicherer sein, rauszufahren und den Sturm auf offener See abzuwettern.

Aber dann sind unsere Stoßgebete irgendwo da oben angekommen und erhört worden. Von einer Minute zur anderen verliert »Vaughan« an Kraft. Ungewöhnlich, dass einem Wirbelsturm dieser Stärke schon vor Erreichen des Landes die Puste ausgeht, aber unser Glück. Nach einer Stunde wird »Vaughan« von Kategorie 3 auf 0 heruntergestuft. Die Anspannung löst sich. Die »Starship« ist dank der guten Vorbereitungen unversehrt. Andere Schiffe sind mit kleineren Blessuren davongekommen.

Als wir dem fünften Kontinent das Heck zuwenden, mache ich ein wenig Statistik. Von den drei Jahren, die wir insgesamt unterwegs sind, verbringen wir ein komplettes Jahr auf See. Die verbleibenden 100 Wochen teilen sich durch 50 Länder. Macht 14 Tage pro Land. Nicht gerade sehr viel Zeit. So gesehen.

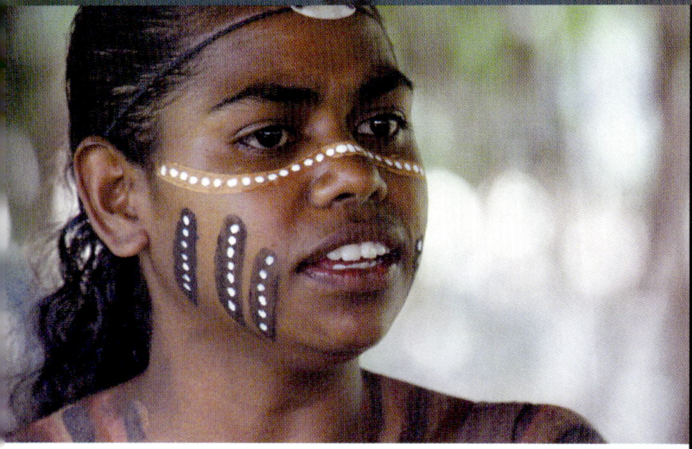

Naturschönheiten: Golden Orb heißt die zehn Zentimeter große Spinne, die radgroße Netze aus goldfarbenen Fäden spinnt (o.). Neues Selbstbewusstsein zeigen viele Aborigines, die wieder ihre traditionelle Gesichtsbemahlung tragen. Die pastellfarbene Gottesanbeterin beißt nach der Befruchtung ihrem Liebhaber den Kopf ab

FOTOS: MICHAEL POLIZA

»Uncle Lance« wird Lance Riley genannt, der mit seiner riesigen Familie in Kuranda nördlich von Cairns wohnt. Vier Generationen leben unter einem Dach, stolz hält der Clan-Chef einen Urenkel auf dem Arm. Kuranda liegt im Regenwald, der Brutstätte der Krokodile (l.). Küstenkrabben bevölkern die tropischen Strände

FOTO: MICHAEL POLIZA

Balls Pyramid ist Teil eines untergegangenen Vulkankegels, an dem dieBrandung nagt. Wie eine gigantische Schwertspitze ragt die unbewohnte Fels-Pyramide 551 Meter hoch aus der gefürchteten Tasmanischen See. Ihre Größe veranschaulicht die winzige »Starship« unten im Bild

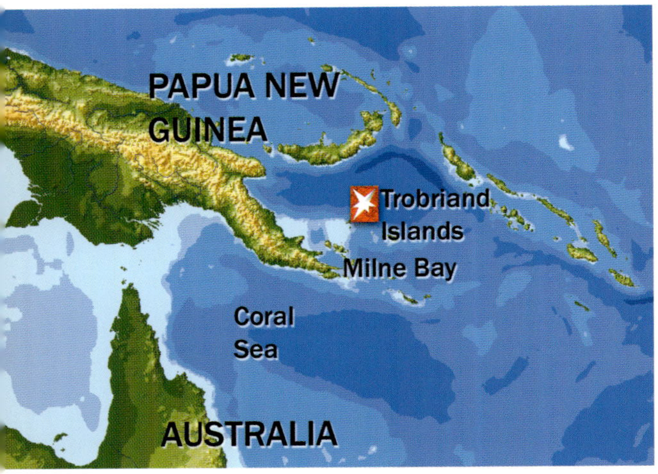

RENDEZVOUS MIT DER STEINZEIT

Die Trobriand-Inseln vor Papua-Neuguinea sind für Ethnologen ein besonderes Fenster in die Vergangenheit. Mit dem deutschen Forscher und Arzt Wulf Schiefenhövel an Bord ankert die »Starship« vor der Mangrovenküste von Kaileuna: für den Wissenschaftler eine Heimkehr in vertraute Fremde

VON PETER SANDMEYER UND OBI OBERHOLZER (FOTOS)

Das Raumschiff ankert eine Meile vor der Steinzeit. Kühl und clean schwebt es auf grauem Wasser, metallisch schimmert sein Spiegelbild mit dem futuristischen Satellitendom in der unbewegten Salomonen-See. Wer durch die Tür auf das Achterdeck tritt, gerät unweigerlich in eine Sauna. Stickige Hitze bei dunkelgrauem Himmel, die Luft so feucht, dass man sie auswringen möchte. Wer an Land geht, fällt aus der Zivilisation in eine andere Zeit. Am Strand eine Ansammlung von fünf Dutzend Hütten auf unsicheren Stelzen, zwischen denen Schweine nach Futter wühlen. Yams-Speicher, qualmende Kochfeuer, stillende Frauen, Männer, die Betel kauen, Alte, die dösen, Kinder, die kleine Auslegerkanus in die Wellen schieben; Abfall, Fliegen, Pfützen, blutrot vom ausgespuckten Saft der Betelnüsse. Kaum Plastik, keine Elektrizität. Uraltes Leben.

Tauwema heißt das Dorf an der Nordspitze von Kaileuna, einer winzigen Insel der Trobriands. Als der französische Forschungsreisende Antoine d'Entrecasteaux 1793 die Gewässer südlich des Äquators und östlich von Neuguinea durchkreuzte, benannte er die großen Inseln, die er dort entdeckte, nach sich selbst, die kleinen Korallenkrümel weiter nördlich nach seinem Schiffsleutnant Denis de Trobriand.

Seitdem ist nichts wirklich Bedeutsames mehr passiert. Anfang des 20. Jahrhunderts kamen ein paar weiße Missionare, Ärzte und Kaufleute, bekämpften Heidentum und Syphilis und handelten den Einheimischen Seegurken für die Potenzsteigerung der Chinesen und Perlen für die Verschönerung der Europäerinnen ab. Im Zweiten Weltkrieg kamen die Amerikaner auf die Hauptinsel, planierten einen Airstrip und starteten zu Bombenangriffen auf die Japaner. Anfang der sechziger Jahre kamen sogar ein paar Touristen. Aber alle sind sie nach kurzer Zeit wieder abgezogen, die einen, weil die Perlenpreise verfielen, die anderen, weil der Krieg zu Ende war, die dritten, weil das einzige Hotel abbrannte. Drei Weiße gibt es heute noch auf Kiriwina, der größten Insel der »Trobs«, einen misanthropischen italienischen Pater und zwei australische Kaufleute. Die übrigen, wenn sie nicht rechtzeitig den Rückflug in die Heimat antraten, sind der Melancholie erlegen, dem Alkohol oder beidem.

Wenn man von See auf Tauwema zuhält, ist die Hütte des Doktors die dritte von links. Zwei Räume, knapp 30 Quadratmeter, die Wände aus den Blättern der Kokospalmen geflochten, das Dach mit den widerstandsfähigeren Blättern der Sagopalme gedeckt. Die einzigen Möbel sind ein wackliger kleiner Klapptisch, zwei Stühle und die große Alu-Kiste, in der er seine Medizin aufbewahrt. Das Klo, 20 Meter entfernt, ist nicht mehr als ein Sichtschutz. Die Dorfbewohner gehen an den Strand – die Männer rechts, die Frauen links.

Mit dem Raumschiff ist er diesmal gekommen, das im verlöschenden Abendlicht auf dem Wasser der Bucht flimmert wie eine Fata Morgana; mittags hatte er an Bord noch einen wütenden E-Mail-Wechsel wegen des bevorstehenden Kongresses in Bordeaux. Jetzt ist er

FÜRSORGLICHE BELAGERUNG

Von der Dämmerung bis Sonnenuntergang umzingeln Inselkinder auf Auslegerkanus die »Starship«. Für sie ist das Schiff der Abgesandte einer exotischen Welt

heimgekehrt in die Steinzeit. Wieder ein Abend, an dem der Doktor auf der kleinen Veranda seiner Hütte sitzt, mondfern für die zivilisierte Welt und unerreichbar. Die Nachbarin hat Yams, Taro und Süßkartoffeln für ihn gekocht. Er isst, schaut auf das dunkelnde Meer und die Schatten der fernen Inseln und denkt an die wechselvollen Gefühle zurück, die er auf dieser Veranda schon hatte. Früher, als die drei Kinder noch klein waren, hat er hier zeitweise mit der ganzen Familie gesessen; einmal war der Sohn so krank, dass er um dessen Leben bangte. Später, als der und seine beiden Schwestern längst in Starnberg zur Schule gingen, hat er viele einsame Abende erlebt. Aber allein war er nie. Immer bildeten die Nachbarn so wie heute Abend einen Kreis und beobachteten ihn: beim Essen, beim Lesen, beim Arbeiten. Der weiße Doktor, der Dimdim, blieb immer das Dorf-TV, die Lindenstraße von Tauwema, obwohl die Dramaturgie nach 21 Jahren etwas abgenutzt ist. Die größte Sehnsucht, die ihn an solchen Abenden überfällt, ist nicht die nach Drei-Sterne-Menü, Dusche oder Daunenbett, sondern nach ein wenig Intimität.

FOTO: MICHAEL POLIZA

Gut behütet wachsen Kinder in den Inseldörfern auf. So arm das Leben äußerlich scheint, so reich ist es für die Kleinen, die mit viel Liebe und Fürsorge groß werden

WULF SCHIEFENHÖVEL KAM 1979 auf die Insel, zusammen mit dem Verhaltensforscher Irenäus Eibl-Eibesfeldt. In ihr weltumspannendes Untersuchungsprogramm der Biologie des menschlichen Verhaltens wollten die Ethnologen des Andechser Max-Planck-Instituts ein weiteres Naturvolk aufnehmen und suchten eine traditionelle Inselbevölkerung, Modell für die besonderen Lebensbedingungen auf einem Stück Erde inmitten des Meeres. Die Jahre davor hatte Schiefenhövel bei den Eipo im Hochland von Papua-Neuguinea gelebt und deren Kultur studiert: ihren Umgang mit Geburt und Tod, Kindern und Alten, Ernährung und Gesundheit, Freunden und Feinden. Und hinter allem immer die Frage: Wie wurden wir – Städtebewohner, Internetsurfer, Raumfahrer, Starshipper –, was wir sind? Und wer sind wir wirklich?

Jetzt wollte der Forscher solchen Fragen unter den Insulanern von Tauwema nachgehen. Doch die Regierung von Papua lehnte ab. »The mind of our people was sucked enough«, lautete der barsche Bescheid aus der Hauptstadt Port

TRADITION IN DER WELL-BLECH-SCHULE

Auf Kiriwina, Hauptinsel der Trobriands, erscheinen die Kinder regelmäßig in traditioneller Tracht zum Unterricht. Sie singen alte Lieder, aber deren Texte haben christliche Missionare umgeschrieben

Moresby – Schluss damit, dass sie uns auslutschen! Schiefenhövel, Jahrgang 1943, Halbschwergewicht, Motorradfahrer und Segler, blieb stur. Schließlich ist er auch Arzt und hatte etwas zu bieten. Als Buschdoktor durfte er dann doch nach Tauwema. »Diese Nation ist so reich«, sagt er, »sie hat Gold und Gas, es gibt Öl und Holz. Aber es gibt auf den gesamten Inseln hier – 35 000 Menschen – keinen Arzt.« Außer ihm.

Das Dorf erwacht früh. Als der Doktor die Augen aufschlägt und sich auf seiner Matte aufrichtet, stehen schon sechs Patienten Schlange vor seiner Hütte. »Bwena kaukwau«, grüßt der Doktor, guten Morgen. Er beherrscht die Landessprache Kiliwila inzwischen genügend, um sich verständigen zu können. Dennoch ist es nicht leicht für ihn, an die notwendigen Informationen über seine Patienten zu kommen.

FOTO: MICHAEL POLIZA

Im Zentrum der Dörfer stehen Yams-Speicher, in denen die Ernte der tropischen Knollenfrucht verwahrt wird. Yams ist das wichtigste Nahrungsmittel der Inseln

Sie überfallen ihn mit einem Redeschwall, werden aber schon einsilbig, wenn er nach ihren Namen fragt. Einen Namen zu kennen verleiht Macht über seinen Träger. »Aus welchem Clan bist du?«, fragt der Doktor. Die Antwort, weiß er, fällt leichter.

»Wie alt bist du?« Er kennt die Antwort, bevor er die Frage stellt: »Das weiß ich nicht.« Keiner kennt seinen Geburtstag, niemand zählt die Jahre seines Lebens. Das Puzzle-Spiel geht weiter.

»Wie viele Yams-Ernten hast du erlebt?« – »Wie viele Kinder hast du?« Und bei den Älteren: »Kannst du dich noch an den Krieg erinnern?«

So setzt sich allmählich ein Bild zusammen. Dann Blutdruck, Puls, der Blick in die Augen, in den Rachen. Schließlich die Frage: »Wo tut es weh?« Die Antworten sind präzise. Danach herrscht wieder Einsilbigkeit.

»Woher kommen die Beschwerden?«

»Von allein gekommen.«

In Wahrheit halten sie Krankheit für einen bösen Zauber oder eine Strafe, weil sie gegen irgendein Tabu verstoßen haben. Doch gegenüber dem Doktor geben sie das nicht zu.

Diagnosen sind selten schwer. »Das Spektrum der Krankheiten«, sagt Schiefenhövel, »ist überschaubar«. Es gibt viel chronische Bronchitis (verstärkt durch Rauchen), Asthma (verstärkt durch Betelnüsse), Rückenschmerzen, manchmal Krebs, alle Folgeerscheinungen von Malaria sowie das ganze Repertoire der tropischen Infektionen, Beingeschwüre, Augenentzündungen und Krätze. Der Doktor verteilt Chloroquin gegen Malaria und Penicillin gegen das meiste andere. Mal muss er auch zu Nadel und Faden greifen und den Hieb

LEBEN OHNE PRIVAT-SPHÄRE

Essen, Trinken, Schmusen – alles Leben ist öffentlich. Auch die Untersuchung durch den Arzt. Der wird nur für die Behandlung körperlicher Krankheiten gebraucht, vor allem Malaria und deren Folgen. Psychische Leiden sind unbekannt

eines Buschmessers zusammennähen, weil zwei junge Burschen Streit wegen eines Mädchens hatten. »Von wegen Malinowski«, sagt er. Der anglo-polnische Ahnvater der Trobriand-Ethnologie hatte geschrieben, es gebe keine Eifersucht; junge Frauen und Männer hätten ein freizügiges Sexualleben, jeder schliefe mit jedem. »Unsinn«, weiß Schiefenhövel heute. Und sagt: »Ethnologie ist eine weiche Wissenschaft. Ihre Fakten sind oft nur Eindrücke. Wer sie nicht überprüft, blamiert sich. Dabeisein ist wichtig! Beobachten! Und dann konsequent nachfragen!«

Ein Korallenstock markiert die Stelle, wo die Hütte von Bronislaw Malinowski stand, als er zwischen 1914 und 1918 in dem Dorf Omarakana auf der Hauptinsel seine ersten Feldforschungen unternahm. Ein feiner Herr in weißem Tropenzwirn, der die Kultur der Eingeborenen gewissenhaft erforschte und seinen Tagebüchern genauso gewissenhaft anvertraute, wie schrecklich er das Leben unter ihnen fand. Das Dorf ist heute Sitz des mächtigsten aller Trobriand-Chiefs. Der Doktor besucht ihn, um ihn über den Stand der Forschungen zu informieren. Der Chief lächelt und nickt. Der Forscher referiert. Der Chief nickt und lächelt. Er hat das schönste Haus, den größten Yams-Speicher, drei Frauen und einen Abszess am Hintern. Da muss der Doktor ran. Der besichtigt das Übel, verspricht Wiederkehr mit Skalpell, Penicillin und Drainage – und ist schon wieder unterwegs mit schäumender Heckwelle auf dem 150-PS-Dingi der »Starship«, die er auf Zeit in ein schwimmendes Lambarene verwandelt, wo schon im Morgengrauen die Kanus mit Mühseligen und Beladenen anlegen. Wenn der Doktor in seinem eigenen Boot mit dem asthmatischen Außenborder unterwegs wäre, bräuchte er halbe Tage für die langen Wege zwischen den Inseln. In den ersten Jahren beschäftigten ihn auf seinen Fahrten neben der Patientenversorgung die gleichen Fragen wie den polnischen Kollegen vor 80 Jahren. Seit dessen Aufenthalt hat sich wenig verändert, die Kultur der Trobriander gibt noch immer die gleichen Rätsel auf. Unverändert leben die Inselbewohner in einer ritualisierten und seltsam solidarischen Schenkkultur, die dazu führt, dass jeder fast die komplette eigene Ernte an Yams-Wurzeln, dem wichtigsten Nahrungsmittel, verschenkt, sich aber darauf verlassen kann, von anderen mit den gleichen Yams-Knollen beschenkt zu werden. Überschuss bekommen die Mächtigen, die dafür Feste und große Zeremonien ausrichten. Ein Feudalsystem.

Noch immer gilt in ihm das Prinzip der »Matrilinearität«: Kein Sohn des Chiefs kann neuer Häuptling werden, sondern nur einer der Söhne seiner Schwester. Die mutterrechtliche Abstammung hat aber nicht zum Matriarchat geführt. »Die Macht haben die Männer«, erklärt Schiefenhövel, »aber die Frauen das Sagen.« Der kulturhistorische Hintergrund ist den Ethnologen immer noch ein Rätsel. Hängt es mit der Unsicherheit zusammen, ob der Sohn eines Mannes auch tatsächlich von ihm gezeugt wurde? Sollte ein feudalistisches System stabilisiert, ein absolutistisches aber verhindert werden?

Ebenso geheimnisvoll ist bis heute der Kula-Kult, zu dem alle zwei, drei Jahre die großen Kanus der Insulaner auslaufen. Seetüchtige, prächtig verzierte Segelkanus mit 30 Männern und mehr an Bord fahren nach genau festgelegten Regeln zu genau festgelegten, zum Teil weit entfernten Inseln und überbringen Geschenke: wertvolle Schmuckstücke aus der Conusschnecke, Halsketten aus Spondylusmuscheln. Diese Geschenke aber werden nicht zum Besitz der Beschenkten, sie dürfen weder behalten noch verkauft, sondern bei der nächsten Kula-Aktion müssen sie weitergegeben werden an die nächsten Inseln im Kreis dieser Kula-Ringe. Eine der rätselhaftesten Traditionen der pazifischen Welt, ein ewiger Kreislauf von rituellen Festen und dem Tausch wertvoller Besitztümer, die niemand wirklich besitzt und deren Wert niemals realisiert wird.

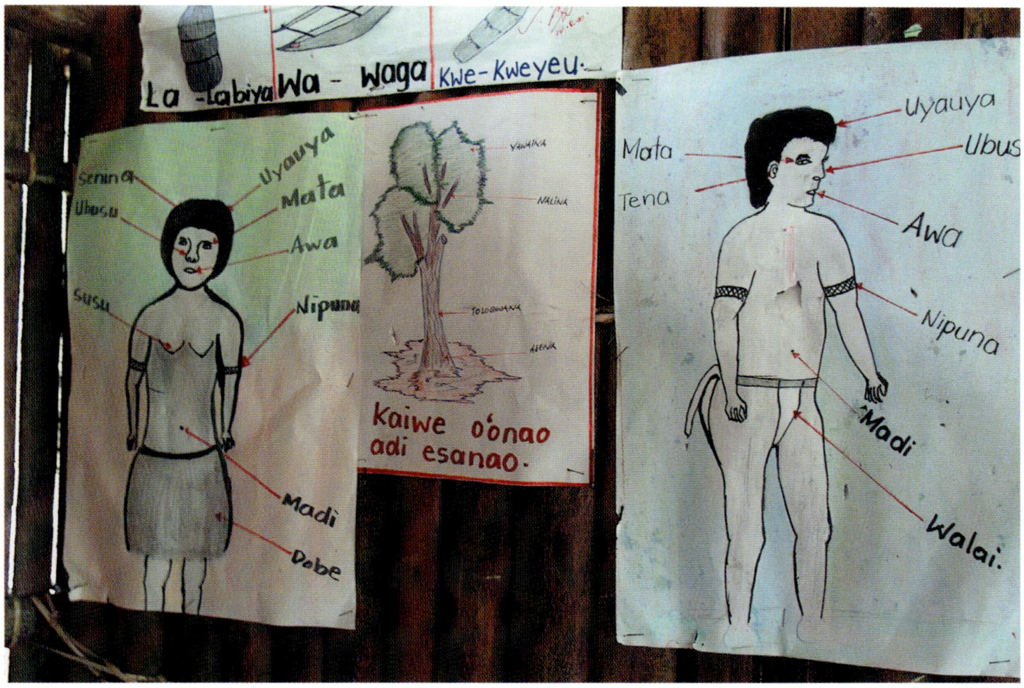

AWA HEISST DER MUND

Eine Frau, ein Baum, ein Mann: Mithilfe primitiver Bildtafeln lernen Inselkinder lesen und schreiben. Und aus tropischen Früchten bauen sie sich kleine Spielzeugautos, obwohl es kaum Autos gibt

FOTOS: MICHAEL POLIZA (2)

Wulf Schiefenhövel erklärt sich das so: Auf allen Inseln benötigte man früher für das Überleben bestimmte Materialien und Gegenstände, die es nur auf anderen Inseln gab. Obsidian für die Klingen der Steinäxte. Keramiken oder Ton, aus dem man Töpfe herstellen konnte. Die Fahrten für die Beschaffung solcher Lebensnotwendigkeiten aber waren weit und gefährlich. Deswegen entwickelte sich eine Art »Überbau«, ein komplexes Netz aus sozialen Wechselbeziehungen und magischen Ritualen, das den profanen Beschaffungsreisen so etwas wie Kultcharakter und die Weihe von Pilgerfahrten verlieh. Und damit die zu Hause bleibenden Frauen auch etwas davon haben, dürfen sie sich für die Zeit, in der ihre Männer auf Kula-Fahrt sind, einen Liebhaber nehmen.

Wie alt der Brauch des Kula-Rings ist, ist unbekannt. Es gibt weder Schrift noch Bilddarstellungen auf den Trobriands. Datenlos driften sie durch das Meer der Zeit. Nur Geschichten erzählen von ihrer Geschichte.

Wie die vom menschenfressenden Riesen, der einst auf Kiriwina lebte, dessen Bewohner mit seiner Nase aufspürte und verschlang. Die Überlebenden flohen vor ihm auf eine andere Insel. Zurück blieb nur eine Frau, die erst einen Hund gebar, dann einen Sohn, den sie vor dem Riesen versteckte und aufzog. Bis er groß genug war, um den Kampf mit dem Menschenfresser aufzunehmen und ihn zu besiegen, dank aller List und Zauberei, die seine Mutter ihn gelehrt hatte. Nachdem der abgeschlagene Kopf des Riesen auf einem Kanu durch den Archipel der grünen Inseln getrieben war, kehrten die Geflohenen zurück. Der Ethnologe liest in solchen Legenden wie in einem Geschichtsbuch. Vom langen Kampf zweier Kulturen, der einst auf den Inseln getobt hat, einer alten kannibalischen und einer neuen, deren Helden die Mutter und ihr Sohn sind. Sie denkt und plant, er handelt – wie es der matrilinearen Kultur der neuen Zeit entspricht. Sogar für den Hund hat Schiefenhövel eine Erklärung: Er wurde von den Zuwanderern erstmals importiert. Drei-, viertausend Jahre, glauben die Ethnologen, ist das her. Vermutlich stießen die Zuwanderer auf eine Urbevölkerung der Papuas, die mit der ersten großen Menschheitswanderung einige 10000 Jahre früher aus Afrika gekommen waren, als die südpazifische Inselwelt mit Australien noch eine Einheit bildete, die dicht am asiatischen Festland lag.

Die zweite Wanderungswelle kam dann aus Südchina über die See. Wichen die Menschen dem Druck der Mongolen aus? Kamen sie von Inseln, auf denen die Ressourcen erschöpft, der Bevölkerungsdruck zu groß geworden war? Sicher ist nur, dass der Vorstoß dieser Austronesier über die Philippinen nach Süden in die Inselwelt Indonesiens erfolgte und dann weiter entlang der Küsten und durch die Archipele von Papua-Neuguinea.

Das ist das andere Geschichtsbuch, in dem der Doktor liest: die Gestalten und mehr noch die Gesichter der Menschen. Denn die Wanderungen und Vermischungen der austronesischen Einwanderer mit den Ureinwohnern haben zu charakteristischen Unterschieden geführt, die Schiefenhövel entziffern kann wie eine Landkarte. Zu solcher Perfektion hat er es darin gebracht, dass er der verblüfften Stewardess auf dem Flug nach Alotau auf den Kopf zusagt, von welcher Insel sie stammt. In Tauwema sieht der Doktor selten Gesichter, wie sie ihm aus seinem früheren Forschungsfeld, dem Hochland von Papua-Neuguinea, vertraut sind – runde, ebenholzdunkle Köpfe mit dichtem Kraushaar. Viele Inselkinder haben glatte Haare, manche sind sogar blond. Die Hautfarbe changiert

WARTEN AUF DIE KULA-FAHRT

Die rituellen Fahrten auf den festlichen Kanus zu fernen Inseln sind seltene Ausnahmen vom Alltag. Der besteht für die Männer aus Arbeit in den Gärten, Fischfang und dem Räuchern von Seegurken (unten) für den Export nach China

zwischen hellen Brauntönen, die Gesichter sind grazil, manchmal asiatisch geschnitten. Viele Ältere behalten jugendliche Gesichter – wie in Asien.

Seine Beobachtungen brachten den Forscher auf die Idee, parallel zu den Untersuchungen der Sprachwissenschaftler nach genetischen Verwandtschaften zwischen den Bewohnern der pazifischen Welt zu fahnden. Aufwendige Forschungsprogramme wurden initiiert, Blut- und Speichelproben quer durch den Pazifik gesammelt und analysiert. Das Ergebnis bestätigte die Linguisten. Die hatten herausgefunden, dass alle der mehr als 800 Sprachen zwischen Taiwan, Hawaii, Polynesien und Neuseeland auf eine austronesische Ursprache zurückgehen, die weder mit den alten Papua-Sprachen noch mit dem Chinesischen verwandt war. DNA-Untersuchungen bewiesen ein hohes Maß an Verwandtschaft zwischen den weit verstreuten Populationen des Pazifiks und ihren gemeinsamen Ursprung in Asien. 99 Prozent der Trobriand-Insulaner haben ein Gen, das nur in Asien vorkommt.

Thor Heyerdahl ist spätestens dadurch widerlegt. Nicht von Südamerika aus, wie der norwegische Ethnologe mit seiner spektakulären Fahrt auf dem Kon-Tiki-Floß beweisen wollte, wurden die ungeheuren Wasserweiten des Pazifiks erobert, sondern von Westen. Mit Einbaumkanus und Blattsegeln. Ohne Karten, Kompass und Sextant. 161 Millionen Quadratkilometer Wasser! Und die Inselkrümel darin verstreut wie Saatkörner auf einem Acker. Gigantische Distanzen, gefährliche Stürme, tückische Riffe, starke Strömungen – alles überwunden von Menschen mit Steinwerkzeugen in schwimmenden Baumstämmen. »Eine der größten Taten der Menschheit«, sagt Schiefenhövel, »und begonnen hat sie irgendwo im Nordwesten Neu-Guineas.«

Tausend Fragen. Wann und in welchen Zeiträumen ist der genetische Mix, den man heute feststellt, entstanden? Wie sind die Verschmelzungsprozesse verlaufen? Was trieb die Seefahrer, und was trieb sie weiter? Waren es Motive der Not? Oder heroische – Abenteuerlust, Raubgier, wie man sie für die Wikinger vermutet und heute noch bei den Maoris Neuseelands findet? Warum verschwinden solche Motive wieder, und warum werden aus Eroberern friedliche Fischer und Bauern, wie sie heute auf den Trobriand-Inseln leben? Keiner weiß, ob man diese Fragen jemals beantworten können wird. Aber Wulf Schiefenhövel wäre der Letzte, der deswegen darauf verzichten würde, sie zu stellen. Gerade hat er zusammen mit dem schwedischen Archäologen Göran Burenhult ein Ausgrabungsprogramm angeschoben, das wenigstens in die zeitlichen Abläufe mehr Licht bringen soll. Und die Herkunft der Hunde auf den Trobriands würde er ebenfalls gern klären. »Wir suchen die Steine zum Mosaik.«

DAS PROBLEM: Jede beantwortete Frage wirft drei neue auf. Die beispielsweise, wie die Süßkartoffel nach Tauwema kam. Ihre Heimat ist Südamerika, aber als die ersten Europäer durch Ozeanien kreuzten, fanden sie zu ihrer Überraschung nicht nur Menschen auf allen Inseln vor, sondern stießen bei ihnen auch auf eine Bezeichnung für die rote Knolle („Kumara«), die identisch war mit dem Namen, den sie bei den Indios hatte. Waren die Austronesier bis zum kontinentalen Festland vorgedrungen? Hatten sie es womöglich zu öde oder zu feindlich gefunden, um dort Siedlungen zu gründen, aber als nützliches Souvenir die süßen Kartoffeln mitgenommen? Oder gab es so etwas wie voreuropäische transpazifische Kontakte? Eine der vielen Legenden auf Tauwema erzählt von der Rückkehr derer, die einst aufgebrochen waren mit ihren Kanus, nach Osten.

Für Schiefenhövel sind die Inseln weit hinter dem Horizont der Zivilisation ein Schlüssel für das Verständnis der Vergangenheit des Menschen. Deswegen kommt er immer wieder hierher. Und auch deswegen, weil er sich wohl fühlt in dieser archaischen Gesellschaft. »Ich bin der Typus des romantischen

Spätpfadfinders mit Helfersyndrom.« Gibt es keinen Fortschritt? Doch. Es gibt Penicillin und Malariaprophylaxe und so erlesene Elektronik wie das GPS, mit eigenem Gedächtnis, das sich den komplizierten Kurs zur Insel merkt, sodass man ihn auch bei sichtloser Nacht problemlos nachfahren kann.

Nein. Nirgendwo gibt es glücklichere Kinder als in Tauwema. Keines bleibt, wenn es klein ist und weint – »wir haben das gemessen« –, länger als 30 Sekunden allein. Kaum eins wird, wenn es groß ist, psychisch krank. »Psychosen kommen selten, Depressionen praktisch gar nicht vor«, sagt Schiefenhövel. Und sexuell sind die Insulaner nach Überzeugung des Forschers glücklicher als die meisten Menschen in Hamburg oder München. Dafür fehlt ihnen aber jede Chance für ein individuelles Leben. Alles ist diktiert vom Konformitätsdruck der Gemeinschaft. Und selbst Freundschaft kommt in der clan- und familiengeprägten Inselwelt nicht vor.

GESCHMINKT UND GESCHMÜCKT

Mit einem traditonellen Sing-Sing wird der erste Einsatz eines neuen Ambulanz-Bootes gefeiert. Die Insulaner tragen zu ihren Festen hölzernen Kopfschmuck und Körperbemalung nach althergebrachten Mustern

FOTOS: MICHAEL POLIZA (4)

Das Leben muss ertragen werden, so oder so. Nicht das Glück ist irgendwo größer, sondern die Hinnahmebereitschaft. Und die »Starship«, an deren Bullaugen sich die Inselkinder auf ihren kleinen Kanus halbe Tage lang staunend die Nasen platt drücken, ist auch ein schwimmendes Trugbild. Sie gehört nicht zu der Welt, in der sie ist.

EIN JUNGER MANN KOMMT ZUM DOKTOR. Er ist niedergeschlagen, verzweifelt. Er stammt von einer entlegenen Insel, hat nach Tauwema geheiratet und jetzt schon lange keine Nachricht mehr von seinem Vater. Er macht sich Sorgen um ihn. Das große, graue Schiff, hat er gehört, kann telefonieren. Kann es auch auf seine Insel telefonieren und nach dem Zustand des Vaters fragen? 30 Dollar kostet die Minute Satellitentelefon, weit mehr als ein Monatslohn des jungen Mannes. Der Doktor ist nicht die gute Fee im Steinzeitmärchen. Das unwirkliche Schiff mit den Dimdims an Bord, der kühlen Luft und den bunten Bildschirmen wird die Anker lichten und die Wirklichkeit der Insel wieder verlassen. Das uralte Leben wird zurückbleiben, aber es bleibt nicht, wie es ist. Das sieht der Doktor nüchtern.

Er, der aus eigener Anschauung höchst anschaulich über den Unterschied zwischen Amöbenruhr (»du scheißt Blut«) und Bakterienruhr (»du scheißt Eiter«) referieren kann, neigt nicht zur Verklärung tropischer Lebensverhältnisse. Das nostalgische Untergangsgejammer ethnologischer Zunftgenossen ist ihm ein Greuel. »Es gibt keine edlen Wilden.« Der edle Wilde ist mitleidlos, quält Tiere, röstet lebendige Schildkröten. Das ist geblieben. Aber vieles ändert sich. Die Frauen halten sich nicht mehr an die alten Sexualtabus während der zweieinhalbjährigen Stillzeit. Sie werden früher wieder schwanger und bekommen mehr Kinder – der Bevölkerungszuwachs auf den Inseln ist einer der höchsten der Welt. Folge: Der Busch, der das Dorf umgibt, ein grüner Verhau aus Palmen, Farnen, Kwila-Bäumen, Eukalyptus und Schlingpflanzen, ist nur noch Kulisse. Dahinter abgeholzte Ödflächen.

Ein Mann ist gestorben. Das Dorf reagiert in geübten Ritualen. Der Leichnam wird geschmückt und bestattet, die Angehörigen werden beschenkt und gestärkt. Die Seele des Verstorbenen wandert nach Tuma, der nordwestlich gelegenen kleinen Toteninsel, und verabschiedet sich von der Welt.

Wer nach Tuma fährt, muss einen Einheimischen mitnehmen, der den Toten den Besuch erklärt und ihnen Zigaretten als Gastgeschenk dalässt. Schwarze, scharfkantige Korallen, zernagt und zerklüftet von der See. Abgestorbene Palmblätter wie Beinknochen. Trotzdem kein unheimlicher Ort. Die Seelen der Toten führen eine Art Transitexistenz. Sie warten darauf, dass ein neues Kind gezeugt wird, und schlüpfen dann in seinen Körper. So erleben sie eine Wiedergeburt.

Doch, das fragt sich der Doktor manchmal, was wird aus der Zukunft, wenn immer mehr Kinder geboren werden, aber nicht genug Seelen zur Verfügung stehen?

FOTOS: MICHAEL POLIZA

»PENCIL, MISTER, PENCIL!«

Mit elementarem Bildungshunger stürmen die Kinder Papua-Neuguineas das High-Tech-Schiff »Starship«. Aber nicht die Computer interessieren sie, sondern Bleistifte und Papier. Die Welt dieser Inseln ist noch fern von moderner Zivilisation und Zeit hat kein Maß in ihr. Für »Zivilisationseindringling« Michael Poliza ist der Besuch ein schwieriger Balanceakt

Wer je in Ländern der Dritten Welt war, kennt den Kinderruf: »Money, Mister, give me money!« Deswegen traue ich meinem Gehör nicht, als mir der Schrei »Pencil, Mister, please pencil!« ins Ohr gellt. Bleistifte? Was wollen die damit?

Ganz einfach: schreiben. Und malen. Deswegen stehen auch Schulhefte hoch im Kurs und ganz hoch Buntstifte, die geradezu als Luxusartikel gelten. Gleich auf der ersten Insel von Papua-Neuguinea erlebt die »Starship« einen solchen Ansturm von Kids, dass unsere Vorräte an Schulheften und Bleistiften in kurzer Zeit erschöpft sind. Glücklicherweise gibt es in Alotau, der kleinen Hafenstadt in der Milne Bay, Nachschub. Sogar vom Großhändler. Und so decken wir uns mit Tausenden von Bleistiften, Buntstiften und Schulheften ein. Und kaufen dann auch noch reichlich Angelhaken und Leinen, ebenfalls geschätzte Gastgeschenke auf den Inseln.

Money? Wozu braucht man Geld auf Ferguson, Normanby und Nuakata? Im Meer schwimmen Fische, an den Bäumen wachsen Bananen, Ananas und Papayas, in den Gärten Yams, Taro und Süßkartoffeln.

Die Inseln der glücklichen Kinder. Sie wachsen auf unter fürsorglicher Obhut, sind viel mit Gleichaltrigen zusammen, lernen spielerisch, sich in ihrer Gesellschaft zurechtzufinden, sind freundlich und freimütig. Für Psychiater und Therapeuten fehlt jeder Bedarf.

In vieler Hinsicht ist das Leben auf den Inseln wirklich unbeschwert.

Vor acht Jahren war ich schon einmal auf einem Schiff unterwegs zwischen diesen Inseln und würde gern eine Bucht wiederfinden, in der wir damals besonders herzlich aufgenommen wurden. Leider sind meine damaligen Aufzeichnungen lückenhaft. Aber nach einigem Herumfragen und mit Hilfe der Fotos aus der *stern*-Reportage, die damals entstanden ist, kommen wir der Bucht schließlich näher. Sie liegt im Süden einer Insel mit dem wunderlichen, aber zutreffenden Namen Goodenough – gut genug. Als wir Anker werfen und uns mit dem Beiboot dem Dorf nähern, kommen uns drei Männer in einem Kanu entgegen. Zu meiner Überraschung können die drei sich sofort an mich erinnern. Sogar meinen Namen wissen sie noch. In all den Jahren, seit ich zum ersten Mal hier war, ist eben nichts passiert. Fragt man die Männer, wann das war, sagen sie: neulich. Fragt man, wie weit ist es zum Wasserfall, zum Dorf, zur Schule, bekommt man immer dieselbe Antwort: »Five minutes.« Läuft man dann eine stramme Stunde und fragt noch einmal, sind es immer noch »fünf Minuten«. Zeit spielt hier nicht nur keine Rolle, sie hat keine Dimension.

Fragt man den Töpfer, dem die Töpfe ausgegangen sind, wann er wieder welche herstellt, sagt er: »Soon.« Ob dieses »bald« »morgen« bedeutet oder »in drei Wochen« kann er deswegen nicht beantworten, weil er es nicht weiß. Eines Tages steht er auf und entscheidet: Heute backe ich wieder ein paar Tontöpfe.

Vollkommen unbelastet von den Sorgen und Nöten der Zivilisation ist

Jubelnd schwenken Kinder Bleistifte, Schulhefte und Magazine, die sie an Bord der »Starship« erbeutet haben. Ihre Freude steckt die Mannschaft an und macht die Fahrt zur Vergnügungsreise

diese Kultur; Arbeitsstress, Termindruck, Hektik sind unbekannt.
Übrigens auch im Westen, der heute New-Britain heißt, vormals Neu Hannover hieß und unter deutscher Kolonialverwaltung stand. Wo einmal preußische Pickelhauben regiert haben und heute noch Spuren zu finden sind wie der »Johann-Albrecht-Hafen«, deutsche Kirchen und sogar eine Inselfähre namens »Klaus«, dort muss deutsches Wesen Mensch und Mentalität in irgendeiner Weise geprägt haben, denkt man. Irrtum. Für die Schrecken der berühmten deutschen Sekundärtugenden wie Ordnung, Pünktlichkeit oder Fleiß gibt es einfach keinen Nährboden. In gewisser Weise ist das Leben hier wirklich paradiesisch. Ich denke an die seufzende Sehnsucht in Georg Büchners Schauspiel »Leonce und Lena«: »Wir lassen alle Uhren zerschlagen, alle Kalender verbieten und zählen Stunden und Monde nur nach Blüte und Frucht.« In Papua-Neuguinea ist dieses Programm verwirklicht.
Dafür gibt es andere Schrecken und Nöte. Eine Mutter bittet uns, ihrem kranken Kind zu helfen; es hat hohes Fieber und droht zu sterben, wenn es keine Medikamente bekommt. Natürlich will man im Einzelfall gern helfen. Aber das Gleichgewicht auf den Inseln ist seit Jahrtausenden durch eine hohe Geburten- und eine ebenso hohe Sterblichkeitsrate gewährleistet. Es ist eine sensible Balance, und jeder Eingriff von außen kann leicht zum Umkippen führen. Große Zurückhaltung und Behutsamkeit sind nötig, wenn man sich in dieser Kultur bewegt, denn jeder Einfluss von außen bedeutet Unruhe und Gefährdung des traditionellen Lebens. Deswegen bleibt unser Schiff mit all seinem Spielzeug an Fernsehern, Kühlschrank, Taschenlampen etc. für die Insulaner verschlossen. Das ist keine Arroganz, sondern Fürsorge. Sie können so leicht verführt werden von falschen Verlockungen und dann in Port Moresby enden, der Hauptstadt von Papua-Neuguinea, die auch eine Hauptstadt des Verbrechens ist. Denn dort wächst das Essen nicht mehr einfach auf den Bäumen, sondern muss gekauft werden. Mit Geld, das zu viele nicht haben.

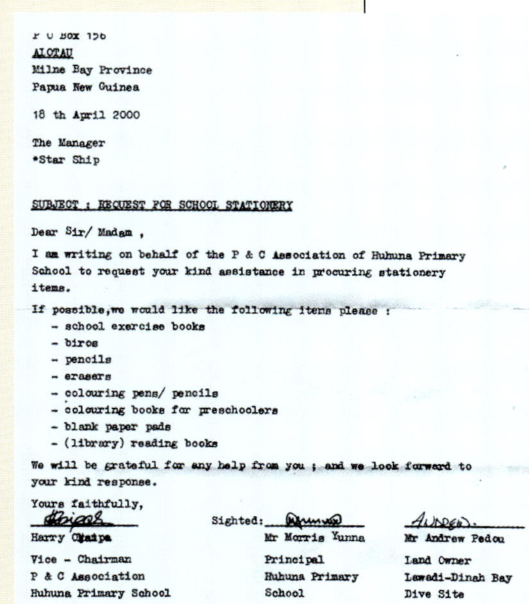

P O Box 156
ALOTAU
Milne Bay Province
Papua New Guinea

18 th April 2000

The Manager
*Star Ship

SUBJECT : REQUEST FOR SCHOOL STATIONERY

Dear Sir/ Madam ,

I am writing on behalf of the P & C Association of Huhuna Primary School to request your kind assistance in procuring stationery items.

If possible,we would like the following items please :
- school exercise books
- biros
- pencils
- erasers
- colouring pens/ pencils
- colouring books for preschoolers
- blank paper pads
- (library) reading books

We will be grateful for any help from you ; and we look forward to your kind response.

Yours faithfully,

Harry Chaipa	Sighted: Mr Morris Yunna	Mr Andrew Pedou
Vice - Chairman	Principal	Land Owner
P & C Association	Huhuna Primary	Lawadi-Dinah Bay
Huhuna Primary School	School	Dive Site

Wo das Schiff auftaucht, ist es eine Sensation. Auf der Insel Goodenough wird es mit einem Sing-Sing auf dem Wasser begrüßt. In Alotau bittet die Inselschule in einem Brief um Lehrmaterial, und ein Neunjähriger bedankt sich mit einem selbst gezeichneten Bild der »Starship«

KLEINE WELTEN FÜR SICH

Die Welt ist bekannt? Überall ist McDonald's-Land? Alles ist cocacolarisiert? Von Pauschaltouristen heimgesucht, von Ballermännern platt gemacht? Irrtum. In Mikronesien entdeckte die »Starship« eine Welt, an der die Globalisierung bisher vorbeigegangen ist

VON PETER SANDMEYER UND MICHAEL POLIZA (FOTOS)

Diese Insel kennt keiner. »Ngulu? Never heard.« Nur Navot hat es einmal mit seinem »Ocean Hunter« dorthin verschlagen. Navot ist Israeli, lebt mit Frau und vier Kindern in Koror auf Palau und fährt Tauch-Touristen zu den umliegenden Inseln – 392 grüne Buckel in blauer See, 297 davon unbewohnt, viele klein und rund und alle von einem dichten Filz aus Farnen, Palmen und Schlingpflanzen bedeckt, sodass sie aussehen, als ob lauter grünhaarige Riesen ihre Köpfe aus dem Wasser strecken würden. Viele Boote sind zwischen ihnen unterwegs, britische Yachten, chinesische Fischer, die knatternden Außenborder der Einheimischen und die Omnibusboote der Tauchunternehmer.

Aber in Ngulu, sagt Navot, fahren keine Boote. Nichts gibt es da. Kein Hotel, keine Touristen. Nur 24 Einwohner, falls er sich nicht verzählt hat bei seinem Besuch damals, vor neun Jahren. Auch für Hardcore-Globetrotter ein weißer Fleck auf dem Globus.

Eigentlich wollen wir ja auf die Philippinen, aber die Seekarten im Computer sind zu ungenau, Papierkarten schwer zu beschaffen; leicht zu bekommen wären sie auf den Philippinen, wo wir aber – siehe oben – nicht hinkommen. Wenn das so weitergeht, wird die »Starship« als Fliegender Holländer des Computerzeitalters enden. Auf jeden Fall müssen wir erst einmal warten – warum nicht währenddessen Ngulu?

Zwanzig Stunden lang wiegt uns der Ozean, den Magellan »el pacifico«, den Friedlichen, taufte. Er ist tatsächlich so still wie die Pottwale, die uns eine Zeit lang begleiten. Die Maori nennen ihn »Moana-Nui-o-Kiva« – »großer Ozean vom blauen Himmel«. Oh, Himmel, strahlender Azur! Und immergleich blau die See – bis Himmel und Ozean grau werden und tropischer Regen niedergeht. Geht? Stürzt!

Eine Nacht voll Blitz und Donner. Über uns das Unwetter, unter uns kohlschwarze Tiefen, um uns der größte Ozean der Erdkugel, 165 Millionen Quadratkilometer, »das Herz der Erde«, schrieb Herman Melville, »das in seinen Gezeiten schlägt«. Das Herz schlägt heftig in dieser Nacht, irgendwo da oben, über den brechenden Wolken steht der volle Mond und sorgt für Springflut.

Dann ziehen die Wolken ab, es blaut wieder, und auf der Kimm beginnt ein kleiner grauer, Schatten aufzusteigen, nimmt langsam grüne Farbe an und zerlegt sich beim Näherkommen in grüne Bäume, sandfarbenen Strand und kalkweiße Korallen-Brandung. Sie bildet ein riesiges Atoll, in das eine schmale Durchfahrt führt. Hinter ihr ankert bereits ein großes graues Schiff, um die zwanzig Meter lang, dunkle, halb nackte Gestalten an Bord, eine grinsende Frau im Unterrock dazwischen – die Küstenwache.

Aus einer Distanz von zwei Meilen wirkt Ngulu wie der Insel-Inbegriff aus dem Südsee-Bilderbuch, das wir alle auf unserer inneren Festplatte abgespeichert haben. Sandstrand und

EINSAME BUCHTEN OHNE ENDE

Palau, Staat und Föderationsmitglied von Mikronesien, 392 Inseln, die meisten unbewohnt, ein Paradies für Yachten und Taucher und Menschen, die die Abgeschiedenheit lieben. Das Wasser ist kristallklar, die Unterwasserwelt vielfältig und die Auswahl an einsamen Ankerplätzen endlos

sich wiegende Palmen, sonst nichts. Beim Näherkommen stockt dann der Atem. Am Strand liegt der Kadaver eines Wals und wird von jeder neuen Flut langsam in seine gottserbärmlich stinkenden Bestandteile zerlegt. Hinter dem Strand beginnt tropischer Wald, der Boden voller Kokosnüsse, blühende Frangipani, seltsame Vogelrufe, das ferne Rollen der Brandung – da ist er wieder, der uralte Traum vom »ewigen Morgen im Südwald«.

FOTO: JAMES FRANKHAM/STARSHIP

Der kurze Weg führt zu einer lockeren Ansiedlung von Hütten, teils aus Palmwedeln, teils aus Wellblech. 17 Einwohner zählt das Dorf jetzt, drei Familien. Die Lebenden und die Toten halten sich die Waage. 16 Kreuze stehen auf dem Friedhof.

Der Herr über die Lebenden ist betrunken und damit beschäftigt, einer großen Seeschildkröte den Hals aufzusäbeln, ein Mann von bulliger Gestalt und ungewissem Alter. Er hat schwarze Zähne vom Betelnuss-Kauen und könnte Mitte dreißig sein oder auch fünfzig. Wir dürfen uns umschauen, gestattet er mit schwerer Zunge, aber vielleicht besser erst morgen, die Sonne gehe ja gleich unter. Es ist ein Uhr mittags. Tatsächlich?

Mit dem Beiboot erkundet die Crew die engen Durchfahrten zwischen den Inseln von Palau. Auf Ngulu lernt sie die komplette Bevölkerung der Insel kennen – 17 Menschen, die in einer Hand voll Häusern leben

MIT ÄUSSERSTER KONZENTRATION starrt er auf sein nacktes Handgelenk. Dann zuckt er die Achseln, und sein Arm verschwindet im Hals der Schildkröte, die immer noch mit ihren Flossen rudert. Der Chief räumt die Innereien aus, das Herz und die Eier. Viele Eier. Auf dem Weg zur Eiablage ist das Tier erwischt worden, jetzt wartet ein paar Meter weiter die schwarze Kuhle, in der es gebraten werden soll. Die Eier gelten als Delikatesse und werden separat zubereitet. Vier weitere Seeschildkröten paddeln, auf dem Rücken liegend, mit den Flossen und warten auf ihre Hinrichtung. Kleine Kinder ziehen an ihnen und lachen.

Am anderen Morgen ist der Insel-Chief wieder nüchtern und das Schiff der Küstenwache verschwunden. Es hat das Fleisch der Schildkröten mitgenommen nach Yap, der Hauptinsel, wo es pro Tier mindestens 400 Dollar bringen

ARCHAISCHES LEBEN UND STERBEN

Der Chief von Ngulu nimmt gefangene Seeschildkröten aus. Die Green Turtles werden bei der Eiablage in der Nacht erbeutet, die Eier gelten als besondere Delikatesse, ebenso das Herz und andere Innereien. Der Fang der Seeschildkröten gehört seit Jahrhunderten zur Lebensgrundlage der Einheimischen

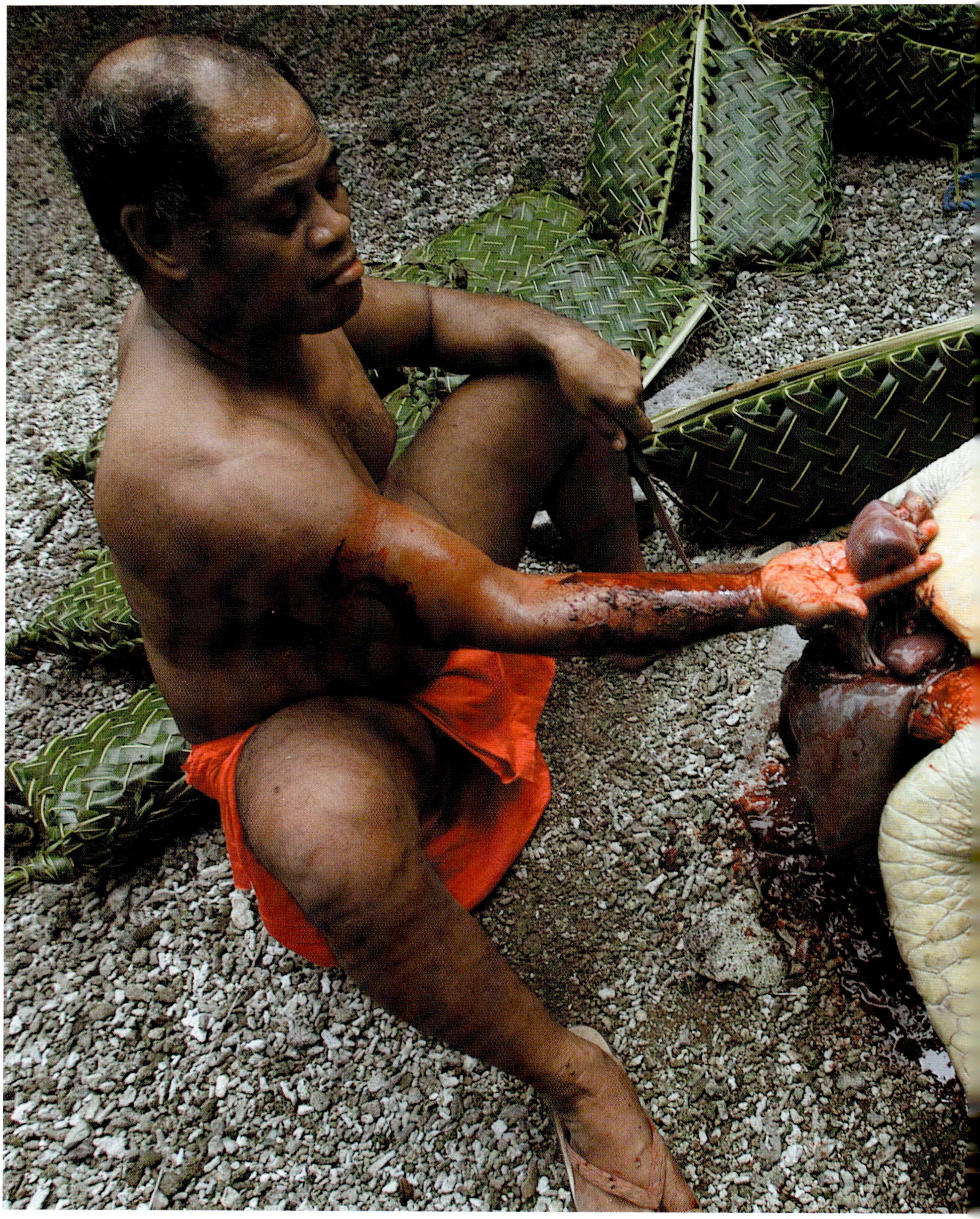

soll. Ob wir ihm in einer Feinschmeckerdose wiederbegegnen werden?

Der Chief und die Mehrheit der Inselbevölkerung hockt unter dem Schatten einer Palmmatte an Strand und döst. Ab und zu hackt jemand eine Kokosnuss auf und nimmt einen Schluck. Zwei Frauen flechten kleine Tragegestelle aus Palmblättern. Sonst geschieht wenig. Der Chief erzählt von seinem Reich. Irgendwann während des Krieges waren die Japaner da, später die Amerikaner. Die einen verschwanden wie die anderen. Zurück blieben ein bröckelnder Betonbunker und die unendliche Schläfrigkeit einer Insel, auf der niemals etwas geschieht, niemals etwas geschehen ist und niemals etwas geschehen wird. Die Sonne geht auf und unter, der Regen fällt und versiegt, die Kokosnüsse reifen und faulen. Einsiedlerkrebse ziehen ihre unendlichen Bahnen über den Strand auf der Suche nach neuen Immobilien. In der flachen Brandung jagen Baby-Haie, bis sie größer werden und ins tiefe Wasser verschwinden. So vergehen die Tage, die Wochen, die Jahre.

ALS DER ENGLISCHE SEEFAHRER JOHN DRAKE eine Meuterei niedergeschlagen hatte, da stellte er einen der Meuterer vor die Alternative, ausgesetzt oder geköpft zu werden. Der Mann wählte das Köpfen. Hat die Meuterei bei Ngulu stattgefunden?

Die Insel zählt zu den Outer Islands von Yap, das einmal dem Deutschen Reich gehörte und heute ein Teilstaat der Föderation von Mikronesien ist. Die Hauptstadt heißt Colonia. Noch einmal eine Nachtfahrt auf friedlichem Meer. Dann ein kleiner Hafen, eine Wellblechsiedlung, zwei Straßenkreuzungen mit anhängendem Zentrum, wenige Autos, zwei kleine Supermärkte und eine Hand voll Touristen, die unter sich und meistens unter Wasser bleiben, um dort Mantas zu beobachten.

Die Kolonial-Deutschen hatten sich seinerzeit gute Geschäfte mit Kopra versprochen, dem getrockneten Fleisch der Kokosnüsse, die in verschwenderischer Vielfalt gedeihen. Doch die Preußen im Pazifik schafften es nicht, die Einge-

Die Eier werden in Taschen verpackt, die aus Palmenblättern geflochten sind. Mit Schildkrötenfleisch werden sie zur Hauptinsel gebracht und verkauft. Anderes Fleisch wird im Panzer gebraten und verzehrt

borenen auf die Palme zu bringen. Denn auf Yap wächst das Frühstück im Garten, das Meer deckt den Tisch, Betelnuss-Trips hängen an den Bäumen, und das Interesse an geregelter Arbeit war und ist bei den 9000 Yapesen gering.

Hoch im Kurs steht dagegen bis heute die Währung der »Raay«: Steinscheiben, Monolithe von durchschnittlich einem Meter Durchmesser mit einem Loch in der Mitte, die seit mindestens 1800 Jahren unter allergrößter Mühsal in Steinbrüchen gewonnen und dann 400 Kilometer über die offene See nach Yap gesegelt wurden, aus Palau. Weshalb? Ethnologen, Historiker, Archäologen haben keine Erklärung für die martialische Maloche und die Zitterpartie auf schmalen Kanus. Sicher ist nur, dass die harte Währung jahrhundertelang das Leben der Insel regelte; die Steinscheiben, von denen jede eine besondere Geschichte hat, die ihren individuellen Wert bestimmt, dienten als Mitgift, als Preis für ein Haus oder Land und als Bußgeld für Verstöße gegen Gesetze.

Eine der größten Steingeldmünzen auf Yap. Auch bei Besitzerwechsel bleibt das schwere Geld meist am alten Ort. Die Inseln sind feucht und fruchtbar. Monatelang fällt der Regen täglich, meist mehrmals

Bis das Leben ein Märchen schrieb, das alles änderte. 1871 wurde ein Schiffbrüchiger an den Strand von Yap gespült, ein Amerikaner irischer Herkunft, Abenteurer und Saufaus: David D. O'Keefe. Der begriff, kaum dass er von den Insulanern aufgepäppelt war, das Potenzial des Steingeldes, fuhr nach Hongkong, organisierte eine Dschunke und schweres Gerät zur Steinbearbeitung und kehrte via Palau mit einer ganzen Schiffsladung Raay nach Yap zurück, wo er sie hoch profitabel in Kopra umsetzte und binnen kurzer Zeit zum König von Yap aufstieg – eigene Insel vor der Hauptstadt, Palast, Leibgarde, Steinway-Flügel, Keller voller Wein und Champagner. Die Insel erlebte dabei ihre erste Inflation. Doch dann brachte sein ungezügeltes Temperament den Iren in Schwierigkeiten mit der Obrigkeit, er musste eine Gefängnisstrafe befürchten und zog es vor, erst einmal auf See zu verschwinden. Dort verscholl er.

Falls er nicht doch in Australien oder auf Samoa oder Tahiti ein neues Leben angefangen hat, wie viele glauben. Und wenn er nicht gestorben ist, dann lebt er da noch heute.

HERUNTER FÄLLT EIN TRÄUME-LEIN

Auf Ngulu schläft ein Kind in einer Wiege aus Palmenblättern. Die Palme ist der universelle Liefe-rant für fast jeden Lebensbedarf. Sie versorgt die Insulaner mit Kokosnüssen zum Essen und Trinken und Blättern, aus denen Hüttendä-cher gemacht werden, Lenden-schurze und Transportbehälter aller Art

MAGELLAN – DIE TAT, DER TRIUMPH, DAS ENDE

Die exotische Inselwelt der Philippinen, wo man Papageienfische trocknet und isst, war den Europäern vor 500 Jahren noch unbekannt. Bis sie von Fernando de Magellan entdeckt wurde, der als Erster die Welt umsegelte. Eine triumphale Tat – und eine Irrfahrt des Grauens

VON PETER SANDMEYER UND MICHAEL POLIZA (FOTOS)

Seetage. Weit und warm und überwölbt von einem riesigen Himmel, Wolken darin wie aus Glas geblasen. Kein Schiff weit und breit. Tölpel steigen auf und fliegende Fische, fern steht die Fontäne eines Wals über der glatten See. Gleichmütig durchpflügt die »Starship« diesen großen leeren Ozean, der ein Drittel unseres Planeten bedeckt, gleichförmig vergehen die Tage, gegliedert von Sonnenaufgang und Sonnenuntergang und dem Rhythmus des zweistündigen Wachwechsels. Nicht zu vergessen dem Anschlag der Glocke in der Messe, mit der Enrico dreimal am Tag zum Essen ruft – Frühstück mit frischem Brot und Rührei, Lunch mit Pizza oder Pasta, Dinner mit Tunfischsteak oder Hähnchenbrust und Currysauce. Und dann ein Sundowner, während der rote Sonnenball vor dem Bug verlischt. Traumtage.

Albtraumtage. Seit drei Monaten haben die Männer auf der »Concepción«, der »Victoria« und der »Trinidad« nichts anderes mehr gesehen als diese unbewegte See. Seit Wochen haben sie nichts mehr gegessen außer seltenen selbst gefangenen Fischen und dem alltäglichen Schiffszwieback, der längst feucht ist, dreckig und von Würmern durchsetzt. Die Vorräte auf den Schiffen sind restlos erschöpft, selbst Ratten zu raren Leckerbissen geworden. Das faulige Trinkwasser stinkt so, dass die Seeleute sich die Nase zuhalten, wenn sie es hinunterstürzen. Keine Abwechslung bieten die Tage, nur sich selbst sehen die Männer – hohlwangig, bis aufs Skelett abgemagert, kraftlos und kaputt. »Wir aßen schließlich, um nicht Hungers zu sterben, auch die Stücke Rindleder, mit denen die große Rahe überzogen war, um die Taue vor dem Zerreißen zu schützen«, schreibt Antonio Pigafetta, der Chronist dieser Elendsfahrt, die kein Ende nimmt. Jeder kleine Sturm würde sie vernichten. Kaum einer der Seeleute hätte noch die Kraft, auf die Rahen zu klettern und die Segel zu reffen. Aber es gibt keinen Sturm, nur immergleiche, immerheiße Tage auf einer immerblauen, immerruhigen See. »El Pacífico« nennen sie den Ozean, »den Friedlichen«. Doch für sie bleibt er ein Feind.

Skorbut bricht aus, das Zahnfleisch eitert, die Zähne fallen aus. Und jeder auf den drei Karavellen wünscht sich, er wäre an Bord des vierten Schiffs, das klammheimlich desertiert ist vor dem Aufbruch in diese unbekannte große Wasserwüste und heimgesegelt nach Spanien – jeder außer einem: dem düsteren schwarzbärtigen Mann auf dem Achterkastell der »Trinidad«, der Generalkapitän des verlorenen Geschwaders, den sie, wenn sie unter sich sind, »den Portugiesen« nennen, der seinen Namen aber den spanischen Diensten, in denen er jetzt steht, angepasst hat. Der Name, den er nun führt, lautet: Fernando de Magellan.

Klaus Kinski hätte ihn spielen können. Ein harter Mann. Martialisch. Hervorragender Seemann. Exzellenter Navigator. Eisennervig. Unbeugsam. Verschlossen. Kämpferisch. Größenwahnsinnig. Vielleicht wahnsinnig. Auf jeden Fall besessen. Besessen von dem Gedanken, als Erster den wirklichen Seeweg ins Südmeer zu finden, den »paso« durch dieses

DAS TOR IN EIN NEUES REICH

Suluan heißt das Dorf der ersten Insel, die Magellan ansteuerte, als er 1521 die Philippinen entdeckte. Die Insulaner waren freundlich zu den entkräfteten Seefahrern, brachten ihnen Früchte und Palmwein. Heute wie damals lebt das Dorf vom Fischfang und dem Ertrag seiner fruchtbaren Gärten

verdammte Amerika, dessen endlose Landmasse sich wie ein gigantischer Sperrriegel vor den Kurs zum Ziel aller Ziele legt, den Gewürzinseln, deren Produkte in Europa in Gold aufgewogen werden. Er werde ihn finden, diesen schnellen Weg zu den Molukken und ihrem legendären Reichtum, das hat Magellan dem König von Spanien eingeredet und ihm ein Geschwader abgeschwatzt, mit dem er seinen Landsleuten, den Portugiesen, noch zuvorkommen will beim Wettlauf um die Vorherrschaft über die goldenen Eilande.

DER PAPST HAT ZWAR SCHON vor einem Vierteljahrhundert Frieden gestiftet zwischen den verfeindeten katholischen Königreichen Spanien und Portugal und die Welt mit einem langen Strich mitten durch den Atlantik in eine westliche Hälfte für Spanien und eine östliche für Portugal aufgeteilt; doch keiner weiß, wo und wie sich diese Linie auf der Rückseite der Erdkugel fortsetzt, und um den Besitz der reichen Städte und Gewürzmärkte dort in Südostasien flammt prompt neuer Streit auf. Die Schatzkammer von Fernost aber sind die »islas de la especeria«, Ternate, Ambon, Tidore und Banda, weltweit das einzige Anbaugebiet der begehrten »Spezereien« Gewürznelken und Muskat. Diese Schätze will Magellan erobern und auf alle Zeit für seinen spanischen König sichern.

Mit fünf Schiffen und einer bunt zusammengewürfelten Truppe von 265 Männern fährt er am 10. August 1519 in Sevilla los, den Guadalquivir hinab nach San Lucar, wo die letzte Messe gelesen, die letzte Beichte genommen und der letzte Wille des Generalkapitäns zu Papier gebracht wird. In Sevilla möchte er im Falle seines Todes begraben werden, im Kloster von Santa María de la Victoria, 30 Messen sollen über seinem Leichnam gelesen und drei Arme bekleidet werden, damit sie zu Gott für seine Seele beten. Sollte er die Reise nicht überleben, dann wünscht er sich eine letzte Ruhestätte in der nächstgelegenen Kirche, die der Heiligen Jungfrau gewidmet ist. Schwierig ist die Verteilung seiner irdischen Habe. Er besitzt keine. Magellan fährt los als ein Habenichts, ein Mann von niedrigem Adel ohne Geld und Güter. Wenn er aber von den Gewürzinseln mit vollen Laderäumen zurückkehrt, dann wird er ein reicher Mann sein; wenn er sogar neue Inseln oder Länder für seinen König entdeckt, dann werden er und seine Nachkommen als Gouverneure darüber herrschen – so steht es in seinem Vertrag.

Magellans Flaggschiff, die »Trinidad«, eine der fünf Galeonen, die 1519 Sevilla verließen. Ein einziges Schiff kam am Ende dieser ersten Weltumsegelung 1522 wieder in Spanien an

Magellan ist beileibe nicht der Erste, der aufbricht, um eine Seepassage nach Indien und Ostasien zu finden, die kürzer ist als die quälend lange und von Stürmen bedrohte Route um die Südspitze Afrikas. Viele sind ihm vorausgefahren, einige

CHRISTLICHE BASTION IN ASIEN

In der Kathedrale von Cebu drängen sich täglich die Gläubigen. Dank Magellan sind die Philippinen als einziges großes Land Asiens christlich. Heute gehören die Filipinos zu den treuesten Kindern der katholischen Kirche

verschollen, andere ohne Erfolg heimgekehrt. Warum setzt König Carlos I. gerade in ihn neue Hoffnung, warum vertraut er ausgerechnet diesem übergelaufenen Portugiesen die kleine Armada seiner Schiffe an? Was macht Magellan so sicher, dass seine Expedition gelingen werde? Es ist eine Seekarte, die er im geheimen Archiv der portugiesischen Admiralität einsehen konnte. Ganz deutlich war auf ihr der Beginn des »paso« vom Atlantik zum noch namenlosen Pazifik eingezeichnet, ungefähr dort, wo heute Montevideo liegt. Dort, glaubt Magellan, muss die Durchfahrt zu finden sein. Sie zu meistern ist eine Frage von navigatorischem Geschick. Das hat er. Und ist er erst einmal in dem anderen Ozean, dann wird es nur noch ein Katzensprung bis zu den Gewürzinseln sein. Das glaubt er.

Auf der Insel Limasawa ließ Magellan die erste Messe auf philippinischem Boden zelebrieren. Heute erinnert daran eine imposante Gedenkstätte

Mit flatternden Fahnen und donnernden Kanonenschüssen brechen die fünf Schiffe auf, doch die Reise steht von Beginn an unter keinem guten Stern. Es gibt Rivalitäten zwischen den spanischen Kapitänen der anderen Schiffe und Magellan, dem stolzen Schweiger, dem eisig Abweisenden, der sich weigert zu offenbaren, wie und wo er die Durchfahrt in die südliche See finden will.

DIE SPANNUNGEN STEIGERN SICH zum Aufruhr, als nach endlosen Wochen Suche entlang der brasilianischen Küste schließlich klar wird, dass der von Magellan gemutmaßte »paso« nichts anderes ist als die Mündung des Rio de la Plata. Tagelang fahren sie den kolossalen Strom aufwärts, doch so oft sie auch Wasserproben an Bord hieven: Sie bleiben reines Süßwasser. Die Kapitäne haben genug, wollen umkehren; Magellan befiehlt die Fortsetzung der Reise – nach Süden, der Antarktis entgegen, dem Winter, der Kälte, den Stürmen. Im Winterlager kommt es zur Meuterei. Der Generalkapitän kann sie niederschlagen und lässt einen der aufrührerischen Kapitäne köpfen und vierteilen. Bei der Weiterreise verliert er ein Schiff, ein anderes desertiert, nachdem die gewundene Wasserstraße zwischen den Ozeanen, die bis heute Magellans Namen trägt, tatsächlich gefunden ist. Unverantwortlich erscheint der erschöpften Mannschaft der »San Antonio« der Vorstoß in das unbekannte neue Meer mit einem angeschlagenen Schiff und verbrauchten Vorräten. Sie meutert, legt den Kapitän in Ketten und segelt zurück nach Spanien.

Nach ihrer Flucht ist die Weiterfahrt der verbliebenen drei Schiffe geradezu selbstmörderisch. Doch nicht eine Sekunde spielt Magellan mit dem Gedanken an Umkehr. »Wer heldisch denkt, muss notwendigerweise widervernünftig handeln«, schreibt sein Biograf Stefan Zweig. Im Übrigen vertraut der

Held den Berechnungen der spanischen Kartografen, nach denen die Distanz, die ihn von seinem Ziel trennt, nur noch kurz sein kann. Am 28. November 1520, 14 Monate nach dem Verlassen Spaniens, läuft die geschrumpfte Flottille in das unbekannte neue Meer aus, das noch von keinem europäischen Schiff befahren wurde.

FOTOS: JHANNS-JÖRG ANDERS (2)

Sie hatten Unrecht, die Kartografen. Bald hundert Tage sind die drei Schiffe schon unterwegs, dreimal länger als Kolumbus, bis vom Mastkorb seiner »Santa María« die Küste der Neuen Welt in Sicht kam; doch vor dem Bug der »Trinidad« taucht kein Land auf; nur das Meer, Tag um Tag, und täglich aufs Neue die Marter seiner Monotonie. Endlos dehnt sich die Fahrt, diese, nach den Worten von Stefan Zweig, »vielleicht fürchterlichste und entbehrungsreichste Seefahrt, welche die ewige Chronik menschlicher Leidensfähigkeit, die wir Geschichte nennen, verzeichnet«. Als Magellan einen Bootsmann, der einen anderen im Streit um eine Ratte mit der Axt erschlagen hat, dazu verurteilt, gevierteilt zu werden, da findet sich niemand mehr, der noch die Kraft besitzt, das Urteil zu vollstrecken. »So wurde er erdrosselt und der Leichnam ins Meer geworfen«, schreibt Pigafetta.

Ein Stein erinnert an den ersten Landgang der Spanier auf der Insel Homonhan. Hier wurde ein Lager errichtet, und die ausgezehrte Mannschaft kam wieder zu Kräften

Endlich, nach drei Monaten und sechs Tagen, kommen drei Inseln in Sicht, auf denen sich die Ausgehungerten mit frischem Wasser und Proviant versorgen und ausruhen wollen. »Aber das war unmöglich«, notiert Pigafetta, »da sich die Bewohner über unsere Schiffe ergossen und bald diesen, bald jenen Gegenstand entwendeten, ohne dass wir imstande gewesen wären, sie daran zu hindern.« Man hält heute Guam für die Inselgruppe, die die Spanier »Ladrones«, Diebesinseln, taufen und nach blutigen Auseinandersetzungen mit den Insulanern schleunigst wieder verlassen. Noch einmal eine Woche müssen die Erschöpften über die unendliche See nach Westen segeln, bis sich bei Sonnenaufgang des 16. März 1521 erneut eine dunkle Masse über dem Wasser erhebt. Land!

Halb fünf zeigt die Schiffsuhr der »Starship«, aber alle sind auf den Beinen. Die Sonne ist noch nicht über den Horizont gestiegen, und im diffusen Morgenlicht sieht man kaum mehr als einen langen flachen Schatten, der sich nur schwach vom schwarzen Meer abhebt. Dann ist es plötzlich, als ob ein Vorhang aufgezogen würde, Licht flutet über die Welt, der Himmel errötet, das Wasser wird blau, und der Schatten voraus entwickelt sich zu einer gezackten Kette von Hügeln. Und daneben, etwas weiter entfernt, sind noch mehr Hügelketten zu erkennen und im südlichen Dunst viele andere. Eine große Gruppe von Inseln liegt vor uns. Sie sehen anders aus als die, die wir hinter uns haben – keine Koralleninseln, die sich kaum über das Wasser erheben, sondern hoch gehügelt und grün, überzogen von Palmenwald und dichter Vegetation. Suluan heißt die, die vor uns liegt, ein östlicher Vorposten der Philippinen.

Das Echolot ist immer im Blick, die Seekarte wird aufmerksam konsultiert, eine gute alte Karte aus Papier; die elektronische Seekarte, nach der das Schiff sonst navigiert, ist für dieses Seegebiet noch nicht ausreichend detailliert, und die Details – spitze Riffe und schartige Unterwasserfelsen – sind tückisch. Beim Näherkommen lösen sich aus dem Morgendunst kleine Auslegerboote, mit denen die Insulaner zum Fischen hinausfahren. Nicht alle reagieren auf unser Winken. Sind wir für sie Eindringlinge, die mit einem Millionen-Dollar-Multimedia-Schiff in den Sonnenaufgang ihres All-

tags einbrechen, von dem wir keine Ahnung haben? Wie wird der Empfang auf der Insel sein?

Magellan lässt das unbekannte Land voraus mit äußerster Vorsicht ansteuern. Er muss ohne Seekarten auskommen, weiß nicht, wo Untiefen oder plötzliche Strömungen lauern. Ständig wird deswegen von Bord des Führungsschiffs das Senkblei ausgebracht und die Wassertiefe ausgesungen. Dann sehen sie Fischerboote der Insulaner, damals wie heute schmale Schiffe mit zwei Auslegern und ein bis zwei Männern an Bord. Magellan lässt abdrehen. Nach den Erfahrungen auf den »Diebesinseln« will er mit seiner entkräfteten Mannschaft keinen neuen Kampf riskieren. Ein paar Meilen weiter finden sie eine Insel, die unbewohnt ist. Vor ihr lässt der Generalkapitän ankern. Dann werden die Kranken aus den stickigen Zwischendecks an Land gebracht, Zelte für sie errichtet, ein Schwein geschlachtet. Es gibt dort einen Bach, frisches Wasser, Bäume. Sie wissen immer noch nicht genau, wo sie sind; doch wo immer sie auch sein mögen, es ist eine Offenbarung. Die Landung der Europäer ist den Bewohnern der Nachbarinsel nicht verborgen geblieben. Am nächsten Tag kommen sie, freundliche Menschen, in einem großen Kanu, beladen mit Geschenken: Palmwein, Feigen, Bananen, Kokosnüsse. Sie bringen auch Informationen über die Inselwelt, an deren Peripherie Magellan gelandet ist – ein riesiger Archipel, in Europa unbekannt und auf keiner seiner Karten verzeichnet, Tausende von Inseln, eine viel versprechende Eroberung für die spanische Krone und ein Königreich für Magellan und seine Erben. Er hat es geschafft.

Ein Gedenkstein am felsigen menschenfernen Strand der Küste von Humunu (heute Homonhon) erinnert an diese erste Landung von Europäern auf den Philippinen. Der Weg vom Strand schlängelt sich hinauf zum alten Lagerplatz, dem Kiefern und lorbeergrüne Bäume lichten Schatten spenden. Zikaden zirpen, Blätter rascheln im Wind, Vögel singen, das Meer rauscht nur noch fern. Ein idealer Rekonvaleszenzplatz. Und unermüdlich liefern die freundlichen Bewohner der Nachbarinsel Suluan den Geschlagenen des Meeres Kokosnüsse und Früchte, Hühner und Fische. Die ausgehungerten Seeleute hauen derart rein, dass zwei Matrosen an der plötzlichen Völlerei sterben. »Ihre Körper waren nach den Entbehrungen in vielen Monaten dem nicht gewachsen gewesen«, schreibt Pigafetta. Deshalb ergeht von Magellan der strenge Befehl, »dass alle mit dem Essen und Trinken Maß zu halten hätten, und dass er alle, die sich seinen Befehlen widersetzen sollten, streng bestrafen würde«. Er selbst, merkt Pigafetta an, »aß nie mehr, als er zur Erhaltung seines Körpers notwendig hatte, dafür trank er gern zu jeder Mahlzeit ein Glas Wein«.

Die Menschen von Suluan sind auch heute freundlich. Die Befangenheit des Grüppchens von Europäern, das an diesem stillen Dienstagmorgen des Jahres 2000 plötzlich in einem 150-PS-Schlauchboot in das geruhsame Dorfleben einbricht, verfliegt schnell. Jeder Gruß wird erwidert, die Menschen sind liebenswürdig, aber nicht distanzlos. Die Ankunft auf dieser philippinischen Insel, die man im Atlas mit der Lupe suchen muss, hat etwas von Heimkehr nach Europa. Alle sind katholisch, alle Kinder gehen zur Schule, alle spielen Basketball oder gucken wenigstens zu. Der Basketballplatz ist auch die Plaza des Dorfs, Marktplatz, abendlicher Treffpunkt und manchmal Freiluft-Disco. Das Dorf ist sauber, ein Betonweg führt hindurch, Blumen blühen

EIN KIND ZWEIER WELTEN

Tropische Unbekümmertheit und europäische Disziplin machen das Land, das Magellan entdeckte, zu einer irritierenden Mischung zweier Welten. Die Fischer fahren in traditionellen Auslegerbooten, manchmal mit Segeln merkwürdiger Herkunft. Die Kinder tragen Schuluniformen und stehen vor Unterrichtsbeginn stramm

Der Fisch, den die Auslegerboote abends nach Suluan bringen ist das Essen des Alltags. Ein Schwein ist ein Festmahl. Mit einem Schwein wurden auch die skorbutkranken Männer Magellans wieder aufgepäppelt

FOTO: JHANNS-JÖRG ANDERS

vor den Häusern, Papayas, Avocados, Süßkartoffeln wachsen dahinter. Mehr als 300 Jahre spanischer Kolonialherrschaft haben aus dem pazifischen Eiland ein irritierendes Kind zweier Welten gemacht, in dem sich die Unbekümmertheit und Fröhlichkeit der tropischen Mutter mit der strengen Religiosität des südeuropäischen Vaters vereinen. Magellans Erbe.

Hat er es wirklich geschafft? Noch hat er Zweifel. Noch hat er schließlich sein Ziel, die reichen Gewürzinseln, nicht erreicht. Noch weiß er nicht einmal genau, wo er eigentlich ist und sein neues Reich liegt; noch nagt auch Ungewissheit an ihm, ob er wirklich der Erste sein wird, der die Welt umsegelt. Doch nach acht Tagen im Waldhospital von Humunu ist die Mannschaft ausreichend gekräftigt, die Schiffe gehen wieder ankerauf und segeln tiefer hinein in die philippinische Inselwelt, einen Märchengarten von bizarren Felsen und Inselchen in allen Größen und Gestalten; Skulpturen, die das Meer geschaffen hat, erodierte Kalk-Kandelaber, Wasserburgen mit Erkern und Türmen, Terrassen und Galerien, Totenkopffelsen wie aus dem Kinderpiratenbuch, Riesen und Gnome und Pilze, und dazwischen weiße Buchten ohne Menschen. Seeadler schweben über dieser yachtenfernen Wunderwelt, in der Delfin-Schulen spielen und durch die der Gezeitenstrom das Schiff mit sechs Knoten schiebt.

In Limasawa geht Magellan wieder an Land. Ein Kreuz wird errichtet, eine Messe gelesen, Einwohner werden getauft. Magallanes heißt der Ort heute, 600 Einwohner hat er und eine eindrucksvolle Stätte der Erinnerung an die erste heilige Messe auf den Philippinen. Gott zu danken, dafür hat Magellan besonderen Grund. Bei der Begrüßung durch die Einwohner von Limasawa hat sein dunkler Diener Enrique, den er vor Jahren auf dem Sklavenmarkt von Malakka gekauft hat, plötzlich die Sprache der Menschen verstanden, viele Worte und Bruchstücke jedenfalls, die eng verwandt sind mit seiner eigenen Sprache, dem Malaiischen. Das kann nichts anderes bedeuten, als dass sein Herr genau dorthin fährt, wohin er wollte. Die Insulaner bestätigen es; sie kennen Borneo, Celebes und die Molukken und wissen den Kurs dorthin. Nun weiß Magellan, dass er es geschafft hat. Er wird der Erste sein, der die Welt umsegelt. Er wird die Gewürzinseln erreichen und mit Reichtümern zurückkehren. Und er wird dem spanischen Imperium eine neue Kolonie hinzufügen, die gleichzeitig sein eigenes Königreich ist. Den Herrscher von Limasawa hat er schon zu seinem Verbündeten und Freund gemacht mit bunten türkischen Kleidern und Glasperlen, Messern und Äxten. »Diese Tage in Massawa sind die seligsten und entspannendsten der ganzen Reise«, schreibt Stefan Zweig. »Magellans Stern steht im Zenit.« Jetzt will er noch einen Pakt mit dem mächtigsten König der Region schließen und dann weiter – zu den Molukken und zurück nach Sevilla. Der größte Herrscher der Inseln, sagt man ihm, lebe auf Cebu. Und wieder werden die Anker der »Trinidad«, der »Concepción« und der »Victoria« hochgehievt.

Das Wasser, das die »Starship« umspült, ist schmutzig, voller Fäkalien und Abfälle. Industriebrache und heruntergekommene Wohnhäuser säumen das nahe Ufer. Das Schiff liegt vor Anker, schaukelt aber heftig, wenn große Containerfrachter und die schnellen Fähren vorüberrauschen, die bis zum Hafen des quirligen Cebu fahren, der 600 000 Einwohner großen Stadt, der ältesten des Landes. Sie fahren unter den beiden riesigen Brücken hindurch, die die große Insel Cebu mit dem vorgelagerten Mactan verbinden, wo heute der Flughafen ist, ein paar bessere Geschäftsadressen und das einzige exklusive Hotel der Stadt. Zwischen der »Starship« und dem Strand der Insel schwingt sich eine lange flache Bucht. Sie ist der Schauplatz von Magellans letztem Gefecht. Und sein Todesort.

»WHY DID HE DO IT?«, fragt Dave, der neuseeländische Biologe, der dem Internetpublikum erklären will, warum Magellan ausgerechnet hier, auf der Höhe seines Triumphs, ums Leben kam. Aber die Erklärung fällt schwer. Eine Narretei, sagen die Historiker achselzuckend, eine Riesendummheit. Die größte, die ein Feldherr begehen kann: seinen Gegner zu unterschätzen. »Zum ersten Mal scheint Magellan seine augenfälligste Eigenschaft im Stich zu lassen«, schreibt Stefan Zweig: »Vorsicht und Weitsicht.«

Anfangs geht alles nach Wunsch. Der König von Cebu empfängt die Spanier, tauscht Geschenke mit ihnen, lässt sich sogar taufen und ist zum Abschluss eines Abkommens bereit. Allerdings ist er ein anderes Kaliber als die Inselherrscher, denen Magellan bisher begegnet ist. Der Erdkreis beginnt sich für ihn tatsächlich zu schließen, und Cebu liegt schon im Einflussgebiet der großen östlichen Zivilisationen und wird von chinesischen und siamesischen Kaufleuten angelaufen. Sie kennen die Spanier und Portugiesen und die furchtbare Wirkung ihrer Bordkanonen. Sie warnen den König von Cebu vor ihnen. Weswegen bis heute nicht ganz klar ist, wie ehrlich das Spiel ist, das er mit Magellan treibt.

Seinem neuen Verbündeten will der einen Gefallen tun. Und ihm bei dieser Gelegenheit auch ein wenig imponieren und die Stärke spanischer Waffen demonstrieren. Deswegen übernimmt es Magellan, einen Widersacher des Königs, den Herrscher von Mactan, zur Räson zu bringen, und rüstet gegen ihn eine kleine Strafexpedition aus. Ganze 60 Spanier wählt er dafür aus. »Einem Admiral des Kaisers beider Welten scheint es unter seiner Würde«, kommentiert Zweig, »gegen einen solchen braunen Lümmel, der keine ungeflickte Matte in seiner dreckigen Hütte hat, eine ganze Armee ins Feld zu schicken.« Doch der »braune Lümmel« Lapulapu ist in Wahrheit ein erfahrener Krieger. Der deutsche Journalist und Historiker Peter Miñoza hat sich mit der Biografie des »vergessenen Helden« beschäftigt und herausgefunden, dass Lapulapu hervorragend in den philippinischen Kampfkünsten ausgebildet war und wichtige Erfahrungen in erfolgreichen Abwehrkämpfen gegen chinesische Piraten gesammelt hatte.

MAGELLAN VERLÄSST SICH VÖLLIG auf das Einschüchterungspotenzial seiner gepanzerten Krieger mit ihren Helmen und Harnischen, Schwertern, Eisenlanzen, Musketen und Armbrüsten. Doch die vier Dutzend Männer, die am Morgen des 27. April 1521 schon weit vor dem Ufer aus ihren Booten steigen und schwerfällig durch das flache, von Steinen und Korallen durchzogene Wasser waten müssen, imponieren Lapulapu nicht. Und genauso wenig seinen 1500 Kriegern, die die Angreifer am Strand erwarten. »Sie warfen sich mit einem schrecklichen Geschrei auf uns«, berichtet Pigafetta. »Zwei Haufen griffen uns von der Seite an, der dritte stürmte von vorn auf uns los.«

Da die weit tragenden Waffen der Spanier in diesem Getümmel wirkungslos sind, befiehlt Magellan, die Hütten der Eingeborenen anzuzünden. Doch wider Erwarten werden sie davon nur zu noch größerer Wut angestachelt. Magellan, von einem vergifteten Pfeil in den Oberschenkel getroffen, gibt Befehl zu einem geordneten Rückzug. »Aber der größere Teil der Unsrigen begann Hals über Kopf zu fliehen, sodass nur acht Männer bei dem Generalkapitän blieben. Die Insulaner richteten jetzt alle ihre Pfeile, Lanzen und anderen Wurfgeschosse gegen unsere nackten Schenkel. So blieb uns kein anderer Weg, als zu weichen.« Das Letzte, was Pigafetta von seinem Generalkapitän sieht, ist, wie er im Gesicht verwundet wird und darauf den Angreifer mit seiner Lanze durchbohrt. »Er wollte nun seinen Degen ziehen, vermochte ihn aber nur noch halb aus der Scheide zu bringen, weil ihm der verwundete rechte Arm kaum mehr gehorchte. Als die

Bei einer Strafexpedition gegen aufsässige Insulaner verschätzte sich Magellan in deren Stärke und fiel im Kampf. Die Kriegslust hat sich heute auf Hahnenkämpfe verlagert. Nach dem Fight wird ein blessierter Kämpfer wieder zusammengeflickt

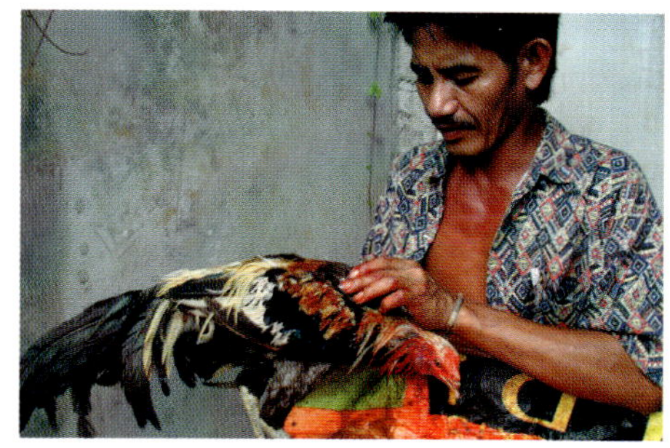

Insulaner dies sahen, drangen sie alle auf ihn ein, und einer von ihnen stieß unserem Generalkapitän die Lanze so heftig in den linken Schenkel, dass er aufs Gesicht fiel. In demselben Augenblick warfen sich alle Feinde auf ihn und hieben mit ihren Waffen auf ihn ein. So kam unser treuer Führer, unser Licht, unsere Stütze ums Leben.« Kein Begräbnis in geweihter Erde. Die Insulaner behalten den Leichnam Magellans. Vielleicht verzehren sie Teile von ihm bei ihrer Siegesfeier. »Kein Zeugnis ist uns geblieben«, schreibt Stefan Zweig über das Ende Magellans, »verschollen ist sein Grab und geheimnisvoll im Unbekannten die Spur des Mannes verloren, der dem unendlichen Ozean, der die Erde umrundet, sein letztes Geheimnis abgerungen.«

Ein einziges Schiff von den fünfen, mit denen Magellan Sevilla verlassen hatte, kehrt nach drei Jahren von dieser ersten Erdumrundung zurück. Am 8. September 1522 läuft die »Victoria« mit letzter Kraft in den Hafen von Sevilla ein, 18 ausgemergelte Männer an Bord. Die anderen sind der See zum Opfer gefallen, dem Hunger, den Bordstrafgerichten, feindlichen Eingeborenen, Skorbut, Tropenfieber, giftigen Schlangen und den Portugiesen, die die wracke »Trinidad« aufbringen und die Mannschaft, soweit noch am Leben, einsperren. Drei Schiffe hat der König von Spanien verloren und 171 Mann. Aber der Laderaum der »Victoria« ist voller Säcke mit Gewürznelken, und als der königliche Kämmerer Bilanz zieht, da hat Magellans Expedition 8334300 Maravedis gekostet und der Verkauf der Nelken 8680500 erbracht. Gerechnet hat es sich also.

Nicht für Magellans Erben. Sie gehen leer aus. Und als die Söhne schließlich eine Bittschrift an den König richten und um der Verdienste ihres Vaters willen untertänigst um eine größere Unterstützungssumme nachkommen, da schreibt der Monarch an den Rand: »Die Bittsteller mögen sich an den König von Portugal wenden.«

FOTOS: MICHAEL POLIZA (4); JAMES FRANKHAM/STARSHIP

HÖHEPUNKT UNTER WASSER

An zahlreichen Plätzen der Erde ging die »Starship«-Mannschaft auf Tiefe. Viele Tauchgänge waren großartig. Einen Höhepunkt aber erlebte die Crew dort, wo das Meer auf den ersten Blick unscheinbar wirkt: zwischen den indonesischen Inseln. Michael Poliza erklärt, warum

Der Fachbegriff heißt »Biodiversität«. Einfacher könnte man sagen »Lebensvielfalt«. Das pazifische Dreieck zwischen Papua-Neuguinea, Philippinen und Indonesien beherbergt nach Erkenntnis der Wissenschaftler die höchste Biodiversität aller Ozeane. Es ist eine unglaublich vielfältige Konzentration von Meereslebewesen, die sich in der Unterwasserwelt zwischen den Insel-Hundertschaften dieses südpazifischen Raumes findet, und es ist kein Wunder, dass wir hier fast mehr Zeit unter als über Wasser verbringen. Und wie an Land heute durchaus nicht immer klassische Postkartenlandschaften wie die Toskana oder die Côte d'Azur die größte Faszination haben, sondern beispielsweise die kargen schottischen Highlands oder die einsamen Weiten Islands, so werden auch unter Wasser immer wieder neue Landschaften jenseits der bunten Korallengärten entdeckt. Die Lembeh-Straße im Norden Indonesiens beispielsweise war vor zehn, zwölf Jahren noch ein weißer Fleck auf der Weltkarte der Taucher. Zu Recht, denkt man beim ersten Blick auf den teils schlammigen, teils kieselsteinigen, immer langweilig aussehenden Grund.

Man entdeckt außer ein paar versunkenen Baumstämmen und sporadischen Korallen nichts, was einen interessanten Tauchgang verspricht. Man muss sich schon viel Zeit nehmen, große Geduld mitbringen und mit nicht erlahmender Aufmerksamkeit beobachten – wenn man am Ende wunderbar belohnt werden will. Es ist so ähnlich, als wenn eine schwarz verschleierte Frau einen langsamen Striptease zu tanzen beginnt und dabei schließlich eine unglaubliche Schönheit offenbart.

Was aber tun, wenn man nicht weiß, welche von den vielen schwarz verschleierten Frauen die Schöne ist und wann sie mit ihrem Tanz beginnt? Dann wendet man sich vertrauensvoll an Kevin und Valerie, die Manager des Kungkungan Bay Resorts an der schmalen Straße zwischen Bitung und Lembeh. Man erlebt es oft, dass die Leiter einer exotischen Tauchbasis gegenüber Durchreisenden sehr zugeknöpft sind und wenig bereit, ihre Kronjuwelen unter Wasser – die sie sich selbst meist mühsam erarbeitet haben – zu präsentieren.

Auf dem Fischmarkt in Bitung auf Sulawesi wird jeden Nachmittag, wenn die Boote eingelaufen sind, der frische Fang ausgebreitet, begutachtet und nach ausführlichem Feilschen gekauft

Ganz anders Kevin, der die »Starship« schon aus unseren E-Mails und dem Internet kennt und das Projekt klasse findet. »Was wollt ihr sehen?«, fragt er freundlich und legt uns eine Liste vor, die auf einen Taucher wirkt wie die Speisekarte eines Drei-Sterne-Restaurants auf einen Gourmet. »Flamboyant Cuttlefish? Hairy Frogfish? Sea Moth? Dwarf Lionfish? Pygmy Seahorse? Mandarinfish?« Und zu jedem Fisch weiß er einen Tauchplatz und eine Uhrzeit. »Mandarinfish?« Höchst selten und sehr exotisch. No problem: Viertel vor fünf in einer bestimmten Bucht. Sea Moth? Am besten morgens im Kanal. Pygmy Seahorse? Das kleinste und putzigste Seepferdchen, das es gibt, gerade mal daumennagelgroß. Auch kein Problem: direkt vor der Tauchbasis in 22 Meter Tiefe.

Abkippen zum Tauchgang: Eines der vielfältigsten Reviere fand die »Starship«-Crew im pazifischen Dreieck zwischen Papua-Neuguinea, den Philippinen und Indonesien

Die nächsten Tage kommen wir lediglich zum Essen und zum Schlafen nach oben. Unten ist es einfach interessanter. Viele der wunderbaren Geschöpfe sind in relativ flachem Wasser zu finden, und das gibt uns die Möglichkeit, stundenlang mit der Videokamera im Anschlag auf unsere Kleindarsteller zu warten und sie dann zu filmen.

Wir sind mit dem aktuellsten Equipment von Sony ausgerüstet, neuen Kameras und speziellen Unterwassergehäusen, die uns eine extreme Makrofilmerei ermöglichen. Erstaunliche Filmbilder entstehen so. Formatfüllend können wir die Augen eines Heuschreckenkrebses und eines Lizardfish aufnehmen und dadurch Details sichtbar machen, die man mit bloßem Auge nie wahrnehmen könnte. Auch dem kleinen Pygmy Seahorse können wir so zu besonderer Größe verhelfen, und eine Naturwissenschaftlerin, die sich der Erforschung dieser Winzlinge widmet, hat mit Hilfe der Bilder begeistert Beobachtungen gemacht, die ihr unter dem Mikroskop nicht möglich wären.

Filmen unter Wasser wird bekanntlich durch dessen Farbe erschwert. Selbst bei scheinbar klarem Wasser nimmt der Blauanteil mit der Tiefe immer stärker zu. Auch der Abstand zwischen Kameraobjektiv und Objekt erschwert das farbgetreue Filmen. Wie ein großer blauer Filter sitzt das Wasser vor der Linse. Durch Rotfilter kann das zwar ausgeglichen werden, aber nur wenige Filter lassen sich unter Wasser wechseln, und so muss man sich schon vor dem Tauchgang entschließen, in welcher Tiefe und mit welchem Abstand zum Motiv man filmen will.

Mehr und mehr gehen wir dazu über, diese Einschränkung mit Unterwasserlampen auszugleichen. Diese Lampen haben in den letzten Jahren große Fortschritte gemacht. Sie produzieren fast exaktes Tageslicht, und zusammen mit dem Weißabgleich der Kamera ermöglichen sie es, die Originalfarben der Unterwasserwelt auch auf das Videomaterial zu bekommen. Die hier im Buch gezeigten Standbilder vom DV Video zeigen eine Auswahl und demonstrieren die hohe Farbqualität der neuen Technik.

Gefährliche Schönheit: So bizarr er ist, so gefährlich kann er werden. Der Rotfeuerfisch, dessen Farbe gleichzeitig als Tarnung und Warnung wirkt, ist hochgiftig

Einen weiteren Höhepunkt beim Abtauchen erleben wir im Südosten Sulawesis. Hier treffen wir den Schweizer Lorenz Mäder, der die ganze Welt auf der Suche nach dem idealen Tauchplatz bereist hat, sich dann in Wakatobi niederließ und dort ein gelungenes Beispiel für privat initiierten Umweltschutz demonstriert. Mäder hat eine kleine Hotelanlage gebaut und lädt nur erfahrene Taucher ein, sich sein Hausriff anzusehen. Wer der Einladung folgen will, muss nicht nur taucherfahren sein, sondern auch sehr reisefreudig und seefest.

Man erreicht Hotel und Tauchplatz nach einer Anreise über Bali. Von dort geht's mit einem weiteren Zwischenstopp nach Kendari, und dann muss man noch einmal 14 Stunden mit dem Schiff durch ruppige See nach Wakatobi übersetzen. Dort allerdings findet man unter Wasser ein Paradies. Dass es eins bleibt, verdankt es Lorenz Mäder. Denn wie alle Riffe der indonesischen Inselwelt sind auch die vor seiner Haustür von Dynamit-Fischern bedroht, die im Wasser Sprengladungen zünden und dann die toten, an der Wasseroberfläche schwimmenden Fische einsammeln. Um dem zu begegnen, erklärte Mäder sein Küstengebiet zum privaten Naturschutzpark und schützt ihn folgendermaßen: Fischer, die auf traditionelle Weise und außerhalb des von Mäder in Anspruch genommenen Gebietes fischen, erhalten von ihm für ihren Fang einen Preis, der deutlich über dem Marktpreis liegt. Außerdem zahlt er den Dörfern noch eine Pauschale für die Zusicherung, nicht in seinem Gebiet zu fischen.

Und Arbeitsplätze hat er auch noch geschaffen, indem er zwei Patrouillenboote angeheuert hat, die das Gebiet kontrollieren. Das Ganze funktioniert so gut, dass Mäder inzwischen die Unterstützung der Regierung bekommen hat und sein privates Naturschutzgebiet wahrscheinlich bald in einen offiziellen Marinepark umwandeln darf. Auch der wird sich aber auf die kleinen Tricks stützen müssen, die die fantastische Unterwasserwelt hier bisher vor den Detonationen der Dynamitstangen schützt. Es ist begreiflich, dass den Menschen auf den Inseln das Hemd näher ist als der Rock und der tote Fisch in der Hand wichtiger als der schönste Fisch unter Wasser. Aber langfristig zerstören sie ihre eigene Lebensgrundlage. Helfen kann dagegen kurzfristig leider gar nichts und langfristig nur Ausbildung und Aufklärung vom frühesten Kindesalter an.

Einen cleveren Weg dahin hat die internationale Gesellschaft »The Nature Conservancy« mit einem Comic-Heft eingeschlagen, das den Kids auf ihrem Niveau und in ihrer Sprache die Problematik des Fischens mit Dynamit und Zyanid erklärt. Das Heft ist gut gemacht, und wir haben es dutzendfach während unseres Indonesien-Aufenthalts verteilt. Man kann nur hoffen, dass es Wirkung hat. Denn nirgendwo habe ich je eine so beeindruckende Unterwasserwelt erlebt wie in Indonesien. Es gibt natürlich andere Meeresregionen mit anderen Attraktionen, großen Mantas, Walen, Haien und Walhaien.

Aber die exotischen kleinen Fische mit ihrem ungeheuren Variantenreichtum an Verhaltensweisen und Überlebensstrategien, wie wir sie vor den Küsten Sulawesis sehen, jeden Tag aufs Neue staunend, sind ein einzigartiges Kleinod der Meere und ein kostbarer Besitz der Menschheit. Wir müssen alles dafür tun, ihn zu bewahren.

Auf einem kleinen, primitiven Grill bereitet eine Hausfrau auf Bonerate in der Flores-See den abendlichen Fisch zu. Das Meer ist der wichtigste Nahrungslieferant der Region

FOTO: JAMES D. WATT

Per Anhalter durch die pazifische Galaxis: Dörte Rehren lässt sich von einem Walhai durchs Wasser ziehen. Und noch andere hängen sich an den größten Fisch der Weltmeere – Schiffshalterfische haben sich am Bauch des Planktonfressers festgesaugt

Anders leben in Indonesien: Ganz in Weiß feiern Vater und Sohn das hinduistische Kuningan-Fest auf Bali. Ausgelassen spielen Kinder am Strand von Komodo. Auf Wakatobi trocknen die Oktopusse aufgespannt in der Sonne

FOTOS: MICHAEL POLIZA

Nach langer Fahrt durch die Gewässer Indonesiens geht die »Starship« in der Marina von Denpasar auf Bali vor Anker. Dort liegen Yachten aus aller Welt, deren Skipper sich am Abend zum Sundowner treffen. Und ein Fischer zeigt stolz seinen fettesten Fang, eine kapitale Seebrasse

FOTO: MICHAEL POLIZA

Wenn die Hindus auf Bali Tempelfeste feiern, werden die Mädchen zu herausgeputzten Kunstwesen. Sie werden sorgfältig geschminkt und mit goldenen Kleidern und Schmuck ausstaffiert

IM TIEFEN-RAUSCH DER FARBEN

Nirgends ist die Artenvielfalt unter Wasser größer als in den Gewässern Indonesiens. Auf Video hielten die »Starship«-Taucher die faszinierenden Farben und Formen fest. Aus den Filmen stammen diese Bilder

FOTOS: MICHAEL POLIZA

IM REICH DER DRACHEN

Sie ängstigen die Menschen. Sie verschlingen Wildschweine am Stück. Ihr Speichel ist tödlich. Und haben sie einmal Blut gerochen, dann sind sie nicht mehr aufzuhalten: die Warane von Komodo. Ein Besuch bei den Urzeit-Echsen in Indonesien

VON JAN CHRISTOPH WIECHMANN UND CORNELIUS MEFFERT (FOTOS)

Aus der Ferne klangen die Geschichten von der Dracheninsel noch wie Märchen. Märchen aus einer anderen Welt und einer anderen Zeit. Märchen von Riesenechsen mit gespaltenen hellgelben Zungen und säbelartigen Zähnen. Prähistorische Ungeheuer, die ganze Büffel verdrücken und Hirsche und auch mal einen alten Baron aus dem Kanton Solothurn. Zwanzig Seemeilen vor dieser Insel, in der kleinen indonesischen Hafenstadt Labuanbajo, klangen die Geschichten dann anders: nüchterner, realer. Die Menschen in Labuanbajo sprachen von »insgesamt acht Opfern« und »einigen Sachschäden«. Sie sagten: Bei der Attacke eines Drachen in dem kleinen Dorf Kampung Komodo wurde kürzlich ein kleiner Junge verletzt. Ein Junge mit wirren Haaren, der seitdem kein Wort mehr spricht.

Windstill und warm ist der Morgen, als wir an Bord der »Starship« Komodo erreichen. Eine Insel kaum größer als Usedom, 400 Kilometer östlich von Bali gelegen – dort, wo sich Indischer und Pazifischer Ozean treffen. Ein zarter Schleier von rosa Wolken umweht die Gipfel der Vulkanberge, und hinter der tiefblauen See schimmern hell und kurvenreich die weiten Sandstrände. Man würde Badelaken auf ihnen vermuten und Sonnenschirme und den süßen Duft von Bacardi-Rum, aber nicht menschenfressende Drachen. Nun, da die Insel der Komodo-Warane zum Greifen nah ist, treffen über Satellit Forschungsberichte aus aller Welt auf dem High-Tech-Boot ein. Berichte, die nicht mehr wie Märchen klingen, sondern wie Gebrauchsanweisungen für den Umgang mit den »urzeitlichen Kannibalen«, den »letzten lebenden Sauriern«.

»Haben Sie größten Respekt vor den Tieren«, schreibt der bekannteste Waran-Forscher, Professor Putra Sastrawan von der Universität Denpasar. »Wenn die einmal Blut riechen, hält sie keiner auf. Die Suche nach diesen prähistorischen Tieren mit den gelben Zungen, dem Schweizer Baron und dem kleinen Jungen beginnt im Monsunwald, im dichten Dschungel gleich hinter dem Strand. Inmitten von Bäumen, von denen kleine, weiße Kürbisse an langen Fäden herunterhängen. Und Palmen, deren mächtige Blätter im aufbrausenden Wind klappern wie Gleise unter einem fahrenden Zug. Und schwarzen Spinnen mit gelben Punkten, deren Beine so lang sind wie die Finger eines Menschen. Eine Märchenwelt.

Der Ranger Yusuf Jenata wird uns zur Seite gestellt. Seit ein Tourist auf der Insel spurlos verschwunden ist und ein Kamerateam aus Singapur von Waranen attackiert wurde, darf sich keiner mehr allein bewegen im Nationalpark. Yusuf trägt eine olivgrüne Uniform und einen Stock aus Eisenholz, der ihm zur Abwehr der Warane dient. Er weist darauf hin, dass menstruierende Frauen an der Expedition nicht teilnehmen dürfen, denn die Tiere riechen frisches Blut bis zu vier Kilometer weit. Er sagt auch, dass sich keiner zum Ausruhen hinlegen sollte: Die Warane könnten das als Einladung zu einem Festmahl missverstehen. Und für den

FOTO: MICHAEL POLIZA

GREIFER MIT TÖDLICHEM GEIFER

Kann sich ein Beutetier aus den Klauen eines Warans befreien, ist es dennoch todgeweiht. Es stirbt langsam, über Wochen, denn im Speichel der Echsen existiert eine ungewöhnlich große Anzahl aggressiver Bakterien, die beim Gebissenen zu tödlichen Entzündungen führen. Das Immunsystem, das die Echsen gegen diese Erreger feit, ist der Wissenschaft noch ein Rätsel

FOTO: MICHAEL POLIZA

Fall eines Angriffs empfiehlt Yusuf, auf einen Baum zu fliehen oder um sein Leben zu sprinten. Die Echsen rennen bis zu 20 Kilometer schnell. Sie werden drei Meter lang, wiegen durchschnittlich 60 Kilo und können ohne weiteres ein zentnerschweres Reh auf einmal herunterschlingen.

YUSUF ENTDECKT EINE FRISCHE SPUR im Sand. Abdrücke von mächtigen Pranken und einem langen, kräftigen Schwanz. »Das ist Awas«, sagt Yusuf. »30 Jahre alt. 60 Kilo schwer. Drei Meter. Männlich. Aggressiv!« Yusuf kennt Awas gut. Vor einem Jahr hat der Waran mit der auffälligen Kopfnarbe versucht, sich ein Kind aus dem Camp des Nationalparks zu holen. Ein Ranger warf sich dazwischen und vertrieb ihn mit einem Stock.

»Wir werden Awas schon finden«, sagt Yusuf. »Wir sind bereits in seinem Revier.«

Mit den Geruchssensoren seiner gespaltenen Zunge nimmt der Waran Witterung auf. Das muskelbepackte Urviech kann gut zwischen den verschiedenen Beutetier-Aromen unterscheiden

Der Weg wird schmaler und führt tiefer hinein in den Dschungel. Unter der weit verzweigten Wurzel eines Tamarinden-Baumes öffnet sich ein großes Loch im Boden. Die Höhle eines Warans, fünf Meter tief, sein Unterschlupf an kalten und nassen Tagen. Heute ist kein Drache da. Auch im Übergang zur Savanne, dort, wo die erdfarbenen Echsen stundenlang Wildschweinen und Hirschen auflauern, ist jetzt kein Tier anzutreffen. Aus der Ferne hört man nur die Schreie eines Kakadus – und die Sprünge eines Mähnenhirsches durch das knisternde, sonnenverbrannte Laub.

Doch dann gegen Mittag, als die Sonne sengend vom Himmel brennt, erblicken wir den ersten Drachen. Einen 2,50 Meter langen ausgewachsenen Waran, der faul im heißen Sand auf einer Lichtung liegt. Ein archaisch anmutendes Tier. Mit einer Haut wie ein Kettenhemd, kräftigen Vorderbeinen und einem extrem dehnbaren Maul, in das ganze Schweine hineinpassen. Warane sehen und hören schlecht, dafür riechen sie umso besser. Dieser Kerl riecht uns. Er hebt den Kopf, streckt die gelbe, gespaltene Zunge heraus, nimmt unseren Geruch mit den feinen Sensoren wahr – und bleibt liegen. Schließt die Augen. Senkt den Kopf. Rührt sich nicht mehr. Er wärmt sich in der Sonne auf, bringt den Körper auf Jagdtemperatur – von 28 auf 38 Grad. Warane sind wie alle Reptilien wechselwarm. Und Einzelgänger. Erst am frühen Nachmittag wird dieser Kerl losziehen.

Auf der Suche nach dem Schweizer Baron verlassen wir den dichten Wald und wandern durch die Savanne hoch in die Berge. Heiße Monsunwinde wehen von Nordaustralien herüber. Hochgeschossene Lontar-Palmen stecken im Boden wie Antennen. Die Bergwelt scheint übersät davon.

EIN FAN VON FAST FOOD

Zubeißen, in den Rachen zerren, hinunterschlingen – in nicht mal einer Minute hat dieser knapp drei Meter große Waran ein junges Wildschwein geschluckt. Komplett, mit Haut, Hufen und Haaren. Trotz ihrer scharfen Schneidezähne machen sich die vor 15 Millionen Jahren auf Komodo eingewanderten Jäger nicht die Mühe, ihre Beute zu zerteilen

Schließlich, auf einem kleinen Hügel unterhalb eines Grats, erscheint ein verblichenes Holzkreuz im Gras. Dort steht: »In Erinnerung an den Baron Rudolf von Reding Biberegg, geboren in der Schweiz am 8. August 1895 und verschwunden auf dieser Insel am 18. Juli 1974.« Der Mann befand sich auf einem »Adventure Trip« und sagte seinen Begleitern, er wolle auf dem Hügel noch etwas verweilen. Seitdem wurde er nie wieder gesehen. Nur seine Kamera fand man – mit einem zerrissenen Riemen.

Gruselgeschichten wie diese gibt es viele, und wenn die Einheimischen sie erzählen, dann klingen sie so selbstverständlich wie Berichte vom morgendlichen Reiskauf. Ein zwölfjähriger Junge wurde von einem Drachen angegriffen und halb aufgefressen; Nachbarn zogen ihn aus dem Schlund und vertrieben das Tier. Der Junge aber war bereits verblutet. Einem Grundschullehrer wurde bei einem Spaziergang die rechte Wade abgebissen. Und im einzigen Dorf der Insel, so erzählt unser Ranger Yusuf, gebe es jenen Jungen mit wirren Haaren, der die Attacke eines Drachen zwar überlebt hat, aber seitdem krank ist.

Sechzig Sekunden nach dem ersten Biss ragen nur noch die Hufe des Schweins aus dem Maul des Warans. Die Tiere sind nicht wählerisch: Es könnten auch die Füße eines Menschen sein

Das Dorf Kampung Komodo hat 1400 Einwohner und liegt in einer geschützten Bucht. Die Häuser stehen auf Pfählen und sind aus Holz und Bambuswedeln gezimmert. Am Strand spielen Kinder, Frauen kehren mit Wasserkübeln auf den Köpfen vom Brunnen zurück, Männer schnitzen an ihren Booten oder fahren zum Fischen hinaus. Die Menschen leben von Reis und Fisch und der Hoffnung auf eine Flasche Coca-Cola am Ende eines Tages. Karl May hätte sie wahrscheinlich glückliche Wilde genannt. Yusuf nennt sie Primitive. »Sie haben zu viel Freizeit«, sagt er, »also auch zu viele Kinder.«

In einem kleinen Pfahlhaus mit Wellblechdach und grünen und blauen Holzplanken lebt der elfjährige Hery mit seinen Eltern und vier Geschwistern. Er sitzt verschüchtert auf einem roten Plastikstuhl und wickelt seine Arme sorgfältig in ein verblichenes T-Shirt. Auf den Innenflächen seiner Arme sind lange Narben erkennbar. Hery sagt nicht, woher sie stammen, er sagt auch seinen Namen nicht, er sagt gar nichts. Sein Onkel, der neben ihm sitzt, erklärt, dass Hery den Angriff des Oras nicht verkraftet hat. »Der Ora hat ihm den Geist entrissen«, sagt der Onkel (Einheimische nennen Warane Oras).

Um Tamarinden zu pflücken, war Hery mit Freunden in den Wald gegangen, als aus dem Gras ein junger Waran auf ihn

weiße Brocken auf dem Weg, aus denen Knochen hervorschauen und lange schwarze Borsten. Es ist der Kot eines Warans mit unverdauten Resten eines Schweins. Awas selbst ist in seinem Revier nicht zu sehen. Es ist das Ende der Paarungszeit; wahrscheinlich ist er beschäftigt.

Die Weibchen legen bis zu 25 Eier in ein Nest tief in der Erde. Etwa acht Monate später, nach der Regenzeit, schlüpfen die Nachkommen, 30 Zentimeter lang und 80 Gramm schwer. Bis zum zweiten Lebensjahr leben die Jungtiere auf Bäumen, zum Schutz vor Angreifern, vor allem älteren Artgenossen. Warane gehören zu den ältesten Lebewesen der Welt. Vor 15 Millionen Jahren kamen sie nach Australien und Indonesien. Obwohl sie eine gewisse Ähnlichkeit mit Sauriern haben und auch über gemeinsame Vorfahren verfügen, stammen sie nicht unmittelbar von ihnen ab. Im Jahre 1912 wurden die Komodos von einem holländischen Leutnant entdeckt, der damals behauptete, es handle sich um Riesendrachen, die bis zu sechs Meter lang würden. Der größte bisher gefundene Waran war 3,13 Meter lang und wog 166 Kilogramm.

Die Bewohner von Kampung leben von Reis und Fisch – und in ständiger Furcht vor den Waranen. Die kommen oft in das Dorf, um dort Haustiere zu reißen – und auch mal einen Menschen zu attackieren

zuschoss und ihm Fetzen aus Armen und Rücken riss. Die Freunde schlugen das Tier mit Steinwürfen in die Flucht. Hery kam nach Labuanbajo ins Krankenhaus und überlebte. »Aber er wird nicht lange leben«, sagt sein Onkel. »Die Bakterien in seinem Körper machen ihn schwach.« Der Speichel des Warans enthält mehr als 50 verschiedene Bakterien, die schlimme Infektionen auslösen können. Und da kann man nichts machen für Hery? »Nein«, sagt der Onkel, »man muss das hinnehmen. Die Oras holen sich ihre Opfer.« Er lässt diese Sätze so lässig in die dunkle Hütte fallen wie die Asche seiner Nelken-Zigaretten. Und grinst. Hery schweigt. Blickt auf den Boden. Blickt kurz hoch. Blickt traurig. Schweigt.

Warane greifen erwachsene Menschen nur sehr selten an, aber in das Dorf sind sie schon häufiger eingefallen. Sie holen sich Ziegen, Hunde und Hühner und betreten auf der Suche nach Ratten und Fischresten selbst die Hütten. Aber die Einwohner von Kampung Komodo wehren sich nicht. Selbst als die Drachen ihre Gräber plünderten und die Knochen der Vorfahren raubten, haben sie sich nicht gewehrt. Die Menschen lassen die Tiere gewähren, als wären sie eine höhere Kraft.

Pak Ishaka, ein angesehener Holzschnitzer im Ort, legt den Oras sogar Ziegen und Hirsche als Opfergaben auf die Gräber seiner Ahnen. »So nehme ich Kontakt zu den Geistern auf«, sagt er. Dieser kleine, dürre Mann mit gelben Zähnen und gelb unterlaufenen Pupillen hat die Geister vor einiger Zeit gebeten, ihm zwei Jungen zu schenken – und bekam sie. Er hat um einen kleinen Schnitzauftrag gebeten – und bekam ihn. Von der Weltbank in Washington. Die Suche nach Awas, dem großen Drachen, gestaltet sich schwierig. Manchmal liegen

Wie alt die Echsen wirklich werden – keiner weiß es genau. Auch nicht, warum es dreimal so viele Männchen gibt wie Weibchen. Und warum sie ausschließlich auf den kleinen Inseln Komodo und Rinca sowie im Norden der Nachbarinsel Flores leben. Nur wenige Wissenschaftler haben sich den Drachen bisher über einen längeren Zeitraum gewidmet. Professor Sastrawan von der Udayan-Universität in Denpasar erforscht die Tiere seit über 30 Jahren. »Die Drachen werden noch viele Jahre ein weitgehend ungelöstes Rätsel der Natur bleiben«, sagt er. Zu viele seiner Studenten hätten Angst vor den Drachen, zu schwierig seien die Forschungsbedingungen auf der Insel, zu gering die finanziellen Zuwendungen großer Universitäten aus Europa und den USA.

Plötzlich, auf einem der vielen Märsche durch den Monsunwald, raschelt es laut im Gebüsch; schwere, gleichmäßige Tritte nähern sich. Ein Drache taucht auf zwischen den Orchideen, kurz darauf noch einer. Sie eilen zielstrebig durchs Unterholz. Ganz in der Nähe muss es ein Opfer geben, das sie hierher lockt in Awas Revier, vermutet

Yusuf. Er folgt ihren Spuren, mahnt zur Vorsicht. Nach 200 Metern, auf einer Lichtung, steht tatsächlich ein ausgewachsener männlicher Drache, drei Meter, etwa 60 Kilo. Er schnauft. Vor ihm liegt ein Wildschwein, gerade erst erlegt. Der Drache packt das Schwein, bohrt die Zähne in den Hals, umstülpt mit seinem ausgeklappten Maul den gesamten Kopf und zerrt ihn in den Rachen. Schluckt den Kopf, schluckt weiter, schluckt den Rumpf und schließlich das gesamte Schwein auf einmal, samt Haut und Haaren, samt Pfoten und Schwanz. In 60 Sekunden.

Weitere Drachen tauchen auf, angelockt vom Geruch frischen Blutes. Ganz in der Nähe hat ein anderer Waran ein noch viel größeres Schwein zur Strecke gebracht. Es ist Awas. Yusuf erkennt ihn sofort und signalisiert, jetzt ausreichend Abstand zu halten. Awas thront majestätisch vor seiner Beute, mustert die heranpreschenden Kollegen, und dann geht alles sehr schnell. Er reißt die Bauchdecke auf und ist gerade dabei, die Eingeweide herauszuzerren, als die anderen Warane sich ebenfalls auf das Schwein stürzen. Ein blutrünstiger Kampf der Giganten beginnt. Vier Warane kämpfen um die Beute, reißen an ihr, fressen Eingeweide und Kopf, wirbeln das Schwein durch die Luft, fauchen, kratzen, brechen Knochen, schlürfen Gedärme, Leber, Geschlechtsteile und schlingen alles in einem wahren Rausch hinunter. Es stinkt bestialisch, die Erde vibriert. Erst als alles verschwunden ist, kommen die Drachen zur Ruhe, ziehen sich langsam ins Gebüsch zurück und hinterlassen ein bis auf den letzten Blutstropfen gereinigtes Schlachtfeld. Es dämmert, in 30 Minuten wird es hier stockdunkel sein, acht Grad südlich des Äquators.

ETWA 50 KILO FLEISCH PRO WOCHE brauchen Warane, und bisher haben sie auf Komodo und Rinca immer genug Beute gefunden. Das Gleichgewicht aber beginnt aus den Fugen zu geraten. Als vor drei Jahren die Börsen in Asien crashten, wurde auch Indonesien schwer getroffen. Viele Unternehmen gingen ein, Millionen Angestellte verloren ihre Jobs, das Einkommen sank. Auch die Menschen auf der Nachbarinsel Sumbawa suchten verzweifelt nach neuen Erwerbsquellen und stießen dabei auf den Handel mit Fleisch aus Komodo. Seitdem fallen nachts regelmäßig Wilderergruppen in den Nationalpark ein und töten in einer Woche bis zu 50 Hirsche und Wasserbüffel. Auf den Märkten in Sumbawa erzielen sie für das Kilo Fleisch bis zu 30 000 Rupien, etwa sieben Mark. Das Tageseinkommen eines Arbeiters liegt in Indonesien bei durchschnittlich vier Mark.

Die Truppe im Komodo-Nationalpark wurde inzwischen auf 106 Ranger aufgestockt und militärisch ausgebildet, doch Wilderer sind oft besser ausgerüstet. Sie verfügen über Sprengstoff und Maschinenpistolen aus Armeebeständen. Oft kommt es zu Schießereien mit Toten auf beiden Seiten. »Es ist Krieg im Namen der Artenvielfalt«, sagt Yusuf. Sein Freund wurde kürzlich angeschossen, ein anderer bei einem Bombenangriff auf hoher See schwer verletzt. »Die Wilderer haben nichts zu verlieren«, sagt Yusuf. »Sie haben keine Angst vor dem Tod.«

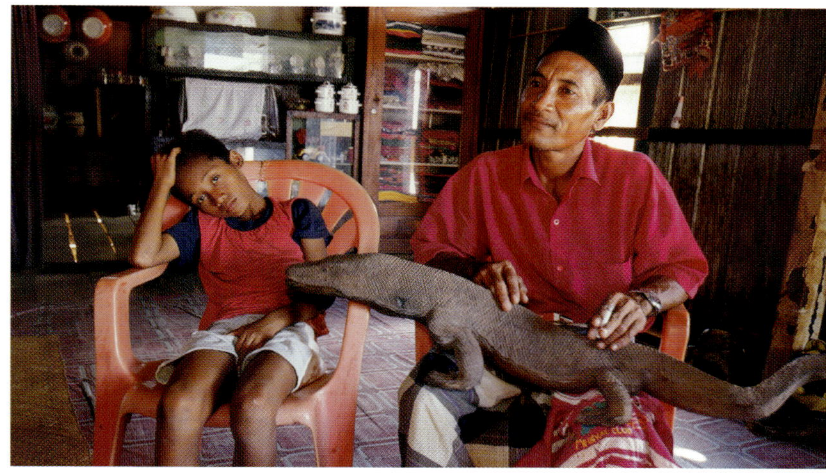

FOTO: MICHAEL POLIZA

Ein Waran hat dem elfjährigen Hery die Arme zerfetzt. Sein Onkel versucht, den traumatisierten Jungen mit einem Holzmodell der Echse zu therapieren. Wenn ein Waran angreift, hilft nur die Flucht – auch wenn die Kamera dabei zu Boden geht

Eine Woche lang ankert die »Starship« vor Komodo. Am Abend kehren die Crew-Mitglieder an Bord zurück, stellen die digitalen Fotos und Tagesberichte ins Internet, kreieren eine CD-ROM, schneiden das Filmmaterial und gestalten eine neue Website für den Nationalpark. Forscher und Leser aus aller Welt reagieren. So beginnt manch wissenschaftlicher Chat in diesem einsamen Winkel der Welt unter einem sternklaren Himmel und auf spiegelglatter See. Draußen fahren Angler in Einbäumen vorbei, Flughunde verlassen schreiend die Mangrovenwälder und schwärmen zu Tausenden aus, und gleichzeitig laufen über die Bildschirme der vielen Workstations an Bord Diskussionen über die Zukunft dieser fantastischen Tiere.

Noch leben 1600 Drachen auf Komodo, weitere 1500 auf Rinca sowie etwa 200 in Zoos weltweit. Werden Hirsche und Büffel ausgerottet, verschwinden auch die Warane. Erst werden sie einander fressen, sich dann in ihrer Not vielleicht an den Menschen versuchen und sich irgendwann zum Sterben ins Gras legen. So wie der Drache, dem wir am letzten Abend begegnen. Ruhig liegt das etwa 40-jährige Weibchen an einem Flussbett und wartet. Wasserbüffel trampeln vorbei, wilde Pferde traben heran, aber die Drachendame steht nicht mehr auf. Die Rippen sind deutlich erkennbar unter ihrem trägen Panzer, der auf dem Boden ruht wie ein zu großer Mantel. Sie liegt in der Abendsonne unter einem Baum und wartet. Der Tod wird kommen. In einem Tag oder einer Woche. Ein jüngerer Drache wird sie fressen.

FOTOS: MICHAEL POLIZA (4); JAMES FRANKHAM/STARSHIP

KINDERSTUBE FÜR DIE WALD-MENSCHEN

Orang-Utan heißt übersetzt Waldmensch. Aber der Wald, sein Lebensraum, ist bedroht, und viele Orang-Babys werden zu Waisen. Ihnen hilft ein Projekt im Süden von Borneo, das die kleinen großen Affen auf das Leben in der Wildnis vorbereitet. Michael Poliza besuchte es

Unter allen Gegenden auf dem Globus war Südostasien stets die exotischste für mich. Und da gab es einen Namen, der einen besonders magischen Klang hatte: Borneo. Die Insel der Kopfjäger, des undurchdringlichen Dschungels und der Orang-Utans. Ersteren will ich ungern, Letzteren gern begegnen, aber für beides sind die Chancen schlecht. Die Küstengewässer sind für die flache »Starship« noch einigermaßen erreichbar, aber über die Befahrbarkeit der Flussarme gibt es nirgendwo irgendwelche Hinweise. Doch dann treffen wir in Bali Segler, die von einem Freund erfahren haben, dass ein Fluss, der in den Dschungel von Borneo führt, von einem kleinen Boot mit Außenborder befahrbar sei; die handschriftlichen Aufzeichnungen des Freundes bekommen wir.

Und so tastet sich die »Starship« dann im Süden Borneos durch die flachen und schlecht kartografierten Mündungsgewässer des Sungai Kumai bis zu dem kleinen Städtchen Kumai. Dort ist für das große Schiff Endstation. Doch auch für das Beiboot kann die Weiterfahrt flussaufwärts gefährlich werden, erfahren wir; der Fluss sei zwar tief, aber unter Wasser können sich immer wieder Baumstämme verkeilen und die Fahrrinne blockieren. Wir beschließen, das Risiko einzugehen und die Fahrt zu wagen. Denn am Oberlauf des Flusses liegen die Camps des Tanjung-Pating-Nationalparks, einer einzigartigen Anlage für die Aufzucht und Renaturierung von Orang-Utans.

Mit dem ersten Licht geht es am nächsten Morgen um sechs los. Andi, ein junger Mann aus Kumai, der den Fluss gut kennt, ist unser Führer. Vorsichtig fahren wir die engen Windungen und Schleifen des Flusses hinauf durch den erwachenden Urwald. Alles geht gut. Nach ein paar Stunden haben wir das Tanjung Harapan Camp erreicht, Aufzuchtstation für die jüngsten Orang-Utans, die ihre Mütter durch Abholzungen oder andere Schicksalsschläge verloren haben.

Die jungen Menschenaffen müssen ebenso auf das Leben vorbereitet werden wie Menschenkinder. Die Ranger bringen ihnen so lebenswichtige Dinge wie Klettern und Nestbauen bei, sie nehmen sie mit auf Spaziergänge und zeigen ihnen, welche Früchte essbar sind und welche sie meiden müssen. Dabei müssen die Lehrer konsequent vermeiden, dass ihre Schüler menschliche Verhaltensweisen übernehmen. Denn Ziel der Ausbildung ist ja, den Affen das Überleben in der Wildnis zu ermöglichen.

Wenn die Tiere ein Alter von acht, neun Jahren erreicht haben, werden sie in das nächste Camp gebracht. Hier erfolgt der nächste Schritt zur Auswilderung. Die Fütterungsabstände werden größer, und die halbstarken Affen verbringen die ersten Nächte im Dschungel. Aber erst im Camp Lakey, der dritten Ranger-Station im Dschungel, werden sie mit anderen, in der freien Wildnis aufgewachsenen Affen zusammengebracht.

Bis dahin ist es ein weiter Weg, viele Kilometer flussaufwärts. Der Fluss wird immer schmaler, dichter Urwald zu beiden Seiten. Manchmal ist die Durchfahrt so eng, dass wir uns im Leerlauf mit eingezogenen Köpfen hindurcharbeiten müssen. An einer Gabelung stoßen

wir plötzlich auf einen Polizeiposten, der von uns ebenso überrascht ist wie wir von ihm. Hastig ziehen sich die Männer Uniformhemden über die verschwitzten Oberkörper und werden dienstlich: Was wir hier machen? Nach ein paar klärenden Sätzen entspannt sich die Lage. Die Polizisten sollen illegale Holzfällereien verhindern. Die kostbaren Teakbäume flussaufwärts sind von gewissenlosen Holzgangstern bedroht.
Endlich ist Camp Lakey erreicht. Hier kommen wir »wilden« Orang-Utans

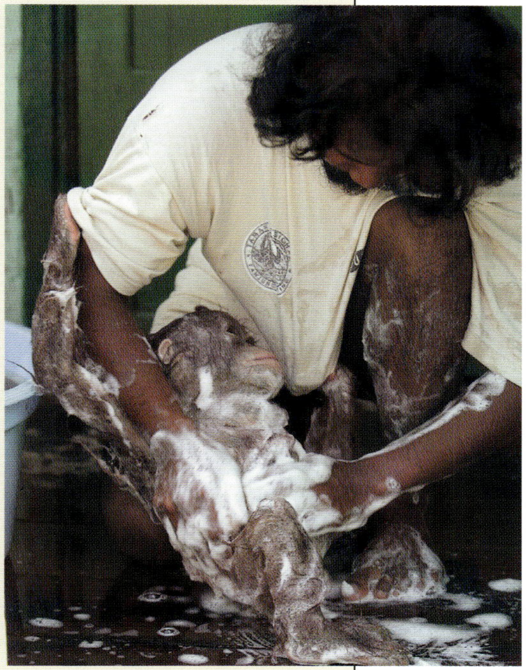

Flussaufwärts, immer tiefer in den Dschungel hinein, geht die Fahrt des »Starship«-Beiboots zu den Camps, in denen die Affenkinder schrittweise an das Leben im Urwald gewöhnt werden. Anfangs werden sie noch gewaschen und von Menschen versorgt, später sollen sie sich ohne deren Hilfe in der Wildnis behaupten

nahe, die aber immer noch sehr zahm sind. Auch sie werden noch gefüttert, aber nur zur Unterstützung. Die Affen sollen jetzt gelernt haben, für sich selbst zu sorgen, und sie brauchen – wie Menschen – Druck, um das auch zu tun.
Das Orang-Utan-Projekt ist aufwendig. Geld dafür kann nur aus dem Tourismus kommen. Also stehen Wissenschaftler und Naturschützer hier wie überall auf der Welt vor dem Konflikt, Menschen die Begegnung mit den Tieren zu ermöglichen, die man andererseits gerade vor menschlichen Einflüssen schützen will. Ein schwieriger Balanceakt.

ZU GAST BEIM LIEBESMAHL

Solange Deutschland noch Kolonien besaß, gab es eine schöne Tradition: Wenn Schiffe der Marine die Häfen Fernosts besuchten, wurden die deutschen Kaufleute vor Ort zu einem »Liebesmahl« an Bord eingeladen. So zeigte die Heimat Verbundenheit mit ihren Söhnen in der Ferne. Der *stern* ließ den alten Brauch auf der »Starship« noch einmal aufleben, bat den deutschen Koch Franz Keller dazu nach Singapur und lud zur langen Tafel

VON PETER SANDMEYER UND MICHAEL WOLF (FOTOS)

VIER UHR FRÜH. Franz Keller schnüffelt. Wunderbar! Geruch gut, Augen klar, Fleisch fest, Fisch okay. Kaufen! Skates heißen sie hier, eine kleine Rochenart. Singapur, Fischmarkt. Körbe mit Tintenfischen, Pyramiden von Papageienfischen, Snapper reißen grotesk das Maul auf, Berge von Muscheln und Krebsen; stämmige Männer in kurzen Hosen, Gummistiefeln und Unterhemden dazwischen mit Karren und Plastikkörben, Pfützen und Geschrei, das Aroma von Hafen und chinesischer Nudelsuppe und eine Luft zum Auswringen. Weiter! Was steht noch auf der Liste? Scampi. Und dann Salat und Gemüse und Poularden. Und, und.

ACHT UHR. Joerg Schweizer frühstückt. Cornflakes und Obst. Seine Frau Barbara sitzt ihm gegenüber, gebürtig aus Knittlingen, jetzt barfuß im langen chinesischen Kleid mit hohem Schlitz. Es ist die kontemplativste Stunde des Tages, die einzige. Im Büro wartet die Asienkrise. Aber noch ist der Tag voll Ruhe; gedämpftes Licht, gute Energieflüsse. Das liegt am Feng Shui. Jede Granitplatte des Fußbodens wurde einzeln ausgewählt, damit es keine Energieblockaden gibt. Aus dem gleichen Grund wurde den Hausbesitzern abgeraten, die Eingangstür zu versetzen. Eigentlich wollten sie Platz für einen zweiten Parkplatz gewinnen. Aber dann wären Gartentor und Haustür in einer Flucht gewesen – energetisch eine Vollkatastrophe. 22 Jahre alt ist das Haus, 360 Quadratmeter groß plus 20 Quadratmeter Garten, gute Lage, gute Hausnummer: 99. Zwei Neunen machen zusammen eine 18 – chinesische Glückszahl. Das kommt dem Wert zugute: zweieinhalb Millionen Singapur-Dollars.

Die Schweizers leben seit sieben Jahren in der Stadt und würden nicht riskieren, gegen die Prinzipien des Feng Shui zu verstoßen. »Große Büropaläste haben Pleite gemacht, weil sie sich ignorant verhalten haben.« In ihrem Haus stimmt alles. Die Stellung der Möbel, viel Asiatisches, nur ein paar Erbstücke aus Deutschland; die Blickrichtung des Buddha; die rot blühenden Pflanzen gegen die bösen Geister.

Schon gar nicht würden die Schweizers gegen irgendwelche gesellschaftlichen Spielregeln oder Vorschriften verstoßen. Deswegen wechselt Frau Schweizer jetzt das Blumenwasser in den Vasen. Gesetz! Damit sich keine Mückenlarven entwickeln können. Aus dem gleichen Grund müssen in dem kleinen Steintrog mit Seerosen im Garten Fische schwimmen.

Sie haben neun Jahre in Amerika gelebt, Schweizer war Marketing-Mann von Zeiss für Medizintechnik. Da war natürlich alles unkomplizierter. Singapur ist besonders. Besonders wenn man Leiter des »German Centre« ist, eine Repräsentationsfigur.

ZEHN UHR. Michael Poliza beißt die Zähne zusammen. Schon wieder 60 Dollar abdrücken, nur für Wäschewaschen. Aber klar, »Raffles Marina« ist ein nobler Yacht-Club, da wollen Service-Leistungen gut bezahlt werden. Warum musste die verdammte Waschmaschine auch ausgerechnet in Singapur verrecken? Und das Schlimmste: Das Wrack steht unter Deck und

7525
7525

WUCHERNDE WELTSTADT AM ÄQUATOR

Geld schläft nicht. Auch wenn das Tageslicht schwindet, geht die Arbeit in den Banken weiter. Deren Türme prägen die Skyline von Singapur. Fast alles in dieser Stadt dreht sich um Geschäfte, um Global Business. Auch viele Deutsche machen mit beim Spiel ums große Geld

sieht aus, als sei die »Starship« drumherum gebaut worden. Ein Riesenteil. Keine Ahnung, wie man es da rauskriegen soll. Zerlegen? Auch der MAN-Diesel ist halb auseinander genommen; ein Defekt an der Ölpumpe, die den Motor der Stabilisatoren schmiert. Und Trevor nervt wegen der Abrechnung. Der alte Kapitän verlässt das Schiff, der neue heißt Charles und versucht, sich in all dem Chaos mit der »Starship« vertraut zu machen. Die heutige Website ist natürlich auch noch nicht fertig. Keine fünf Minuten Ruhe. Schattenseiten eines Globetrotter-Daseins, von dem alle nur die Schokoladenseite sehen. Und ausgerechnet heute soll auch noch das »Liebesmahl« stattfinden. In der Messe wird gerade die große Tafel für die Gäste installiert. Am liebsten würde der »Projektleiter« sich jetzt ein Hotelzimmer nehmen und »Bitte nicht stören« an die Tür hängen.

Das »Ostasiatische Liebesmahl« geht auf uralte Traditionen zurück. Schon im antiken Rom haben sich die frühen Christen zu Versammlungen mit abschließendem Abendmahl getroffen, um sich ihrer Gemeinschaft zu versichern. Im Mittelalter taten es ihnen die Zünfte und Gilden nach und später die preußischen Offiziere. »Diesen Brauch übernahm die Marine«, schreibt der Historiker Bernd Eberstein. »Wenn also Schiffe des deutschen Ostasien-Geschwaders in einen Hafen des Fernen Osten einliefen, pflegten die Kommandeure die ansässigen Kaufleute nach dieser Tradition zu einem derartigen Liebesmahl an Bord einzuladen.«

Mit deutscher Menükarte und asiatischer Blumendekoration: Die Messe der »Starship« wird für das Liebesmahl hergerichtet

»Deutschland hat zwar keine Kolonien mehr und keine kaiserliche Marine, die ihnen Flottenbesuche abstattet«, stand in dem Brief des *stern*, »aber ist das ein Grund, gute alte Traditionen zu vergessen? Wir finden: nein.« So kamen 20 Deutsche in Singapur zu ihrer heutigen Abendeinladung. Und Franz Keller, der Wirt der »Adlerwirtschaft« in Hattenheim am Rhein, zu einem Freiflug nach Singapur und der Aufgabe, dort in einer engen Schiffskombüse ein ganz besonderes Abendessen zuzubereiten. Um Assistenz hat er Joachim Textor gebeten, den Küchenchef des zweitürmigen »Mandarin-Hotels« in der Orchard-Road. Der hat keine Sekunde gezögert. Köche sind rührende Menschen. Und eine weltweite Bruderschaft.

ELF UHR. Joachim Ihrcke fährt. Er fährt ungefähr 35 000 Kilometer pro Jahr, und das auf einer gerade mal 600 Quadratkilometer großen Insel. Aber er fährt bequem. Einen BMW der Siebener-Reihe, so was ist in Singapur nicht unter 300 000 Dollar zu haben. »Mein rollendes Büro. Ein stationäres brauche ich eigentlich nicht.«

Der 52-Jährige bezeichnet sich gern als »Firmenarzt« . Jetzt fährt er auf Hausbesuch. Der Patient heißt Stamford Tyres, ein

Einer, der nicht mittanzt ums Goldene Kalb, ist Wolfgang Leuschner. Auch für den evangelischen Pastor der deutschen Gemeinde in Singapur wird an der langen Tafel ein Platz gedeckt

Reifenhändler, der von Singapur aus den halben Fernen Osten mit Continental-Reifen versorgt.

Mrs Dawn Lee begrüßt ihn, eine gewinnende Business-Frau in strengem Kostüm, die Vize-Präsidentin. Vor der Besprechung nehmen sie das Lager in Augenschein. Es ist gigantisch. Endlose Hallen voll Pkw-Reifen, Truckreifen, Flugzeugreifen, insgesamt rund eine Million. Auf 15 Millionen Dollar schätzt Ihrcke den Bestand. »Viel zu groß, viel zu teuer.« Er will helfen, das Lager um etwa ein Drittel zu reduzieren, und rechnet mit Einsparmöglichkeiten von fünf Millionen Dollar. »Davon will ich dann zehn Prozent haben.« Der Unternehmensheiler hat das Prinzip der chinesischen Ärzte: Der Patient zahlt nur für Gesundheit. Die Firma des Heilers erfreut sich dabei besten Wohlergehens. »Hier können Sie noch richtig was machen. In Deutschland sind doch nur noch kleine Optimierungen möglich.«

Seit einem Dutzend Jahren ist der gelernte Elektro-Ingenieur schon in Singapur nach Stationen in Nigeria, wo er nur knapp überlebte, Hongkong, wo er seine chinesische Frau kennen lernte, und Peking, wo er zuletzt das Chinageschäft für Krupp aufbaute. Heute ist er selbstständig. Und erfolgreich. Das Kaufmännische hat sich der Techniker selbst beigebracht. Learning by doing. »Das Wichtigste, was Sie in Asien brauchen, sind Antennen. Sie müssen herausfinden, was Menschen wirklich meinen. Wenn jemand sagt: ›Es ist schwierig‹, meint er: ›Es ist unmöglich‹. Wenn Sie da auf deutsche Art rangehen und sagen: ›Schwierigkeiten sind da, um überwunden zu werden‹, machen Sie sich unmöglich.«

Gut zwei Stunden dauert der Termin bei dem Reifenhändler, dann BMW-Ledersitz, Klimaanlage, Highway, nächster Termin. Grauer Himmel und Regen. Unterwegs Telefonate – grundsätzlich nur per Mikro und Kopfhörer. Wer am Steuer mit einem Handy am Ohr erwischt wird, riskiert Gefängnis.

Halb zwölf. Franz Keller brutzelt. Weißwein, Weißweinessig, Schalotten und dann eiskalte Butterstückchen dazu. Das ergibt die Beurre Blanc, die er für die Fischfilets braucht. Neben ihm stehen Lasse Tegermark, Bordkoch der »Starship«, und Norbert Kleiner, eigentlich Grafiker beim *stern*, aber auch ein alter Freund und Küchenhelfer Kellers; beide schnippeln: Zwiebeln, Knoblauch, Sellerie, Lauch, Lorbeer und Nelken. Daraus wird zusammen mit zwei Dritteln Weißwein und einem Drittel Weißweinessig die Sauce für den jungen Hahn. Die Arbeit ist konzentriert, die Stimmung gut – auch dank eines bewährten Rezeptes: Man nehme eine Flasche Wein und tue sie in den Koch. 1998 Oberbergener Bassgeige, Müller-Thurgau.

Zwölf Uhr. Wolfgang Leuschner brütet. Vor ihm liegt die Bibel, aufgeschlagen das Buch Exodus, Moses in der Wüste. Daraus will der stille Mann mit der Stirnglatze eine Art Rollenspiel entwickeln für den kommenden Sonntag: Familiengottesdienst in seinem Wohnzimmer, eine Premiere. Wie viele werden kommen? Zwanzig? Fünfzig? Dann wird es eng. Das Pfarrhaus, das die deutsche Gemeinde von Singapur ihrem Pastor bezahlt, misst 150 Quadratmeter. Es liegt, weniger schick als die Domizile der Geschäftsleute, in Ang Mo Kio, einer der zahlreichen Satellitensiedlungen von Singapur, die mit eigener Infrastruktur ausgestattet sind und 75 Prozent der knapp vier Millionen Einwohner beherbergen. Gleichförmige Wohntürme aus Beton, aber ohne Graffiti, ohne Müll, ohne wehende Zeitungsreste, ohne leere Bierdosen. Das Viertel ist, wie alles in dieser Stadt, porentief rein. Auch die Treppensiedlung, in der das Reihenhaus der Leuschners liegt, ist blitzblank. So viel kaugummifreie cleane Keimfreiheit ist für den 51-jährigen Württemberger ungewohnt. Bevor er die 245 evangelischen Seelen der Gemeinde in Singapur übernahm, war er 15 Jahre lang Seelsorger für Schausteller und Zirkusleute in Süddeutschland. 50000 Kilometer pro Jahr war er da unterwegs, mit eigenem Wohnwagen. Heute muss er nur noch einmal im Monat nach Kuala Lumpur, um dort Konfirmandenunterricht zu geben, Gemeindeversammlung und Gottesdienst zu halten. Den Alltag in Singapur bestimmen der Religionsunterricht an der Deutschen Schule, der Konfirmandenunterricht im Wohnzimmer und der sonntägliche Gottesdienst in der kleinen Kirche an der Orchard-Road, die die deutschen Protestanten sich mit vier anderen Konfessionen teilen. Trauerfeiern und Beerdigungen kommen so gut wie gar nicht vor.

LUNCH-TIME. Dirk Paulsen reibt sich die Hände. Einen 1,5-Millionen-Dollar-Auftrag zieht er nicht jeden Vormittag an Land. Für diese Summe hat er gerade einen Flugsimulator an einen Vergnügungspark im chinesischen Hainan verkauft. Noch lieber hätte er den kompletten Park geliefert, inklusive »Wilder Maus« und Wildwasserbahn. Kein Problem. »Wir haben da einen Schotten, der hat die verrücktesten Ideen.« 150 Mitarbeiter hat das Handelshaus in Singapur, drei davon sind Deutsche. Das Stammhaus ist in Bremen. Klassischer Im- und Export. Von Knoblauch über Textilien und Teak bis zu Kühlschränken. Paulsen macht mit der Filiale in Singapur 100 Millionen Mark Umsatz pro Jahr.

Er kam vor 30 Jahren und ist einer der dienstältesten Deutschen in der Stadt. Er hat Singapurs Tigersprung von der Dritten in die Erste Welt miterlebt. Vor dem Absprung war er 25 und die Stadt ein schmutziges Loch. China-Town war Tohuwabohu, die Bugi-Street eine sündige Meile mit Bordellen und schummrigen Kneipen, die Straßen waren voller Garküchen, der Alltag war laut und turbulent, aber auch irgendwie gemächlich. Ferngespräche nach Deutschland mussten angemeldet werden, dauerten Stunden, bis sie zustande kamen, und brachen oft zusammen; und das Faxgerät war gerade erst erfunden. Heute ist China-Town saniert und zum Boutiquen-Viertel verwandelt, die alte Bugi-Street fiel dem U-Bahnbau zum Opfer, Prostitution wird verfolgt, und die Garküchen wurden aus Hygienegründen in Food-Centres verbannt. Das Leben ist eintöniger geworden und schneller. Handy-Geklingel und E-Mails diktieren den Alltag, Banken prägen die Skyline. Damals gab es sie noch nicht, es gab auch keine europäischen Clubs und keinen Golfplatz, und die paar Deutschen gingen, wenn sie mal ein deutsches Bier trinken und Schwarzbrot essen wollten, an Bord der Hapag-Lloyd-Schiffe, die noch lange Liegezeiten hatten. Heute sind die Schiffe nach sechs Stunden wieder weg, dafür gibt es Bier und Schwarzbrot im deutschen Supermarkt. Damals war das Leben bunt, heute ist es das Fernsehen. Dafür sind sich jetzt Chinesen und Ausländer näher. »Der Abstand hat sich deutlich verringert, auch die Hierarchien in den Betrieben sind geschrumpft.« Private Einladungen zwischen Chinesen und Deutschen waren vor 25 Jahren exotische Ausnahmen, heute sind sie selbstverständlich. Dirk Paulsen ist mit Singapur eigentlich ganz zufrieden.

13 UHR. Jörg Schweizer kämpft. Er hatte ein hastiges Mittagessen in der Kantine mit deutschbetonter Küche. Jetzt arbeitet er wieder. Großes Büro, großer Schreibtisch, Leder-Sitzecke. Kuan Gung guckt ihm aus einem Holzrahmen über die Schulter, ein chinesischer Krieger, der sehr streng, aber auch sehr gerecht war, und heute das »guiding light«, eine Art Coach, für die asiatische Führungskraft ist. Der Blick aus dem Fenster geht auf eine sechsspurige Straße, über die eine vierspurige Straße führt.

Joachim Ihrcke ist Unternehmensberater, mit einer Chinesin verheiratet, Vater von zwei Töchtern und selbst ein versierter Hobby-Koch. Die Küchen-Crew auf der »Starship« arbeitet in der engen Kombüse mit Hochdruck, um auch die Feinschmecker unter den Gästen zufrieden zu stellen

Noch immer hat das German Centre die Folgen der Asien-Krise nicht ganz überstanden. Es ist ein hochmodernes Bürogebäude und ein Service-Center, das vor allem kleinen und mittelständischen deutschen Unternehmen bei der Expansion nach Fernost helfen soll; es bietet ihnen flexiblen Mietraum vom einzelnen Schreibtisch bis zum Großraumbüro. Gerade diese Klientel aber wurde von dem Taifun gebeutelt, der über die asiatischen Märkte gefegt ist. Zwar musste Schweizer bisher niemandem kündigen, aber viele Mieter mussten ihre Büros verkleinern, abspecken und Personal reduzieren. Da ist der Manager manchmal auch als Beistand gefordert. Doc Holiday im Wilden Osten. Eine deutsche Firma hatte beispielsweise das Pech, dass ihrem Hauptkunden in Djakarta bei innenpolitischen Unruhen das Lager abgefackelt wurde. Der Kunde war nicht mehr zahlungsfähig, mit ihm ging die deutsche Firma Pleite. Aber insgesamt ist Schweizer optimistisch. Die Zahlen, wie Singapur in der Krise gegengesteuert und die Unternehmen entlastet hat, sind eindrucksvoll. Reduzierung der Steuern um 1,2 Milliarden Dollar, der Lohn- und Lohnnebenkosten um 7,5 Milliarden, der Behördengebühren um 212 Millionen, der Erbpacht und Mieten von Fabrikgebäuden um 306 Millionen – insgesamt eine Kostenreduzierung für Unternehmen von 10,5 Milliarden Dollar!

14 UHR. Michael Poliza telefoniert-faxt-bespricht-sich-E-mailt-gibt-Anweisungen-unterschreibt-Überweisungen-plant-schwitzt-und-will-dringend-abnehmen. Was für ein Tag!

Am Ende eines langen Arbeitstages bespricht sich Jörg Schweizer, Leiter des German Centre in Singapur, mit seiner Sekretärin Padelin Tan. Währenddessen sind auf der »Starship« schon die Vorspeisen fertig geworden

15 Uhr. Joachim Ihrcke fährt. Links bunte Betonsiedlungen, rechts bunte Betonsiedlungen. Vor ihm der Highway. Gleichmäßiger Verkehrsfluss, dank ERP – Electronic Road Pricing. Jedes Auto hat eine Box mit einer Cash-Karte auf dem Armaturenbrett. Auf jeder Fahrt Richtung Innenstadt passiert es elektronische Barrieren, die von der Karte je nach Straße und Tageszeit unterschiedliche Gebühren abbuchen. Hauptverkehrszeiten sind besonders teuer, sodass man sich jede Fahrt gut überlegt und Staus selten sind.

Dann hat er die Innenstadt hinter sich, aber das Bild bleibt das gleiche. Er fährt durch ein Siedlungskonglomerat, das so aussieht, als sei es zu 90 Prozent erst in den letzten zwei Jahren gebaut worden. Schließlich die Grenze zu Malaysia. Kurze Abfertigung. Dann weiter auf der Autobahn nach Westen. Links Kautschukplantagen, rechts Palmölplantagen. Beide öde.

Der zweite Patient an diesem Tag heißt »Sitra Wood«. Roland Chew ist der Chairman der Holzhandlung, ein dynamischer Chinese, Anfang vierzig, der mit seinen Tropenhölzern jetzt auch auf den deutschen Markt will – am liebsten fix und fertig als Parkett oder mit vorgefertigten Elementen für die Herstellung von Fenstern und Türen. Ihrcke berät ihn. Lange Sitzung. Wie und wann beginnt man die Kampagne? Welche Firmen in Deutschland spricht man an? Welche Holzmuster brauchen die, welche Zertifikate, welche Expertisen? Wer schreibt, wer reist?

Die Beratung asiatischer Unternehmen, die nach Deutschland wollen, nimmt zu. Der klassische Auftraggeber des »Firmenarztes« aber ist immer noch der deutsche Vorstandsvorsitzende, der beim Studium der Bilanz sagt: Es kann doch nicht wahr sein, dass Asien nur fünf Prozent unseres Weltumsatzes ausmacht, obwohl es ein Viertel zur Weltwirtschaft beiträgt. »Dann«, sagt Ihrcke, »kommt er zu uns.«

16 Uhr. Franz Keller schmeckt ab. Gibt noch einen Schuss Weißweinessig zur Saucenbasis. »Wichtig bei diesen Temperaturen. Essigsäure hilft verdauen.« Den richtigen Geschmack hat der Koch bei Paul Bocuse gelernt. Seit diesem Patron kann ihn kaum noch etwas erschüttern. »Es war wie in der Fremdenlegion, da flogen die Pfannen.« Von der überdekorierten Nouvelle Cuisine ist Keller lange weg. In seiner »Adlerwirtschaft« in Hattenheim gibt es frische einfache Küche von erlesenem Geschmack und exzellenten Grundzutaten, möglichst aus eigener Produktion.

Halb fünf. Zeit für den Apfelkuchen. Keller macht ihn auf altdeutsche Art. Äpfel mit Butter und Zucker in die Pfanne, und wenn der Zucker karamellisiert, Apfelschnaps dazu; einen Deckel aus Teig darüber, fertig. Die Äpfel hat Keller aus dem eigenen Garten mitgebracht. In Singapur sind sie absolut exotische Früchte. Im Handgepäck hatte er auch ein großes Stück Bergkäse von einem Freund aus dem Schwarzwälder Münstertal. Den wird es zu einer Spätburgunder Spätlese vom Weingut seines Vaters am Kaiserstuhl geben.

17 Uhr. Wolfgang Leuschner schreibt. Der Gemeindebrief muss heute unbedingt noch fertig werden. »Herzlich willkommen alle neuen Singles, Paare und Familien«, schreibt er. »In dem immer warmen Singapur ohne den vertrauten Wechsel der Jahreszeiten ist das Kommen und Gehen der Menschen vielleicht ein gewisser Ersatz.« Der Pastor seufzt. Wie viele werden ihn lesen, diesen Brief? Er hat eine Gemeinde, von der viele deutsche Amtsbrüder, die sich mit Armen und Alten abplagen, nur träumen können. Lauter gut verdienende, gut erzogene, gut situierte Menschen, jung, robust, positiv. Und kirchendistanziert. »Männer sagen in Gesprächen mit mir meistens: ›Meine Frau ist evangelisch.‹ Wenn ich dann nachfrage, sagen sie: ›Ich war mal evangelisch‹«. Der Pastor schreibt weiter. Beschwörend. »Für mich ist Kirche nicht eine Kirche des Pfarrers, sondern du und ich, wir alle sind Kirche.«

Halb sechs. Dirk Paulsen sitzt im Taxi. Das ist in Singapur ein preiswertes, zuverlässiges und komfortables Verkehrsmittel. Der Kaufmann hat am späten Nachmittag noch ein Meeting im Goodwood Park Hotel, dem schnörkeligen weißen Kolonialbau mit dem merkwürdigen Burgturm aus dem vorletzten Jahrhundert. Vor dem Ersten Weltkrieg residierte hier der »Club Teutonia«, in dem die Mitglieder der deutschen Kolonie Singapurs zusammenkamen. Paulsen liebt die kühle dämmrige Bar des Hotels, ein Ort, in dem die Zeit wenig Spuren hinterlassen hat und Joseph Conrad, Rudyard Kipling oder Somerset Maugham in einem der bequemen Sessel kaum auffallen würden. Aber heute macht sich Paulsen Sorgen – der Weg zur Raffles Marina und zur »Starship« ist weit. Doch das Geschäft, das ihn hergeführt hat, ist wichtig: Es geht um den Import von amerikanischen Kühlschränken, den Rolls-Royce unter den Coolern, die jeder Wohlhabende in Singapur haben will, weil sich in den mannshohen Dingern halbe Rinder und Dutzende von Sixpacks unterbringen lassen. Da liegt Profit in der Luft.

19 Uhr. Franz Keller legt letzte Hand an. Er dekoriert die marinierten Snowfish-Filets auf Radicchio und Staudenselleriehèrzen, bereitet die Marinade für die Shrimps aus Olivenöl und Tangerinen und beträufelt die Tunfischfilets mit Limone und Koriander. Hochbetrieb in der Bordküche. Auch Küchenchef Joachim Textor ist noch dazugestoßen. Acht Hände schnippeln, schneiden, dekorieren, würzen, richten an.

Halb acht. Wohlsein! Auch Dirk Paulsen hat es noch rechtzeitig geschafft. 20 Deutsche versammeln sich an Deck der »Starship«, lockern die Krawatten, sehen zu, wie die Sonne in heißem Dunst versinkt und das Licht des Tropentages verdämmert, lauschen dem melancholischen »La Paloma« der beiden Gitarrenspieler auf der Pier und stoßen mit 1990er Champagner Legras an. Auftakt für ein Sechs-Gänge-Menü.

»Alle, die leicht viel Geld verdienen, sind unweigerlich verpflichtet, Feinschmecker zu sein«, schrieb der französische Gastro-Papst Brillat-Savarin. »Einer, der täglich eine reichliche Mahlzeit für hundert Personen bezahlen könnte, hat oft an einem Hühnerschenkel genug. Die Kunst muss dann alle Hilfsmittel aufbieten, um jenen Schatten von Appetit durch Gerichte zu wecken, die ihn ohne Schaden aufrechterhalten und, ohne ihn zu ersticken, liebkosen.«

Zwanzig Uhr. Franz Keller liebkost. Mit Blattsalaten in Traubenkernöl, Shrimps und Skatefilets in weißer Buttersauce. Und die Liebkosten plaudern dabei über ihren Alltag und den Stress, unter dem sie manchmal stehen. Den Stress, den sie alle teilen, wie das ewig feuchtheiße Klima oder die Heimatlosigkeit ihrer Kinder, die in der deutschen Sommerfrische »let's go home, daddy« quengeln; und dem besonderen Stress jedes Einzelnen, wie den Etatkürzungen, unter denen der Leiter des Goethe-Instituts Heinrich Blömeke ächzt, oder dem heiklen Umgang mit der üblichen Behördenkorruption in den umliegenden Ländern, über den Günter Kuhberg stöhnt, Chef der »United Arab Shipping Company«. Aber bei jungem Hahn in Weißweinessigsauce und 99er Oberbergener Grauburgunder Selection ›S‹ wirken Bestechung und Finanzmisere nicht mehr ganz so unverdaulich wie noch am Nachmittag im Büro. Und auch Michael Poliza findet allmählich wieder, dass er eigentlich ein Super-Schiff hat und eine tolle Reise macht.

Je später der Abend, desto schöner die Deutschen. Knorrig seien sie halt in den Augen der Asiaten, sagt Ihrcke, holzköpfig, aber ehrlich. Ohne die koloniale Attitüde der Engländer, ohne die arrogante Hemdsärmeligkeit der Amerikaner – für deren Mittelstand Asien auch gar nicht existiert – und ohne die Kriegsgräuel-Erblast der Japaner. Umständlich und teuer, aber zuverlässig und gut – so werde der Deutsche gesehen am Singapore River. »Wenn wir sagen, die Maschine läuft, dann läuft sie. Und wenn sie nicht läuft, dann sorgen wir dafür, dass sie läuft, und fragen erst danach, wer den Fehler gemacht hat und zahlen muss.« Wir sind, sagt Joachim Ihrcke, und kein Widerspruch regt sich, beliebt. Da ist es 23 Uhr und die Erbacher Marcobrunn Riesling Auslese wird entkorkt. »Es ist nicht zu vergessen«, schrieb der Gastrosoph Eugen von Vaerst, »dass Noah erst nach der Sündflut den Weinstock anpflanzte, dass also alle Sünde, die die Sündflut über das Menschengeschlecht gebracht hatte, Wassertrinker waren.« So sitzen sie zusammen, 20 Deutsche und die Crew der »Starship«, sündenlos, satt und sittlich gestärkt, eine schöne Bestätigung der Feststellung von Brillat-Savarin: »Nach einem trefflichen Mahl erfreuen sich Geist und Körper eines ganz besonderen Wohlbefindens.« Sowie der Feststellung des Historikers Bernd Eberstein: »Im Liebesmahl kommt das Bedürfnis nach einer feierlichen Betonung hoher Ziele und Werte zum Ausdruck.«

Ein Uhr. Der letzte Gast geht, und die Küchen-Crew fährt mit dem Taxi nach China-Town – um endlich etwas zu essen.

Zwischen Bonito, Skatefilets und Schwarzwälder Bergkäse kommen sich die Landsleute schnell näher. Sie repräsentieren verschiedenste Wirschafts- und Industriezweige, das Goethe-Institut, die deutsche Schule und Gemeinde

FOTOS: MICHAEL POLIZA

OBEN HUI – UNTEN PFUI

Die Seychellen sind ein Traumziel – für Seeschildkröten, die ihre Eier ablegen wollen, für Touristen, die Erholung suchen, und für Seefahrer, die genug haben von der Weite des Indischen Ozeans. Doch so paradiesisch die Seychellen-Welt für Michael Poliza an Land ist, so trostlos ist sie unter Wasser

Nach langer Seefahrt wirken viele Küsten wie das Paradies. Die Seychellen sind es. Bizarre Granitformationen, dazwischen üppige Vegetation, Kokosnüsse, Papayas und Mangos fallen von den Bäumen, die Inseln sind frei von Malaria und fast frei von Moskitos, und es gibt Strände, an denen sich Kaskaden von klarem Süßwasser direkt ins Meer ergießen. Kein Wunder, dass Namen wie La Dique und Praslin weltweit als Traumziele gelten.

Leider verlässt man das Paradies schlagartig, wenn man taucht. Wir hatten schon gehört, dass die Folgen von El Niño auf den Seychellen besonders spürbar seien, aber so dramatisch hatte ich es mir nicht vorgestellt. Eigentlich ist El Niño ja ein Phänomen, das die Küsten des pazifischen Südamerikas betrifft: Die Abschwächung der Passatwinde löst so genannte Kelvinwellen aus, die den Auftrieb von kaltem Tiefenwasser verhindern. Dadurch kommt es zur periodisch etwa alle vier Jahre wiederkehrenden Erwärmung der Deckschicht des tropischen Pazifiks vor Ecuador und Peru.

Diese Meereserwärmung verändert aber zugleich die atmosphärische Zirkulation, sodass auch im Indischen Ozean die Temperatur zunimmt. 1997 war El Niño besonders stark, und die Wassertemperatur stieg bei den Seychellen zum Teil auf 40 Grad an. Das war der Tod für viele Korallen und ihre Bewohner.

Der Anblick der Riffe unter Wasser ist schrecklich. Eine zerstörte Landschaft, verendet und verblichen. Nur an einigen Stellen ist erkennbar, dass sich das Meer langsam erholt. Betonung auf langsam. Es wird Jahrzehnte dauern, bis es hier wieder blühende Korallengärten geben wird. Nie zuvor habe ich einen so schroffen Gegensatz von Überwasser-Paradies und Unterwasser-Hölle gesehen.

Auf der Insel Cousin treffen wir Wissenschaftler, die Wasserschildkröten markieren. Aber es sind zu

wenige Wissenschaftler, und sie sind froh, als wir ihnen Unterstützung anbieten. Dann verteilt sich die Mannschaft der »Starship« rund um die kleine Insel.

Jeder ist mit einem Handfunkgerät ausgerüstet. Das Warten beginnt. Hier kommen die Schildkröten ungewöhnlicherweise bei Tageslicht an den Strand, um eine ge-

eignete Stelle für die Eiablage zu suchen. Geschieht das, wird das Team über Funk alarmiert und die Schildkröte begleitet, bis sie die passende Stelle gefunden, ihr Nest gebaut hat und mit der Eiablage beginnt. Dann ist die Zeit für die Markierung da. Eine nummerierte Metallmarke wird an ihre Vorderflosse gekniffen, ohne dass die Schildkröte irgendeine Reaktion zeigt – sie ist vollständig davon in Anspruch genommen, ihre 100 bis 120 Eier in den Sand zu legen. Wenn sie damit fertig ist, ist sie buchstäblich fertig. Das Meer erreicht sie nach diesem Kraftakt manchmal nur noch mit letzter Kraft.

Bizarre Felsen und bizarre Fauna gibt es auf der Ile de Coco nördlich von La Dique. Die großen Landschildkröten, die bis zu 150 Jahre alt werden, haben gefährliche Schneidewerkzeuge, mit denen sie ihr Futter abbeißen. Gespensterkrabben können ihre Antennen-Augen aus- und einklappen

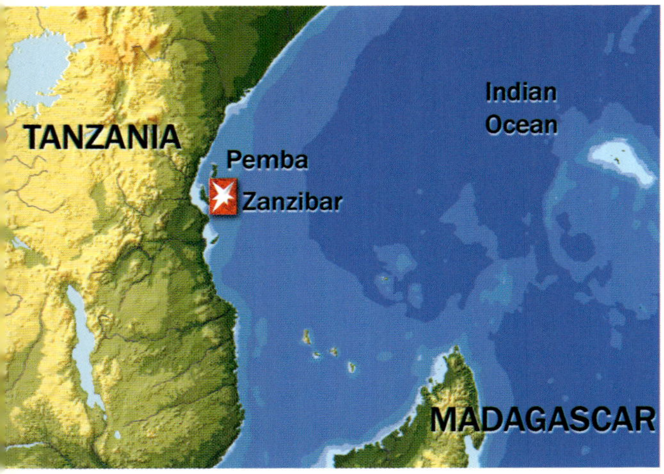

DIE HEIMLICHE LIEBE DER HELGOLÄNDER

Der Lyriker Reimer Eilers wuchs auf Helgoland auf und hat sein Leben lang von der fernen Geliebten vor der Ostküste Afrikas geträumt, ohne die er Engländer wäre. An Bord der »Starship« kommt der Autor zum ersten Mal nach Sansibar. Eine Liebesaffäre mit Hindernissen

VON REIMER EILERS UND JÖRG WISCHMANN (FOTOS)

Jeder Helgoländer träumt von Sansibar. Uns verbindet, so denken wir, eine gemeinsame Geschichte. Als mein Großvater Andreas zwölf Jahre alt war, wurden Helgoland und Sansibar zwischen England und Deutschland getauscht. Der Lehrer in der Helgoländer Schule dekorierte das Klassenzimmer um, hängte das Bild von Queen Victoria ab und das von Kaiser Wilhelm auf. Das war am 10. August 1890. Bei uns auf der Insel kennt jedes Kind die Historie. Zwar lagen die Dinge in Wirklichkeit etwas komplizierter. Doch Legenden verlangen nach einfachen Wahrheiten. Anders als auf Helgoland, wo der Abschied vom britischen Gouverneur tief in den Alltag der Bewohner einschnitt, blieb auf Sansibar zunächst alles beim Alten. Denn die Insel war vor dem diplomatischen Kuhhandel gar nicht in deutscher Hand gewesen. Es ging den Kolonialmächten lediglich um die Abgrenzung künftiger Einflussgebiete in Afrika. Da hatte England, das rund um den Globus Inseln sammelte und tauschte wie Privatleute Briefmarken, längst eine unübersehbare Präsenz auf Sansibar entfaltet. Die Deutschen saßen an der ostafrikanischen Küste in Tanga und Dar es Salam.

So haben nur wenige Sansibaris je von Helgoland und dem Austausch gehört. Aber das weiß man ja bei uns zu Hause nicht. Man glaubt an gegenseitige Zuneigung. Und ferne Lieben sind die dauerhaftesten. Es gibt nichts Herzerwärmenderes, wenn der Novembersturm über die Nordsee fegt und ein Knochenbrecher eiskalte Gischt über die Molen treibt, als den magischen Namen zu beschwören und sich an einen sonnenüberfluteten Palmenstrand zu versetzen.

Einer Geliebten macht man Geschenke, man kann gar nicht anders. Die Helgoländer haben Sansibar das rote Feuerwehrauto meiner Kindheit geschenkt. Es war das erste Auto, das ich kannte. Privatautos durften auf der Insel nämlich nicht fahren. In den siebziger Jahren nahm ein Frachter aus Hamburg den alten VW-Bully mit in den Indischen Ozean. Seitdem hat mein Verhältnis zu Sansibar eine ganz persönliche Variante: Ich will das rote Feuerwehrauto aus Kindertagen wiedersehen. Doch als die »Starship« den Archipel erreicht, holt mich die politische Wirklichkeit Afrikas ein. Knapp eine Million Sansibaris sollen in diesen Tagen das Parlament und den neuen Präsidenten ihrer teilautonomen Insel wählen. Das geht nicht ohne eine besonders heiße Phase des Wahlkampfs ab. Die Inselgruppe wird von Unruhen erschüttert, es gibt Anschläge auf Wahllokale, Verhaftungen von Oppositionellen.

Dennoch wirkt die prächtige Silhouette der Altstadt einladend. Alabasterweiße Häuserfronten gleißen im Mittagslicht. Der Sultanspalast und Stadtresidenzen schmücken die Uferlinie, dahinter schlanke Minarette zwischen Palmenkronen und die Glockentürme einer Kathedrale. In der tintenblauen See vor dem Hafen eine Flotte von Dhaus, den traditionellen Segelbooten der arabischen Welt. Ihre Dreieckssegel blähen sich im tropisch-heißen Monsun wie zu unserer Begrüßung, als ich mit dem »Starship«-Tender an Land fahre. Die »Steinstadt«, das historische Zentrum von Sansibar, verdient ihren Namen; sie war die erste nicht aus Lehmhäusern errichtete

FOTO: MICHAEL POLIZA

DER DUFT AUS 1001 NACHT

Allabendlich füllt sich die historische Altstadt von Sansibar mit dem Aroma gerösteter Garnelen, gewürzter Fleischspieße und pikanter Pommes. Die Promenade im Forodhani Park wird zum Markt, an dem viele Imbiss-Stände die Passanten zum Verweilen einladen

Stadt südlich der Sahara. Hassan Said, mein einheimischer Begleiter durch das Labyrinth der Straßen, gibt sich als Anhänger der moslemischen Opposition zu erkennen. Sie will sich vom christlichen Festland Tansanias nicht majorisieren lassen und verlangt mehr Autonomie bis hin zu der Vorstellung, dass Sansibar ein afrikanisches Singapur wird.

Hassan Said, ein junger Mann von arabischem Typus, kleidet sich westlich, statt Burnus grünes Hemd, Hose mit Bügelfalten. Eigentlich studiert er am College für Lehrerausbildung, bessert mit Führungen nur sein Einkommen auf. Persönlich wünscht er sich ein noch stärkeres Engagement der reichen Golfstaaten, die bereits Sansibars Universität finanzieren. »Karibu«, sagt er – willkommen. Und dann tauche ich ein in seine Welt. Eine Welt unterschiedlichster Kulturen. Verschleierte Araberinnen vor einer Moschee. Inderinnen in Saris hinter der Kasse in verschatteten Kramläden. Zugewanderte Massai in einer Art roter Toga, schlank, groß, mit hoheitsvoller Miene und einer Decke voller Perlenketten am Wegrand. Dunkelhäutige Suaheli-Frauen in ihren strahlend bunten Kangas, den afrikanischen Wickeltüchern, mit Kindern auf dem Arm. Die Afrikanerinnen gehen mit offenerem Blick, schauen dem Fremden gerade ins Gesicht. Hände, Lippen, Wangen sind bis zur Grenze der Schicklichkeit mit dem Rot der Lippenstiftpflanze gefärbt. Arabische und afrikanische Frauen mit strengerer Kleiderordnung tragen Bui-Buis, schwarze, knöchellange Umhänge, balancieren zehn Liter schwere Wasserkrüge, Reissäcke oder Bananenstauden auf dem Kopf.

Containerschiffe und das Dreiecks-Segel einer Dhau begegnen sich im Sonnenuntergang vor dem Hafen. Die traditionellen Segler haben für die Beförderung von Lasten und Menschen noch immer große Bedeutung

SIE ALLE SPRECHEN KISUAHELI, die Verkehrssprache in ganz Ostafrika, die sich angeblich nirgends so rein herausgebildet hat wie auf Sansibar. Die Händler auf dem Markt sind häufig indischer Abstammung oder persische »Schirasis«. An einem Obststand kaufe ich auf Saids Ermunterung hin eine halbe Jackfrucht. Das reicht für eine Mahlzeit zu zweit. Die Früchte sind groß wie Medizinbälle und haben ein festes gelbes, nach Honig schmeckendes Fruchtfleisch. Zum Nachtisch gibt es eine Hand voll frittierter Kassava-Chips. In den Mokkastuben sitzen Männer in traditionellen Dschellabas, den wallenden weißen Gewändern der Araber aus Oman, und führen unendliche Gespräche. Auf dem Kopf tragen sie die Kofia, eine flache, dem Fes ähnliche Kappe.

Sansibar: seit Jahrhunderten ein wunderbarer Schmelztiegel verschiedenster Hautfarben und Religionen, Küchen und Kulturen. Aber immer wieder brechen auch bittere Gegensätze auf zwischen den Nachfahren der alten arabischen Oberschicht und denen der schwarzen Sklaven. Im Unabhängigkeitsjahr der Insel 1964 kam die afrikanische Mehrheit in einer blutigen Revolution an die Macht, verjagte den Sultan und vereinigte sich mit dem festländischen Tanganjika, dem ehemaligen Deutsch-Ostafrika, zu dem Staatenbund Tansania.

Man sah das Heil im Sozialismus, lehnte sich an den Ostblock an. Bis Mitte der neunziger Jahre war Sansibar das realsozialistische Klein-Kuba des Indischen Ozeans. Das wiederum weiß auch niemand bei uns auf Helgoland. Inzwischen erlebt die Insel im Indischen Ozean ihre eigene späte Perestrojka, inklusive einer gehörigen Portion Paranoia unter den Kadern der früheren Einheitspartei und des Geheimdiensts.

Tintenfische trocken in der heißen See-Brise und warten auf Weiterverarbeitung (oben). In der »Steinstadt« von Sansibar ist viel alte Pracht vom Verfall bedroht

Manchmal sind es nur meterbreite Gassen, durch die Hassan Said mich führt, überwölbt von Kabelgewirr. Hunderttausend Menschen leben hier auf engstem Raum, hinter betagten Hausmauern aus zartrosa schimmerndem Kalkstein. Die Dächer in der Steinstadt bestehen heute meist aus rostigem rotem Wellblech, Markenzeichen der Neuzeit. Viele Relikte einer prächtigen Geschichte, von der Unesco als Weltkulturerbe ausgewählt, sind vom Verfall bedroht. Die kunstvoll geschnitzten Portale, Erker und Balkonbrüstungen aus Teakholz verschimmeln oder werden von Insekten gefressen. Stuckdekorationen an den Fassaden bröckeln in der feuchtheißen Tropenluft. Während wir auf verschlungenen Wegen durch Saids geheimnisvolle Stadt streifen, wird die »Starship« dort zum Thema. Die Menschen, sagt Said, wundern sich. »Warum seid ihr gerade jetzt gekommen?« Jetzt – wo gegangen ist, wer kann. »Einheimische, die es sich leisten können, haben die Insel bis zur Wahl verlassen«, erklärt der deutsche Konsul Erich Meffert in heftigen Telefonaten mit dem Schiff und drängt uns, diesem Beispiel zu folgen.

Bis über den Abend zögern wir die Abfahrt hinaus. Der vergehende Tag malt unwahrscheinliche Farben auf das Wasser, zartes Lachsrot, Rubin und Bernstein. Erste Feuer leuchten im Forodhani Park vor der Hafenfront auf. Dort drüben werden jetzt Tintenfische, Langusten und Fleischspieße unter freiem Himmel gegrillt, verfeinert mit den atemberaubenden Gewürzen der Insel.

Wir essen an Bord. Einfach. Stehlen uns nach kurzem Schlaf um vier Uhr morgens aus Sansibar davon. Nehmen Kurs auf Pemba, die Nordinsel des Archipels, auf der es keine größeren Städte gibt, dafür eine Menge verschwiegener Ankerplätze. Zehn Stunden dauert die Passage. Am Mittag des nächsten Tages schlüpfen wir durch eine enge Fahrrinne in die Bucht von Gando Kibutani an der äußersten Nordostküste von Pemba.

Immer noch Sansibar. Dessen unbekanntere kleine Schwester, von deren Existenz wir Inselkinder von Helgoland nichts wussten. Eine Entdeckung. Auf dem Wasser einige Fischer in Einbäumen und primitiven Auslegerbooten. Die Ufer ringsum dichtes Grün. Zwei winzige Schiffsländen. Keine Hütten, nur Holzgestelle am Strand, auf denen Netze trocknen. Dahinter Wälder, soweit wir das hügelige Land überschauen können. Hier, so nehmen wir an, ist die große Politik fern. Aber so einfach kommen wir nicht davon.

IN JEDEM MÄRCHEN gibt es eine dunkle Macht, die bis ans Ende mit den guten Kräften ringt und an den Fäden des Geschehens zieht. Gleich nach unserer Ankunft kreuzt eine Fregatte der tansanischen Marine vor der Bucht auf. Beinahe gerät uns das scheinbar stille Pemba vom Geheimtipp zum Horrortrip. Lasse, unser schwedischer Schiffskoch, und James, der Computerfachmann, müssen als Geiseln an Bord des Kriegsschiffs. Dann entert ein Prisenkommando unsere schwimmende Heimat.

Soldaten mit ölverschmierten Plastiklatschen an den Füßen besetzen Salon und Steuerhaus, Kalaschnikows im Anschlag. Ein beklemmender Anblick. Doch unbeeindruckt und freundlich bietet Louise, die australische Tauchlehrerin der Crew, den schwarzen Marineinfanteristen Getränke an. »A drink?« Sie lächelt, schüttelt ihr blondes Haar, lässt Eis in Cola-Gläser klirren. Die Soldaten schütteln den Kopf, sie dürfen nichts trinken. Michael Poliza verhandelt mit dem Offizier des Kommandos auf der Brücke. »Keine Angst«, sagt der Mann, ein Leutnant zur See, breit lächelnd nach dem Studium der Schiffspapiere. »Sie dürfen selbstverständlich bleiben.« Als die Soldaten abrücken, bleibt Angst. Dennoch nehmen wir die tansanische Marine beim Wort. Wir bleiben. Werden auf Pemba die Wahlen abwarten, hoffend, dass sich die Lage beruhigt und wir auf die Hauptinsel zurückkehren können. Und wenn nicht?

Ich muss nachdenken, nehme das rote Kajak, das kleinste Beiboot der »Starship«, paddle zum Ufer durch das Mangrovendickicht. Es liegt im Zwielicht unter hohem Laub. Ganz unten steigt etwas Sand aus dem sachte blubbernden Schlamm, besetzt mit einer Armee von blauroten Krabben. Die Böschung besteht aus verwittertem Korallenkalk, endet in Unterholz und Lianen. »Grüne Schlangen im Ozean« nannte der britisch-amerikanische Journalist und Abenteurer Henry Morton Stanley die Inseln bereits im 19. Jahrhundert. Damals war Sansibar das klassische Sprungbrett für Expeditionen ins Innere Schwarzafrikas. Nur 40 Kilometer sind es bis zum Festland. Der Äquator ist sechs Grad entfernt, Richtung Norden.

Fäulnis und verstecktes Leben. Ein Ort fern vom Himmel. Lastende, schwüle Stille umfängt mich, gelegentliche Rufe des Schreiseeadlers irgendwo oben über den Baumkronen. Ein Hornschnabel trompetet. Das Kreischen eines Affen. Dazwischen wieder für Minuten kein einziger Laut. Glucksen, als das auflaufende Wasser die Strandhöhlen der Gespensterkrabben flutet. Ein Palmendieb auf einem modernden Ast im Schlamm, die größte Landkrabbe der Erde, die auf Bäume klettern kann und Kokosnüsse knackt.

Eigentlich hatte ich mir die Begegnung mit Sansibar ganz anders vorgestellt. In meiner Jugend auf Helgoland war es für mich die Insel aus Tausendundeiner Nacht, in einer Laune der Geografie von Arabien nach Afrika versetzt. Ein Sesam-öffne-dich, ein Hort für Elfenbein, Gold. Zwar auch Sitz der dunklen Seite dieser Nachtmärchen, der Sklaverei und des Vogels Roch, aber vor allem doch die Insel der Mondbarken, der Sultane und kühnen Seefahrer.

Als ich mein rotes Kajak im Wald der Stelzenwurzeln wende, fasse ich einen Entschluss. Die Gespensterkrabben haben sich in ihre Sandhöhlen verkrochen, die Luft ist noch drückender geworden. Zwei taubengroße afrikanische Eisvögel sitzen über dem Boot im Geäst und warten auf Beute, die mit dem auflaufenden Wasser hereinkommt. Die ersten Moskitos suchen nach Blut. Ich habe mein Feuerwehrauto nicht gesehen. Ich werde nicht nach Helgoland zurückkehren, ohne noch einmal auf Sansibar gewesen zu sein.

Wir machen das Beste aus unserem Zwangsaufenthalt, wollen eine der Nelkenplantagen besuchen, für die Pemba unter Eingeweihten berühmter ist als Sansibars Hauptinsel. Zwei Drittel der Ernte des Archipels stammen von hier. Das war schon im 19. Jahrhundert so, zur Hochzeit des Nelkenanbaus auf Sansibar, als die Hälfte der gesamten Weltproduktion von der Schwesterinsel Pemba kam.

Deren Karriere als Gewürzinsel geht auf einen Boykottbrecher zurück: Im Jahr 1812 brachte ein Araber aus Oman, Saleh bin Haramil, die ersten Nelkenbäume auf die ostafrikanischen Inseln. Er brach damit das Gewürznelkenmonopol der Molukken im Pazifik, das erst Portugal und dann Holland reich und mächtig gemacht hatte. Sansibar erlebte in der Folge eine wirtschaftliche Blüte ohnegleichen, die den Sultan Said von Oman veranlasste, seinen Herrschersitz nur ein Jahrzehnt später vom wüsten und armen arabischen Mutterland auf die Trauminsel zu verlegen. Die Nelkenbäume wachsen auf einem gerodeten Waldstück in ordentlichen, bis zu 15 Meter hohen Reihen, beschattet von Kokospalmen. Von weitem erscheint die Plantage in einem überraschend vertrauten Anblick. Wo der »Muzungu«, der weiße Fremde, sich Exotik ausgemalt hat, etwas in Richtung Magnolien, Flamboyants oder Mangos, wirken die versammelten Nelkenbäume tatsächlich wie bessere Birken. Erst aus der Nähe enthüllen sie ihre Besonderheit: die büschelweise an den Zweigen sprießenden Knospen und weißen Blüten. Nur auf die Knospen kommt es an. Je nach Entwicklungsstand schwankt ihre Farbe zwischen Grün, Pink und Rot. Geerntet wird meistens kurz vor dem Aufblühen. Von diesen frischen Nelken kann man pro Baum etwa drei Kilo pflücken. Nach der Ernte werden sie in aufwendiger Handarbeit von ihren Stielen getrennt. Aus den Stielen gewinnt man das Nelkenöl für medizinische und kosmetische Zwecke. Die Knospen werden in Bastmatten gewickelt. Sie wechseln im Prozess der Fermentation in ein tiefdunkles Violett, dann trocknen sie und wandeln sich zum schwarz-braunen Gewürz.

Die Bäume der Nelkenplantage auf Pemba gleichen jungen Birken. An ihnen wachsen Knospen in dichten Büscheln, die vor dem Aufblühen geerntet, dann getrocknet und als Gewürznelken verkauft werden

Ein Fußpfad windet sich zwischen Kassavafeldern, Brotfruchtbäumen, Tamarinden, Mandelbäumen und hohen Kokospalmen hindurch. Keine Autos, keine Esel. Die ersten Lehmhütten tauchen aus dem Grün auf, rohe, fensterlose Wände, die Dächer mit ausgeblichenen Palmblättern gedeckt. Zwischen den Hütten eine Moschee ohne Minarett, mit einem Dach aus Wellblech. Zweitausend Seelen leben in dem Dorf Gando Kibutani, fast alle Moslems, eine Hand voll Christen.

Vor der Moschee kommen wir mit Hamadi Khamis Mbaruk, Besitzer einer kleineren Nelkenplantage, ins Gespräch. Er lädt uns zu sich nach Hause ein. 28 Jahre ist er alt, spricht gut Englisch. In der Straße hinter seinem Haus riecht es nach Pfeffer, Ingwer, Kopra und fremdartigen Düften, die unseren Schiffskoch Lasse zum Schwärmen verführen. Vor allem riecht es nach Nelken. Hamadi Mbaruks letzte Ernte lagert zwischen Bastmatten unter freiem Himmel. Angefeuert vom Gelächter der Frauen und Kinder, die uns umringen, bedrängt von bunten Kangas, befühlen und beschnüffeln wir die reifenden Gewürze, fallen ins Lachen ein, kosten beschwingt. Bunt, scharf, fröhlich, so lebt es sich plötzlich zwischen Lehmhütten.

Geh hin, wo der Pfeffer wächst! Ein frommer Wunsch unter Gewürzbauern. Wir ziehen weiter unsere Runde durchs Dorf. Im Reich der Sinne kaue ich auf Holz und Rinde. Hamadi

Mbaruk hat mir ein frisches Stück vom Zimtbaum abgeschnitten. Eine Sinfonie von Aromen erfüllt meinen Mund. Schwellende Ober- und Untertöne, wie sie im fernen Europa nicht mal die heimlichen weihnachtlichen Zimtplätzchen der Geliebten hervorbringen, weil sich die rauschhaften Noten auf dem langen Weg in die deutsche Küche längst verflüchtigt haben. Es beißt, es quillt, es zieht und reizt meine Geschmacksnerven. Ich schwanke zwischen Faszination und der Sorge, dass es jeden Moment zu viel des Guten sein könnte, ein süßes Gift. Und doch nur ein Stückchen Holz. Der Zimtbaum wächst neben einer Bananenstaude an der Dorfstraße. Ein paar Schritte weiter schwankt eine Ananas auf ihrem dünnen Stiel in Kniehöhe über dem staubigen Boden.

Düstere Vergangenheit: Das Lager für schwarze Sklaven in Bagamoyo (oben). Freundliche Gegenwart: Die Frau des Pastors der Partnergemeinde von Helgoland mit Motiven der Nordsee-Insel an der Wand

Gewürze halten nicht jedes Versprechen. Sansibaris leben mit ihrer Überfülle und bleiben trotzdem arm. Die Nelkenpreise haben sich in den neunziger Jahren auf dem Weltmarkt halbiert, fielen von 6000 auf 3000 Dollar die Tonne. Auch Kopra, das getrocknete Fleisch der Kokosnuss, wirft nichts ab. Der Tourismus soll die Rettung für die Inselwirtschaft bringen. Am Marktplatz des Dorfs macht uns Hamadi Mbaruk mit Herrn Seif Fadhil, seinem alten Dorflehrer, bekannt. Der verfolgt Auf und Ab, Weh und Ach seines Dorfs seit dreißig Jahren und fasst seine Wünsche in einem knappen Satz zusammen: »Bessere Netze für die Fischer und einen guten Brunnen.«

Das müsste eigentlich zu schaffen sein. Für Hamadi Mbaruk ist Herr Fadhil eine ganz besondere Respektsperson. Hamadis Vater ist nämlich auch einmal Dorflehrer gewesen, 15 Jahre ist das her. Er wurde aus politischen Gründen entlassen, ein Kritiker der revolutionären Einheitspartei Chama Cha Mapinduzi. Seitdem kümmert sich der Vater wieder um die Nelken, zusammen mit dem Sohn und Großvater Mwitumbe Mbaruk. Der Großvater ist noch Analphabet. Der Fortschritt läuft, wenn nicht im Kreis, so doch in einer beschwerlichen Spirale.

Wir machen uns auf den Rückweg zur Schiffslände, eskortiert vom fröhlichen Geleit der Dorfjugend. »Jambo! Jambo!« Die »Starship« wartet mit laufenden Maschinen und flüchtet sofort aus der Bucht auf das offene Meer. Die Unruhen haben auf das vermeintlich sichere Pemba übergegriffen. Verhaftungen, ein Toter bei Schießereien in der Bezirkshauptstadt Wete, gerade mal eine Bucht südwestlich von unserem eben verlassenen Ankerplatz.

In Dar es Salam, der Millionenstadt auf dem Festland, warten wir darauf, dass sich die Lage beruhigt. Sie bleibt ungewiss, auch nach der Wahl. Eine Rückkehr der »Starship« ist zu riskant. Ich nehme die Schnellfähre nach Sansibar, wie ich es bei meinem Ausflug im roten Kajak beschlossen habe. Der neue Präsident ist inzwischen bestimmt, Amaani Karume. Sohn des 1972 ermordeten Revolutionsführers und Staatsgründers Scheich Abeid Karume.

»Amaani« bedeutet Frieden. Das nehme ich als Omen. Und noch ein weiteres Zeichen verheißt ruhigere Tage. Als Präsident Amaani Karume im Stadion der Hauptstadt vereidigt wurde, ging ein schwerer Regenguss während seiner Ansprache nieder. In Afrika ist es das Zeichen der großen Häuptlinge, den ersehnten Regen zu bringen. Nun ist der Präsident also von ganz oben bestätigt. Wahrscheinlich finden die Wahlen deshalb zu Beginn der Regenzeit statt.

Ein Gewitterschauer erwischt mich im Hafen von Sansibar ausgerechnet in der Schlange vor der Zollstation. Im Nu bin ich umringt von einem Schwarm Papaasis – »Stechfliegen«, die aufdringlichen Fremdenführer der Insel, zerren an meinem Gepäck. Auf der Flucht vor den Unbilden des Wetters und den Papaasis rette ich mich in das erstbeste Geschäft in der Altstadt. Der schicke schmale Laden an der Ecke Sukokuu Street, gegenüber dem alten osmanischen Fort, verkauft Mobiltelefone und Safaris für die Fremden. Und der Geschäftsinhaber, der erste Mensch, den ich bei meiner Rückkehr nach Sansibar anspreche, ist einer von knapp vierhundert evangelischen Christen unter einer Million Moslems.

Zufall oder Fügung? Auf jeden Fall ein Wunder. Stanislaus Moses, der korrekt gekleidete, freundliche Mann hinter dem Ladentresen, singt im Kirchenchor der jungen Partnergemeinde von St. Nikolai auf dem Helgoländer Oberland. »Karibu.« Er begrüßt mich wie ein Familienmitglied. »Wir hatten gerade Besuch von Peter und Bettina.« Ich weiß genau, wen er meint. Die beiden singen bei mir zu Hause im Kirchenchor.

In den nächsten Tagen begleitet mich Stanislaus Moses über die Insel. Früh am andern Morgen sind wir auf dem Weg an die Ostküste. Unser Minibus passiert den Küstenort Bububu. Heute eine Vorstadt der Reichen, ein kleines Blankenese der sansibarischen Kaufleute, war Bububu im 19. Jahrhundert eine Haltestelle des Zugs, der vom alten omanischen Fort in Sansibar Stadt bis zur privaten Plantage des Sultans fuhr: die erste Eisenbahn in Ostafrika. Bububu ist bereits in den auf Deutsch geschriebenen Memoiren der Prinzessin Salme von Sansibar erwähnt. Sie bezog dort als junge Frau um 1865 eine Villa, als es die Inselbahn noch gar nicht gab.

»Ein kleines Flüsschen, ein unschätzbarer Vorteil für unser Klima, durchlief den Hof«, schrieb Salme. »Und unmittelbar vor sich hatte man die weite Fläche der See, deren Wogen häufig die Mauern der Villa bespülten. Ich war sofort entschlossen, Bububu zu kaufen.« Kurz darauf verliebte sich die Schwester des Sultans Madschid in den Hamburger Kaufmann Heinrich Ruete, der auf Sansibar das Handelshaus Hansing vertrat. Salme wurde von ihm schwanger, ein todeswürdiges Verbrechen in der streng islamischen Gesellschaft. Die beiden flohen ins britisch regierte Aden, heirateten dort, reisten über Marseille nach Deutschland und ließen sich an der Elbe, nun tatsächlich nahe Blankenese, nieder.

Die ewige Sehnsucht nach der traumschönen Insel ihrer Jugend aber blieb. Zwanzig Jahre später sagte die Prinzessin von Sansibar, verheiratete Frau Ruete, von sich: »Ich verließ meine Heimat als vollkommene Araberin und gute Mohammedanerin, und was bin ich nun? Eine schlechte Christin und etwas mehr als eine halbe Deutsche.«

Hinter Bububu beginnt heute das ländliche Sansibar. Stanislaus und ich fahren weiter zu den Sklavenhöhlen von Mangapwani. Die Prinzessin Salme von Sansibar besaß in ihrer Zeit auf der Insel Haussklaven als Dienerschaft und Arbeitssklaven auf ihren Kokos- und Nelkenplantagen. Davon berichtet sie in ihren Memoiren ganz unbefangen. Kein Bewusstsein davon, dass hier eins der großen Menschheitsverbrechen geschehen ist. Sansibar war damals das Zentrum des Sklavenhandels im östlichen Teil der Welt.

Die Höhle, in der die Ware Mensch bis zum Verkauf zwischengelagert wurde, ist gefährlich. Wer sich in die hinteren Verästelungen ihrer Gänge locken lässt, wo große Fledermäuse an den Felsen hängen, bekommt Atemnot und Schweißausbrüche. Der Sauerstoff ist knapp. Wer nicht aufpasst, riskiert, das Tageslicht nicht wiederzusehen.

ENDLICH FÜHRT MEIN WEG zur Hauptstation der Feuerwehr an der Kilimani-Straße. Feuerwehrchef Chum Hassan Chum grinst achtungsvoll, als ich ihm sage, warum ich den langen Weg nach Sansibar gemacht habe. Ja, er kennt mein Auto. Und niemand braucht ihm zu erklären, warum Feuerwehrautos bedeutsam sind. Ich schließe ihn augenblicks in mein Herz. »Kann ich es sehen, Mister Chum?« – Leider nein, es ist aufs Festland verkauft worden. Ein wichtiges Teil ging kaputt, Ersatz war auf der Insel nicht aufzutreiben. »Darf ich dann wenigstens ein Foto von der Feuerwehrstation machen?« – Leider nein, es ist ein Regierungsgebäude. »Schon okay, Mister Chum, darf ich mir eines der heutigen Feuerwehrautos angucken?« – Leider nein, es ist keins da. Das einzige vorhandene Auto ist am Flughafen stationiert.

Die Stadt, staubig und heiß, macht Durst. Wer ihn auf norddeutsche Art löschen will, muss sich in private Räume zurückziehen und »Safari kidogo« machen: ein bisschen Safari. Das heißt, er trinkt ein Bier. Auf Sansibar ist Alkohol in der Öffentlichkeit verboten. Die Sansibaris, vor allem die weiblichen, trinken einen Sud von Muskatnusspulver, um sich zu berauschen. Er soll aphrodisiakisch wirken.

»Kannst du das bestätigen?«, will ich am folgenden Tag von Stanislaus Moses wissen, bevor wir segeln gehen. Er nimmt mich mit auf einen Spaziergang zu einem Garten an der Küste, um mir einen Muskatnussbaum zu zeigen. Erläutert mir vieldeutig, dass es ein Gesetz auf Sansibar gibt, wonach man nicht mehr als ein Pfund von dem gemahlenen Gewürz im Haushalt haben darf, damit man es nicht übertreibt. Was übertreiben? Persönlich habe ich da meine Zweifel. Ich denke an die vielen Jahre, in denen es auf Mutters Tisch Kartoffelbrei mit Muskatnuss gab. Von Erotik keine Spur. Allerdings hat bei uns im Norden auch noch niemand die Nuss im Naturzustand gesehen. Stanislaus pflückt eine vom Baum und schneidet sie auf. Es ist eine Offenbarung. Der Kern liegt pechschwarz in weißem Fruchtfleisch. Und die so genannte Muskat-Blüte, die wir ebenfalls nur in dürrem bräunlichem Zustand kennen, ist hier ein grellrotes Häutchen, das die schwarze Nuss mit einem Geflecht überzieht. Alles in allem eine höchst unanständige Kombination, bei der man schon auf dumme Gedanken kommen könnte, käme sie nicht aus der Natur selber, die ja bekanntlich unschuldig ist.

FOTO: MICHAEL POLIZA

Zeugen alter Zeiten: Eine Dhau kreuzt vor der Steinstadt von Sansibar (oben). Düster recken sich die Reste des ehemaligen Sklavenhandelsplatzes von Bagamoyo in den Himmel

Eine halbe Stunde vor der Steinstadt liegt die Kette kleiner Eilande, die wir schon mit der »Starship« angelaufen sind. Gefängnisinsel, Friedhofsinsel, Schlangeninsel. Stanislaus segelt nach Chunguu, der Gefängnisinsel, auf der heute eine Population von Riesenschildkröten lebt. Davor liegt ein flaches Korallenriff. Wir lassen uns treiben. Sansibar liegt wie Stanleys grüne Schlange in einem blauen Universum. Diese Seeschlange werde ich mit in meine Winterstürme nehmen. Eine Fracht-Dhau, vom Festland kommend, segelt vorbei zum Hafen. Ihr Heck ist grün-rot-weiß bemalt – die Farben Helgolands.

Als ich am nächsten Morgen im Flugzeug sitze, bereit zum Abheben in Richtung Europa, fährt draußen das rote Feuerwehrauto von Sansibar über die Startbahn. Nicht meins, aber eins. Wer will auch, dass sich Kinderwünsche restlos erfüllen?

DAS ARCHE-NOAH-ATOLL

Aldabra liegt abseits der großen Schiffsrouten. Auf dem Atoll im trockensten Teil des Indischen Ozeans regiert die Natur, leben noch Exoten wie die Kokosnuss-Krabbe. Für Touristen ist das Eiland tabu, die »Starship« durfte dem Naturreservat einen Besuch abstatten

VON ULI HAUSER UND MICHAEL POLIZA (FOTOS)

Das Erste, was wir von Aldabra sahen, war eine grüne Wolke. Eine große grüne Wolke im Blau des Indischen Ozeans, unwirklich wie eine Fata Morgana. Als wir näher kamen, verschwand das Grün. Der Horizont gab eine schmale Linie frei, die nicht auswachsen wollte zu Bäumen oder Hügeln. Es dauerte Stunden, ehe Striche zu Stränden und Punkte zu Palmen wurden. Wellen brachen auf Riffkanten, Gischt tropfte von spitzen Korallen. Im aufgewühlten Wasser entdeckten wir Treibgut. Schildkröten. Sie waren bei der Arbeit. Liebesarbeit.

Fast senkrecht ragten die Panzer aus dem Wasser. Die Männchen begruben die Weibchen unter sich. Selbst aus Madagaskar kommen sie angepaddelt, um hier eine abzukriegen. Irgendwann würden sich die Weibchen im Schutz der Nacht ans Ufer schleppen und ein Loch buddeln. Und Brian, der Ranger mit der Stupsnase, würde mit der Taschenlampe im Sand liegen und ihnen beim Eierlegen zuschauen.

Es gibt wenig Ereignisse, die Brian mehr interessieren. Sex, sagt er. Sie machen den ganzen Tag Sex. Er nicht. Er lebt an Land. Mit acht Männern und zwei Frauen. Die eine ist verheiratet, die andere seine Chefin. Brian mag sie nicht. Die Freunde halten ihn für verrückt. In Victoria, der Hauptstadt der Seychellen, gibt es Discos und Kinos und Mädchen. Brian könnte mit 25 Jahren aufregendere Dinge tun, als auf einem gottverlassenen Atoll ohne Frischwasser Schildkrötenspuren zu verfolgen. Seine Freundin hat ihn deswegen verlassen. Jetzt sagt nur noch seine Mutter, er soll zurückkommen. Brian ist seit vier Jahren auf der Insel.

Aldabra empfängt uns in gleißendem Licht. Die »Starship« ankert in weichem Sand. Unter einem mächtigen Badamier-Baum am Strand brennen bunte Birnen. Man hat sie nicht abgehängt nach dem letzten Weihnachtsfest. Dieseltonnen knacken. Die Hitze weitet das Blech und drückt es wieder zusammen. Es ist der Takt der Insel. Irgendwo brummt ein Generator. Eine Schildkröte tastet sich eine Treppe hoch. Biskuit, 60, will wieder Kekse. Eines Tages hatte sich das Tier ins Proviantlager geschlichen und nicht mehr rausschieben lassen. Nur Kekse halfen. Wir locken sie so zum Strand, um sie von unten an einem kleinen Überhang zu fotografieren. Biskuit schafft die zehn Meter in fünf Minuten.

Lang war die Überfahrt von Sansibar gegen den Wind, hier steht die Luft. Aldabra liegt abseits der großen Schifffahrtsrouten. Es verirrt sich kaum jemand in diesen trockensten Teil des Indischen Ozeans. Der Boden ist erstarrt, spitze Steine und versteckte Spalten machen aus Wanderungen waghalsige Unternehmungen. Das Gestrüpp ist undurchdringlich. In kleinen Pools dümpeln Medusen und Kardinalfische, und niemand weiß, wie sie hergekommen sind. Unter Buschwerk parken Kolonnen von Panzern. Es würde den Schildkröten wahrscheinlich auch nichts ausmachen, gestapelt zu werden. Wer es von ihnen nicht in die Schatten der Sträucher schafft, endet als Kraterleiche. Überall liegen Knochen und verweste Panzerteile. Ehe

die Meister der Langsamkeit eine Pflanze verdaut haben, dauert es einen Monat; ihr Kot düngt den kargen Boden. 28 Pflanzenarten leben davon.

Die Riesenschildkröten von Aldabra sind die Letzten ihrer Art. Sie haben die Dinosaurier überlebt und Generationen von Krieg führenden Seefahrern. Auf den Rücken gelegt, dienten sie den Flotten über Jahrhunderte als Proviant. Sie brauchten kaum Wasser und gaben lange Fleisch. 1835 bereits waren die Giganten weltweit ausgerottet, nur nicht auf Galapagos und hier. Aldabra lag weit vom Schuss. 1742 kam mal ein französischer Kapitän vorbei und bunkerte ein paar Riesenschildkröten, so groß, dass sechs Mann sie nicht tragen konnten, wie er notierte. Mehr ist nicht überliefert aus jenen Tagen. Aldabra hatte keine Ankerplätze, das Riff war eine Festung. Der Pastor, der letztens eine Messe halten wollte für die armen Seelen fern der Heimat, versuchte drei Tage vergebens, an Land zu kommen. Er war drei Wochen unterwegs gewesen.

Die Riesenschildkröten auf Aldabra sind die letzten ihrer Art. Sie haben die Dinosaurier überlebt und Generationen von Seefahrern, die die Tiere als lebende Fleischkonserven mit an Bord nahmen. Die Meister der Langsamkeit verdauen jede Mahlzeit einen Monat lang

Andere scheiterten früher. Norwegische Kommunisten wollten hier mal eine Kommune aufmachen, aber sie kamen nie an. Besser so, für die Kommunisten und die Schildkröten. Später pflanzten ein paar Abenteurer Palmen und ernteten Kokosfett. Viel Geld brachte es nicht. Und die Chinesen, die nach Seegurken fischten, liegen auf dem Friedhof begraben, am Ende des Strands. Nachts krabbeln Kokosnuss-Krabben über die Gräber.

Die Leute von der »Aldabra Research Station« verbringen ihre Tage mit dem Reparieren von Bootsmotoren und dem Zählen von Schildkröten. Sie haben die Insel in 47 Strandabschnitte eingeteilt und führen Strichlisten. Was sie sehen, schreiben sie auf. Die Rubrik »Ungewöhnliche Ereignisse« hat folgende Einträge: 12. Juli 2000: Einzelnen Vogel gesehen über Strand 3. Konnte nicht erkennen, welche Art. Aber ich mag diesen Vogel. 15. Juni 2000: Flamingo fliegt vom Strand zum Bootsmann-Haus. 8. Januar 2000: Nest entdeckt, gegenüber der Bücherei. 2. August 1999: Toter blauer Vogel gefunden, keine Zeichen äußerer Verletzung. 18. Juni 1999, 18.45 Uhr: Antarktische Raubmöwe fliegt übers Wächterhaus. Mehr steht da nicht. Ich schlage nach, was dieser Vogel sonst noch so macht. Und lese, dass er im antarktischen Winter die 10 000 Kilometer bis nach Indien fast an einem Stück durchzieht, Zwischenlandung auf Aldabra.

Aldabra, die Unerreichbare. Tabu für Touristen. Fundgrube für Naturforscher. Liebesnest für Flamingos und Fregattvögel. Heimat der flugunfähigen Ralle, die hier das Fliegen verlernt hat. Himmelreich für Schildkröten. Weltnaturerbe. Hier ahnen wir, wie die Erde mal ausgesehen haben muss zu

LAND-GANG IN WICHTIGER MISSION

Zur Eiablage kommen auch die Seeschildkröten nach Aldabra. Sie kriechen den Strand hinauf, buddeln in geschützten Lagen tiefe Löcher in den Sand und legen darin ihre Eier ab. 90 Tage dauert es, bis die Jungen schlüpfen, 25 Jahre, bis sie geschlechstreif sind

ELEGANTE UNTER-WASSER-SEGLER

Geschmeidig gleiten Stachelrochen durch die flache Lagune von Aldabra. In dem geschützten Gewässer finden die Tiere ideale Lebensbedingungen vor, im Sand gibt es Krebse und andere Leckerbissen in Hülle und Fülle

FOTO: JÖRG WISCHMANN

Schöpfungszeiten. Als Dankeschön für das uns gewährte Besuchsprivileg haben wir Sonnenkollektoren im Gepäck und ein paar Kästen Bier an Bord, was sich als gute Idee erweist.

Vor tausend Jahren entdeckten die Araber das Atoll. Sie tauften es Al Khadra, die Grüne. Weil die große Wolke die Lagune grün widerspiegelt. Das ist jedenfalls die schönere Erklärung. Die andere sagt, der Name bezeichne auf Arabisch einen Fels im Meer, von Zeit zu Zeit mit Wasser bedeckt. Auch das trifft zu. Aldabras Kalkgestein, zerfressen und erodiert, ist Erbe steiler unterseeischer Berge, die aus 4000 Meter Tiefe nach oben streben. Steinerne Erben eines Vulkans, wahrscheinlich ausgebrochen vor 20 Millionen Jahren. Sein Krater wuchs zu einer der größten Lagunen der Welt. 30 Kilometer lang, neun Kilometer breit.

Das Wasser ist zum Küssen schön. Blau, grün, türkis: Man möchte es streicheln. Wir hängen die Beine aus dem Boot und sehen Rochen flitzen. Schildkröten fliegen durchs Wasser, sie können auch schneller. Wir plumpsen ins Nass und tauchen in einen Märchenwald. Zitronenhaie, Porzellanschnecken, Papageienfische. Tausend bunte Farben tummeln sich in der Wurzelwelt der Mangroven. Sie stehen im brackigen Salzwasser, das sich in praller Mittagshitze auf 40 Grad erhitzen kann. Seevögel düngen die warme Brühe, Futter für die Fische. Die Systeme sind miteinander vernetzt, die Natur hat sich im Griff. Ein Leichtes, das Staunen zu bewahren.

Zur Unterstützung der Naturschutz-Station hat die »Starship« Sonnenkollektoren mitgebracht. Das letzte Stück bis zum Land müssen die Geräte getragen werden

An vier Stellen hat das Meer die Korallenfestung durchbrochen und liefert den Stoff für Wasserspiele. Vorhang auf für Ebbe und Flut. Das Wasser tanzt. Hüpft. Springt. Tausende kleiner Wasserfälle gurgeln ins Grün. Wie in einem Flussdelta verästeln sich Seitenkanäle und Bäche. Viermal am Tag ändert das Wasser seine Richtung. Wir müssen Acht geben, die richtige Zeit zu erwischen. Sonst läuft uns das Meer davon. Die Vorstellung, bei fallender Flut unter sengender Sonne in der Lagune zu dümpeln, mag uns nicht so recht begeistern. Haie haben keine Probleme im Flachen.

Brian wagt sich nur hinein, wenn er junge Schildkröten einsammelt, um sie zu nummerieren. Er treibt sie so lange vor seinem Boot her, bis sie müde sind. Dann springt er raus und packt sie. Brian nennt dies »Turtle Rodeo«. Dass er nicht schwimmen kann, stört ihn nicht. Hier wimmelt es nur so von Haien, sagt er. Wir sagen, wir sehen nur kleine Riffhaie. Ihr seid verrückt, sagt Brian. So gehen die Gespräche.

Brian hasst Haie. Sie knabbern an seinen Schildkröten. Stephen, sein Kumpel, wirft mit Steinen nach ihnen. Brian hasst auch Krähen. Sie töten zum Frühstück Schild-

GEBÄR-FREUDIGES BECKEN

Das Leben in der Lagune ist fruchtbar und vielfältig. Am Ufer wachsen Mangroven und recken ihre Triebe gen Himmel. Im Schutz der Baumwurzeln gedeihen junge Schildkröten, Haie und andere Fische. Durch die zahlreichen Zuflüsse strömt beständig frisches Meerwasser in die Lagune und sorgt so für Nahrungsnachschub

krötenbabys. 90 Tage dauert es, bis die Kleinen schlüpfen. Das Erste, was sie von der Welt sehen, ist so ein dämlicher Krähenschnabel. Stephen hat schon mal zwei dieser Mörder mit bloßen Händen erwürgt. Stephen und Brian würden sich am liebsten als Bodyguards neben jedes einzelne Ei legen. Manchmal sammeln sie die Babys ein und setzen sie vorsichtig im Meer aus. Dann ist zumindest schon mal ein Weg geschafft. Es dauert 25 Jahre, bis sie geschlechtsreif sind, sagt Brian. Die Mütter legen bis zu 150 Eier, und manchmal überlebt nur ein Junges. Man sollte alle Krähen abknallen. Seine Chefin, Anna aus Schweden, meint, der Mensch dürfe nicht eingreifen beim »survival of the fittest«.

Zur Zeit der Engländer war die Stimmung besser, sagt Francis, der Bootsmann. Wir haben viel gesungen, und ich habe Gitarre gespielt. Francis öffnet das Bier mit den Zähnen, er hat noch ein paar. Er erzählt, dass der Vater seiner Tante gestorben ist und sein Cousin gleich hinterher und das Versorgungsschiff nur alle zwei oder drei Monate kommt und er gern auf der Beerdigung gewesen wäre und sehr traurig war. Francis ist mit 17 Jahren hergekommen und weiß, worauf er sich eingelassen hat. Seine Kollegen staunen, dass er so viel redet, sie sind es nicht gewohnt.

DIE ENGLÄNDER JEDENFALLS sorgten in den sechziger Jahren für Aufregung. Sie wollten Bomben in die Lagune werfen, um Platz zu schaffen für einen Tiefseehafen. Für Kriegsschiffe Ihrer Majestät. Und eine Landebahn für Kampfbomber. Es war Kalter Krieg. Als Ornithologen den Militärs klarmachten, Aldabras Vögel würden die Bomber vom Himmel holen, wenn sie in die Triebwerke klatschten, ließ man den Blödsinn. Damit später nicht wieder jemand auf eine ähnliche Idee kam, besetzten Wissenschaftler das Eiland. Die ehrwürdige Royal Society in London schickte ihre besten Leute. Fünf Jahre lang wurde Aldabra seziert. Man beschäftigte sich mit der Frage, ob Wollschweber-Fliegen mit südöstlichen Winden aus Madagaskar herübergeweht worden waren und ob Palmendiebe, die größten terrestrischen Gliederfüßler, ihre mächtigen Krabbenscheren auch dazu nutzen, Kokusnüsse zu knacken. Die Royals zählten 160 Riesenschildkröten pro Hektar. 185 Fischarten auf drei und 198 Haie auf einem Quadratkilometer Lagune. Sie ermittelten auch das Gesamtgewicht von Vogelkot. In den Siebzigern waren das 1700 Tonnen pro Jahr.

Jetzt verwaltet die »Seychelles Islands Foundation« die Insel, und das Bier ist knapp. Inselchef Louis Ferney Prea passt auf, dass jeder Kollege drei Flaschen pro Werktag kriegt und am Wochenende sechs. Es ist schwierig, Disziplin zu halten, sagt der 67-Jährige, der Sergeant war bei der britischen Armee in Nordafrika und jetzt das Haupthaus hütet. Louis ist auch der Meinung, dass Brian den Frauen davonrennt, aber von ihm kann man das auch sagen. Er ist geschieden und hat viele

FOTO: JÖRG WISCHMANN

Kinder auf den Inseln und eine junge Freundin von 34 Jahren. Sie ruft jeden Sonntag an und fragt, wann er heimkehrt. Louis sagt, im Januar. Louis sagt, im Februar. Er weiß es nicht. Er träumt von nackten Mädchen in der Lagune, aber das verrät er nur uns, weil wir wieder abhauen.

Louis geht manchmal zum Thermometer und schaut nach, wie heiß es ist. Manchmal ruft er seine Leute in der Lagune an und fragt, was sie so sehen. Und manchmal streitet er mit Anna, ob die Schildkrötenpopulation in hundert Jahren eher ab- oder zunimmt. Er hat den Schlüssel zum Drahtkäfig mit dem Vorhängeschloss, wo das Bier lagert. Es ist lange alle, bevor das nächste Schiff kommt. Vor allem für die Mechaniker eine harte Zeit. Sie haben tagsüber am Generator zu tun und abends Langeweile. Es gibt einen Fernseher mit einem flackernden Bildschirm, eine selbst gebastelte Hantel und eine Bücherei mit Berichten über Haifischattacken in Südafrika oder die Beschaffenheit von Atollen in aller Welt. Wer nicht den ganzen Tag Schildkröten zählt wie Stephen oder unterm Mikroskop Insekten studiert wie Anna, muss sich was ausdenken. Der Koch betet. Louis ruft seine Freundin an. Francis legt sich ins Bett und starrt an die Decke.

Janis (links) und Steven gehören zu den Rangern, die im Naturreservat von Aldabra arbeiten und den Tierbestand auf dem grünen Atoll schützen

Vor zwei Jahren machte der Inselkoller einen Mann zum Mörder. Er stritt mit bedröhntem Schädel um ein Bier und ging mit dem Messer auf einen Kollegen los. Hätte jemand die Stichwunde fachgerecht verbinden können, das Opfer wäre noch am Leben. Der Mann verblutete auf dem Weg zur Nachbarinsel, wohin ein Rettungsflugzeug unterwegs war. Bis jemand von Aldabra bis ins Krankenhaus in Victoria geschafft werden kann, vergehen 20 Stunden. Vorausgesetzt, der Funkverkehr bricht nicht zusammen. Und die See hält still.

Wenn Brian der Himmel auf den Kopf fällt, setzt er sich zu den Schildkröten an den Strand. Spricht mit ihnen, stundenlang. Manchmal die ganze Nacht. Bis sich die große Wolke über der Lagune wieder grün färbt.

FOTOS: MICHAEL POLIZA (4); JAMES FRANKHAM/STARSHIP

WIR LIEGEN VOR MADAGASKAR

Zwischen den spektakulären Stationen der »Starship«-Reise liegen viele Alltage. Fahrten entlang an Küsten, die nicht berühmt sind für ihre Einmaligkeit, Erkundungen von ganz gewöhnlichem Leben. Uli Hauser beschreibt eine Entdeckungsfahrt in den madagassischen Alltag

Wir liegen vor Madagaskar und haben die Post an Bord. E-Mails aus aller Welt treffen auf unserem High-Tech-Schiff ein, und wir wissen genau, was draußen passiert. Die armen Seeleute, die 1905 vor Madagaskars Westküste aufliefen, wussten es nicht. Es waren Soldaten aus der Ukraine, die im Auftrag ihrer Regierung den Kanal von Mosambik zu sichern hatten. Damals waren Russland und Japan im Krieg, und das Kriegsschiff aus dem Norden hielt eifrig Ausschau nach feindlichen Fregatten. Nur war der Krieg irgendwann vorbei, und die Seeleute erfuhren nichts davon. Sie lagen vor Madagaskar und warteten und warteten und hatten die Pest an Bord. Es geht die Geschichte, dass ihr Schicksal im Volkslied »Wir lagen vor Madagaskar« besungen wird. Sie hatten wohl nicht die Pest an Bord, sondern Typhus und waren höchst unwillkommen bei den ansonsten freundlichen Bewohnern der madagassischen Westküste. 1936 soll der letzte russische Seemann gestorben sein; Erinnerungen gibt es nicht viele. Die Bucht, in der das Kriegsschiff ankerte, heißt heute »Russian Bay«, auf dem Friedhof von Hell-Ville auf der Insel Nosy Bé liegen ihre Gebeine. Aber wir wollten herausfinden, ob es nicht doch Menschen gibt, die vom Schicksal der armen Seeleute gehört haben. In zwei Dörfern haben wir gefragt, sogar das Lied vorgesungen. Fehlanzeige.

Die Verständigung erfolgt in holprigem Französisch, denn die Menschen hier sprechen ihre Stammessprache und nur wenig vom Slang der alten Besatzungsmacht. »Bola tsara«, sagen sie, »guten Tag«, und dann kommt die wichtigste Floskel: »Inona no vaovao?« Heißt: »Was gibt es Neues?« Die Antwort lautet meistens: »Tsi misy vaovaomanao.« – »Es gibt keine Neuigkeiten.« Und so ist es hier auch. Das Leben ist ein langer ruhiger Fluss. Einen davon sind wir heute entlanggefahren. Es ist Sonntag, und unser Skipper Michael Poliza hatte uns eingeladen zu einer Flussfahrt. Erste Station war ein kleines Dorf unter Kokospalmen, wo wir Bürgermeister und Dorflehrer Faralahy Benoite, 50, am Strand trafen. Er kam gerade aus der »Wäscherei« – von einem Wasserloch. Was seine Familie an Kleidung besitzt, passt in eine Schüssel. Monsieur Benoite hat zwei T-Shirts und eine Hose, wie wohl jeder in seinem Dorf Marohariva, was so viel heißt wie: »Dort, wo sich abends die Pirogen treffen.« Denn ab nachmittags kommen die Fischer aus den anderen Dörfern zum Palmweintrinken an den Strand, und es ist bis Sonnenuntergang sehr gemütlich.

In den sauberen Hütten des Dorfes liegen Matratzen zum Schlafen, vor den Hütten lagern ein paar Töpfe zum Kochen. Um die Hütten herum picken Hühner die Reste vom Essen. Die Palmen geben Kokosnüsse und Wein und Dachbelag. Am Dorfrand gibt es eine Wasserquelle, dahinter wachsen Reis, Maniok und Gemüse. Der Fluss bringt Krebse, Muscheln und reichlich Fisch, und die 84 Menschen hier haben ein gutes Leben. Vorausgesetzt, sie bleiben gesund: Zur nächsten Straße sind es 184 Kilometer, zum nächsten Hospital mit der Piroge bei sehr gutem Wind neun Stunden, bei schlechtem drei bis vier Tage. Einmal im Jahr ist große Party, dann wird ein Rind geschlachtet. Sonst stehen die Menschen hier mit der Sonne auf und gehen abends um acht Uhr, spätestens, auf die Matratze. Sie haben kein Radio, kein Fernsehen, keinen Strom, keine Zeitung, und nichts bringt sie auf die Palme, außer, man bittet sie darum. Der leckeren Kokosnüsse wegen.

Morgens um sieben beginnt die Schule. Die ist in einer Bambushütte, offen und immer gut mit Wind versorgt. Die Kinder nehmen Aufstellung vor ihrer Bambusschule, Mädchen und Jungen getrennt, dann grüßen sie den Herrn Lehrer, und der bittet sie hinein. Hineinbitten ist ein bisschen übertrieben, es gibt ja keine Türen wegen des Winds. Der Lehrer sagt »setzt euch«, und die Kinder setzen sich und sagen »wir sitzen«. Anschließend muss jeder mal aufstehen und etwas sagen. Und dann bringt Herr Benoite ihnen das Zählen bei. Bücher besitzen die Kinder nicht. Ab und an kriegen sie Hefte geschenkt, so wie heute, die hat Michael mitgebracht, und auch noch Bleistifte.

Es ist ja nicht so, dass die Regierung im fernen Tana sich um den Ort, an dem sich die Pirogen treffen, kümmert. Das tut höchstens noch ein Engländer, der in der Nähe ein Hotel besitzt und dem Dorflehrer manchmal

Film durchgeknipst. Das führt dazu, dass kaum noch Platz ist in der Koje. Mittags fahren wir weiter mit unserem schnellen Boot, bis zu einer kleinen Holzhütte, wo drei Kinder und vier Pirogen auf uns warten. Mit denen paddeln wir weiter entlang des grünen Ufers. Insekten zirpen, Vögel zwitschern, es ist ein richtig gemütlicher Sonntagsausflug.

Als wir dann nicht mehr weiterkommen, steht plötzlich eine Frau mit einem Sack Reis auf dem Kopf am Ufer und bedeutet uns, sie mitzunehmen. Anfangs können wir sie nicht verstehen, doch schließlich landet sie an Bord. Es ist die Mutter der drei Kinder. Man muss sich das vorstellen: Die kleinen Kinder bleiben zu Hause, weil Vater und Mutter sich Kilometer weiter stromaufwärts um den Lebensunterhalt kümmern müssen.

ein wenig Geld rüberschiebt. Fünf Stunden dauert der Unterricht, danach müssen die Mädchen Maniok stampfen, und die Jungs holen Baumstämme aus dem Wald oder fangen Schildkröten.

Irre Schildkröten sind darunter. Eine hat einen Schnabel wie die Bugklappe einer Fähre. Und jede Menge Chamäleons gibt es, faszinierende Geschöpfe. Das Beste ist, dass sie sich beim Vorbereiten ihrer Insektenfalle so viel Zeit lassen, dass unsereins seine Verschlusszeit darauf einstellen kann und beste Bilder macht. Jörg jedenfalls hat draufgehalten und heute seinen 264.

Und jetzt sind wir wieder an Bord, und die Schiffsglocke läutet, es gibt Abendessen. Kokosreis und Nudeln und Magrovenkrabben aus dem Dorf, eine Köstlichkeit.

Und weil Sonntag ist, kommt am Schluss noch ein Wort zum Sonntag von Seneca, den wir manchmal dabei haben, wenn wir auf Pirsch gehen: »Belaste dich nicht mit zu viel Gepäck. Nichts von dem, was wir haben, ist notwendig. Was wir notwendig haben, ist umsonst oder wohlfeil. Brot und Wasser verlangt die Natur. Daran ist niemand arm. Wer darauf seinen Bedarf einschränkt, mag mit Jupiter selbst wetteifern an Glückseligkeit.«

»Orgelpfeifen-Felsen« wird die Landmarke aus rotem Granit auf der Insel Mitsio vor der Nordwestküste Madagaskars genannt. An Land gibt es 90 Prozent aller Chamäleon-Arten und Menschen, die im Einklang mit der Einfachheit leben

KAP DER ANGST, KAP DER HOFFNUNG

»Kap der Stürme« nannten die portugiesischen Entdecker die Südspitze Afrikas, »Kap der Guten Hoffnung« heißt der Felssporn heute. Beides passt, denn wer Cape Point mit seinen wütenden Winden umrundet hat, der kann guter Hoffnung für die Weiterreise sein

VON PETER SANDMEYER UND OBI OBERHOLZER (FOTOS)

Festhalten!« Daueranweisung für die Crew. Dauer-Devise für Muskeln und zentrales Nervensystem. Festhalten! Beim Gehen, Sitzen, Essen, Duschen, sogar beim Liegen. Schwere See. Afrika ist ein schwarzer Schatten am westlichen Horizont. Das ovale Bullauge am Fußende der Koje, das einen halben Meter über dem Wasserspiegel liegt, gibt bei stiller See morgens den Blick frei auf weites blaues Meer und die freundlichen Pastelltöne des Himmels. Jetzt ist es der Blick aus einem U-Boot. Blaugrau gurgelt die See formatfüllend am Fenster vorbei, auch mittags herrscht Schummerlicht in der Kabine, und nur bei starkem Überholen des Schiffes wird für Sekunden die düstere Pracht des Himmels sichtbar. Jagende Wolken und wütender Wind, Gischt hoch über dem Schiff und Welle um Welle quer von Backbord. Irgendwo vor uns liegt Cape Angulhas, der südlichste Punkt Afrikas. Und dann weiter im Westen »das Kap« und der Atlantik dahinter, wo man anfangen kann, »Rolling home« zu singen.

»Mit dem Kap ist natürlich das Kap der Guten Hoffnung gemeint, das Kap der Stürme seiner portugiesischen Entdecker«, schrieb der Seefahrer und Schriftsteller Joseph Conrad. »Und ob es nun das Wort Sturm ist, das man auf See nicht aussprechen soll, wo die Stürme so dicht beieinander hausen, oder ob sich die Menschen scheuen, ihre guten Hoffnungen einzugestehen – es ist jedenfalls das namenlose Kap geworden – das Kap tout court.«

Dorthin sind wir unterwegs, zum Kap *ganz einfach*, das früher auch ein Kap der namenlosen Angst war, so widrig das Wetter, so tückisch die See.

Noch fahren wir mit dem tiefblauen, warmen Angulhas-Strom, der sich durch den Moçambique-Kanal entlang der afrikanischen Ostküste mit einer Geschwindigkeit von rund 50 Seemeilen pro Tag nach Süden schiebt. Der Wind weht aus Ost. Das ist besser, als wenn wir ihn gegen uns hätten, aber unangenehm genug. Der Hafenkapitän von East London, ein Engländer wie aus dem Kolonial-Bilderbuch, in weißen Shorts und weißem Hemd mit Schulterklappen, hatte aufmunternd gelächelt, als wir uns nach den Prognosen für die Passage nach Kapstadt erkundigten, und nach Begutachtung der »Starship« höflich geantwortet: »It might be a little bit uncomfortable.«

»Ein klein wenig ungemütlich könnte es werden« – keine Übertreibung. Schwer stampft das Schiff durch die Wellenberge, hart kracht es in die Täler. Wie Menschenaffen hangeln wir uns durch die Messe. Und Lasse, der schwedische Schiffskoch, hat schon wieder seine Lieblingsmusik aufgelegt, den Soundtrack aus »Titanic«.

Am nächsten Morgen sehen wir die ersten Hochseevögel, Albatrosse und die gelbschnäbligen Cape Gannets; und dann grüne Finger in der blauen See: die Vorboten des eisigen Benguela-Stromes, der aus dem Südpolarmeer nach Norden strömt und sich am Kap teilt. Ein Zweig fließt an der Westküste Südafrikas entlang nach Namibia, bringt den Küsten dort kaltes Wasser,

häufigen Nebel, eine satte Nährstoff-Flut, Fischreichtum, Hummer und Robben. Der andere Arm des Benguela-Stroms fließt nach Nordosten und kommt uns jetzt entgegen, rund zehn Grad kälter als das Wasser, mit dem wir bisher gereist sind.

»Der Zusammenstoß der beiden Strömungen erzeugt ein unregelmäßiges Gemisch von warmen und kalten Wasserstreifen«, steht im »Segelhandbuch« der Deutschen Seewarte von 1910. »Die Streifen verschieden warmen Wassers keilen sich ineinander wie die Finger der zwei Hände, die man gegeneinander legt.« Für die alten Segelschiffe war die Kampfzone der beiden gegenläufigen Strömungen, von denen die warme unterliegt und nach Osten abgedrängt wird, ein gefährliches Revier: »Das Umbiegen des Angulhas-Stromes ist oft begleitet vom Auftreten wirr durcheinander laufender Stromstreifen und eines sehr unregelmäßigen Seeganges, welcher bisweilen so wild wird, dass er die Steuerkraft der Schiffe beeinträchtigt.«

Die »Starship« läuft in die Bucht von Kapstadt ein. Für Jahrhunderte war der Hafen am Fuße des Tafelbergs der einzige Ankerplatz, der vor den gefürchteten Südoststürmen Schutz bot

Das war und ist nicht die einzige Gefahr an dieser langen Küste, deren schroffe Silhouette jetzt dunkel im westlichen Frühdunst liegt; arm an Häfen und Ankerplätzen, aber reich an Riffen, Felsen, Sandbänken und Untiefen. Und geschlagen mit einer Neigung zu Starkwinden und Stürmen, deren Ausbrechen plötzlich und schwer vorhersehbar ist. Als der deutsche Weltumsegler Johannes Voss 1903 mit seinem kleinen Schiff die Bucht von Port Elisabeth passierte, bot sich ein Anblick, der ihm die Prinz-Heinrich-Mütze hochgehen ließ: »Mehr als zwei Dutzend große Rahsegler lagen gestrandet hoch und trocken auf dem Sandstrand in der Nähe der Stadt. Ich erfuhr, dass alle diese Schiffe auf der Reede geankert hatten, die einen ladend, die anderen löschend, einige klar zum Auslaufen. Plötzlich sprang ein schwerer Südoststurm auf, von schweren Brechern begleitet. Alle diese unglücklichen Schiffe rissen sich von ihren Buganker los und trieben auf die Küste zu. Hierbei trieben sie gegeneinander, rissen sich gegenseitig die Rahen und Masten herunter. Einige befanden sich scheinbar noch in ganz guter Verfassung, doch sie alle hatten für immer Abschied nehmen müssen von den blauen Wassern des Ozeans, waren dazu bestimmt, abgewrackt zu werden oder an der Küste langsam auseinander zu fallen.«

Immer wieder der »Southeaster« – der gefürchtete, gehasste Killer dieser Küste. Mehr als 300 Wracks dokumentiert das Museum von East London in den lokalen Küstengewässern; die Karte, die sie mit bunten Punkten verzeichnet, sieht aus, als sei auf ihr eine Familienpackung

KÜSTE DER TIEFEN UND UNTIEFEN

Bei Cape Agulhas, dem südlichsten Punkt Afrikas, wurden in den letzten 18 Jahren 122 Schiffe zu Wracks – wie dieser japanische Trawler (l.). Bei Hermanus ist die See so tief, dass Wale bis dicht ans Ufer kommen

Smarties ausgekippt; und viele dieser Farbflecke markieren Opfer dieses Killerwinds, der sich aus den südpolaren »brüllenden Vierzigern« auf die afrikanische Küste stürzt.

Legendär ist das Schicksal der »Grosvenor«, eines der vielen Ostindienfahrer, die im 18. und 19. Jahrhundert zwischen England und der indischen Kronkolonie verkehrten. Am 4. August 1782 wurde das Schiff in stürmischer Nacht vom Südoststurm auf die Felsen der »Wild Coast« getrieben und leck geschlagen. 150 Besatzungsmitglieder und Passagiere ertranken, aber immerhin 123 gelang es, sich an Land zu retten. Nach Berechnung des Kapitäns hatten sie eine gute Chance, mit einem Marsch von 15 bis 16 Tagen die nächste holländische Siedlung zu erreichen. Doch nur sechs völlig erschöpfte Seeleute kamen dort nach 117 Tagen an. Die anderen hatten sich in Untergruppen geteilt, weil die Schnelleren keine Rücksicht auf die Langsamen nehmen wollten; dann dezimierten die Strapazen des Marsches durch Busch und Halbwüste, Hunger, die Angriffe von wilden Tieren und feindlichen Afrikanern diese kleinen Gruppen immer weiter. Frauen und Kinder wurden von den Eingeborenen gefangen und zu Sklaven gemacht. 1812 hieß es in einem abschließenden Bericht über das Unglück: »Am Kap stationierte Offiziere teilten mit, dass es einigen der bedauernswerten Frauen unter den Schiffbrüchigen sicher möglich gewesen wäre, zu fliehen. Vermutlich aber befürchteten sie, ihren früheren Platz in der Gesellschaft nicht mehr einnehmen zu können und in den Augen von ihresgleichen als minderwertig betrachtet zu werden, da sie einen großen Teil ihres Lebens unter Wilden verbracht hatten. Unter diesen Umständen entschlossen sie sich, ihre Kinder nicht im Stich zu lassen und und fortan bei den Häuptlingen, die sie beschützten, zu bleiben.«

Das Land, einst Bedrohung und Lebensgefahr, ist heute domestiziert. Ein afrikanischer Urlaubstraum die Fahrt durch die Halbwüsten, in denen Strauße weiden und leere Straßen sich weit über die Hügel winden, durch Flussschluchten, in denen Paviane an den Straßen lungern, zu menschenleeren Stränden, gigantischen Sanddünen und Felsküsten, an denen die Gischt kranhoch in den Himmel spritzt. Tausende von Touristen bummeln mit ihren Autos alljährlich die berühmte Garden-Route entlang, machen »Whale-Watching« in Hermanus, wo das Wasser so tief ist und die großen Meeressäuger so dicht ans Ufer kommen, dass ein Schild dort »das Füttern der Wale« verbietet; sie trinken den

PFLANZEN-MEER DANK SCHROFFER BERGE

Wie Sägezähne trennen die Gipfel des Küstengebirges in der östlichen Kap-Provinz den Ozean vom Binnenland. Warme Luftströme, die über Tausende von Kilometern über das Festland ziehen, werden an dem Gebirgszug gestoppt. Ihre mitgeführte Feuchtigkeit kondensiert, geht als Regen nieder und macht das Land um die Berge fruchtbar

wunderbaren einheimischen Wein aus Stellenbosch und knacken die frischen Austern aus Knysna; sie promenieren durch Plettenberg, das St-Tropez der afrikanischen Küste, wo nur die Zimmermädchen schwarz, die Strände weiß und die Weißen so braun sind wie die Werbeplakate der Sonnencremes. Und die bummelnden Touristen haben keine Ahnung, dass sie auch einem Trekkingpfad der maritimen Katastrophen folgen, die bis in die jüngsten Tage reichen. Denn das Meer ist nicht domestiziert.

Wir sind müde. Man hat den Eindruck, das Schiff sei es auch. Selbst einem High-Tech-Produkt aus Glasfiber, Elektronik und über 20 Kilometer Kabelverbindungen billigt man plötzlich so etwas wie eine Seele zu, die geschunden ist vom endlosen Kampf, mürbe und erholungsbedürftig. Wir beschließen, Mosselbay anzulaufen, den letzten Zufluchtsort vor dem Kap.

Die aufgehende Sonne rötet Himmel und Meer nahe dem südlichsten Punkt Afrikas bei Arniston. Der Ort heißt nach einem Schiff, das hier auf ein Riff lief und sank

Was würde man als Auto-Tourist von Mosselbay wahrnehmen? Eine Hauptstraße mit belanglosen, zweistöckigen Gebäuden, ein paar Fish-n'-Chips, Post, Bank und Kentucky-Fried-Chicken, ein Museum mit der Nachbildung einer portugiesischen Karavelle, eine Bucht mit Sandstrand und dazugehörigen Strandrestaurants. Fertig. Ganz nett. Bestenfalls.

Wer von See kommt, sieht anderes. Die lange geschwungene Mole, hinter der das Wasser endlich ruhig ist, die kleine Flottille der Fischerboote, die auf besseres Wetter warten, die Leuchtschrift eines Pubs, die Fassbier verheißt. Wer von See kommt, riecht auch den wunderbaren Duft aller Häfen, das Aroma von Land, gemischt mit Salzwasser, Fisch, Diesel, Rost, Mennige, vergammeltem Seetang und Mensch. Nicht umsonst sind in der Sprache der seefahrenden Engländer die Worte heaven und haven, Hafen und Himmel, enge Verwandte.

Der Liegeplatz, der dem schwanenweißen deutschen High-Tech-Schiff zugewiesen wird, ist längsseits eines völlig verwahrlosten, rostigen, schwarzen afrikanischen Trawlers – der Hafen ist eng, die Kapazität begrenzt; doch die Unterschiede der Herkunft, der Rasse und Klasse zählen hier nicht. Man ist aufgenommen in die egalitäre Bruderschaft des Hafens wie auf eine Burg, vor der ein feindliches Heer lagert.

In den alten Zeiten lagen sie hier oft und lange. Warteten auf ein Ende des Sturms, auf Wind aus der richtigen Richtung, auf die Fertigstellung von Reparaturen. Wenn sie abfuhren, ließen sie Post zurück, Nachrichten für andere Schiffe und Briefe zur Beförderung in die Heimat; sie legten sie unter einen großen Milkwood-Baum, der noch immer steht – auf mehr als

500 Jahre wird sein Alter geschätzt. Man könnte ein paar E-Mails an seine grünen Zweige hängen, aber wer würde sie pflücken?

Wie die plumpen, alten segelnden Heringstonnen der Portugiesen wartet unser rankes Cyber-Schiff darauf, dass der Wind sich legt, der sich hier selten legt.

Aber dann dreht er immerhin, und wir laufen aus. Hinaus auf die undomestizierte See, groß und gemein, grau und gleichmütig, ewige Lockung und Lebensgefahr.

Und Lebensquell. »Ons skuld die See alles«, sagen die drei alten Fischer aus Arniston, die kein Englisch können, nur Afrikaans; Coloured People, Nachfahren schwarzweißen Mix-Lebens, Kerle mit lustigen Schmitzäuglein und seltsamen Hüten, deren Gesichtern man nicht ansieht, dass sie die 70 überschritten haben, die aber gezeichnet sind von ihrer langen Zeit auf See – zusammen 150 Jahre. Cape-Salmons fingen sie dort, Haie und Yellowtails. »Wir schulden dem Meer alles.« Die kleinen weißen Steinhäuser, in denen sie wohnen, und den relativen Wohlstand, in dem sie leben Vor allem aber schulden sie ihm Respekt. 13 Boote schickt das Dorf hinaus, acht Mann sitzen in jedem. Fünf sind geblieben in den letzten Jahren. Und wenn sie nicht mehr gefunden wurden, dann liegt ein Fischernetz auf ihrem leeren Grab und das Kreuz fehlt.

Die Familien Williams und Standaard bauen in Overberg, östlich der quirligen Metropole Kapstadt, Blumen an. Auf der Tolbos Flower Farm züchten sie vorwiegend Proteen, Königinnen der winterlichen Blumensträuße in Europa

600 Seelen zählt das Fischerdorf unweit des südlichsten Leuchtturms von Afrika, das auf einer weißen Steilklippe liegt und mit seinen spitzgiebligen weißen Häusern aussieht, als habe sich ein Stück Cornwall tief unter den Äquator verirrt. Es trägt den Namen einer Katastrophe. »Arniston« hieß das englische Schiff, das im Jahr 1815 kranke und verwundete Soldaten sowie zivile Passagiere aus Ceylon heimholen sollte ins englische Mutterland. Wochenlang kreuzte es bei stürmischem Wetter, ohne Landsicht und ohne ein verlässliches Besteck für die Navigation nehmen zu können, den Indischen Ozean hinunter. Dem Kapitän blieb nur das »Koppeln«: die täglich zurückgelegte Segeldistanz auf der Karte einzutragen und daraus den mutmaßlichen Standort des Schiffes zu bestimmen. Doch er konnte die schwierigen Strömungen nicht berücksichtigen, die das Schiff manchen Tag auf der Stelle segeln ließen. Als es nach Überzeugung der Schiffsführung das Kap der Guten Hoffnung sicher passiert hatte, wurde neuer Nordwestkurs Richtung St. Helena angelegt – und mit vollen Segeln rauschte die »Arniston« gut hundert Meilen vor dem Kap auf das Riff des Ortes, der heute ihren Namen trägt. Eine unbekannte Zahl von Soldaten sowie 378 Passagiere, darunter 14 Frauen, 25 Kinder und zwei Lordschaften, kamen ums Leben.

So viele Geschichten von Schiffen und Schiffbruch, von Rettung und Ritterlichkeit, von Kampf und Heldentum und Unterliegen. Und die beklemmendsten sind die stummen. Woher stammt die schöne weibliche Galionsfigur, die der Leuchtturmwärter von Cape Angulhas eines Morgens aus der Brandung fischte? Schmückte sie den Bug der englischen »Dundrennan«, der Nebel zum Verhängnis wurde? Tauchte sie mit dem deutschen Schoner »Elise« in die Wogen, die in schwerem Sturm sank? Die hölzerne »Lady of Mystery« lächelt und schweigt.

Es ist ein andauernder Kampf, dieses wühlende Stampfen durch die wilde See, diese ständige Anspannung aller Muskeln und Nerven, ohne eine Sekunde Pause, ohne Ruhe. Wenn man in der Koje liegt, schläft man nicht ein, die Lider werden einem zugedrückt. Um vier Uhr morgens werden wir dann wieder aus dem Schlaf geschüttelt. Der Wind hat aufgefrischt, die See türmt sich höher, das Schiff bäumt sich und bockt wie ein Rodeo-Bulle. Mit flauem Magen und tapsigen Schritten auf die Brücke. Drohender Himmel, für Sekunden erhellt von halbem Mondlicht, dunkle Wellenschatten, Reflexe der Positionslichter in weißer Gischt, die gegen die Scheiben peitscht. »Wo sind wir?« Charles Curren, der Schiffsführer, tippt auf die Karte und zeigt in die Nacht. Das Licht eines Leuchtturms blitzt auf: »Danger Point.«

Noch ein Untergang. Aber was für einer! Es war der 26. Februar 1852, als der Kapitän der auf ein Riff gelaufenen »Birkenhead« nach stundenlangem Kampf gegen das eindringende Wasser wusste, dass sein Schiff verloren war, und, nachdem 20 Frauen und Kinder in die Rettungsboote gegangen waren, die Parole ausgab: »Every man for himself!« Doch der kommandierende Offizier der 476 britischen Soldaten an Bord befahl seinen Leuten ein »Stillgestanden« und zog seinen Säbel: Wer jetzt über Bord springe und zu den Rettungsbooten schwimme, donnerte er, gefährde das Leben der Kinder und Frauen, und den Ersten, der es versuche, würde er niederschlagen. Doch er brauchte seinen Säbel nicht. Ohne Wimpernzucken und ohne die soldatische Haltung zu verlieren, gingen alle Männer in den Tod; alle Frauen und Kinder konnten sich retten.

Geschichten wie diese vom »heroischen Beginn eines neuen Kapitels der Seefahrtsgeschichte«, wie es in den Chronologien heißt, haben in schaukelnder, teerschwarzer Nacht einen besonderen Beigeschmack. Selbst auf der »Starship«. Man hat Computer vor sich, die das Schiff nach GPS-Weisung, Kompass- und Lotangaben sicher durch die Sichtlosigkeit steuern, man hat einen gewaltigen Satellitendom über sich und Zugriff auf jede elektronische Omnipotenz – und fühlt doch nichts anderes als die uralte Ausgesetztheit und Winzigkeit des Menschen in der großen, gleichmütigen See. Ja, es gibt ihn, den alten und immer wiederkehrenden Menschheitstraum: mit dem Meer zu kämpfen, die Ozeane zu besiegen. Aber wie klein ist man dann.

Grüner wird die See, kälter. Gewaltige Geschwader von Kormoranen streichen über die Wellen. Immer häufiger tauchen in ihnen die schwarzen Kegel von Robbenköpfen auf. Dann schaukeln die ersten Pinguine auf dem Wasser und tauchen hastig weg, wenn das Schiff sich nähert. Es sind Brillenpinguine, die ihre Kolonie bei Simonstown in der False Bay haben. Zu Tausenden mussten sie eingefangen werden, nachdem im Frühjahr 2000 ein havarierter Tanker sein Öl in die Bucht ergoss. Man wusch die verölten Tiere, päppelte sie auf und brachte sie nach Port Elisabeth, Hunderte von Kilometern vom Öldesaster entfernt. Doch nach ein paar Wochen waren sie alle wieder zurück.

Die »falsche Bucht«. Auch ein Name aus alter Seefahrerzeit, als der Anblick der großen, geschützt wirkenden Bay manchen Kapitän dazu verleitete, sie für die Passage nach Kapstadt und einen sicheren Ankerplatz zu halten – bis der »Southeaster« aufsprang, gegen den sie keinerlei Schutz bot, und kein Anker mehr hielt. Die Tafelbucht auf der anderen Seite des Kap-Vorgebirges ist der einzige wirklich sichere Liegeplatz gegen diesen gefürchteten Wind, der einzige jedenfalls, der auch frisches Wasser und Proviant bietet. Das brauchten die Schiffe aus Europa früher dringend, wenn sie nach Monaten auf dem Atlantik mit den »Trade Winds« bis knapp vor die Festlandsküste Südamerikas gesegelt, dann auf Gegenkurs gegangen und in den Kalmen manchmal tagelang mit schlaffen Segeln getrieben waren, bevor sie sich das letzte Wegstück bis zur Südspitze Afrikas oft gegen schwere Stürme ertrotzen mussten; dann waren die Frischvorräte restlos erschöpft, Mannschaft und Passagiere von Vitaminmangel und den Strapazen der Reise gezeichnet und der Anblick des Kaps eine Verheißung, selbst wenn es sich abweisend präsentierte.

Isak, Hermanus und Samuel, drei alte Fischer aus Arniston. Zusammen verbrachten sie 150 Jahre auf See

»Wir hatten nun seit neun Wochen kein Land gesehen«, notierte der deutsche Naturforscher Georg Forster an Bord der »Adventure« auf James Cooks zweiter Expedition in die Südsee; »und das Reisen zur See fing an, denen unter uns verdrießlich und widerlich zu werden, die nicht an das einförmige Leben an Bord, an das Einerlei der Lebensmittel und der übrigen Gegenstände gewöhnt waren. Am 29. (Oktober 1772) entdeckten wir das äußerste Ende von Afrika. Es war von Wolken und Nebel bedeckt, und einige Sturmtaucher und Enten kamen von dort auf See.«

Die »Adventure« holte die Segel ein und hielt klugerweise Abstand zur Küste, »zumal es sehr finster war und harter Regen mit Stoßwinden ständig wechselte«. Erst am nächsten Tag wagte sie die Ansteuerung der Tafelbucht.

Auch die »Starship« tastet sich sehr vorsichtig an der weit nach Süden vorspringenden Kaphalbinsel vorbei, denn an vielen Stellen vor der Küste brodelt das Meer, spritzt weiße Gischt auf – deutliche Hinweise auf Riffe und Felsen weit vor dem eindrucksvollen 209 Meter hohen Felsvorgebirge, auf dem der älteste Leuchtturm Afrikas steht: »Cape Point«. Einer der markantesten maritimen Wegweiser der Welt, jährlich von 24000 Schiffen passiert. Das eigentliche »Kap der Guten Hoffnung«, der südwestlichste Punkt des Kontinents, ist zweieinhalb Kilometer weiter und unspektakulär: ein paar zerklüftete Felsen von der Form eines Straußenfußes.

Pierre van Zyl und sein Kollege Robert Arendse hüten das Feuer im Leuchtturm von Cape Angulhas, das pro Jahr von 24 000 Schiffen passiert wird

Auf der anderen Seite begrüßt ein Glas Rum die Wellen des neuen Ozeans. Geografisch beginnt der Atlantik zwar schon am Cape Angulhas, aber hier fängt er wirklich an. Und zum ersten Mal seit vielen Monaten dreht das Schiff den Bug nach Norden, seinem fernen Ziel entgegen, Europa; und es fährt an den »Zwölf Aposteln«, den Bergen der Kaphalbinsel, vorbei und dann an der hübschen Skyline von Kapstadts Nobelvororten Clifton, Sea Point und Green Point entlang zur Tafelbucht und in den Hafen. Gut, hier zu sein.

»Waterfront«: fabelhaftes Joint-Venture von altem Hafen und neuem City-Leben; quirliger Mix von Ankerschmieden und Edelshopping, Trockendocks und Tresen, Freiluft-Artistik und Fischtrawlern, Restaurants und Restaurierung, Hotels und Hafenbusiness. Clowns jonglieren, Werftarbeiter schweißen, Touristen trinken, A-cappella-Gruppen aus den Townships singen, Schlepper tuten, und Pelzrobben paddeln durch die Hafenbecken und schnorren.

Über die »Starship« macht sich ein kleines Heer von Handwerkern her, um ausgefallene Elektroleitungen instand zu setzen, kaputte Wasseraufbereiter zu reparieren und den rätselhaften Dieselverlust zu untersuchen. Und die Proviantvorräte müssen gemustert, sortiert und erneuert werden. Alles wie früher. Auch da wurden hier die Schiffe repariert, Segel instand gesetzt und vor allem Wasserfässer gefüllt und frische Lebensmittel eingekauft; anfangs von den Hottentotten, den ursprünglichen Herren der Küste, die ihre Rinder und Schafe gern an die Tafelbucht trieben, um sie dem europäischen Schiffsvolk zu verkaufen.

Nachdem dort 1647 aber ein holländisches Schiff gestrandet war und seine Mannschaft ein volles Jahr ausharren

musste, bis sie von einem anderen Schiff in die Heimat mitgenommen werden konnte, beschloss die holländische Ostindische Kompanie die Gründung einer festen Kolonie. Der wichtigste Auftrag an ihren Kommandanten Jan van Riebeeck war der Bau einer Befestigung und die Anlage von Gärten. Ziel war eine Versorgungsstation, keine Siedlungskolonie. So entstand Kapstadt, als Tochter der See und Mutter der Seefahrt.

DEN ERSTEN 90 HOLLÄNDISCHEN Kolonisten folgte bald ein Gruppe politisch Verbannter aus Indonesien und ein paar Jahre später eine weitere Welle von europäischen Siedlern, 146 Hugenotten, die aus religiösen Gründen Frankreich verlassen mussten und die Kunst des Weinbaus ans Kap brachten. So wurde aus der Versorgungsstation allmählich doch eine Siedlung. Deren Ausbreitung führte aber auch zu den ersten Konflikten mit den schwarzen Viehzüchtern, die sich ihres Weidelandes beraubt sahen. Aus Konflikt wurde Krieg, der für die Hottentotten mit einer vernichtenden Niederlage endete. Der Teil von ihnen, der sich danach nicht ins Innere des Landes zurückzog, schloss seinen Frieden mit den Weißen und integrierte sich in die Gemeinschaft, die dann auch noch von Sklaven aus Ostafrika und Madagaskar bereichert wurde.

Damit war das Leben vorgezeichnet, das bis heute in der Stadt herrscht, bunt wie die neue südafrikanische Nationalflagge. Weiße, Schwarze, Kapmalaien und jede Menge

»Coloured« sorgten für einen »singular mix«. Denn die Kolonisten waren zu 77 Prozent Männer, und die Gesetze der Natur waren stärker als die strengsten Rassegesetze.

Obwohl diese Lebensmischung nicht nur bunt, sondern auch brisant war, entwickelte sich die Stadt friedlich und ließ sie schnell zu Ruhm kommen als »Taverne zweier Ozeane«. Ende des 17. Jahrhunderts versorgte sie schon 200 Schiffe jährlich mit Proviant und bot deren Passagieren für die Dauer ihres Aufenthalts Gast- und Wirtshäuser, in denen der Wein aus Stellenbosch so reichlich floss, dass ein englischer Geistlicher sich wegen der ortsüblichen »Gelage« zu scharfer Rüge genötigt sah.

NICHT ALLES GEDIEH AM KAP aber so gut wie Wein. Der fand an den Berghängen hinter der Stadt ideale Bedingungen, Lehmboden mit hohen Kalkanteilen, denn zwischen dem Sandstein der Berghöhen und dem Granit ihrer Sockel lagert eine dicke Lehmschicht. Apfel- und Birnbäume aber wuchsen hier, ohne Früchte zu tragen, Kirschen blühten nicht und bildeten keine Fruchtansätze, und Eichen schossen so schnell in die Höhe, dass ihr Holz weich und wertlos war. Auch mit Kartoffeln, den verschiedenen Kohlsorten, Walnüssen, Mirabellen und allen Beeren machten die Kap-Gärtner trübe Erfahrungen – den Pflanzen fehlt im mediterranen Klima zu Füßen des Tafelbergs der Kälteschock des europäischen Winters.

Dafür entdeckten die Siedler in der einheimischen Flora des »Fynbos« eine neue Wunderwelt, deren Geheimnisse sie erst langsam enträtselten. Was auf den ersten Blick als monotones Hartgras und dorniges Buschzeug wirkt und alle Berghänge und Täler der Kaphalbinsel bedeckt, ist in Wahrheit eine Pflanzenfamilie von überwältigender Artenvielfalt und höchster Angepasstheit an die jeweiligen Standorte, die Botaniker bis heute immer wieder staunen lässt. Sowie von vielfältigem Nutzen, der sich manchmal allerdings mühsam erschloss.

Die heute noch vorhandene Hecke beispielsweise, mit der der Gründungsvater der Kolonie van Riebeeck seine Siedlung umpflanzen ließ, führte zum ersten Vergiftungsfall am Kap, weil ihre Bittermandelfrüchte arglos verzehrt wurden. Sie enthalten aber Strychnin. Erst wenn man sie tagelang wässert und dann röstet, lassen sie sich als delikater Kaffeeersatz verwenden. Zuckerersatz bezog man von einer Proteen-Art, die wunderbar süßen Nektar in ihrem Blütenkelch sammelte, den man mit Regenwasser auslösen konnte. Die Blätter anderer Büsche lassen sich zu »Rooibos«- und »Honeybush«-Tee verarbeiten, die heute in den Reformhäusern der Welt ein Hit sind. Aus Hartgräsern wurden haltbare Hausdächer; aus einer besonders elastischen Protea-Art Wagenachsen. Und heute bahnt die Schönheit vieler dieser Pflanzen, namentlich der großblütigen Königs-Protea, ihnen in der blumenarmen Winterzeit Europas den Weg in dessen Vasen.

Fruchtbares Land und fischreiches Meer am südlichen Ende Afrikas bieten Farmern und Fischern gleichermaßen gute Lebensbedingungen

»Companys Gardens«, die Gärten, die einst der Versorgung von Schiffen und Siedlern dienten, sind heute ein beliebter öffentlicher Park im Zentrum Kapstadts, wo die Beschäftigten des benachbarten Parlaments, der Banken und Kontore mittags ihre Lunchbrote verzehren und deren Reste an die Tauben verfüttern. Der fruchtbare Boden, die alte Lebensgrundlage der Stadt, ist längst unter ihren Steinen begraben. Aber vielleicht gedeiht sie auch deswegen so wunderbar, weil sie auf diesem Boden steht und jedermann das Gefühl gibt, es ginge aufwärts, trotz der Kinderbettler, des Township-Elends, der schreienden sozialen Gegensätze. Und neben dem Boden ist da auch noch der ewige Wind, der die Stadt durchlüftet wie kaum eine andere der Welt, der das Wolkentischtuch über den Tafelberg schiebt, der den Kopf klar, den Horizont weit und das Herz bereit macht.

Und dann fällt auf dem Signal Hill der tägliche Kanonenschuss, der die Mittagsstunde verkündet, und ein Schiff verlässt den Hafen und fährt in die Bay und dem Ozean entgegen. Und man möchte an Bord sein.

Landgang und Safari zu den »Big Five«, Spielen mit dem Weißen Hai, Ausflug zu den Himbas und in die deutsche Vegangenheit von Lüderitz. Dessen Leuchtturm markiert den Abschied vom südlichen Afrika. Voraus liegt der Atlantik. Rolling Home. Wir besuchen St. Helena, Inselkrümel in einsamer See, Napoleons Verbannungsort. Wir übergeben dem Meer Flaschenpost und machen eine Flussfahrt auf dem Gambia-River, wo zahme Schimpansen lernen, wieder wild zu werden. Dann taucht am Horizont Europa auf, die portugiesische Küste, das Kap Finisterre und irgendwo dahinter Hamburg. Das Ende einer langen Reise.

2001

FOTO: OBI OBERHOLZER

FOTOS: MICHAEL POLIZA

ABSTECHER ZU IMPALA, GIRAFFE UND CO.

Die Ursehnsucht nach dem Afrika der Safari-Romantik lockt die Mannschaft der »Starship« von der Küste ins Landesinnere. Michael Poliza und seine Crew begegnen Löwen und Leoparden, Giraffen und Elefanten und genießen die grandiose Schönheit der Sonnenaufgänge über der Savanne

Die Reise der »Starship« ist, na klar, ein maritimes Unternehmen. Und bisher haben wir uns auch nie weiter als ein paar Meilen von den Küstenlinien der verschiedenen Kontinente entfernt. Aber dann spaziert man an einem sonnigen Vormittag durch Kapstadt, schlendert durch Companys Gardens, den ehemaligen Gemüsegarten der holländischen Kolonisatoren, der heute ein Park ist, und steht plötzlich vor dem Denkmal von Cecil Rhodes. Der britische Afrika-Pionier weist mit ausgestrecktem Arm in das Innere Afrikas und ruft seinen Landsleuten laut Denkmalsinschrift zu: »Your Hinterland is there«. Und dann denkt man: Der Mann hat Recht. Das Afrika der Küste ist wunderschön, aber das Afrika ist das der weiten Ebene und der wilden Tiere. Wenigstens auf Stippvisiten wollen wir es sehen – auf nach Out of Africa! Erste Station ist der Selous-Nationalpark in Tansania, mit über 45 000 Quadratkilometern der größte Afrikas. Er besteht aus zwei Teilen, dem Safari-Park, in dem beobachtet, und – wenig bekannt – einem Game Reserve, in dem gejagt wird. Das ist nicht unumstritten. Die Befürworter dieser Jagd auf Büffel, Elefanten, Löwen usw. argumentieren, dass der selektive, kontrollierte Abschuss von Tieren für deren Bestand keine Gefahr darstellt und die horrenden Preise, die der Schütze zu zahlen hat – eine Elefant kostet 15 000 bis 20 000 Mark Abschussgebühr – dringend – notwendige Einnahmen für den Unterhalt des Nationalparks sind. Überdies wird das Fleisch der erlegten Tiere sinnvoll verwertet, indem es den ansässigen Stämmen überlassen wird.

Doch es gibt auch Gegner dieser Jagd, die hauptsächlich von Amerikanern, aber auch von Deutschen, anderen Europäern und betuchten Südafrikanern ausgeübt wird. Hauptargument der Gegner ist die absolut ungleiche Chancenverteilung. Die jägerische Leistung ist nämlich äu-

ßerst bescheiden, dem Jäger werden Fährtensucher, Jeep und Jagdobjekt gestellt, und die größte Gefahr für ihn ist die, sich einen Sonnenbrand zu holen.

Wir verbringen drei Tage im angrenzenden Mbuyu Safari Camp, wo in zwölf Zelten maximal 24 Gäste untergebracht werden können. Der Landestrip für die Cessna ist hier der einzige Akzent der Moderne, alles andere wirkt sehr ursprünglich. Man fühlt sich »im Busch« und ist es. Das Camp ist nicht eingezäunt, und nachts statten ihm Antilopen, Hyänen, ja sogar Elefanten ihren Besuch ab. Beim Verlassen der betagten Zelte muss man grundsätzlich die Umgebung kontrollieren; vom Frühstückstisch aus kann man auch Krokodile und Nilpferde am Ufer des Rufiji-River beobachten. Letztere sehen gemütlich aus, sind aber höchst gefährlich. Durch Nilpferde kommen in Afrika mehr Menschen ums Leben als durch irgendein anderes Tier. Deswegen ist uns reichlich mulmig, als unser Guide bei einer Bootstour auf dem Fluss wenig Respekt vor den Dickhäutern hat und

Im Okawango-Delta hat ein Leopard eine Impala-Antilope auf einen Baum geschleppt, um sie dort ungestört zu fressen

immer wieder auf Tuchfühlung an sie heranfährt.
Alle anderen Tiere des riesigen Parks, in dem es relativ wenige Besucher und Jeeps gibt, sind scheu und verlangen dem Beobachter Behutsamkeit und Vorsicht ab, wenn er sie beobachten will.
Ganz anders in MalaMala, unserer zweiten Safari-Station. In diesem privaten Game Reserve, das westlich an den Krueger-Park angrenzt, wird schon lange nicht mehr geschossen, die Tiere sind an Jeeps und Touristen gewöhnt und bei Fotografen beliebt, weil sie Menschen bis auf wenige Meter an sich heranlassen. Die Zimmer sind klimatisiert, und im Gelände kann leicht das Gefühl aufkommen, sich in einem großen Zoo voller Kuscheltiere zu bewegen. Ein trügerisches Gefühl. Denn in dem Moment, in dem ein Mensch das vertraute Bild des Jeeps verlässt und sich vom Fahrzeug entfernt, verwandelt sich der gelangweilte Löwe in ein hellwaches und immer hungriges Raubtier.
Die Zäune, die den Park früher vom angrenzenden Krueger-Park trennten, sind heute abgebaut, die Tiere können sich jetzt über große Distanzen frei

FOTOS: MICHAEL POLIZA

Im Krüger-National-Park leckt sich ein Gepard, die schnellste Raubkatze der Welt, die Reste einer Impala-Mahlzeit von den Lippen

bewegen – und der Job für die Ranger ist schwerer geworden. Obwohl deren Jeeps über Funk miteinander verbunden sind und sich gegenseitig mitteilen, wo welche Tiere zu beobachten sind, kann den Touristen nicht mehr so leicht wie früher garantiert werden, dass sie die »Big Five« – Elefant, Büffel, Giraffe, Leopard und Löwe – zu Gesicht bekommen.

Wieder ein anderes Umfeld finden wir an unserer dritten Safari-Station im Okawango-Delta in Botswana. Es ist eingeschlossen von großen Wasser- und Sumpfgebieten, eine Anreise im Auto

ist unmöglich. Das einzige Verkehrsmittel ist die einmotorige Cessna, die die Gäste von Camp zu Camp fliegt. Deren Kapazität ist auf 16 Besucher begrenzt, und die finden eine perfekte Verbindung von Wildnis und Zivilisation vor. Jede Nacht hört man das Heulen der Hyänen und das Brüllen der Löwen durch die Zeltwände, aber diese Zelte sind so luxuriös wie Suiten im Grandhotel. Viel Platz, große Betten, komfortable Badezelte mit wassergespülten Toiletten und heißen Duschen. So lässt man sich das Leben im Busch gefallen.

Der Tag beginnt hier, wie in allen Safari-Camps, früh. Die besten Zeiten für Wildbeobachtung sind die Morgendämmerung und die abendliche Stunde vor Sonnenuntergang. Mittags macht man es wie die Tiere, man verkriecht sich vor der Hitze in den Schatten und hält Siesta.

Fürsorglich drängen sich Elefantenkühe um ihre Kälber, um sie vor möglichen Angriffen zu schützen. Die einzigen Tiere, die keine Angriffe zu befürchten haben und vollkommen entspannt sein können, sind Löwen. So wie dieses junge Weibchen an der Tränke

KOMM, KILLER, SPIEL MIT MIR!

Jedes Jahr sterben mehr Menschen durch Bienenstiche als durch Hai-Attacken. Dennoch ist der Weiße Hai ein Mythos der Angst, von der Natur als perfekter Killer geschaffen. Umso faszinierender sind die riskanten »Spiele« mit den gefährlichen Jägern, die die »Starship«-Crew vor Südafrika erlebte

VON JAN CHRISTOPH WIECHMANN UND JAMES D. WATT (FOTOS)

Was passiert hier eigentlich? Was soll das? Warum machen sie das? Vielleicht ist das Ganze ja tatsächlich ein Job, aber riskiert man für einen Job sein Leben? Vielleicht ist es der Mega-Kick, aber heißt heute nicht alles Mega-Kick, was nur einen Pulsschlag jenseits der Norm liegt? Oder es ist ein Spiel, aber kann man sich mit einem Serienkiller wirklich auf ein Spiel einlassen? Vielleicht ist es ja so etwas wie das letzte Abenteuer in einer saturierten Gesellschaft von Freizeitextremisten, aber das würde ihnen viel zu analytisch vorkommen. Wahrscheinlich gibt es kein Wort für das, was dort draußen passiert, an der Südspitze Afrikas.

Es ist ein warmer Sommermorgen, der Wind weht mit 15 Knoten aus Ost, und am Bug der »Starship« zerschneidet ein kräftiger, braun gebrannter Mann eine aufgetaute Haileber in zehn faustgroße Stücke. Er füllt die Stücke in ein Netz, bindet das Netz an einen Haken und lässt es ins Wasser hinab. »Sie werden kommen«, sagt er. »Das ist ihr Lieblingsessen. Sie riechen einen Tropfen Leberöl bis zu 500 Meter weit. Sie werden kommen.«

Der Mann zündet sich eine Zigarette an und blickt der Ölspur nach, die sich wie ein glatter Teppich auf den rauen Atlantik legt. Er trägt eine windschnittige Sonnenbrille und eine graue Baseballkappe, und über seinen rechten Unterarm erstreckt sich eine frische, 20 Zentimeter lange Narbe, die er zur Begrüßung gen Himmel gereckt hatte wie eine Trophäe. »Da war der Weiße Hai vor vier Wochen etwas schneller«, sagt der Mann. »Arterien und Muskeln waren durch.«

Und jetzt? – »Alles wieder okay.« Keine Angst? – »Quatsch.« Warum? – »Warum?? Na, weil das so ist.«

Der Mann heißt Michael Rutzen und gehört zu der Sorte Menschen, die Arbeit und Reden gern voneinander trennen. Er ist 30 und nennt sich selbst »Great White Shark Tour Operator«. Andere im Ort nennen ihn einen »Adrenalin-Junkie« oder »Fast Food für den nächsten Hai«. Rutzen verdient sein Geld damit, dass er Forscher, Filmteams und Touristen hinausführt zu den größten Raubfischen der Welt, zu diesen Lieblingsschurken amerikanischer Filmproduzenten, die so perfekt in die Hollywood-Welt von gut und böse passen, weil sie blutrünstig sein sollen und grausam und über ein Maul verfügen, in das ein ausgewachsener Mensch gut hineinpasst.

»Kann sein, dass dort unten schon einer lauert«, nuschelt Rutzen, hält seine rechte Hand in den tiefschwarzen Atlantik und quetscht noch mehr Öl aus der Haileber, die ihm ein Sardinenfischer überlassen hat. In der Ferne leuchtet der weiße Strand von Pearly Peach. Kinder spielen am Ufer und jagen sich ins knietiefe Wasser, und hinter den Bergen, dort, wo sich die Luft heute auf über 40 Grad erhitzen wird, steigt die Sonne auf. Es wird Tag in der Walker Bay. Vielleicht hätte Michael Rutzen seine Narbe nicht unbedingt zeigen sollen. Vielleicht hätten er und sein Kollege André Hartman tags zuvor auch ihr selbst gedrehtes Video nicht präsentieren müssen, auf dem man sah, wie ein Weißer Hai kürzlich in einen dieser angeblich so sicheren

Taucherkäfige eindrang und zwei Journalisten um ihr Leben schwimmen ließ. Und vielleicht hätten wir an Bord der »Starship« nicht auch noch Bücher mit Titeln wie »Monsters of the Sea« und »Jaws of Death« herumreichen sollen, in denen die Folgen von Hai-Attacken detailliert festgehalten sind: abgebissene Füße, angenagte Knochen, zerstückelte Leichen.

Wahrscheinlich gehört das alles zum großen Hype um diese angebliche Killermaschine, um ein Tier, das in keinem Aquarium und keinem Zoo der Welt überlebt, das nicht zu zähmen oder gar zu dressieren und in freier Natur nur äußerst selten anzutreffen ist. Und so pilgern Naturliebhaber aus aller Welt nach Gansbaai, in diesen kleinen Ort 170 Kilometer südöstlich von Kapstadt, der als Zentrum für alle Haifreaks gilt und sich dazu den passenden Namen gegeben hat: White Shark Capital of the World.

FOTO: MICHAEL POLIZA

Bereit zum Foto-Shooting wartet die »Starship«-Crew in der Gansbaai, östlich von Kapstadt, auf einen Weißen Hai. Doch der lässt sich Zeit mit seinem Auftritt

Der Wind frischt auf, er trägt den Gestank von 60 000 Robben der Insel Geyser Rock herüber, und am Horizont umkreisen dunkle Wolken jenen Zielort, wo sich an einem guten Tag bis zu 20 Weiße Haie tummeln sollen: Shark Alley. Kurz vor einem Riff geht die »Starship« vor Anker. André Hartman, ein riesengroßer Kerl mit Rauschebart und langen, schon leicht ergrauten Locken, ein Kerl, der jedes Casting für einen Seemannsfilm gewinnen würde, prüft den Wind: Er hat gedreht – auf 20 Knoten aus Südost. Hartman prüft die Sicht unter Wasser: 3 Meter. Und die Wassertemperatur: 13 Grad. Nicht gut. Zu kalt, schlechte Sicht, zu viel Seegang. »Nicht gut«, brummt André Hartman mit einer tiefen, rauchigen Stimme, wie sie nicht anders sein kann, wenn man jeden Tag den Teer von 40 Zigaretten im Rachen abládt und ihn mit Brandy runterspült.

Am liebsten halten sich die Großen Weißen hier in der Bucht bei 16 Grad auf, haben Rutzen und Hartman in den fünf Jahren ihrer Arbeit festgestellt. Und bei schlechter Sicht und starkem Seegang nähern sie sich Schiffen wie der »Starship« schon gar nicht. Aber vielleicht ist heute alles ganz anders, sagen sie. Vielleicht finden wir heute einen, mit dem wir richtig spielen können. Den wir zum Tanzen bringen. Vielleicht.

Wörter wie vermutlich, kann sein und vielleicht fallen oft in diesen Tagen. Rutzen und Hartman haben zwar Hunderte Weiße Haie gesehen; sie sind mit ihnen getaucht und haben sie gestreichelt, sie haben ihnen tief in die Augen geschaut und

FOTO: DAVID DOUBILET

WER WAGT, GEWINNT NICHT IMMER

André Hartman gehört zu den verwegenen Tauchern, die sich auch ohne Stahlkäfig in die Nähe Weißer Haie begeben. Sein einziger Schutz sind eine Lanze und klare Sicht, die ihn die Absichten des Hais erkennen lässt. Solche waghalsigen Einsätze gehen nicht immer gut – ein unaufmerksamer Moment, eine blitzschnelle Attacke, und der Taucher hat keine Chance mehr

DIE FASZINATION DES GRAUENS

Angriffe auf Menschen sind äußerst selten. Dennoch haben spätestens seit Steven Spielbergs »Der Weiße Hai« selbst Landratten Angst vor dem tonnenschweren Raubfisch. In Gansbaai hat sich eine regelrechte Hai-Touristikbranche angesiedelt, die die Tiere mit Robbenattrappen und Ködern anlockt und ihr Geschäft mit dem Grusel macht

sich ihre Fingerkuppen abknabbern lassen, sie wissen mehr über ihr Verhalten als die meisten Wissenschaftler, aber sicher, so richtig sicher, sind sie sich nie. Nicht, wie alt die Tiere werden und wie groß. Nicht, wo sie sich paaren und wann. Nicht, warum sie manchmal so ängstlich sind wie aufgeschreckte Vögel und ein anderes Mal so angriffslustig wie ein Torpedo. Nur, dass sie gestern noch hier waren, genau an dieser Stelle, das wissen sie.

Michael wirft eine Attrappe raus, eine aus einem Surfbrett ausgesägte Robbe, und legt zusätzlich eine perforierte Flasche Fischöl und drei lange Barrakudas als Köder ins Wasser. Das Warten beginnt. Es kann Stunden dauern. Es kann Tage dauern.

Es dauert 45 Minuten. »Shark, Shark«, ruft Michael Rutzen. Die Gespräche an Deck verstummen, und die gesamte Crew rennt an den Bug der »Starship«. Tatsächlich, in etwa zehn Meter Entfernung bewegt sich ein gigantischer schwarzer Schatten langsam und majestätisch durchs planktongetrübte Meer. »Keine Bewegung jetzt«, mahnt Rutzen, »sonst haut er wieder ab.« Die dunkelgraue Rückenflosse taucht aus dem Wasser auf, dreht und wendet sich und schneidet durch den Atlantik wie das Periskop eines U-Bootes. Auch der weiße Bauch ist nun gut zu erkennen, die Kiemenspalten sowie drei blutige Bisswunden auf der Nase. »Ein Weibchen«, sagt Ryan Johnson, einer von zwei Hai-Forschern, die mit an Bord sind. »Um diese Jahreszeit trifft man nur auf Weibchen. Und sie sind sehr viel aggressiver als sonst. Warum, wissen wir nicht.«

Täglich fahren Boote mit Touristen und Beobachtungskäfigen an Bord hinaus zum Hai-Way der White Sharks

MICHAEL RUTZEN KNIET NUN auf der Schwimmplattform der »Starship«, nur 50 Zentimeter über dem Wasser, hochkonzentriert und ruhig. Es ist der Moment, von dem er später sagen wird, er verschaffe ihm jedes Mal einen Adrenalin-Kick wie nichts anderes auf der Welt, wie kein Canyon-Rafting und kein Bungee-Jumping und all diese vorhersehbaren Zehn-Sekunden-Thrills. Der Hai nähert sich ihm, nähert sich den Barrakudas, die Rutzen nun langsam an einer Leine einzieht, nähert sich der Hand, die Rutzen ihm entgegenstreckt – und dreht plötzlich ab. Ignoriert die Delikatessen und taucht unter der »Starship« hindurch in die Tiefe.

Irgendwo dort unten ist er nun, ein vier Meter langer, anderthalb Tonnen schwerer Carcharodon Carcharias (»der mit den gezackten Zähnen«). Dieser vom Aussterben bedrohte Meeresräuber, der das zweifelhafte Glück hat, die gleiche Publicity zu bekommen wie Heidemörder Holst und Ausbrecherkönig Zurwehme und alle Serienkiller dieser Welt. Und gleichzeitig das Pech, zu sehr als Monster zu gelten, als dass Tierschutzorganisationen wie der WWF ihn richtig vermarkten, ihn in ihr Kuscheltier-Sortiment aufnehmen und schützen könnten wie etwa Wale oder Delfine.

FOTOS: MICHAEL POLIZA

DIE MINUTEN VERGEHEN, lange, ungewisse Minuten, in denen die Wellen plötzlich so aussehen wie spitz zulaufende Mäuler und die Schattenmuster auf dem Wasser wie massige Leiber. Aber der Weiße Hai kommt nicht wieder. Vielleicht ist er nicht hungrig, vermutet Michael Rutzen. Oder er hat Angst. Aber vielleicht ist er auch noch in der Tiefe, einige Meter unter dem Rumpf – und wartet. Bei Spielberg würde er jetzt zum Crescendo einer Bassvioline die »Starship« umkreisen, aus der Tiefe hochschießen, das Schiff aufschlitzen und einen blutgetränkten Atlantik hinterlassen.

Instinktiv folgt der Hai der Hand, die ihn an seiner Nase berührt, und lässt sich so dazu bringen, mit seinem ganzen Kopf aus dem Wasser zu tauchen

Der Kinofilm aus dem Jahr 1975 war der Beginn einer Hysterie-Welle, die den Weißen Hai zu einem dämonischen Killer, Spielberg zu einem Multimillionär und Strandurlauber zu Paranoikern machte. Peter Benchley, der Verfasser des Romans und Drehbuchautor des Films, hat längst eingeräumt, »ein unfaires Porträt vom Hai gezeichnet zu haben. Jetzt möchte ich den Rest meiner Zeit dafür nutzen, um vor der Ausrottung der Haie zu warnen«.

Jedes Jahr sterben mehr Menschen durch Bienenstiche oder Schlangenbisse oder durch Ertrinken in der Badewanne als an den Folgen von Hai-Attacken. In Südafrika gab es im Jahr 2000 nur zwei Angriffe von Weißen Haien auf Menschen, und beide endeten glimpflich. Laut »International Shark Attack File« stieg die Zahl der Attacken im vergangenen Jahr weltweit von 58 auf 79, zehn verliefen tödlich. Diese Zunahme lässt sich nach Erkenntnissen des amerikanischen Meeresbiologen George Burgess vor allem damit begründen, dass sich im Wasser immer mehr Surfer und Schwimmer aufhalten und in Gegenden vorwagen, die Haie als ihre Reviere ansehen.

»Die Wahrheit ist, dass Weiße Haie sich nicht viel aus Menschen machen«, sagt Ryan Johnson, Doktorand von der University of Pretoria. »Menschen sind schwer verdaulich, zu kalorienarm und werden von den Tieren meist wieder ausgespuckt. Sie bevorzugen Robben und Delfine und kommen gut auch mal einen Monat ohne Nahrung aus.« Ryan Johnson fährt seit anderthalb Jahren raus, jeden Tag, mit zwei Robben-Attrappen auf dem Wasser und reichlich Frischfleisch als Köder und beobachtet das Verhalten dieser so wichtigen

Tiere an der Spitze der maritimen Nahrungskette. Er hat festgestellt, dass es in dieser Bucht, nahe am Badestrand, unzählige Begegnungen zwischen Hai und Mensch geben muss – ohne jede Folge. »Für jeden Weißen, den wir sehen, gibt es Hunderte Weiße, die uns sehen«, erklärt Ryan. »Ganz selten einmal verwechseln sie Menschen, halten deren Bewegungen für die einer Robbe oder knabbern neugierig an einem Stückchen Mensch.« Was gleich zur Folge hat, dass ein Arm oder ein Fuß fehlen.

Weiße Haie sind, wie man inzwischen weiß, äußerst komplexe und geradezu vollkommene Tiere. Sie sind nur eine von 460 Hai-Arten und leben seit etwa 60 Millionen Jahren in allen Ozeanen der Welt. Bis zu sechs Meter werden sie lang und erreichen Höchstgeschwindigkeiten von 40 km/h. Sie bestehen nicht aus Knochen wie die meisten anderen Fische, sondern aus Knorpel, was die ohnehin hydrodynamisch perfekt geformten Jäger sehr viel wendiger macht. Haie sehen nicht nur zehnmal besser als Menschen, sie können auch hervorragend hören (bis zu einem Kilometer weit) und nehmen im Wasser feinste Druckschwankungen wahr, die durch die Bewegungen anderer Fische ausgelöst werden.

Es wird Abend in der Walker Bay, und der Hai taucht nicht mehr auf. Er wird auch morgen nicht auftauchen, und auch übermorgen nicht. So beginnt das Warten auf der »Starship«. Ein Tag. Zwei Tage. Fünf Tage. Warten, essen, schlafen, warten. Auch das gehört zu einer Reise um die Welt: Warten auf den einen Augenblick, in dem die Natur überrumpelt wird, in dem Haie tanzen und Menschen dafür Worte finden wie mindblowing und bombastisch. Warten, bis das Warten unerträglich wird und die Witze dreckiger. Warten, bis Erzählungen tief in die Jugend zurückführen, als Michael Rutzen noch ein Farmjunge war, André Hartman Bassist in der Marineband und das Leben in Gansbaai ein graues bleiernes Treiben ohne jeden Nervenkitzel.

Bis vor zehn Jahren noch galt Gansbaai als kleines Fischernest, das auf kaum einer Landkarte zu finden war. Dann kamen die Haie und die Abenteurer und die Touristen. Aus Schuppen wurden Häuser und aus Häusern eine Stadt. Aus Tieren wurden Mythen und aus Mythen ein Business. Mittlerweile leben in Gansbaai 13 000 Menschen, die Weißen – Nachfahren der Buren – im Ort selbst, die Schwarzen draußen im Township, in Masakhane, in Wellblechhütten und Pappschachteln und in der Gewissheit, dass sie auch in Zeiten der neuen Freiheit hier in keine weiße Bar reinkommen, in kein Restaurant und in keine andere Etage der Gesellschaftspyramide.

Inzwischen hat sich das Geschäft mit den Weißen Haien zu einer »money-making industry« entwickelt, einem »kleinen Disneyland«, wie Juan, der Besitzer des Hai-Souvenirshop sagt. In seinem Laden gibt es nicht nur Hai-T-Shirts, sondern

EIN HÄNDCHEN FÜR HAIE

Das Spiel mit den Weißen Haien ist nicht ungefährlich. 18-mal ist Michael Rutzen bisher gebissen worden, hat aber Glück gehabt und seine Hand behalten. Schon der kleinste Kontakt mit den rasierklingenscharfen Zähnen führt zu schweren Verletzungen

auch Haifischzahnketten und original angebissene Surfbretter, im Ort sogar eine »White Shark Disco« mit Wandbildern vom Großen Weißen und Soundtracks vom Großen Weißen und Bier aus Dortmund. Fünf Veranstalter bieten in Gansbaai ihre »Adrenalin-Touren« an, für einen Preis von 100 bis 150 Dollar pro Person. Sie nehmen Touristen hinaus, die mit Spielberg im Kopf anreisen und mit Rettet-den-Weißen-Hai-T-Shirts zurückfahren. Früher haben die Leute in Gansbaai noch gelacht über diese Pilger und über diese jungen Typen mit ihren Tauchkäfigen auf den Pickups, heute gehören sie zum Stadtleben, genauso wie die Heldendramen, die immer abenteuerlicher werden, je später es wird und je mehr Brandy fließt. Dramen aus einer Cowboywelt, in der Männer an die Front gehören, Frauen an den Herd und Schlägereien zur guten Abendunterhaltung. Dramen von dieser hundertstel Sekunde, die über Leben und Tod entscheidet und Haiführer zu Legenden macht.

FOTOS: CHRIS FALLOWS/FUJI FILM

Mit ungeheurer Wucht katapultiert sich ein Weißer Hai aus dem Wasser und schnappt sich seine Beute, einen Barrakuda-Köder. Danach gleitet er in einer Steilkurve zurück ins Meer

»Haai op die aas! Haai op die aas!«, ruft André Hartman auf Afrikaans. Hai am Köder. Es ist der sechste Tag auf See, vormittags um elf. Unser zweiter Weißer Hai taucht aus dem Meer auf, er ist größer als der erste, er schwimmt schneller und dreht sich ruckartiger, so als suche er nach Orientierung. Und auf einmal ist er weg.

»Das ist ein schwieriger Kerl«, sagt Michael Rutzen. Woran erkennt man das? – »Du musst ihn lesen.« Wie geht das? – »Er hat Tempo drauf, er ist ungestümer, und die Augen, sieh dir die Augen an.« Ich seh nichts. – »Der ist gierig. Der will was.«

»Achtung, er kommt von der Seite«, ruft jemand vom Oberdeck. Aber da ist es zu spät. Der Hai katapultiert sich aus dem Wasser, reißt sein Maul auf und erwischt die Barrakudas, bevor Rutzen sie ihm entziehen kann. Er verschlingt auch die Plastikflasche mit Fischöl und zerrt nun am Tau. Schlägt mit seiner vertikalen Rückenflosse laut klatschend aufs Wasser, Wellen lösen sich, Gischt spritzt hoch an Deck, und schließlich lässt Rutzen das Tau durch seine Finger gleiten, gibt es verloren und weicht zurück. Aber der Hai ist verschwunden.

Was hättest du gemacht, wenn er dich ins Wasser gezogen hätte? – »Bloß nicht panisch werden«, sagt Rutzen. »Du darfst dich weder wie seine Beute verhalten noch wie sein Gegner.« Und wenn er auf dich zukommt? – »Drückst du ihm in die Augen. Oder kratzt seinen Kopf mit einem Stock. Das mag er nicht.« Und wie wäre es mit wegschwimmen? – »Schwimmen? Nein.« Wieso? – »Ich kann nicht schwimmen«, sagt Rutzen. Der Seemann.

DAS SPIEL MIT DEN WEISSEN HAIEN muss nicht auf Dauer gut gehen, das weiß Rutzen genau. Aber über Angst spricht man nicht – Angst hat man. Einmal ist ein Großer Weißer auf ihn zugesprungen und fast auf seinem Schoß gelandet, ein anderes Mal hat ihn eine Welle erfasst und beinahe in den Rachen hineingespült. 19 Narben von kleineren Bisswunden zieren seine Arme und Hände, Narben, die bei Frauen angeblich gut ankommen, »aber wenn sie erfahren, woher ich sie habe, wollen sie nichts mehr von mir wissen«.

Trotzdem will Michael Rutzen weitermachen, will den Menschen zeigen, um welch kluges und sensibles Geschöpf es sich eigentlich handelt, will der Erste sein, der die Tiere per Hand füttert, will ihre empfindlichen Stellen am Körper ertasten und vor allem eins: ihre Sprache lernen, in sie hineinblicken, einer von denen sein, die es früher mal auf den großen Trecks der Buren gab und heute nur noch in sterilen Gentechniklabors, ein wahrer Pionier.

Mittlerweile ist in Südafrika so etwas wie ein Wettstreit ausgebrochen um die neuesten Erkenntnisse, die besten Fotos, die spektakulärsten Tricks. Wer kommt am nächsten an den Weißen Hai heran? Wer kann sein Maul öffnen? Wer berührt seine Nase? Und gleichzeitig wächst die Kritik an den Veranstaltern der Exkursionen: Die Haiführer würden die Tiere erst in die Bucht locken und ihnen antrainieren, auf Boote und Surfer loszugehen (wofür es allerdings keinen Anhaltspunkt gibt). Es ist der alte Krieg, in dem die einen als Puristen gelten und die anderen als Ausbeuter, die einen als Money-Maker und die anderen als Trouble-Maker, und in dem es so lang keine Wahrheiten gibt, bis der erste Mensch im Rachen verschwindet.

Es wird Mittag an diesem sechsten Tag. Einige Crewmitglieder füttern die Website mit aktuellen Digitalfotos, andere analysieren das Haiverhalten mit den Meeresbiologen an Bord und schicken ihre Berichte via Satellit hinaus in die Welt. Nur einer steht einsam am Oberdeck, ein junger Kerl mit sonnengebleichten Haaren und hellblauen Augen und einem T-Shirt mit der Aufschrift: »Save the Great White Shark«. »Die Tiere werden vorgeführt«, sagt Chris Fallows. »Wenn man Tiere liebt, spielt man nicht mit ihnen.« Fallows sagt, er liebe Weiße Haie, er liebe sie von ganzem Herzen, sie seien herausragende Persönlichkeiten und gleichzeitig ein so großes Mysterium, weil man sie nie wird richtig erforschen können.

Wahrscheinlich hat kein Mensch der Welt mehr Weiße Haie gesehen als Chris Fallows. Seit acht Jahren schon fährt er auf seinem kleinen Fischerboot »Blue Point« hinaus zu einer Robbeninsel in der benachbarten False Bay und kommt erst in der Dunkelheit zurück. Für jeden einzelnen Weißen Hai hat er ein Portfolio angelegt, in dem er alles festhält: die Größe und das Aussehen, das Jagdverhalten und die Erfolgsquote bei Angriffen auf Robben. Er gibt den Raubfischen Namen wie Christmas Tree (der mit der tannenbaumähnlichen Rückenflosse) oder Rasta (schläfrig, easy-going) und hat begonnen, mittels Markierungen und eines Radarsystems ihre Wege zu verfolgen. Manche der bisher als Einzelgänger geltenden Tiere hielten sich über Tage in losen Gruppen auf, andere ließen sich wochenlang nicht blicken. Und das Wiedersehen, das sei für ihn so emotional, schwärmt Chris, »gewaltiger als jeder Film, gewaltiger als jede menschliche Begegnung«.

Es gibt Leute, die Chris Fallows für einen Spinner halten, für einen einsamen Tierfanatiker, für das jugendliche Pendant zu der pudelvergötternden Witwe im Lehnstuhl. Dabei ist er ein stiller, bescheidener Typ, der davon lebt, dass er hin und wieder mal einzigartige Fotos verkauft von einem springenden Weißen Hai. Fotos, die in dem Bruchteil einer Sekunde entstehen und für die er monatelang mit gezückter Kamera in seinem Boot ausharrt, bis er Krämpfe in den Armen bekommt und Kopfschmerzen vor lauter Konzentration. Manchmal schaffen es die Bilder dann tatsächlich auf die Titelseiten einer Tageszeitung – in Vancouver, Los Angeles oder Sydney – und bekommen Überschriften verpasst, die er so hasst: »Killer on the Loose.« Oder: »Be Afraid. Be Very Afraid.«

Die Population der Weissen Haie hat sich in den vergangenen Jahren etwas stabilisiert, laut Internationaler Tierschutz Union aber sind sie weiter vom Aussterben bedroht. In Australien leben nur noch etwa 200, in Südafrika, wo sie wie in Australien und Teilen der USA geschützt sind, mindestens 1500 Tiere. Erst mit 15 Jahren werden Weiße Haie geschlechtsreif und bringen nur sechs bis sieben Junge zur Welt. Zudem werden sie weiter illegal abgeschlachtet und nach Asien exportiert, weil ihre Flossen dort als Delikatesse gelten, ihre Knorpel als Wundermittel gegen Krebs und ihre Zähne als wertvolle Devotionalien. Bis zu 10 000 Mark bezahlen Sammler für den kompletten Kiefer des Raubtiers.

Weitere Haie tauchen auf an diesem letzten guten Tag auf hoher See; die meisten sind scheu und ängstlich, Schaulustige, die sich neugierig der »Starship« nähern und sich schnell wieder verdrücken. Aber einer ist dabei, der zu bleiben scheint, der mutig ist. Ein Spieler. Endlich ein Spieler. Rutzen lacht, er gluckst, es ist das Lachen eines aufgeregten kleinen Kindes.Er schmiert seine Hand mit Leberöl ein, kniet sich auf die Plattform, zieht den Köder ein und hält dem großen Weißen seine stinkende Hand entgegen. Dieser schwimmt auf ihn zu, entschlossen und kraftvoll, schnappt mit seinem ausdehnbaren Kiefer nach dem Köder, verfehlt ihn, schnappt nach der Hand, verfehlt sie und schießt nun mit Macht aus dem Wasser heraus. In diesem Moment hebt Rutzen seine Hand, führt sie kreisförmig zur Nase des Tieres und berührt sie kurz. Der Hai reißt sein Maul auf, dieses berühmteste Maul der Tierwelt, mit den Dolchzacken im Oberkiefer und den spitzen Fangzähnen im Unterkiefer, mit diesen fünf stahlharten Zahnreihen, die jeden Knochen durchbeißen. Er verfehlt die Hand erneut, ragt weiter aus dem Wasser hervor, taumelt hin und her, erscheint plötzlich wie hypnotisiert, und gleitet erst nach wenigen Sekunden, die eine Ewigkeit zu dauern scheinen, rücklings ins Meer.

Weiße Haie sind vollkommene Tiere. Seit etwa 60 Millionen Jahren leben sie in allen Ozeanen. Sie können zehnmal besser sehen als Menschen, hervorragend hören und erreichen eine Höchstgeschwindigkeit von 40 km/h

Es ist der so herbeigesehnte Tanz des Großen Weißen in den schwarzen Wellen des Atlantiks. Es ist die elegante Show des Michael Rutzen mit einem Raubtier, aus dem für einige Minuten ein Spielkamerad geworden zu sein scheint. Dabei ist er nichts anderes als ein unberechenbarer Jäger, der nur eins will: fressen. Und so kommt er wieder. Achtmal. Bis die Filme voll sind und die Köpfe auch und bis das Ganze tatsächlich wie ein Spiel erscheint, wie Routine und nicht wie das, was es wirklich ist: ein lebensgefährlicher Akt.

Der Wind legt sich, und zum ersten Mal seit Tagen ist das Meer ruhig. Zeit zum Aufbruch, bevor der Southeaster den Turn ums Kap der Guten Hoffnung wieder unmöglich macht. Michael Rutzen und André Hartman werden sich an diesem Abend wieder den Fischlebergestank vom Körper schrubben – mit Zahnpasta und Allzweckreinigern, mit einer Hard-Core-Mixtur, ohne die ihre Frauen sie nicht küssen und ihre Freunde sie nicht feiern.

Und die »Starship« wird in der Abenddämmerung die Walker Bay verlassen, wird vorbeifahren an Robbeninseln und Pinguinkolonien, an einer Walmutter, die mit ihrem Albino-Kind für die große Reise zur Antarktis trainiert und wird sich schließlich aufmachen zum nächsten Abenteuer. Richtung Norden.

FOTO: OBI OBERHOLZER

ABSTECHER ZU DEN HIMBAS

Namibia ist ein Land schroffer landschaftlicher und klimatischer Gegensätze. Michael Poliza traf dort auf Menschen, die sich der Natur auf ideale Weise angepasst haben. Die einen seit Jahrtausenden, die anderen erst in jüngster Zeit

Namibia ist ein Land der Weite. Und der Kontraste. Mercury Island liegt voraus, eine winzig kleine Insel im kalten Meer, auf dem Weg von Lüderitz nach Walvisbay. Wir haben Ladung für die Insel an Bord, Gemüse, Salat, alles, was grün ist. Denn Mercury bekommt selten Besuch. Eigentlich nur einmal im Jahr. Dann kommt ein Schiff und bringt Proviant und Wasser – genau 50 000 Liter. Die müssen dann wieder ein Jahr lang reichen für die Inselbewohner: zwei Menschen, 16 000 Pinguine, 5000 Kormorane und 2000 Tölpel.

Die Menschen heißen Rian und Joan, ein junges Paar, das hier seit fünf Jahren lebt, glücklich, wie es beteuert, um als Vogelwarte auf die Insel und ihre Mitbewohner aufzupassen. Beide kommen aus der Großstadt und können sich ein Leben dort nicht mehr vorstellen. Weg von Mercury? Nie! Aber dann scheinen sie doch leise Zweifel zu haben. Nicht an ihrem Insel-Dasein, sondern an sich selbst. Vorsichtig fragen sie uns aus. Hintergrund ihrer Fragen die eine große Frage: Wirken wir noch normal?

Wir können sie beruhigen. Sie sind erleichtert. Und freuen sich über das Grünzeug wie Kinder zu Weihnachten. Zuletzt haben wir die Bescherung noch abgerundet mit einer Kiste Cola, 30 Eiern und einem Computer, den sie sich schon lange sehnlich wünschen, um ihre Vogel-Statistiken besser führen zu können. Und dann blieben sie zurück, zu zweit allein auf ihrer einsamen Insel im weiten Meer. Aber mancher in einer Millionenstadt ist einsamer.

Ist es wirklich das gleiche Land, in dem gerade noch diese andere Begegnung stattgefunden hat? Wir waren mit Vierradantrieb in der staubigen Wüste unterwegs, als wir den Himba begegneten. Eine Zeitreise. Ein Volk der Rinder- und Ziegenzüchter, das keine Schrift kennt, in kleinen Kralgemeinschaften und festen Hierarchien lebt, in Lehmhütten wohnt und nahezu nichts von dem nutzt, was

unseren zivilisatorischen Alltag ausmacht. Das Dorf, auf das wir stoßen, ist winzig. Fünf Hütten, ein Gehege für die Ziegen. Kein Mann ist zu sehen, wahrscheinlich sind sie mit den Ziegen unterwegs, die abends wieder in den Kral getrieben werden. Die Frauen, die mit ihren Kindern allein im Dorf sind, ihre Körper mit einem Gemisch aus Fett und zerriebenem Roteisenstein eingerieben, zeigen nicht die geringste Befangenheit. Im Gegenteil, sie wirken

FOTOS: MICHAEL POLIZA (3)

selbstbewusst, ja stolz; sie haben nichts gegen unsere Anwesenheit und gehen souverän mit ihr um. Wenn sie gefilmt werden, lächeln sie, und die Kinder jubeln, als sie sich dann im Display der Digitalkamera selber sehen.

Die Frauen beschließen, einen Tanz für uns aufzuführen, aber immer wieder bricht eine von ihnen aus der Formation zu einer spontanen Aktion aus, belacht und bejubelt von den anderen. Es ist ihr Fest. Und ihr Leben. Und sie wirken nicht so, als ob sie mit uns tauschen würden. Ebenso wenig wie Rian und Joan, die einsamen Insulaner.

Mercury Island ist Heimat einer Kolonie von Kormoranen, Tölpeln und 16 000 Eselspinguinen. Gleich hinter der Küste beginnt die Namib-Wüste, in der verfallene Häuser an die Zeit des Diamantenrauschs erinnern. Am Rand der Wüste lebt das Volk der Himba wie zu Urzeiten

DAS ERBE DER DEUTSCHEN PIONIERE

Deutsch-Südwest – vor einem Jahrhundert wurde ein Stück Deutschland in die afrikanische Wüste exportiert. Dank Diamantenfunden blühte es zu einer turbulenten Hafenstadt auf. Heute schleift Flugsand die Reste der kolonialen Pracht. Eine Spurensuche in Lüderitz

VON WOLFGANG METZNER UND OBI OBERHOLZER (FOTOS)

Von Südwest die Gischt des endlosen Atlantiks mit seiner eiskalten arktischen Strömung. Vorn der Glutofen der Namib-Wüste, gewaltige Wanderdünen, eine sandfarbene Wand. Langsam schiebt sich die »Starship« mit ihren leise brummenden Dieselmotoren auf die Küste zu, passiert die Klippen, wo 1487 der portugiesische Entdecker Bartholomaeo Diaz als erster Weißer seinen Fuß auf dieses Land gesetzt hat, gleitet zwischen der Pinguin- und der Robbeninsel durch, deren schrundige Felsen von weißem Vogelkot gefleckt sind. Dann ein Hafen mit rostigen Fischerbooten und einem Häuserhaufen, der auf nacktem Gestein daliegt wie gestrandet: Lüderitzbucht. Einer der skurrilsten Orte der Erde. Ein Stück Deutschland auf einem anderen Planeten.

»Woermann-Linie AG« ist in großen Lettern unter dem geschwungenen Giebel eines alten Kontorhauses zu lesen, vor dem einst Dampfschiffe aus Hamburg festmachten. »Bismarck-Straße«, »Vogelsang-Straße«, »Ringstraße«: vertraute Emailleschilder an Gassen, in denen überall Fachwerkverzierungen, Türmchen und schmiedeeiserne Gitter zu sehen sind.

Leicht könnte man sich in einen Berliner Villenvorort der Jahrhundertwende träumen, wären nicht die meisten Passanten in den staubtrockenen Straßen Farbige. Heute leben nur noch rund 200 Menschen deutscher Herkunft in der Stadt, die auf mehr als 10000 Einwohner gewachsen ist. Aber die alten Schriftzüge an den Gebäuden, »Kapps-Konzert u. Ball-Saal«, die »Lesehalle« neben dem »Männer-Turnverein«, das würdige Fimenschild von »Krabbenhöft & Lampe«, wo einst alles verkauft wurde von Petroleumlampen bis zu Kamelen, erzählen Geschichten aus einer anderen Zeit.

»Es war eine wunderschöne Zeit damals«, sagt Friedel Druker, die im Seniorenheim »Hermine Offen« sitzt und aus einem Fenster über die Stadt schaut, in der sie so viel erlebt hat: die ersten Jahre der deutschen Schule. Die Theatervorführungen und Turnfeste in girlandengeschmückten Hallen. Rauschende Tanzabende und Fackelzüge und einen Flottenbesuch, bei dem die Kapelle des Kreuzers »Karlsruhe« die Bevölkerung jubeln ließ. Jetzt ist Friedel Druker 81, aber die Augen der alten Dame mit dem sonnengegerbten Gesicht beginnen zu strahlen, wenn sie leise die Töne summt, die zur Melodie ihres Lebens geworden sind: das »Südwester-Lied«, das ein Land »hart wie Kameldornholz« und seine endlosen Weiten besingt.

»Deutsch-Südwest«. Heute entweder vergessen oder als imperialistische Sünde verfemt. Dabei ist diese verschwiegene Epoche ein faszinierendes Stück Geschichte von Abenteurern, die voller Hochmut und Eroberungslust, aber auch voller Opferbereitschaft aufbrachen in eine neue Welt.

Franz Adolf Eduard Lüderitz war einer der ersten. Noch heute erinnert ein Gedenkstein auf der wellenumspülten Haifisch-Insel am Hafen an den Pionier, den alte Bilder mit ungestümen Locken und mächtigem Schnäuzer über dem Stehkragen zeigen. In Amerika war der Sohn eines

Bremer Tabakgroßhändlers mit seinen Geschäften gescheitert. Nun wollte er in Afrika sein Glück machen, in dieser baumlosen Bucht, die alles andere als einladend aussah. Es war der 10. April 1883, als dort ein Erkundungstrupp ins kalte Wasser sprang und mit einem lauten »Hurra!« an Land stürmte. Vier Männer schafften Balken und Kisten ans Ufer, um einen Vorposten aufzubauen. Lüderitz, der bald folgte, wollte nach Mineralien suchen und einen Handelsposten in der Ödnis gründen, die noch von keiner europäischen Macht besetzt war.

Deutsche Architektur mit Erkern und Fachwerk prägt bis heute Teile von Lüderitz. Rund 200 Deutschstämmige leben noch in der Stadt

Mit Hilfe von rheinischen Missionaren kaufte er dem Nama-Häuptling Joseph Fredricks für 100 Pfund Sterling in Gold und 200 Gewehre einen Uferstreifen ab. Der lebte mit seinem Volk weiter im Inland. Aber in der Bucht hatten sich auch schon ein paar englische Robbenfänger niedergelassen. Gegen diese Rivalen brauchte Lüderitz den Schutz der Regierung in Berlin.

Kanzler Bismarck war an Kolonien nicht interessiert, nachdem der Reichstag die »Samoa-Vorlage« und damit die Schutzherrschaft über die Südseeinsel abgelehnt hatte. Aber die Öffentlichkeit machte Druck. Deutschland hatte 1882 eine Überseeauswanderung von 220 000 Menschen. So garantierte Bismarck Lüderitz schließlich in einem Telegramm die Protektion durch das »Empire«. Und schickte 1884 die Kriegsschiffe »Elisabeth« und »Leipzig« in seine Bucht.

»Mit voller Musik zogen wir den Abhang hinauf, in dessen Mitte eine hohe Flaggenstange errichtet worden war«, schrieb der Marinegeneralarzt Dr. Harry König, der mit 300 Mann Besatzung dort landete, »die Kriegsflagge stieg am Mast empor, und in das donnernde dreifache Hoch mischte sich der Kanonenschall der beiden Fregatten, die der Flagge den Salut von je 21 Schüssen brachten.« Es waren die Startschüsse für eine Kolonie, deren goldene Zeiten Lüderitz nie mehr sah.

Der Kaufmann aus Bremen konnte sein Abenteuer schon bald nicht mehr finanzieren, nachdem sein Schoner »Tilly« mit wertvoller Ladung wenige Meter vor Afrika an den Klippen zerschellt war. Er selbst verscholl für immer, als er mit einem winzigen Faltboot von der Mündung des Oranje-Flusses die Küste im Süden erkunden wollte, die so viele Menschenleben gekostet hat. Wer heute an den endlosen Felsstränden unterwegs ist, stößt immer wieder auf Skelette von Schiffen, die Strömung und Sturm ans Ufer geworfen haben. Und wer sich vom Meer aus auf den Weg nach Osten macht, ins Inland, trifft auf unzählige Knochen von Zugochsen, die in den Dünen

KAUFMANN UND ABENTEURER

Der Bremer Kaufmann Franz Adolf Eduard Lüderitz landete 1883 in der Bucht, die heute seinen Namen trägt, und gründete eine deutsche Kolonie – Pioniersiedlung von Deutsch-Südwest-Afrika. Die Bucht wird umschlossen von der windigen Namib-Wüste, die einen zirka 100 Kilometer breiten Küstenstreifen einnimmt. Flugsand, Wanderdünen und extreme Trockenheit prägen ihr Gesicht

EIN GANZ BESONDERER MIX

In Lüderitz herrscht freundliches Multi-Kulti-Klima: Im Penguin-Restaurant servieren schwarze Maids bunte Drinks. Im Kegelklub »Fleißige Lieschen« schieben deutschstämmige Seniorinnen ihre ruhige Kugel. In der Schlosserei Plietz arbeiten Vater und Söhne in dritter und vierter Generation an museumsreifen Maschinen. An der Pier beim Nest-Hotel sorgen Wachleute für Sicherheit

jämmerlich verdurstet sind. Hundert Kilometer breit ist der Wüstengürtel, der sich am Atlantik entlangzieht: hundert Kilometer Todeszone für die Ochsentrecks, die immer wieder im Sand stecken blieben, wenn sie mit ihren schweren 24-Spännern die glühende Namib durchquerten. Hundert Kilometer flimmernde Luft, die glitzernde Seen in der Ferne vorgaukelt, aber beim Näherkommen im Nichts verschwinden lässt.

Weder in Lüderitzbucht noch in den umliegenden Dünen gibt es irgendwelche Quellen, und Trinkwasser musste zu horrenden Preisen mit dem Schiff von Kapstadt herantransportiert werden, bis 1897 ein Dampfkondensator gebaut wurde. Erst nach der Durststrecke beginnt das gelobte Land. Es ist dieses Land, das vor hundert Jahren die Farmer anlockte und bis heute jeden in seinen Bann zieht: Gras, so weit das Auge reicht. Termitenhügel und Springböcke in der Steppe, aus der im fernen Dunst braune Bergketten aufragen. Auf den ersten Blick eine spröde Schönheit. Aber wenn die gewaltigen Regengüsse kommen, ein grünes Paradies.

Die Felsenkirche von 1912 wurde mit dem Gelöbnis eingeweiht, »auf immer an deutscher Art und Sitte festzuhalten«. Heute finden nur noch selten Gottesdienste statt

Die unendlichen Weiden bieten dann Nahrung für riesige Rinderherden, und so entstanden dort vor einem Jahrhundert immer mehr deutsche Farmen. Als sich die eingeborenen Hottentotten dagegen wehrten, wurden Eisenbahngleise durch die Namib gelegt: Die »Schutztruppe« sollte anrücken. Immer wieder blieben Bauarbeiten und Bahnwaggons im Flugsand stecken. Aber gerade dort schlummerte auch ein Wunder: Über Nacht wurde die Wüste zum Dorado für Glückssucher aus aller Welt. Als im fernen Deutschland schon über die teure »Streusandbüchse« auf dem Schwarzen Kontinent gespottet wurde, fand der Streckenarbeiter Zacharias Lawala neben den Bahngleisen einen merkwürdig glitzernden Stein. Der »Cape Boy« aus Südafrika brachte ihn zu seinem deutschen Bahnmeister. August Stauch machte einen Ritzversuch auf seinem Uhrglas. Die Schramme, die zurückblieb, löste ein wahres Fieber aus.

Wie ein Lauffeuer verbreitete sich im Mai 1908 die Nachricht, dass im Wüstensand Diamanten lagen. Ein Wettrennen um die besten Schürfgebiete begann. Selbst nachts krochen die Männer auf Knien durch die Dünen, um nach den Glitzerdingern zu sehen.

»Die Diamanten funkelten derartig im Lichte des Mondes, dass sie mühelos aufgelesen werden konnten«, schrieb einer der Schürfer. Ein Suchtrupp Stauchs sah südwärts die edlen

Die stolze Bürgermeisterin der Stadt, Emilia Amupewa, posiert vor einer Darstellung der ersten europäischen Landung durch Bartholomaeu Diaz 1487. Die deutschstämmigen Irmgard Looser, 77, und Waltraud Rothermund, 80, sorgen für den Erhalt der Felsenkirche mit dem Luther-Fenster

Steine »wie Pflaumen unter einem Baum« liegen. Die Rubine daneben waren so zahllos, dass man sie achtlos zurückließ. Von 1908 bis 1913 wurden 4 963 321 Karat Diamanten aus der Namib gebuddelt, fast eine Tonne, und ein großer Teil davon kam aus Kolmannskuppe: damals Bahnstation und Schürfer-Hochburg, zwölf Kilometer von Lüderitzbucht entfernt auf einen Dünenkamm gesetzt. Heute Geisterstadt, längst verlassen. Eine Zeitmaschine, die den Besucher in eine vergangene Welt beamt.

»Sperrgebiet« steht auf den abgeblätterten Metallschildern, die früher das Reich der Diamanten umgrenzten. In einem ausgeblichenen Holzhaus liegen sonnenversengte Arbeitsstiefel und brüchige Schüttelsiebe. Im Regal alte Anstellungsverträge (»54 Stunden pro Woche«) für Männer aus Glasgow und München (»Staatsangehörigkeit: Bayern«). Daneben die »Fiebertabelle« aus dem »Eingeborenen-Lazarett«. Im »Tante-Emma-Laden«, säuberlich abgeheftet, die Bestellungen einer Haushälterin: »Brillantine, Kautabak, Curry Powder, Freiburger Brezeln, Datteln und Waschpulver Persil.«

Das riesige Casino von 1927 beweist, dass Kolmannskuppe auch nach dem Ersten Weltkrieg wieder aufblühte, als »Südwest« unter das Protektorat Südafrikas kam. In der Kegelbahn hängt noch das Emblem des Vereins »Gut Holz« neben den Ebenholzkugeln, und ein Stockwerk höher schritten die besseren Herrschaften durch die holzgetäfelten Flure in ihren reservierten Speisesaal.

Heute sind die Scheiben von Hospital, von Bäckerei, vom Lehrerhaus zersplittert, und Sandgebirge stehen darin bis unter die Decken, deren Anstrich sich wie Haut im Sonnenbrand abpellt. Durch alle Ritzen bläst der Wüstenwind feine Körner in die verwaisten Räume, als wäre eine gigantische Sanduhr am Werk. Nicht nur in Kolmannskuppe hat der Diamanten-

rausch seine Spuren hinterlassen. In Lüderitzbucht machte er aus einer Hand voll von Häusern und Schuppen eine Boomtown mit einem Leben wie in einer europäischen Großstadt. Schmucke Gebäude schossen wie Pilze aus dem Boden. Ein neues E-Werk sorgte für Straßenbeleuchtung. Eine eigene Zeitung wurde herausgegeben, und bei Pferderennen und Maskenbällen flossen Ströme von Champagner und Bier.

»Die meisten Südwester leiden an chronischen Durstgefühlen«, amüsierte sich eine junge Anwaltsgehilfin, die damals frisch angekommen war und mit staunenden Augen in das Nachtleben eintauchte. Wenn in Kapps Bar die Geldscheine ausgingen, um die Barmädchen für einen Tanz auf dem Tresen zu bezahlen, kullerte schon mal ein glitzernder Klunker über den Tisch.

Friedel Druker aus dem »Hermine Offen Haus« hat diese Stein-Zeit nicht mehr selbst erlebt. Sie ist auf einer 14 000-Hektar-Farm am Rand der Namib aufgewachsen. Und die 81-Jährige erinnert sich voller Wehmut an die langen Backäpfel-Abende auf der Farm, wo man mit den »Boys« deutsch sprach. An die Zeit, in der Geschäfte für sie »Store« waren, eine Straße »Pad« hieß und Mischlinge ohne böse Gedanken »Bastarde« genannt wurden. Sie weiß auch noch genau, wie ihr Vater kommandierte: »In mein Haus kommt keine Hakenkreuzfahne, sondern nur Schwarzweißrot.«

Wie die anderen Deutschen hier weist sie empört den Verdacht zurück, dass die Siedler in »Südwest« besonders nazifreundlich gewesen seien. »Ja, wir waren sehr deutsch, aber die Leute hier haben Kaisers Geburtstag und nicht den von Hitler gefeiert«, sagt die Frau, die mit einem Juden verheiratet war.

Lüderitzbucht heißt heute »Luederitz« auf den englischsprachigen Karten. Die »Deutsche Afrika-Bank« in der Hauptstraße ist zur »Commercial Bank of Namibia« geworden. Die »Felsenkirche«, 1912 erbaut, von »Wilhelm Zwo« mit einem Altarfenster bedacht und von Pastor Alexander Metzner mit dem Gelöbnis eingeweiht, auf immer »an deutscher Art und Sitte festzuhalten«, liegt fast verwaist über der Stadt, die mal die Keimzelle einer Kolonie war.

Draußen in der Sturmvogelbucht, wo 1913 eine Walfangstation war, frisst sich der Rost durch die Kocher, Kapps legendärer Ballsaal wird zum Supermarkt umgebaut. Frauen wie Charlotte Bergknecht, die dort noch regelmäßig die Kugel schieben im »Kegelverein Fleißige Lieschen«, sind auch schon über 80. Und im fachwerkgeschmückten Rathaus, wo eine ganze Galerie mit Fotos deutschstämmiger Bürgermeister hängt, sitzt jetzt Emilia Amupewa unter einem Porträt von »Onkel Sam«.

Emilia Amupewa gehörte wie Präsident Sam Nujoma der Swapo an: der Organisation, die für Namibia die Unabhängigkeit von Südafrika erkämpfte. Und wie der Übervater der Nation zählt die neue Bürgermeisterin zu den Ovambo: dem Volk, von dem Tausende vor der letzten Wahl nach Lüderitzbucht umgesiedelt wurden, um für die richtigen Mehrheitsverhältnisse zu sorgen. Ein Teil fand Jobs in den stinkenden Fischfabriken und Zuflucht im »Sand Hotel«, wie Weiße den Wellblech-Slum am Berghang schimpfen. Aber die »Germans«, sagt Emilia Amupewa ganz freundlich, sind immer noch »strong in town«.

Im Museum von Lüderitz werden alte Sperrgebietsschilder und die primitiven Transportmittel der Diamantenschleifer ausgestellt

So fühlen sie sich auch – zumindest diejenigen, die noch aushalten: ein verschworener Haufen, der jedes Jahr seinen Karnevalsprinzen wählt und sich jeden Samstag zwischen Kolonnen deutscher Bierdeckel an der Bar der »Turnhalle« trifft. Dort werden nicht mehr Gewichte, sondern Gläser mit Saft nach deutscher Braukunst gestemmt.

»Das Leben hier, das ist immer noch die große Freiheit«, sagt Werner Zwicker, der eine Autowerkstatt betreibt. Er möchte das nicht missen: die wilden Fahrten mit den Kameraden vom »4-by-4-club« in Geländewagen durch die Dünen und den Canyon des Fish-Rivers. Die Touren durch den endlosen Busch und die Lagerfeuer an den gelbtrockenen Flussbetten. Die Flamingos am Strand und die »lobster« im knietiefen Wasser. »Vor der Tür haben wir einen großen Sandkasten, und hinter uns dieses riesige Meer.«

Dort liegt die Zukunft: Die »Starship« wird die Bucht wieder verlassen, aber bald sollen Kreuzfahrtschiffe kommen. Kreditkartengespickte Passagiere für die Shops und Souvenirläden an der neuen »Waterfront«, die gerade am Hafen hochgezogen wird.

Noch ist der Blick frei auf das Kontor der »Woermann-Linie« und die Fassade von »Krabbenhöft & Lampe«. Aber das alte Lüderitzbucht, diese herbe Schönheit, könnte bald zum letzten Tanz bitten, wenn der Karnevalsprinz nicht mehr zum jährlichen Maskenball nach Kolmannskuppe ruft. Der Garde fehlen schon die jungen Mädchen.

FOTOS: HANNS-JÖRG ANDERS

SPIEGEL DER SEE

Auf der Fahrt von Namibia nach St. Helena führt Wolfgang Röhl ein Tagebuch, meditiert über das Meer, seine wechselvollen Gesichter und die Gedanken, die es auslöst

WALVIS BAY, DONNERSTAG, 16.00 UHR

Walfischbucht, was für ein romantischer Name. Du stellst dir darunter Was-weiß-ich vor. Einen Kapitän-Ahab-Hafen vielleicht. Rumselige Burschen, rauchgeschwängerte Kaschemmen. In Wahrheit ist Walfischbucht ein Fischindustriekaff an der Küste von Namibia. Triste Hüttensiedlungen, Fischöltanks, Fischmehllager, über allem Fischgestank. Rostige Trawler, gammelige Lagerhallen, bröckelnde Kaimauern. Am Ortsausgang, im Wüstensand, verwehte Gräber von unbekannten Malochern, die irgendeine Epidemie hinweggerafft hat. Wir sind froh, als die »Starship« endlich ablegt.

SCHWACHE DÜNUNG

Hinter uns die ockerfarbene Namib-Wüste mit ihren enormen Dünenkämmen. Übergangslos fällt sie ins graugrüne Meer. Robben springen aus dem Wasser wie Delfine, Kormorane patrouillieren die Wellen. Schwarze Möwen folgen dem Kielwasser, Abfälle witternd. Im Hintergrund Bergketten. Golden bestrahlt, während wir ins Bleigrau abdampfen. Tief hängt die Wolkendecke.

Martin, unser englischer Kapitän, von Haus aus Tanker- und Containerschifffahrer, hat den Kurs der »Starship« auf der Bildschirmkarte per Mausklick festgelegt und in den Navigationscomputer eingegeben. Noch ein paar Wendemarken, die von Hand zu bestätigen sind. Danach wird die »Starship« stur Kurs 290,5 Grad Nordwest halten. Die Abdrift wird ständig ausgeglichen durch das Satelliten-Navigationssystem. Sechs Tage werden wir für die 1222 Seemeilen bis St. Helena brauchen, falls das Wetter so bleibt. Sagt der Computer. Sollte unterwegs die Windrichtung wechseln und sich der »Speed over ground« (tatsächlich gefahrene Geschwindigkeit) ändern, wird sich der Computer laufend korrigieren. Am Ende liegt er immer richtig. Beneidenswert.

9.30 UHR

Raue See. Allen ist ein bisschen unwohl. Die »Starship« rollt und schlingert. Wir werden während der ganzen Passage wahrscheinlich kein anderes Schiff sehen, meint Martin, der oft im Südatlantik fuhr. Wenn er in solchen schiffsverlassenen Gegenden denn doch mal was auf dem Radar entdeckt, greift er gern zum Funkgerät, Kanal 16. »What are you doing here?« Die Antwort lautet meistens: »What are you doing here?«

FREITAG, 12.00 UHR

Schlecht geschlafen. Einmal schmerzhaft zu Boden gegangen, beim Versuch, aus der oberen Koje zu klettern. Das Boot bricht manchmal achtern aus wie ein Auto bei Glatteis. Dann kommen Kräfte zum Zuge, die einen in unerwartete Richtungen schleudern können. Dünung: ungefähr drei Meter. Beileibe nicht die »Roaring fourties«, die gefürchteten Sturmgebiete unterhalb des 40. Breitengrades. Aber in Verbindung mit Rükkenwind genug, um uns zuzusetzen. Die Espressomaschine fällt von der Anrichte und gibt den Geist auf. In unserer Kabine reißt ein Drucker aus seiner Sicherheitshalterung und geht k.o. Überall knarzt und ächzt es. Muss das Boot abkönnen, pflegte Lothar-Günther Buchheims »Kaleu« zu knurren.

Eine verwischte Stimme im Radio, Kanal 16. Verstehe nur »Island«. Nichts zu sehen, weder mit den Augen noch auf dem Radarschirm. Fregattvögel segeln über die Wellenkämme. Es klart auf, wird wärmer. Der kalte Benguela-Strom verliert an Wirkung. Lasse, unser schwedischer Koch, ist seekrank. Die anderen sind müde, wegen des ewigen Geschaukels und der Pillen gegen die Seekrankheit. Birgit, unsere Bord-Biologin, trägt ein Armband gegen Übelkeit. Schaut damit aus wie vom Club Med.

Blick von der Fly Bridge. Hier oben wirkt das Boot erst so richtig rollig. Ich bin zum Glück nicht seekrank. Wellen. Weite. Grauweißblau. Diffuser Horizont. Wie mutterseelenallein so ein Schiff sein kann. Was, um Himmels willen, finden Einhandsegler daran, um den Erdball zu schaukeln? Hundeleben. Saufraß. Und keiner, keiner da zum Reden. Es schüttelt einen bei der Vorstellung. Muss wie eine Droge wirken, diese extreme Segelei. Anders ist sie nicht begreifbar.

14.00 UHR

Es klart auf, wird wärmer. Weiße Kappen auf den Wellen. Das Wasser auf einmal gnadenlos blau. Auf Kanal 16 ruft einer die Yacht »Schipso« oder so. Wieder nichts zu sehen. Wir laufen rund 8,5 Knoten, 15 km/h. Sogar ein Hollandrad würde uns überholen. Über den Bug schauend, hat man das Gefühl, kein Stück voranzukommen. Jeder Bezugspunkt fehlt. Wiederentdeckung der Langsamkeit. Obwohl, an unserem rechteckigen, schmalen, fast auf Wasserhöhe gelegenen Kabinenfenster entlang sprudelt es, als segelten wir den Admiral's Cup. Alles relativ.

Abends zieht es sich wieder zu. Höhere Wellen. Der Kühlschrank im Salon ist jetzt nur noch durch zwei Leute zu handhaben. Einer hält ihn einen Spalt auf, der andere bedient sich. Sonst Kladderadatsch. Es gibt Reis mit Champignonsauce sowie Schwarzwälder Kirschtorte, gekauft beim deutschen Bäcker in Walvis Bay. Die Crew, alle bis auf Birgit Angelsachsen, ist von dem gewaltigen Teil beeindruckt.

SAMSTAG, 8.00 UHR

Schiff in Sicht! Zunächst nur auf dem Schirm, aber immerhin. Endlich was zu sehen! Man glaubt ja gar nicht, wie anstrengend es ist, dauernd nichts zu sehen. Sonst nur Routine. Jede Stunde kontrolliert Corinne, unsere englische Maschinistin (eine richtige »Marine Mechanic«, viel rumgekommen auf Riesenpötten), den Maschinenraum. Liest die Instrumente ab, lauscht, ob sich Geräusche verändert haben. Sie traut jenem Bildschirm auf der Brücke, der die Motorendaten anzeigt, längst nicht mehr. Einige davon sind falsch. Ist auch gut, um sich Bewegung zu verschaffen, sagt Corinne in ihrem gewöhnungsbedürftigen Birmingham-Akzent.

Langeweile, Geißel der Seefahrer! Kein Land, nirgends. Früher wurden die Sailors eisern unter Dampf gehalten, damit sie nicht auf dumme Gedanken kamen. Immerzu Deck schrubben, Reling streichen. Keine Schikane, bloß angewandte Psychologie. Wäre Captain Bligh von der »Bounty«, der nach Ansicht von Historikern nicht halb so hart neurotisch war, wie ihn Hollywood im Film darstellte, noch strenger mit seiner Mannschaft umgegangen, vielleicht wäre ihm die Meuterei erspart geblieben.

ALLES FÄLLT SCHWER BEI DEM GESCHAUKEL

James, unser talentierter Multimedia-Mann, kann sich immer nur für ein paar Minuten konzentrieren, wenn er seine Videofilme am Bildschirm schneidet. Brady, kanadischer Web-Unternehmer, der sich eine lange Auszeit vom Stress der New Economy genommen hat, geht es genauso mit dem englischen Internet-Logbuch, das er jeden Abend schreibt.

Das andere Schiff: ungesehen vorbei. Nicht mal Funkkontakt. Unser einziger Besucher: ein fliegender Fisch, der tot im Schlauchboot liegt. Wie hoch sie fliegen können, diese eleganten Zwitterwesen. Hinten auf dem Deck ist die Raucherecke. Da sinniert man und guckt in die Wellengebirge und wiegt sich mit dem Boot und könnte ewig so weitergucken. Wasser ist wie Feuer. Dieselbe Magie. Besser als jedes Fernsehprogramm.

Zu einer Schiffsreise gehört das richtige Buch. Ich habe die wunderbaren »Seestücke » von James Hamilton-Paterson dabei. Darin geht es zum Beispiel um eine schräge Diät aus dem Jahre 1891 gegen die Seekrankheit. Nach Einnahme wurde man vielleicht nicht seekrank, dafür aber blind, taub und heroinabhängig. Hamilton beschreibt auch die Sekte der Zeteriker, die das kopernikanische Weltbild leugnet. Einer ihrer Anhänger verfasste vor 60 Jahren das Standardwerk »100 Beweise, dass die Erde keine Kugel ist«. Beweis Nummer 45 geht so: eine exakt vertikal abgeschossene Kugel fiele nachweislich auf die Kanone zurück, auf diese Weise anzeigend, dass die Erde stillstehe. Allein die Vorstellung! Müsste man in Gänze lesen.

Das elektronische Lot zeigt an: 4795 Meter bis zum Grund. Und was ist da unten? Hoffentlich kein amerikanisches U-Boot mit Zivilisten an Bord.

DAS MEER (I)

Wenn du lange genug draufguckst, auf seine amorphe, gleichgültige Masse, erkennst du, was es ist. Kitsch. Der größte Kitsch der Welt. Insofern, dass es das Abgeschmackteste, Platteste in dir hervorlockt. Das Meer ist wie eine Nacht in der Wüste, am Lagerfeuer, unter sternklarem Himmel. Da schwirren im Kopf die Gemeinplätze. Wie klein wir Menschenwesen doch sind! Wie schwach und unbedeutend! Ja, ja, geschenkt. Haben wir alle schon mal gedacht, wir Hobbyphilosophen. Birgit hat es gut. Die Biologin erfreut sich an einer unbekannten Pinguin-Zecke, die sie auf einem Felsen vor Südafrika aufgegabelt hat und durch unser fabelhaftes Olympus-Mikroskop analysiert. Vielleicht werden kommende Pinguin-Generationen dadurch vor großem Schaden bewahrt.

Abends Lamm. Ganz gut, geht natürlich besser. Der Cuisine sind auf der »Starship« Grenzen gesetzt. Zutaten sind oft nicht frisch, auch darf bei Überfahrten nicht mit Öl gebraten werden (Feuergefahr). Ab in die Koje. Schlafe jetzt besser.

SONNTAG, 7.00 UHR

Aufregung. Gestern Nacht gegen 2.30 Uhr, die Wache hatte James, ein Schiff. Containerfrachter, 25 Knoten schnell, voll auf Kollisionskurs. James musste hart Steuerbord gehen, denn das Dickschiff fuhr stur weiter. Dass so was möglich ist in einer Wasserwüste! Erinnert an die Flugzeuge, die vor der namibischen Küste zusammenstießen. Fast leerer Raum, und die beiden einzigen Benutzer weit und breit stoßen zusammen.

Lasse hat seinen freien Tag. Seltsame Idee auf einer 23-Meter-Yacht, wo man weder joggen noch Rad fahren, noch in die Disco gehen kann. Aber soziale Errungenschaften müssen bewahrt werden, und Lasse ist auch noch Schwede. Später kocht er doch. Hab sonst Langeweile, sagt er.

DAS MEER (II)

Kitsch hin oder her. Man muss das Gemüt eines Fleischerhundes haben, beziehungsweise das des ätzend rationalen Ingenieurs aus Max Frischs Roman »Homo Faber«, um ein solches Stück Leere betrachten zu können, ohne in finale Seinsfragen abzudriften. Zitat Hamilton: »Der Ozean bewegt sich niemals ohne einen tiefen Ernst, selbst an wellenlosen Tagen des Funkelns und Wiegens – kein Wetter ist unpassend für eine Seebestattung.« – »Die aufgewühlten Wasser in mittlerer Entfernung haben selbst dem stumpfesten Empfinden etwas Wortloses und Unbarmherziges zu sagen.« – Zu den Eigenschaften des Meeres gehören das Verbergende, die Versinnbildlichung der Zeit und das Auslöschende. Zum Abendessen gibt es Fischstäbchen. Zu weich. Das Bratöl fehlt.

MONTAG, 12.00 UHR

Mit Corinne in den Maschinenraum gegangen. Alles für sie Liliput, natürlich, verglichen mit den Monsteraggregaten auf ihren Tankern und Containerschiffen. Aber auf der »Starship« ist sie allein verantwortlich, und das mag sie. Wir unterhalten uns schreiend – auch ein Acht-Zylinder-MAN-Diesel mit nur 420 PS macht reichlich Krach. Eine Frau als Maschinist, how come? Man braucht keine Kraft bei modernen Motoren, brüllt mir Corinne ins Ohr. Es kommt darauf an, Probleme zu erkennen, Lösungen auszutüfteln. Kann eine Frau genauso gut. Okay, war nur 'ne Frage.

HIMMEL NOCH IMMER BEDECKT

Es wird aber immer wärmer. Alle chronisch müde, wegen der permanenten Muskelanspannung. »Lethargisch«, schreibt Birgit ins deutsche Internet-Logbuch. Reif für die Insel. Gibt's da Kneipen? Strände? Grüne Hügel? Ein Handynetz, in das wir uns einloggen könnten? Und wie sind die Leute? Gegen 19.00 Uhr überqueren wir den Nullmeridian, die prominenteste Zeitzäsur (Greenwich Mean Time). Foto von der Crew auf dem Vorderdeck.

Dienstag, irgendwann. Blödsinniger Gedanke, dass die See die Zeit versinnbildliche. Sie schafft sie im Gegenteil ab. Wir bombardieren uns mit Quizfragen, um nur in der Welt zu bleiben. Alle wollen jetzt auf die verdammte Insel. Land! Bar! Fun! Martin hat das 122-Quadratkilometer-Eiland schon auf dem Monitor. Da liegt es, mit allen Untiefen, Buchten, Felsen. Zum ersten Mal auf dieser Fahrt sehen wir Sterne. Herrlich.

MITTWOCH, 6.30 UHR

Ob man eine Insel mit dem Sextanten oder per Mausklick ansteuert: Der allererste, jungfräuliche Blick ist immer wie der des jungen Jim Hawkings aus Robert Louis Stevensons »Treasure Island«, als er von Bord der »Hispaniola« die Umrisse der Schatzinsel erkennt. Abenteuer ahoi! Ja, genauso muss man sich einer Insel nähern. Von See her. Mit dem Flieger wäre es nur halb so schön.

Zugegeben, direkt schön wirkt sie nicht gerade. Ein dunkler Klotz unter verhangenem Himmel, vulkanisch, archaisch, abweisend. Napoleon, der 1815 hierher deportiert wurde, auf dass er keinen Schaden mehr stifte, soll das Herz gesunken sein. Unseres schlägt höher. St. Helena, Felsen der Verbannung, einsamer Anachronismus im Atlantik – wir kommen!

Eine knappe Woche dauert die Passage von Walvis Bay in Namibia nach Jamestown auf St. Helena, der einsamen Insel in der Mitte des Südatlantiks. Sechs Tage Wasser, Wellen, Weite

ST. HELENA – SPLENDID ISOLATION

Nicht umsonst wählten die Engländer St. Helena als Verbannungsort für Napoleon, der dort die letzten sechs Jahre seines Lebens in einem schmucklosen Flachbau zubrachte. Bis heute hat die Insel weder eine Flugpiste noch einen richtigen Hafen. Wer sie dennoch erreicht, entdeckt eine eigenwillige Schönheit

VON WOLFGANG RÖHL UND HANNS-JÖRG ANDERS (FOTOS)

Keinen Fußbreit dem Verbrechen! Mit dieser Devise trat Royce Hipgrave vor neunzehn Monaten seinen Dienst in Übersee an. Der Chief Inspector aus Sussex hatte sich freiwillig in ein entlegenes Relikt des British Empire versetzen lassen. Dessen verschnarchten Polizeiapparat auf Vordermann zu bringen schien ihm eine Herausforderung. »Ich bin für das Konzept der Amerikaner«, bekennt Royce, der sich wie alle Insulaner mit Vornamen anreden lässt. »Und das heißt: zero tolerance.«

Nun ist die Insel St. Helena, vor der die »Starship« ankert, nicht gerade eine Brutstätte des Bösen. Der letzte Mord geschah Anfang der achtziger Jahre, der davor fand 1904 statt. Der Polizeibericht dieser Woche liest sich ähnlich wie der von der letzten und der vorletzten: 1 leichter Verkehrsunfall, 2 streunende Hunde in den Felshängen um den Hauptort Jamestown, 1 Einbruch (2 Lautsprecherboxen gestohlen), 1 Fall von Lärmbelästigung. Was fehlt, sind 1 obszönes Telefonat (im Durchschnitt einmal pro Woche gemeldet) sowie harte Drogensachen. Die gab es hier noch nie.

Vorbeugung, meint Royce, sei das Wichtigste. Seine Truppe, insgesamt 32 Männer und Frauen, patrouilliert St. Helena bei Tag und Nacht, zu Fuß und motorisiert. Ein Arbeitsbeschaffungsprogramm, lästern die Insulaner, die ihre Autos nie und ihre Häuser nur selten abschließen. Am Wochenende, wenn sie sich einen auf die Lampe gießen und es in den vier Pubs von Jamestown schon mal laut wird, tigern die Ordnungshüter rastlos herum. Der Polizeichef führte sogar ein »Pubwatch«-Programm ein – Kneipenwirte sollen ihre Kollegen telefonisch vor anrückenden Betrunkenen warnen. Fast alle Gesetzlosigkeit geht von acht »Troublemakers« aus. Die werden scharf überwacht. Royce hat die Kriminalitätsentwicklung des 5000-Einwohner-Eilands penibel dokumentiert. »Die Verbrechensrate wurde im letzten Jahr halbiert«, sagt er. »Die Aufklärungsquote beträgt jetzt 67 Prozent. Davon kann Großbritannien mit seinen 20 Prozent nur träumen.«

Er führt uns in das 1827 erbaute Gefängnis neben der St.-James-Kirche, mit 15 Zellen Englands kleinstes. Niemand da. Die Hand voll Knackis arbeitet auf einer Farm am Ortsausgang, einer als Gärtner bei Privatleuten. Abends fahren sie wieder ein. Wenn mal einer türmt, was tut's? »Sobald er Hunger kriegt, kommt er ja zurück«, sagt Royce, »Linda kocht wirklich gut.« Linda ist die voluminöse Küchenfee der Strafvollzugsanstalt.

Ein Unikum, dieses St. Helena. Anno 1502 von den Portugiesen entdeckt und benannt, ab 1659 Stützpunkt der englischen Ostindiengesellschaft. Position 5° 43' West und 15° 56' Süd im Südatlantik. Fast zweitausend Kilometer entfernt von der Westküste Afrikas, fast dreitausend von der Ostküste Lateinamerikas. 122 Quadratkilometer groß, vulkanisch, bis zu 800 Meter hoch. Kein natürlicher Hafen. Kein Flugplatz. Nur das Linienschiff »St. Helena« hält die Verbindung nach England und Südafrika. Manchmal lässt es fünf Wochen

Polizeichef Royce Hipgrave vor dem Gefängnis, in dem keine Insassen sind, weil sie auswärts arbeiten. Kehrt einer nicht zurück, passiert nichts: Früher oder später kommt er doch, weil die Küche so gut ist

auf sich warten. Einer der solitärsten Flecken auf dem Globus.

Die Briten hatten die Insel genau deshalb ausgewählt, als sie nach Waterloo einen Verbannungsort für den geschlagenen Napoleon suchten. Aus seinem ersten Exil, der Insel Elba, war der Korse alsbald auf die Bühne der Machtpolitik zurückgekehrt. Diesmal ging man auf Nummer sicher. Entkommen oder Befreiung von außen schien auf St. Helena unmöglich. Napoleon ahnte das. Ein zeitgenössisches Bild zeigt ihn finsteren Gesichts an Deck der Fregatte »Northcumberland«. Als er von dort am 15. Oktober 1815 die Insel erblickte, soll er gesagt haben: »Das ist kein schöner Ort. Ich hätte besser daran getan, in Ägypten zu bleiben.« Eine Dame aus seiner Entourage drückte es so aus: »Diese Insel hat der Teufel geschissen.«

Tatsächlich lag unser erster Eindruck, als die »Starship« von Südosten näher kam, irgendwo zwischen Mondlandschaft, »Mad Max«-Kulisse und lebenslänglich. Doch St. Helena ist eine umgekehrte Mogelpackung. Kahl und feindselig wirkt nur der Mantel. Sobald wir uns in einem klapprigen Leihauto über Haarnadelkurven ins Innere vorarbeiten, läuft ein Reisefilm. Lanzarotes Lavalandschaften, mit Agaven und Ohrenkakteen. Die fujicolorgrünen Hügel Irlands. Die duftenden Pinienhaine des Mittelmeerraums. Während feuchte Wolkenfetzen an der einen Bergkammseite hochlecken, brütet über der anderen die Sonne. Niedliche indische Krähen mit gefleckten Flügeln. Knallrote Kardinalvögel aus Madagaskar. Knorrige Coral Trees aus Südafrika. Grandiose Ausblicke in Täler und Schluchten. Oder auf den giftgrünen Sportplatz der Prince-Andrew-Schule, wo sie am Wochenende ganz in Weiß das mysteriöse Kricket spielen.

Unverwechselbar sind die Saints, wie sich die Insulaner selbst nennen. Ein Mischvölkchen, dessen Vorfahren mada-

ZUKUNFT ALS REFUGIUM FÜR RENTNER

Gouverneur David J. Hollamby denkt über die Zukunft der Insel nach, die üppig grüne Vegetation im feuchten Hochland, angenehmes Klima und Kriminalitätslosigkeit bietet – attraktiv für Touristen und ältere, betuchte Südafrikaner, aber nahezu unerreichbar

LEBEN VON EINEM TOTEN

Die touristische Attraktion der Insel heißt Bonaparte. Seine Totenmaske kann man im Longwood House besichtigen (o.l.), seinen Weinkühler im Farm Lodge Country House benutzen (u.r.). Die Hauptstadt Jamestown bietet beschauliches Leben, das Angebot der Läden, die die Insulaner versorgen, ist überschaubar. Wichtigste Versorgungsgarantie: Das Bier darf nicht ausgehen

gassische Sklaven, chinesische Kontraktarbeiter, indische Händler, burische Kriegsgefangene und englische Soldaten waren. Braune Haut dominiert, in allen Abstufungen. Wer die Main Street von Jamestown hochschlendert, ein Stück lupenreines Miss-Marple-England, wird wie selbstverständlich gegrüßt. In einem sanften Singsang, in unterschiedlichen britischen Akzenten. Unablässig grüßen und zurückgegrüßt werden, das ist Inselkodex. Gilt auch im Straßenverkehr – Hand hoch, wenn dir jemand entgegenkommt. Gäbe es eine Hölle für Autisten, dann hieße sie St. Helena. Jedermann lässt sich jederzeit in einen Schwatz verwickeln. St. Helena ist ein Museum von Verkehrsformen, an die sich im Rest der Welt nur noch die Älteren erinnern.

Mit der Privatsphäre freilich, heilige Kuh im Mutterland, hapert es auf der Insel. Jeder weiß alles von allen, auch von deren Eltern und Urgroßeltern. Kunststück in einer Gemeinde, deren meistgenutztes Medium die Buschtrommel ist. Wer hartnäckig falsch parkt, schafft es damit schon mal in die Nachrichten des Lokalradios. Steckbriefe von vier Insulanern, die Randale machten, hängen in allen Läden aus, welche Alkohol verkaufen dürfen. Zwölf Monate ohne Stoff, das ist hart. Andererseits wird niemand, der was angestellt hat, von den anderen ausgegrenzt. Depressionen, Vereinsamung: not on this island! Ebenso wenig wie Handys, Kreditkarten oder ein eigenes Fernsehprogramm. Das Internet hat es hier schwer. Zu teuer, finden die Saints, und auch nicht wirklich interessant. Nirgendwo Werbeschilder. Sie lohnen sich nicht. Bei Gehältern. die nur ein Fünftel des britischen Standards betragen, kauft jeder nur das ein, was er wirklich braucht.

Die »Starship« vor der vulkanische Kulisse von St. Helena. Ein satirischer zeitgenössischer Stich aus England zeigt Napoleon als Zwangsbewohner des Eilands im Südatlantik

Isolation kommt von Insel. Als die »Starship«-Crew anbietet, Post zum 1000 Kilometer entfernten Ascension Island mitzunehmen, wo eine Militärmaschine zweimal wöchentlich nach England startet, hängt das Post Office eine Ankündigung aus. Rasch kommt ein großer, schwerer Sack zusammen. Die Post dauert ansonsten ja ewig. Ach, die Saints sind nicht so ganz von dieser Welt.

Ob das immer ein Nachteil ist? Im Pub des »Consulate«-Hotels, der führenden Trinkstätte von Jamestown, treffen wir Basil George, ehemals Lehrer, heute Lokalhistoriker, Inselfüh-

Geschichte hat man auf St. Helena immer vor Augen – wenn auch nur als Kopie. Eine Nachbildung von Napoleons Mantel hängt im Longwood House, Tony Leo, Leiter des Lokalsenders, lernte aus der Geschichte: »Niemals etwas senden, das Hass sät«

rer, Witzereißer, Lyriker, Anekdotenerzähler. Basil gehört zu jener Minderheit der Insulaner, die schon einmal die kostspielige Reise nach England angetreten hat.

Prompt der Kulturschock. »Konnte es nicht fassen, dass einen dort keiner grüßt«, sagt er. »Und wenn du im Bus jemanden fragst, wie geht's, was hast du heute vor, guckt der dich an wie einen Verrückten.« So etwa dürfte sich Crocodile Dundee in Amerika gefühlt haben.

Zugegeben, die Saints leben hinterm Mond. Damit fahren sie ganz gut. Als 1995 das Fernsehen eingeführt wurde – ein Programm der BBC und zwei aus Südafrika –, brachen viele in Tränen aus. Um die Bilder von Massengräbern in Ruanda zu ertragen, waren sie einfach nicht abgestumpft genug. »Bei uns werden die Toten besonders in Ehren gehalten«, sagt Basil. Tatsächlich stehen überall Steine und Gedenktafeln herum, auf denen der lieben Verblichenen gedacht wird.

Von ihrem prominentesten Leichnam zehrt die Insel bis heute. Das weitläufige Longwood House im Nordosten, wo die Engländer Napoleon und sein Gefolge die meiste Zeit interniert hielten, ist das Muss aller Touristen. 800 bis 1000 sind es pro Jahr, hinzu kommen Tagesbesucher von Kreuzfahrtschiffen wie der »QE 2«. Longwood gehört der französischen Regierung, ebenso wie The Briars Pavilion, sein Übergangsquartier. Schließlich gibt es noch die Grabstätte, in der er zwischengelagert war, bevor ihn Frankreich 1840 heimholte. Michel Martineau, Ehrenkonsul, Kurator und Hausmeister in einem, hält über allem die Trikolore hoch. Das Amt hat er von seinem Vater geerbt. Manchmal fühlt er sich selbst wie ein Verbannter, hier, am Arsch von St. Helena, wo dauernd Nebel wabern. »Ich hasse Longwood«, sagt er sachlich.

Aber das Leben im langen Schatten einer Legende birgt wohl auch Reize. Martineau führt mit verhaltenem Stolz das penibel in Schuss gehaltene Anwesen vor, in dem viele Originalstücke verblieben sind. Etwa die Wanne, in der Napoleon Stunden zu baden pflegte, oder sein Schreibtisch. »Longwood war für alle die Hölle«, sagt er. Ständig Hahnenkämpfe der Hofschranzen. Jeder wollte der Eckermann des romantischen Helden werden, zu dem sich der gefallene Herrscher mit großem Geschick stilisierte. Der Mythos Napoleon, da sind sich die Biografen einig, hätte ohne sein Ende auf St. Helena so nicht gedeihen können. Insofern triumphierte er posthum doch noch über seine Bewacher.

Der Autor Johannes Wilms hat die Treibhausatmosphäre von Longwood in dem Buch »Napoleon. Verbannung und Verklärung«* mit Liebe zum Detail nachgezeichnet. Paranoia, Intrigen, Inselkoller. Ein bisschen Hurerei mit Sklavinnen, die man aus Jamestown kommen ließ. Ewige Querelen mit den Engländern, die das Anwesen von bis zu 3000 Soldaten bewachen ließen. Das Gezänk der Frauen. Und immer das gnadenlose Nichtstun.

Als der Ex-Kaiser 1821 mit 51 Jahren starb, lautete die Todesursache auf Magenkrebs. Freilich summen Gerüchte bis auf den heutigen Tag, Napoleon sei von einem seiner Gefolgsleute vergiftet worden, weil er sich dessen Frau genähert habe. Typischer Journalisten-Blödsinn, meint Martineau. Und total unlogisch. Schließlich hätten die Eingeschlossenen von Longwood ausnahmslos nach den Weisheiten des Ex-Imperators gefiebert, um sie später zu Papier zu bringen und damit reich und berühmt zu werden. Ein toter Napoleon war ein schlechter Napoleon.

LONGWOOD IST VERGANGENHEIT. Gibt es auch eine Zukunft? Selbst versorgen konnte sich das »Abhängige Territorium« Ihrer Majestät noch nie. Fast alle größeren Unternehmungen, wie die Ostindiengesellschaft, die Flachsproduktion und die Fischindustrie, gingen früher oder später den Bach runter. Sogar eine Brauerei, für die es auf St. Helena wahrlich genug Kunden gäbe, machte Konkurs. Das Zeug habe nach Aluminium geschmeckt, schaudern Einheimische noch heute. Ein modernes Kühlhaus bei Jamestown gammelt vor sich hin – keine Ware. 40 Prozent der Bewohner müssen auf Zeit in England, auf Ascension, oder den Falklands arbeiten. St. Helenas Ökonomie ist eine Kette von Pleiten, Pech und Pannen.

Jahrhundertelang war die Insel ein strategisches Juwel, den Briten kein Preis dafür zu hoch. Vergessen, vorbei. England, das jährlich fast zehn Millionen Pfund hineinpumpt, ist des

* *Droemer Verlag, München*

kolonialen Restpostens überdrüssig. Wie sagte Churchill, der Zyniker? »Es gibt zwei Arten von Kolonien. Die einen sind schwer zu behalten, die anderen schwer loszuwerden.«

1981 hatte die damalige Thatcher-Regierung mit Blick auf die nahende Unabhängigkeit Hongkongs die seit 1673 bestehende britische Staatsbürgerschaft der Insulaner widerrufen. Seither dürfen sie nicht länger als vier Jahre am Stück in England arbeiten. »Wir sind Gefangene auf unserer eigenen Insel«, klagen die Saints unisono. Dabei hätten sie auf den Falkland-Inseln treu für das Königreich gekämpft. Heute gibt es für sie nur einen Weg, dauerhaft in Großbritannien zu leben: sie müssten einen Mord begehen. Mörder werden aus Sicherheitsgründen ins Mutterland abgeschoben.

Was tun? Inselgouverneur David J. Hollamby, auf das Problem angesprochen, zeigt uns in seinem kolonialen Amtssitz »The Castle« erst mal die Bilder von königlichen Visiten. Sieh da, auch die Queen war hier! Als Prinzessin, 1947. Der letzte Royal ließ sich 1984 blicken, in Gestalt von Prinz Andrew. Alle Hoffnung gründet sich darauf, dass Labour an der Macht bleibt. »Die Blair-Regierung«, sagt der Gouverneur, »hat sich dafür ausgesprochen, die alten Rechte wieder in Kraft zu setzen.«

Könnte es die Insel schaffen, weg vom britischen Subventionstropf zu kommen? Vielleicht durch Zuwanderung, glaubt der Gouverneur. Neuerdings häuften sich Anfragen von älteren betuchten Weißen, die es in Südafrika mit der Angst bekämen. Für sie werde seine Insel der Sicherheit immer attraktiver. »Nachts allein durch deinen Ort zu gehen, ohne überfallen zu werden – purer Luxus«, habe eine Besucherin aus Johannesburg geschwärmt.

Manche glauben, allein ein Flugplatz schaffe Prosperität. Mit dem Anschluss ans Flugnetz könnten Investoren angelockt werden, vielleicht die Fischerei erblühen. Das Problem ist nur: Welche Airline würde einen Fleck im Atlantik bedienen? Andere sind von der Flugplatz-Idee sowieso nicht angetan. »Unsere paar Touristen kommen doch gerade deshalb, weil sie Ruhe und Abgeschiedenheit wollen«, sagt Stephen Biggs. Er führt das wunderbar weltentrückte Farm Lodge Country House Hotel im Inselinneren, wo man exklusiven Kaffee aus eigener Pflanzung serviert bekommt und Chablis trinkt, der in Napoleons persönlichem Weinkühler dümpelt. Den meisten ist der Airport Wurscht. Sie würden nie einen Flieger besteigen. Viel zu teuer. Und außerdem, echte Saints verlassen die Insel nur aus nackter Not.

Was soll mit St. Helena geschehen? Soll überhaupt etwas geschehen? Samstagsabend in Jamestown. Alle sind auf der Main Street unterwegs. Wie immer im Zeitlupengang, wie üblich um sich grüßend. Die wichtigen Leute natürlich auch. Der Polizeichef, sardonisch lächelnd, very british indeed. Der leutselige Pater der St.-James-Kirche mit dem Hemingway-Bart.

Der wachsbleiche Chefredakteur Johnny Drummond vom Wochenblatt »St. Helena News«, der nach ein paar Lions-Bieren so herrlich über die Inselgewaltigen hämen kann. Sein Kollege Tony Leo vom Lokalsender »Radio St. Helena«, dessen Credo lautet: »Niemals etwas senden, das Hass sät.« Colin Corker, der meistfotografierte Mann der Insel, der Touristen in seinem offenen Chevrolet-Bus, Baujahr 1929, herumkutschiert. Und die samthäutige Karen Ellick vom Tourismusbüro, die nicht sehr viele Kunden hat, dafür umso mehr Broschüren über die Wunder von St. Helena. Zum Beispiel über die schätzungsweise 170-jährige, aber noch immer liebestolle Schildkröte Jonathan.

Um halb acht spielt am Platz vor der Fischmarkthalle die Heilsarmeekapelle. I am so glad that Jesus loves me, Jesus loves me, Jesus loves me, geht der Refrain, und alle summen mit. Nicht, dass sie besonders fromm wären. Aber die Musik klingt hübsch, und mitsingen gehört sich einfach in einer Gemeinde, wo jeder jeden immerfort grüßt. Und der Besucher wird das Gefühl nicht los, es liefe ein Remake. »Local Hero 2«, gefilmt im Südatlantik.

Nach einer Woche legt die »Starship« ab. Schade eigentlich, denn es tut sich was auf St. Helena. Ein zwielichtiger Fremder ist aufgetaucht, der sich im Seglertreff »Ann's Place« eingenistet hat. Gerüchten zufolge versucht er, Edelsteine zu verscherbeln. Die Polizei ermittelt mit Hochdruck. Weiter so, Royce! Null Toleranz! Crime shall never pay.

Liebes-Höhepunkte auf St. Helena: 170 Jahre alt ist die Schildkröte Jonathan und immer noch fit und liebestoll. Jeden Sonnabend spielt die Kapelle der Heilsarmee in der Markthalle: »I'm so glad that Jesus loves me«

FOTO: JAMES FRANKHAM/STARSHIP

BRIEFE AN DAS MEER

Der *stern* lud seine Leser ein, ganz persönliche Botschaften zu schicken, um sie als Flaschenpost dem Meer zu übergeben. Die Resonanz war überwältigend; das Meer eine Adresse für viele, die keine Adresse mehr haben. 100 Flaschen gingen mitten im Atlantik über Bord der »Starship«

Mein Liebes,

habe ich Dir schon von der großen Liebe meines Lebens erzählt? Ich war 16 Jahre alt, und wir machten einen Schulausflug nach Holland. Wir fuhren mit dem Bus nach Scheveningen, wir Schülerinnen liefen voller Vorfreude Richtung Strand. Und da sah ich es zum ersten Mal, das Meer! Es war Liebe auf den ersten Blick. Unendlich groß, überwältigend schön. Der Anblick war so herrlich, dass ich erst mal am Strand niederknien musste, ich spürte den feinen Sand, schloss die Augen, um den Geruch intensiver wahrnehmen zu können. Dann hielt mich nichts mehr, schnell Schuhe, Kleider und Strümpfe aus und rein ins Wasser. Wir hüpften in den Wellen, spritzten uns nass, achteten nicht auf die Kleider, ein herrlicher Spaß, das vollkommene Glück. So habe ich das Meer kennen gelernt, und es ist für mich immer ein sanfter beschützender Freund geblieben. Dir habe ich die Liebe zum Meer und die Sehnsucht nach der unendlichen Ferne wohl vererbt. Nur bist Du mutiger und entschlossener mit deinen Träumen umgegangen und bist wirklich in die Ferne gezogen. Dein Ziel war New York. Aber ich weiß, dass Du oft zum Strand fährst und mit Sehnsucht aufs Meer schaust, in Richtung Osten. Das große geliebte Meer trennt uns 6000 Kilometer weit. Hör genau hin, jede Welle ruft dir zu – ich liebe dich.

In Liebe, deine Mutti
Anne S., Mannheim

Liebe unbekannte Person,
die folgende Botschaft ist bestimmt für unsere Tochter Berit, die starb, bevor sie geboren wurde.

Liebes kleines Schnuckelchen,

... Wir denken mit Freude an die neun Monate zurück, wo Du im Werden warst. Daher wirst Du auch immer ein fester Bestandteil unserer Familie sein. Egal wo wir sind und wie es uns geht. Du bist überall, und wenn wir abends den Sternenhimmel sehen, dann wirst Du auf einem der hell erleuchteten Sterne zu uns herabsehen und das Licht im Dunkeln sein. Wie dir und uns ist es vielen Eltern ergangen, die wir zwischenzeitlich kennen gelernt haben. Alle diese Kinder sind weiterhin um uns, gehören genauso zum Leben wie die Kinder, die mit ihrem Leben die Zukunft gestalten werden.

Dein Papa, Deine Mama
und Deine Schwester
K., Henstedt-Ulzburg

Mein geliebter Vater,

als U-182 verloren ging, waren außer Dir als Kommandant noch zwei Kapitäne an Bord: Kapitän Mac Lennan von der britischen »Aloe« und der griechische Kapitän der zuletzt versenkten »Adelfotis«. Mit den zwei alliierten Kapitänen fanden 61 sehr junge Besatzungsmitglieder im Atlantik den Tod. Was sich genau im Mai 1943 ereignet hat, steht immer noch in den Sternen.

Als ich im August 1943 geboren wurde, war Mutti mit 23 Jahren Witwe und ich Halbwaise. Es war Dir nicht vergönnt, Dein einziges Kind in die Arme zu nehmen.

Mit sechs Jahren etwa wurde ich darüber aufgeklärt, dass mein leiblicher Vater »gefallen« sei. Mit dem Wort »gefallen« hatte ich Verständnisschwierigkeiten. Erst als man mir erklärte, dass »gefallen« auch tot bedeuten kann, war ich entsetzt, dass »Fallen« solche Konsequenzen haben kann.

In der Pubertät begann ich, Dich herbeizusehnen. Wo sollte ich Dich aber suchen, um Dir mein Herz auszuschütten, wenn ich traurig war oder mich missverstanden fühlte?

Aus den griechischen Heldensagen wusste ich, dass Schiffskapitäne sich auf offener See an den Sternbildern orientieren. So wurde der weite unendliche Sternenhimmel der Ort, an dem ich Dich suchen wollte. Ich ahnte ja, wie viele Male Dein Blick als Schiffskommandant von den wogenden Wellen des Meeres zur unendlichen Weite des Firmamentes hinaufgewandert war. Ich folgte Deinen Blicken und suchte in sternklaren Nächten mit der Sehnsucht meiner Seele den Himmel nach einem Zeichen – vielleicht einer einsamen Sternschnuppe – von Dir ab.

Am gestirnten Himmel würden wir uns heimlich treffen: Der Vater, die Tochter – die Tochter den Vater!

Wenn Du schon im Krieg »fallen« musstest und ich diesen zärtlichen Vater nicht haben konnte, den ich mit Recht in Dir vermutete, so wünschte ich mir dennoch mit kindlicher Leidenschaft, Dich ein einziges Mal

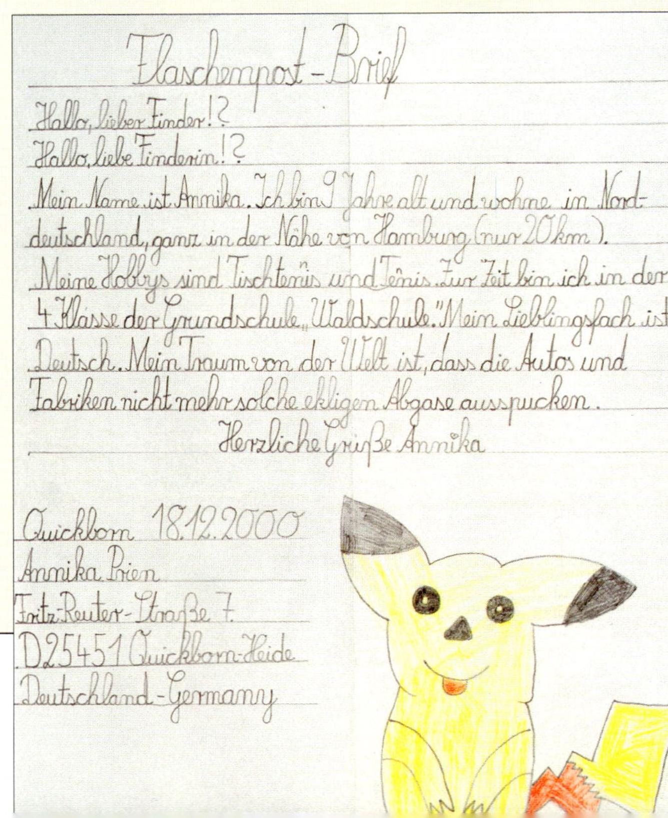

Flaschenpost-Brief

Hallo, lieber Finder!?
Hallo, liebe Finderin!?

Mein Name ist Annika. Ich bin 9 Jahre alt und wohne in Norddeutschland, ganz in der Nähe von Hamburg (nur 20 km). Meine Hobbys sind Tischtenis und Tenis. Zur Zeit bin ich in der 4. Klasse der Grundschule „Waldschule." Mein Lieblingsfach ist Deutsch. Mein Traum von der Welt ist, dass die Autos und Fabriken nicht mehr solche ekligen Abgase ausspucken.

Herzliche Grüße Annika

Quickborn 18.12.2000
Annika Prien
Fritz-Reuter-Straße 7
D25451 Quickborn-Heide
Deutschland-Germany

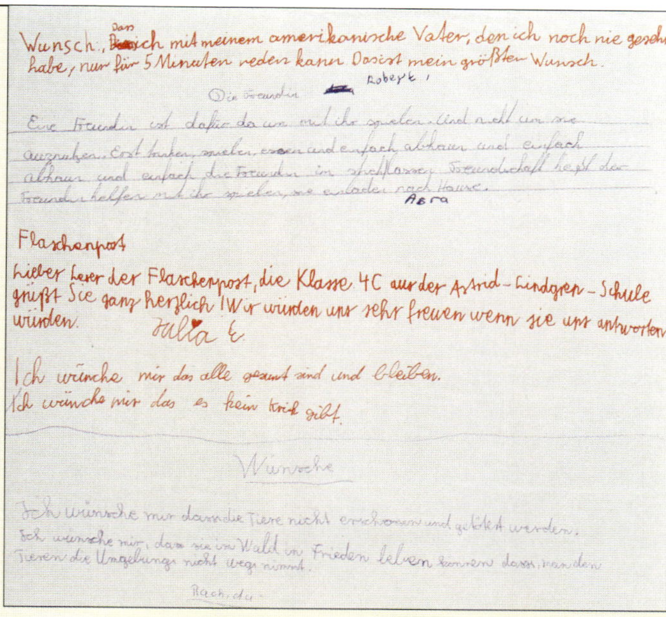
Wunsch: Dass ich mit meinem amerikanische Vater, den ich noch nie gesehn habe, nur für 5 Minuten reden kann Das ist mein größten Wunsch.
Robert

Abra

Flaschenpost
Lieber Leser der Flaschenpost, die Klasse 4C aus der Astrid-Lindgren-Schule grüßt Sie ganz herzlich! Wir würden uns sehr freuen wenn sie uns antworten würden.
Julia E.

Ich wünsche mir das alle gesund sind und bleiben.
Ich wünsche mir das es kein Krig gibt.

Wünsche

Ich wünsche mir dass die Tiere nicht erschossen und getötet werden.

sehen zu dürfen. Ich kannte Dich ja nur von Fotos, auf denen Du immer eine steife Uniform trägst, sogar bei Deiner Hochzeit. – Nein, ich wollte Dich als lebendigen Vater und nicht als gefallenen Soldaten sehen!

Mein kindlicher Wunsch ist mir im Jahr 2000 erfüllt worden!!!

Ich hatte ihn längst zu den Akten gelegt.

Du weißt es am besten, geliebter Vater. Du hast mich im Traum besucht – in Zivil! Du hast Dich als mein Vater vorgestellt, und Du hast lange mit mir gesprochen. Ich mochte Dich auf Anhieb!!! Leider konnte ich Dir nichts Liebes sagen, nicht einmal, dass Du längst ein Enkelkind hast, das Nicolas heißt.

Ich übergebe meine Zeilen am 11. Januar 2001, genau ein Jahr nach unserer denkwürdigen Begegnung im Traum, dem Magazin *stern* mit der Bitte, ihn per Flaschenpost der »Starship« mitzugeben. Vielleicht spült die Meeresströmung meine Trauer, meinen Stolz und mein Andenken an einen unbekannten Vater über Dein königliches Grab im Atlantik. In diesem Sinne habe ich auch eine Seebestattung für mich verfügt.

auf dass, wenn dereinst es
zum Sterben geht,
sich erfüllt mein Schwur und
mein heilig Gebet,
dass am Ende meiner Tage
Undine als Welle mich zu Dir trage.

In unendlicher Liebe zu Dir Deine I.

Inge W., Berlin

Liebster,

auch nach zwei Jahren bin ich noch immer fassungslos über Deinen plötzlichen Tod. Seitdem sind für mich alle Freuden und alles Glück ausgelöscht. Du fehlst mir unsagbar. Jeden Tag schicke ich Gedanken voll Liebe und Trauer zu Dir. Manchmal glaube ich zu spüren, dass sie Dich erreichen. Bitte gib mir ein Zeichen von irgendwo . . . Wartest Du dort auf mich? Ich liebe Dich in Zeit und Ewigkeit.

Dein Weible

Gisela W., Sindelfingen

Heh Du,

romantische frau, auf der suche
nach strandgut hat sich deine suche
erfüllt, wo steckst du, ich stecke
im anderen erdteil hinter den blauen
bergen, wo es gold und computer-
chips gibt und peter ... als ich
zurückflog nach san francisco
las ich den *stern*, zu haus legte
ich ihn zur seite, jetzt nahm ich
mir ein herz und den pc.
peter lebt in walnut creek, ca, 25 km
nördlich von sfo in einer Ortschaft von
60 000 einwohnern, eine s-bahn fährt in 35 minuten in die stadt. bin sportlich, segeln auf der sfo-bay, skifahren in die sierra am lake tahoe tennis, rad fahren und spazieren gehen. da die frauen hier flippig sind und alle lasten auf ihren starken schultern tragen wollen, such ich einen deutschen, europäischen lebenspartner. glaubst du, dass man über diese entfernung eine gute beziehung aufbauen kann? ich bin positiv, freue mich auf deinen brief und bild beim lachen, beim weinen, beim arbeiten, bei dem, was Du am liebsten machst. take care.
peter

Peter W., Walnut Creek, USA

Mein lieber Peter Pan,

weiß Gott, wo dieser Brief landet, vielleicht dort, wo ich mit der »PITU« hinwollte.

Wenn ich die Augen schließe und ganz tief in mich hinein höre, weiß ich, dass ich den Mut hätte, Dir dies alles auch selber zu sagen.

Aber eigentlich glaube ich, Du weißt es schon.

Weißt Du noch, als ich Dich anrief und mich als BEWAG-Mitarbeiterin ausgab, um zu spionieren. Nach drei Anrufen schenkte ich Dir reinen Wein ein und versuchte zu erklären. Doch Du stempeltest mich als hysterische Ehefrau ab, die ihren Mann sucht. Nach vielem Hin und Her und handfesten Argumenten warst Du bereit, mir zu helfen. Und nach 36 Stunden ohne Schlaf, 400 km Schiffs- und Bahnfahrt quer durch Deutschland und mit der Gewissheit, dass mein Mann mich nach zehn Ehejahren mit Deiner langjährigen Freundin schon ein halbes Jahr betrog, stand ich vor Deiner Tür. Zwei betrogene, verletzte und fremde Menschen standen sich gegenüber. Wir haben zwei Stunden geheult, Tee gtrunken und versucht, alles in Worte zu fassen.

Mein erster Gedanke war damals »Wow, wie kann man so einem Mann verlassen?«. Und Du dachtest das Gleiche. Nach diesen zwei Stunden, vielen Telefonaten bis in den Morgen und Deinem ersten Besuch bei mir, wurde uns klar, dass uns etwas Besonderes verbindet.

Es war, als ob wir uns schon seit Jahren kennen, es war alles so vertraut.

Wir haben uns an allem teilhaben lassen, wenn auch manchmal nur aus der Ferne.

Wenn ich Dich damals nicht gehabt hätte, ich wäre in ein großes schwarzes Loch gefallen.

Für mich ist eine ganze heile Welt zusammengebrochen. Zwölf Jahre glückliche Beziehung, Haus gebaut, Bäume gepflanzt, zwei wundervolle Kinder und noch so viel Segelträume. Und dann »Peng« und »Platz« und kaputt.

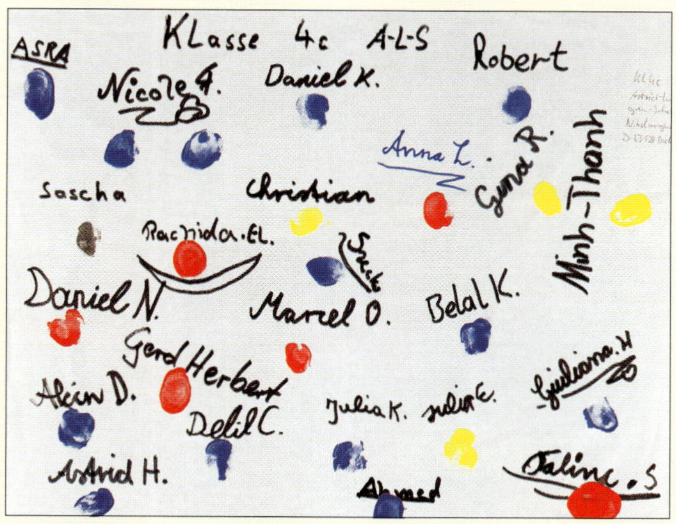

DER WEG DER FLASCHEN

Die Flaschenpost wurde nördlich der Insel Ascension dem Meer übergeben. Von hier aus driften die Nachrichten mit dem Südäquatorialstrom nach Westen

Aber Du warst da für mich, hast mich vor dem Aufprall bewahrt, mich aufgefangen.
Ich wusste über Deine neuesten Dates Bescheid, über Deine trinkfesten irischen Freunde und wie's in Deinem Herzen aussieht.
Du hast schon am Klang meiner Stimme gemerkt, ob ich Schmetterlinge im Bauch habe oder Stress mit den Kindern.
Wenn wir nebeneinander liegen, möchte ich Dich nicht wie eine Freundin berühren.
Aber es grenzt schon fast an Inzest, wenn ich es doch tun würde, und ich weiß auch, Du willst es nicht.
Also freue ich mich jeden Tag an unserer Freundschaft und werde mein ICH LIEBE DICH nur in die Welt hinaus schreiben und nicht schreien.
Und vergiss nicht, was wir uns versprochen haben.
Sollten wir mit 65/60 noch oder wieder allein sein, werden wir doch noch heiraten.
Und egal, was in unser beider Leben noch passieren wird, Du wirst immer der Peter Pan meines Herzens bleiben und ich Deine Pippi Langstrumpf.

Jane K., Hiddensee

Ich bin sehr glücklich,
Ich bin glücklich verheiratet.
Ich habe ein gesundes Kind.
Ich habe eine tolle Familie.
Ich habe eine gute Freundin.
Ich habe ein Haus mit Garten.
Ich muss nicht hungern.
Ich habe alles was ich mir nur wünschen kann.
Ich bin sooo glücklich!

Lieber Peter,

ich wähle diese Art des Schreibens, mich mit Dir in Verbindung zu setzen, weil ich nicht weiß, wo Du bist. Ich kann Dich nicht treffen, ich kann nicht mit Dir telefonieren, und ich weiß nicht genau, wo ich diesen Brief mit meinen Gedanken hinschicken soll. Ich vermute Dich irgendwo zwischen Sonnenaufgang und Sonnenuntergang, vielleicht auch an der Stelle, an der der Wind gezeugt und der Regen geboren wird. Ich weiß deshalb nicht, wo Du bist, weil Du tot bist. An jenem 3. 3. 99, an dem Du starbst, hat sich mein Leben schlagartig geändert. Die Polizei rief mich damals im Geschäft an, um mir mitzuteilen, dass Dein Auto in einen Unfall verwickelt wäre. Als ich ankam, teilte mir ein Arzt mit, dass er leider nichts mehr für Dich tun konnte.
Warum dürfen manche Menschen miterleben, wie ihre Urenkel groß werden. Doch Du konntest nicht einmal miterleben, wie Deine eigenen Kinder groß werden. Der Kopf begreift den Tod schnell, doch der Bauch nicht. Ewig habe ich gedacht, Du wärst verreist, wie so oft. Doch von der letzten Reise kehrt man nicht zurück.
Du bist auf einer Insel geboren und liebtest das Meer und die große weite Welt. Es wäre schön, wenn dieser Brief in einem der Weltmeere landen würde. Vielleicht sinkt er auf den Meeresgrund, vielleicht landet er in Afrika, Deinem großen Traumland. Möglicherweise landet er irgendwo zwischen Sonnenaufgang und Sonnenuntergang oder an der Stelle, wo der Wind gezeugt und der Regen geboren wird. Ich danke Dir für die gemeinsamen Jahre und unsere beiden Kinder, auch wenn sie oft recht anstrengend sind. Das Gefühl, dass sie das Wichtigste in Deinem Leben waren, soll sie ihr Leben lang begleiten. Die Indianer glauben daran, dass die Milchstraße das Diesseits vom Jenseits trennt. Es wäre doch eine schöne Vorstellung, wenn wir uns irgendwann auf der Milchstraße treffen, und ich kann dann sagen, »den kenn ich doch schon«. In diesem Sinne verabschiede ich mich von Dir und hoff einfach bis irgendwann.

Alles Liebe. Gabi
Gabi A.-B., Zetel

Mein geliebter Pete,

vor ein paar Tagen habe ich eine Sternschnuppe gesehen. Da Du diesen Brief wohl nie lesen wirst, darf ich Dir wohl verraten, was ich mir gewünscht habe: Dich.
Ich habe Dich mir gewünscht, ohne lange nachzudenken, und das ist eigentlich schon ein Widerspruch in sich, denn mittlerweile gehst Du mir schon seit über einem Jahr nicht mehr aus dem Kopf, und ich schaffe es einfach immer noch nicht, aus meinem bisherigen Leben auszubrechen. Wenn ich bei Dir bin, dann kommt immer viel zu schnell der Zeitpunkt, zu dem ich sage: »Ich muss gehen.« Ich gehe dann dorthin, was ich »zu Hause« nenne – dankbar, dass er einmal mehr nichts gemerkt hat, voller Angst, jemand könnte mich doch gesehen haben, voller Hass auf mich selbst, wenn er dann auch noch nett zu mir ist. Das alles wünsche ich mir weg wie ein kleines Kind, am liebsten würde ich die Augen zumachen, und es wäre nicht mehr da.
Ich wünsche mir, dass es nicht das Ende, sondern ein Chance ist, dass Du jetzt wegziehst. So wie es gelaufen ist, geht es nicht mehr lange gut. Wenn Du erst fort bist, kann ich nicht mehr mal eben für zwei Stunden nach der Arbeit vorbeikommen. Wenn ich Dich dann wirklich noch sehen will, muss ich Farbe bekennen. Ich wünsche mir, dass wir durch die räumliche Trennung zueinander finden.
Ich möchte Dir, egal wie es ausgeht, dafür danken, dass Du es jetzt schon so lange aushältst und es nie aufgegeben hast, mich daran zu erinnern, dass es Dich gibt.
In Liebe und Sehnsucht.

M.

Ich möchte mit diesen Zeilen dem »Finder« Freude bereiten, Hoffnung schenken und den Glauben an die allumfassende Liebe bestärken. Mit diesen Wünschen übergebe ich diesen Brief dem Meer. Ahoi, »Starship«-Flaschenpost.

Helga N., München

Dieses Gedicht möchte in eine Flasche und hinaus aufs Meer

ATLANTIS
Es gibt Menschen,
die sind wie das Meer.
Hungrig.
Und schön.
Und wild.
Wie das Meer.
Ihre Hände, ihre Kraft, ihre Zweifel.
Ihre Einsamkeit.
Groß und furchtbar. Wie das Meer.
Ihre Lust. Wie Gischt.
Und ihre Angst.
Vor allem die Angst.
Dunkel und salzig.
Meermenschen.
Menschen wie Meer
Nehmen sich ein Herz – einfach so -,
und tragen es fort.
Im Sturm. Nach Atlantis.

Swantje Krause, Hamburg

An vielleicht jemand, der mich kennnen lernen möchte

Partnersuche per Flaschenpost
ist, glaube ich, das Verrückteste,
was ich je gemacht habe –
eine 48-jährige begeisterte Seglerin
mit großer Liebe zum Meer hat
Träume begraben müssen und sucht
nun einen neuen Skipper für
neue Träume.
Wenn ich darauf eine Antwort bekomme, falle ich, glaube ich, erst einmal um.

Edeltraud K., Henstedt-Ulzburg

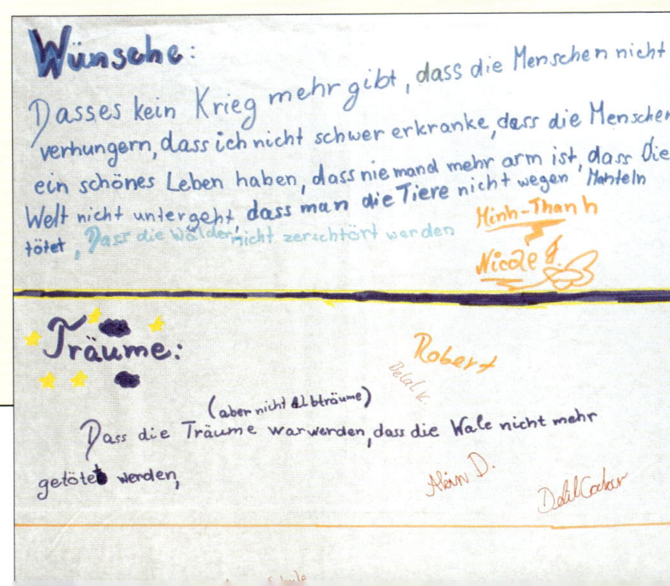
Wünsche:
Dasses kein Krieg mehr gibt, dass die Menschen nicht verhungern, dass ich nicht schwer erkranke, dass die Menschen ein schönes Leben haben, dass niemand mehr arm ist, dass Die Welt nicht untergeht, dass man die Tiere nicht wegen Manteln tötet, Dass die Wälder nicht zerschtört werden
Minh-Thanh
Nicole G.
Träume:
(aber nicht Albträume)
Dass die Träume warwerden, dass die Wale nicht mehr getötet werden,
Robert
Belal K.
Alvin D.
Delil Cakar

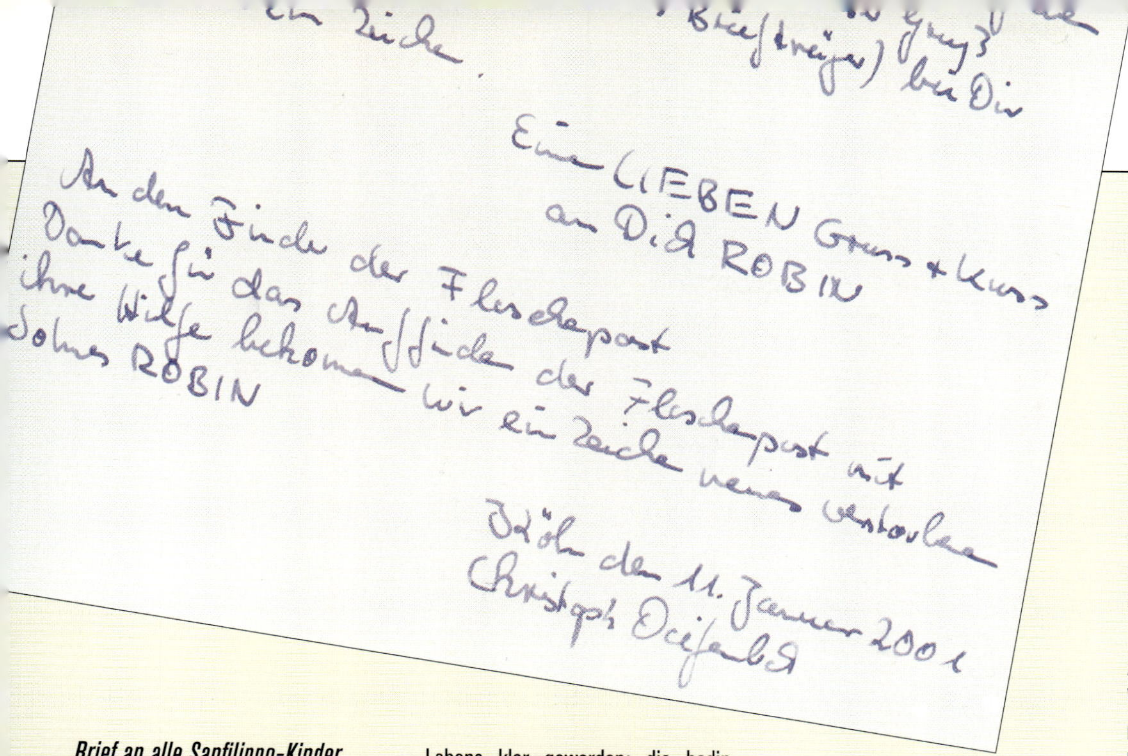

Brief an alle Sanfilippo-Kinder dieser Welt und alle, die sie lieben! Liebe Kinder! Liebe Eltern! Liebe Freunde!

Unser Sohn Bent ist 7 Jahre alt und ein fröhliches Kind. Im Alter von 3 Jahren wurde bei ihm eine seltene Gendefekt-Erkrankung festgestellt: das Sanfilippo-Syndrom.

Ihr seid ganz besondere Kinder, die viel Liebe in die Welt tragen. Scheinbar gesund werdet Ihr geboren, doch zeigen sich schon im Kleinkindalter Entwicklungsstörungen, und sprechen lernt ihr oft nicht gut oder gar nicht. Eurem Charme kann man nicht widerstehen, sofern man offenen Herzens ist.

Die Krankheit lässt Euch leider nicht in dieser lebhaften und lebensfrohen Phase verbleiben – Ihr verlernt zu laufen, zu essen, zu spielen und auch zu lachen. In diese Zeit müsst Ihr leiden und alle, die Euch lieb haben, mit Euch.

Wenn man aber in Eure Augen schaut, blickt man nicht ins Leere. Leer wird unser Leben selbst dann nicht sein, wenn Ihr uns schon als Kinder verlassen müsst, denn älter als 20 Jahre werdet Ihr äußerst selten.

Dich, Bent, zu kennen, ist das größte Geschenk für uns. Ich würde alles darum geben, wenn Du bleiben könntest – und ihr anderen kleinen Sonnenscheine mit ihm. Durch unser Kind ist mir der eigentliche Sinn des Lebens klar geworden: die bedingungslose Liebe.

Allen Sanfilippo-Kindern und ihren Familien und Freunden wünsche ich viel Freude, Kraft, Hilfe, Anteilnahme und Verständnis von den Mitmenschen und offene Herzen.

Wiebke E., Bremen

Ich bin sehr glücklich.

Ich bin glücklich verheiratet.
Ich habe ein gesundes Kind.
Ich habe eine tolle Familie.
Ich habe eine gute Freundin.
Ich habe ein Haus mit Garten.
Ich muss nicht hungern.
Ich habe alles, was ich mir
nur wünschen kann.
Ich bin sooo glücklich.

Natascha M.-K., 29, Schaffhausen/Schweiz

Hola von der spanischen Halbinsel,

147 Tage sind wir beide nun schon unterwegs. 365 werden es. 365 Tage mit dem Fahrrad durch Europa.

Träume sind Schäume, hat einmal jemand behauptet. »Nix da«, haben wir uns gesagt, Träume müssen gelebt werden. Unsere Seifenblase ist nicht zerplatzt. Wie steht es mit Dir? Egal wer Du bist, glaube nicht den Medien oder wem auch immer, wenn sie sagen, dass es das größte Glück auf Erden sei, dies oder jenes zu besitzen. Das größe Glück wirst Du erfahren, indem Du Deine Träume lebst, anstatt vorgegebene zu kaufen.

Steffen K. und Britta L., momentan irgendwo in Spanien

Für Robin, mit acht Jahren an Krebs gestorben

Nun bist Du 8 Jahre tot und doch so lebendig. Wir sind zusammen auf dem Schiff gewesen bei Deiner letzten Reise, und das war gut so. Oft denken wir an Dich, wie Du jetzt wohl aussehen würdest mit 16 Jahren, welche Musik Du wohl hören würdest und was Du sonst noch alles tun würdest ...

Seit acht Jahren bereist Du nun schon alle Weltmeere und bist viel herumgekommen, auch zu den Ozeanen, zu denen ich mit meinem kleinen Segelboot nie segeln werde. Aber Du lebst anders weiter, und wir würden uns freuen und wünschen uns sehr, dass dieser Gruß mit Deiner Hilfe bei Dir ankommt.

Gib uns ein Zeichen. Einen lieben Gruß und Kuss an Dich, Robin.

An den Finder der Flaschenpost: Danke für das Auffinden der Flaschenpost; mit Ihrer Hilfe bekommen wir ein Zeichen meines verstorbenen Sohnes Robin

Christoph D., Köln

Lieber Flaschenpost-Finder!

Weil ich noch nicht schreiben kann, macht meine Mama das für mich. Ich heiße Michael und bin bald 13 Jahre alt. Ich gehe auf eine Schule für geistig behinderte Kinder. Die meisten Kinder dort sind so wie ich, aber einige können nicht laufen und müssen im Rollstuhl sitzen. Wenn ich mir was wünschen dürfte, wäre mein wichtigster Wunsch, dass es auf der Welt keine Kriege mehr gibt. Ich möchte, dass die Menschen auf der Erde sich besser kennen und verstehen lernen. Außerdem sollen alle Kinder auf der Welt satt werden und etwas lernen können. Und dann träume ich noch davon, dass alle behinderten Kinder überall auf der Erde einen guten Platz zum Leben und ganz viele Freunde haben, dass niemand sie mehr auslacht oder wegschickt, wenn sie mit anderen Kindern spielen wollen. Wenn ich

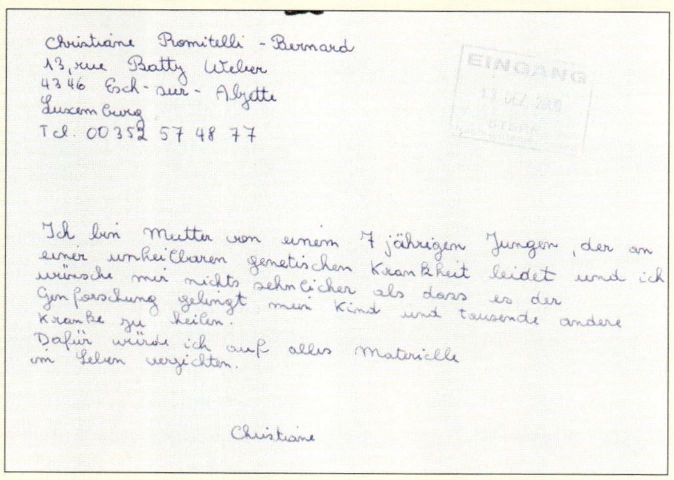

BRIEFE VOLL LIEBE UND SEHNSUCHT

Die meisten Flaschen werden Richtung brasilianische Küste und Karibik schwimmen und könnten von dort mit dem Golfstrom weiter nach Europa treiben

einschlafe, träume ich davon, dass jemand meine Flaschenpost findet und mir antwortet. Dann habe ich vielleicht einen neuen Freund.

Michael M., Garbek-Wensin

Der Finder oder Empfänger dieser Flaschenpost –

oder ein Familienangehöriger wird bei Bedarf im Rahmen unserer Möglichkeiten finanziell unterstützt (Schulbesuch, eine eventuelle Krankheit pp.) in Form einer Spende oder einer monatlichen Zuwendung.

Die Gründe für dieses Angebot liegen fast 20 Jahre zurück und würden in einem Brief oder einem Gespräch näher erklärt werden.

Annemarie und Willi W., Wittingen

Lieber unbekannter Empfänger meiner Flaschenpost!

Ehemaliger Bootsmann, Fischer, Seemann mit 30-jähriger Praxis auf den Meeren sendet diese Zeilen. Die deutsche Seereederei Rostock und Wismar waren meine Heimathäfen. Eine Zeitlang zählte die Flaschenpost zu meinem Hobby. Leider wurde mir dies zum Verhängnis und ein jähes Ende gesetzt. Ich wurde durch Mitarbeiter der »Staatssicherheit« Berlin verhört – mit dem Ergebnis: 3 Monate Strafversetzung zur Werft nach Wismar und sofortige Einstellung weiterer Flaschenpost.

Mit meiner heutigen Botschaft möchte ich den Wunsch verbinden, dass es nie wieder ein System geben soll, das seine Mitstreiter ermächtigt, derart in die Privatsphäre seiner Mitmenschen einzugreifen und ihre Freiheit einzuengen.

Sollte diese Zeilen ein Seemann finden, allzeit gute Fahrt!

Werner F., Hünstetten-Bechtheim

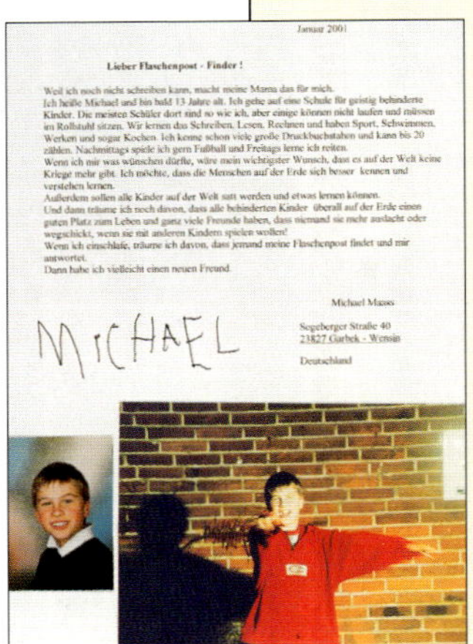

Januar 2001

Lieber Flaschenpost - Finder !

Weil ich noch nicht schreiben kann, macht meine Mama das für mich.
Ich heiße Michael und bin bald 13 Jahre alt. Ich gehe auf eine Schule für geistig behinderte Kinder. Die meisten Schüler dort sind so wie ich, aber einige können nicht laufen und müssen im Rollstuhl sitzen. Wir lernen das Schreiben, Lesen, Rechnen und haben Sport, Schwimmen, Werken und sogar Kochen. Ich kenne schon viele große Druckbuchstaben und kann bis 20 zählen. Nachmittags spiele ich gern Fußball und Freitags lerne ich reiten.
Wenn ich mir was wünschen dürfte, wäre mein wichtigster Wunsch, dass es auf der Welt keine Kriege mehr gibt. Ich möchte, dass die Menschen auf der Erde sich besser kennen und verstehen lernen.
Außerdem sollen alle Kinder auf der Welt satt werden und etwas lernen können.
Und dann träume ich noch davon, dass alle behinderten Kinder überall auf der Erde einen guten Platz zum Leben und ganz viele Freunde haben, dass niemand sie mehr auslacht oder wegschickt, wenn sie mit anderen Kindern spielen wollen!
Wenn ich einschlafe, träume ich davon, dass jemand meine Flaschenpost findet und mir antwortet.
Dann habe ich vielleicht einen neuen Freund.

Michael Maass

MICHAEL

Segeberger Straße 40
23827 Garbek - Wensin

Deutschland

Es ist kurz vor Weihnachten,

genau 20.12.2000. Alles freut sich auf das »große Fest«. Ich aber bin in einer großen Klinik, auf dem Nachttisch eine Kerze, draußen auf dem Rasen ein beleuchteter Weihnachtsbaum. Bei mir laufen andere Gedanken ab. Vor ein paar Tagen die schreckliche Diagnose. Krebs, weit fortgeschritten, nicht mehr zu operieren. Gerade jetzt ist es besonders schlimm für mich; ich möchte noch leben. Vor ca. eineinhalb Jahren habe ich die große Liebe meines Lebens gefunden. Wir wollten nun alles gemeinsam machen und hatten noch so vieles für die Zukunft geplant. Aber...

Wenn evtl. diese Zeilen gefunden werden, werde ich nicht mehr auf dieser schönen Welt sein.

Annegret E., Dortmund

Salz auf meiner Haut,

die Sonne funkelt in meinem Haar,
der Himmel spiegelt sich in
meinen Augen,
die Seele zart und verletzlich,
trotzdem beherrscht mich eine
unbändige Kraft
47, w., 1,60, blond, blaue Augen,
zierlich-weiblich, spontan,
nachdenklich und weltoffen, sucht
charakterfesten und sensiblen
Mann +/- 5 Jahre, der das Salz in
meinem Leben sein möchte.

Elke K., Karlsruhe

Lieber Michael,

heute wäre Dein 32. Geburtstag gewesen. Als wir Kinder waren, haben wir uns mal darüber unterhalten, was wohl im Jahr 2000 alles so passieren würde. Wir haben uns ausgerechnet, dass Du 32 und ich 33 Jahre alt werden würden und wir vielleicht zusammen zum Mond fliegen könnten. Im Jahr 2000, dachten wir, wäre das bestimmt ebenso möglich wie sonstwohin zu fliegen. Und nun, mein »kleiner Bruder«, fliegen wir nicht zum Mond, und Du bist keine 32 Jahre alt geworden. Der Tag, an dem Du starbst, war ein schöner warmer Maitag, und ich hörte morgens im Büro die Radiodurchsage: »Vollsperrung auf der A 3 wegen Unfall.«

Der Kleine fragt oft nach Dir. Ich habe ihm erzählt, dass Du jetzt im Himmel bist. Als es neulich regnete, stand er auf der Straße, schaute in den Himmel und sagte: »Mama, schau mal, was der Micha da für einen Quatsch macht.« An seinem Geburtstag will er Dir einen Bauklotzturm bauen, damit Du mal kurz runterkommen kannst.

Es sind so viele Dinge und Ereignisse und manchmal auch nur Kleinigkeiten, die mich ständig an Dich denken lassen. Früher habe ich nie so oft an Dich gedacht. Wer denkt schon ständig an seinen Bruder, wenn alles in Ordnung ist.

Jetzt ist nichts mehr so, wie es einmal war. Ich habe oft das Gefühl, nicht mehr richtig atmen zu können, wenn ich an Dich denke. Ich wusste vorher nicht, wie sehr Du ein Teil von mir bist. Es ist schlimm, erkennen zu müssen, dass man den Wert eines Menschen am meisten spürt, wenn er nicht mehr da ist.

Deine »große Schwester«
Alexandra R., Groß-Bieberau

Ich bin Mutter

von einem 7-jährigen Jungen, der an einer unheilbaren genetischen Krankheit leidet, und ich wünsche mir nichts sehnlicher, als dass es der Genforschung gelingt, mein Kind und Tausende andere Kranke zu heilen. Dafür würde ich auf alles Materielle im Leben verzichten.

Christiane R.-B., Esch-sur-Alyette, Luxemburg

Lebenssatt

starb am 9. Oktober 1999
unser 88-jähriger Vater
Ernst Buhrmann
in den Armen seiner Frau
mit den Worten
„Ach Mutter«.
Bauernsohn.
Zum Geburtstag gab es ein
Spiegelei extra.
Schneiderlehre.
Arbeitsdienst,
Soldat.
Schneidermeister.
Hochzeit Mai 48.
Vier Söhne mit Mina.
Arbeiter bei der SEL
und bei Staedler in Nürnberg:
Farbmischer für Buntstifte.
Ein frommer Mann,
der sich drei Lieder
beim Begräbnis wünschte:
Es ist genug.
Jerusalem, Du hochgebaute Stadt.
Nun danket alle Gott.
Bei seinen Hausandachten
war der tägliche Schluss:

Super!

UNSERE BOTSCHAFT IST ANGEKOMMEN...
WIR LEBEN SEIT 1998 AUF EINEM 26 m SCHIFF, MIT DEM WIR DIE FLÜSSE UND KANÄLE VON FRANKREICH, BELGIEN UND HOLLAND BEFAHREN.
UNSER HAUSBOOT IST EINE KLEINE SCHWIMMENDE HANDWERKS-BOUTIQUE, AUF WELCHER AUCH DIESES HANDGESCHÖPFTE PAPIER ENTSTANDEN IST.

UNSERE BOTSCHAFT LAUTET:
FRIEDEN AUF ERDEN

EDITH + PAUL AEBI
BATEAU WILLIAM
RELAIS NAUTIQUE
F-68210 DANNEMARIE

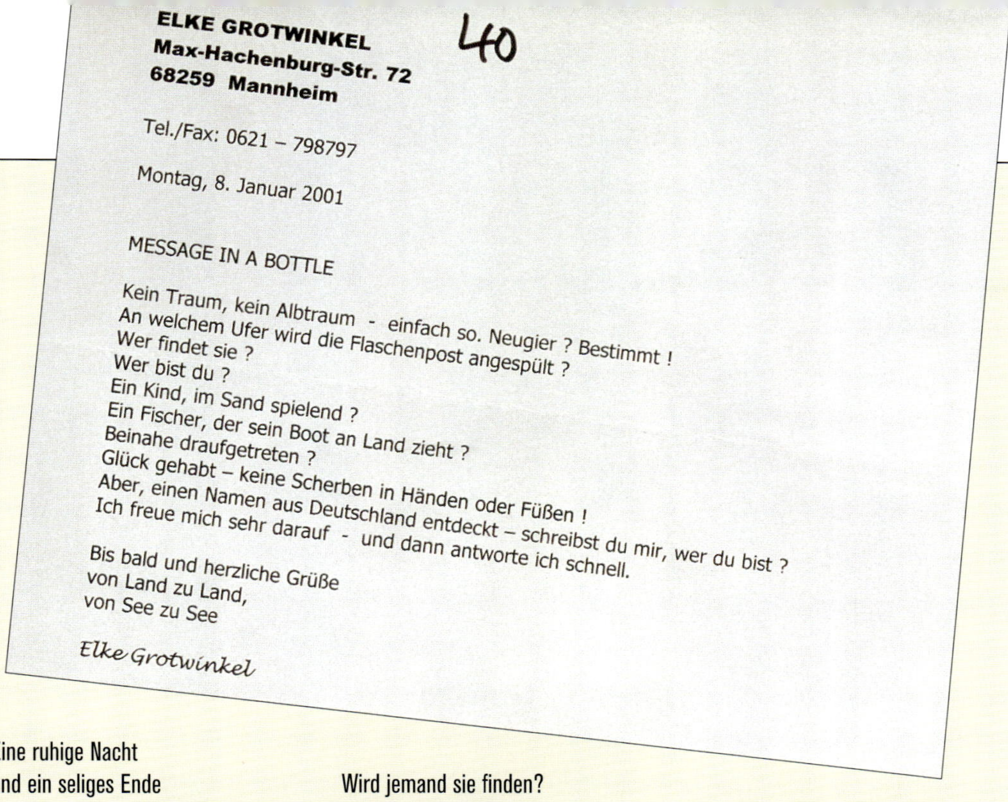

40

ELKE GROTWINKEL
Max-Hachenburg-Str. 72
68259 Mannheim

Tel./Fax: 0621 – 798797

Montag, 8. Januar 2001

MESSAGE IN A BOTTLE

Kein Traum, kein Albtraum - einfach so. Neugier ? Bestimmt !
An welchem Ufer wird die Flaschenpost angespült ?
Wer findet sie ?
Wer bist du ?
Ein Kind, im Sand spielend ?
Ein Fischer, der sein Boot an Land zieht ?
Beinahe draufgetreten ?
Glück gehabt – keine Scherben in Händen oder Füßen !
Aber, einen Namen aus Deutschland entdeckt – schreibst du mir, wer du bist ?
Ich freue mich sehr darauf - und dann antworte ich schnell.

Bis bald und herzliche Grüße
von Land zu Land,
von See zu See

Elke Grotwinkel

Eine ruhige Nacht
und ein seliges Ende
verleihe uns der allmächtige Gott.
LICHT, LIEBE, LEBEN
Ernst B., Neu-Ulm

Wunsch:

Dass ich mit meinem amerikanischen Vater, den ich noch nie gesehen habe, nur fünf Minuten reden kann. Das ist mein größter Wunsch.
Robert, Klasse 4 C, Astrid-Lindgren-Schule, Dietzenbach

Wo bist Du, mein Liebster?

Jetzt ist es 93 Tage her, da mich die erschütternde Nachricht erreichte, dass Du beim Baden im Meer in einen Strudel geraten und ertrunken bist. Wie viele Tränen habe ich seitdem vergossen, wenn ich mich allein gefühlt und nach Deiner Nähe gesehnt habe. Es hat mich so fassungslos gemacht, dass diese 6 Monate voller Lebendigkeit und Lebenslust, die für uns beide die schönsten Monate unseres Lebens waren, ein so jähes Ende fanden.
Aber ist diese Zeit wirklich zu Ende?
Nein, ich glaube nicht - zu deutlich spüre ich Deine Nähe.
Welch ein schöner Gedanke, dass es nun vielleicht möglich gemacht wird, eine Flaschenpost zu verschicken.
Weit weit weg von hier wird sie dem Meer übergeben, und es trägt sie - wer weiß, wohin ...
Wird jemand sie finden?
Wird er mir scheiben?
Wie es auch kommen mag, ich weiß, dass Dich, mein Liebster, diese Botschaft erreicht, auch wenn sie niemals an ein Ufer gespült würde.
Du wirst immer einen Platz in meinem Herzen behalten.
In unendlicher Liebe
Deine Hexenprinzessin
Ursula S., Bonn

Lieber Finder der Flaschenpost,

ich bin eine 85-jährige Frau und wohne in Deutschland. Ich bin noch sehr rüstig, vielseitig interessiert und unternehmungslustig. Im *stern* las ich von der Flaschenpost-Aktion und dachte mir, dass ich daran wohl teilnehmen könnte. Ich verfolge damit keinerlei Zweck, sondern bin nur neugierig, wie weit meine Flasche wohl schwimmt und ob mir der Finder wohl antwortet.
Ruth H., Siegen

Hallo, Rainer,

am letzten Tag des Jahres sitze ich hier und versuche meine Gedanken, die mich bewegen, zu ordnen und aufzuschreiben. Ich werde diesen Brief nicht an Dich abschicken, denn ich schreibe ihn für mich. Vor einem Jahr, genau war es der Sonnabend vor dem 1. Advent, nach unserem gemeinsamen Frühstück hast Du mir gesagt, dass Du Dich in eine junge Frau aus Deinem Büro verliebt hast. Wir waren über 31 Jahre verheiratet, haben sehr viel gemeinsam durchgestanden. Ich habe Dich geliebt. Es hat mir weh getan, dass diese junge Frau so alt war wie unser Sohn, und ich fühlte mich benutzt und als alt und unbrauchbar abgelegt.
Inzwischen ist unser Haus verkauft und ich sitze zwischen gepackten Kisten. Im Januar werde ich mit unserem jüngsten Sohn in eine Wohnung ziehen. Das Zuhause für unsere Kinder und ihr Elternhaus gibt es nicht mehr. Dieses letzte Jahr war das schlimmste in meinem Leben, ich habe die Liebe meines Lebens verloren. Aber ich habe auch gemerkt, wie viele Freunde ich habe, die für mich da waren. Ich habe neue Menschen kennen gelernt, die sehr wertvoll für mich sind, und letztendlich habe ich meine eigene Kraft gespürt, die uns geholfen hat, zu überleben.
Ich wünsche mir sehr, dass ich Dir eines Tages begegnen kann, dass ich mich freue, Dich zu sehen, und es mir nicht mehr wehtut, Dich verloren zu haben.
Karin!

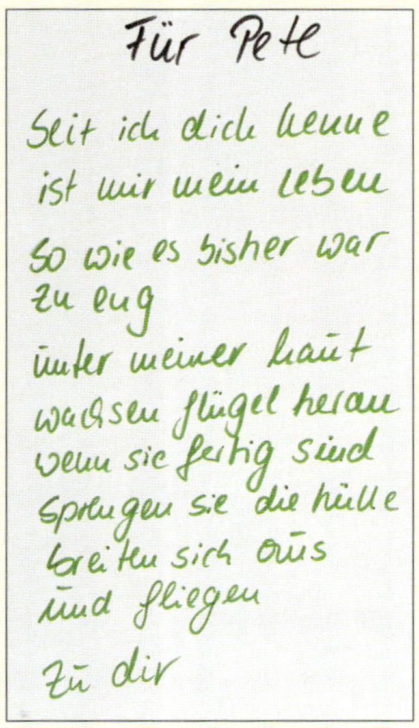

Für Pete

Seit ich dich kenne
ist mir mein leben
so wie es bisher war
zu eng
unter meiner haut
wachsen flügel heran
wenn sie fertig sind
sprengen sie die hülle
breiten sich aus
und fliegen
zu dir

Hallo, Nachbarin, hallo, Nachbar!

Ich grüße Dich - als Mitbewohner dieses schönen Erdballs - recht herzlich!
Ist es nicht herrlich, mit dabei sein zu dürfen beim »Abenteuer Leben«?
Natürlich weiß ich nicht, welche Hautfarbe Du hast. Oder ob es Dir gut geht - in materieller Hinsicht, meine ich.
Es ist natürlich wichtig, dass Du jeden Tag genug zu essen bekommst. Und was Vernünftiges anzuziehen hast. Und auch ein stabiles Dach über dem Kopf hast.
Noch wichtiger aber ist wohl, dass Du - mindestens - einen Menschen kennst, der sich um Dich kümmert, weil es ihm (oder ihr) am Herzen liegt.
Ich wohne in Europa, in Deutschland.
Und mir geht es meistens gut.
Das ist aber nicht auf mein Tüchtigkeit zurückzuführen. Vielleicht ist es Zufall - oder auch Gottes Wille.
Jedenfalls bin ich weder stolz auf meine Hautfarbe noch auf meine Herkunft (oder sonst was).
Ich freue mich einfach darüber, dass ich leben und atmen darf ...
Diese Flaschenpost wurde westlich von Afrika ins Meer geworfen.
Und ist ganz bis zu Dir gelangt.
Ist das nicht ein kleines Wunder?
Freust Du Dich darüber?
Vielleicht freuen wir uns
eines Tages zusammen.
Schreib mir mal!
Peter P., Malente-Gremsmühlen

LOHN DEM GLÜCKLICHEN FINDER

Neben dem Brief enthält jede Flasche ein viersprachiges Anschreiben an den Finder, mit der Bitte sich zu melden, eine Dollarnote zur Begleichung seiner Portokosten und das Versprechen eines Finderlohns von zehn Dollar

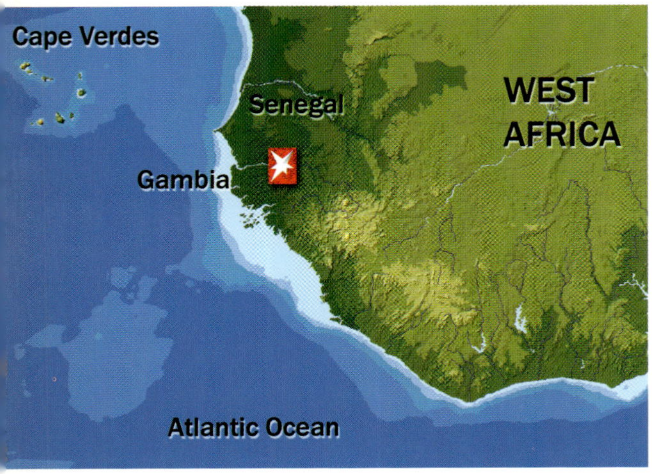

DIE SCHULE DER WILDNIS

Im Gambia River liegen drei kleine Inseln, die den »Gambia River National Park« bilden. Auf ihnen werden Schimpansen ausgewildert, die als Waisen gefunden oder von Zöllnern in Europa und Amerika beschlagnahmt wurden. 61 Affen leben dort – etliche inzwischen in dritter Generation

VON CORNELIA FUCHS UND PETER THOMANN (FOTOS)

Dort hat sie gelebt. Ihr Zelt stand in einem rostbraunen Käfig, unter dem Feigenbaum am Rande des Dschungels, bloß ein paar Schritte vom Ufer des Flusses Gambia entfernt. Kein Mensch war in ihrer Nähe, das nächste Dorf außer Rufweite. Sieben Jahre lang lebte sie allein unter Schimpansen, hören konnte sie tagelang nur Vogellaute, das Grunzen der Flusspferde und das kehlige Ahaha ihrer Schimpansenhorde. Drei Wochen wollte die 26-jährige Janis bleiben in der schwülen Hitze Gambias im Sommer 1977. Sie kam wegen Lucy, der elfjährigen Affendame aus einem Sprachprojekt der Universität Oklahoma. Lucy war wie die Tochter eines Professorenpaares aufgewachsen. Sie aß morgens Toast und Joghurt und beherrschte 120 Wörter in der Taubstummensprache Ameslan. Aber sie war zu alt für das Projekt und wurde in ihrer Kraft unkontrollierbar. Lucy drohte das Schicksal aller Laborschimpansen: Sind sie ausgewachsen, müssen sie zum Schutz ihrer Betreuer den Rest ihres Lebens in Käfigen vegetieren.

Lucys Menschen-Eltern wollten ihr die Freiheit schenken, und Janis Carter, die Biologiestudentin, die eigentlich als Käfigputzerin für Lucy eingestellt worden war, erklärte sich bereit, mit ihr nach Westafrika zu fahren. Doch Lucy hasste die Wildnis. Sie wollte die fremden Früchte nicht essen, sie ertrug die Hitze nicht und den Staub auf Gambias Straßen. Andere Schimpansen nannte sie »dreckige Affen«. Janis begriff, dass sie nicht nur wenige Wochen bleiben konnte.

Lucys Menschen-Eltern waren entsetzt über die Konsequenz der Studentin: »Die haben mich alle für verrückt erklärt, als ich mich in den Dschungel aufmachte.« Janis packte ihr Zelt, verfrachtete die verängstigte Lucy und acht weitere Schimpansen in ihr Auto. Sie waren von Zollbeamten in Europa oder Afrika beschlagnahmt worden und sollten ebenfalls ausgewildert werden. Janis wurde zum dominanten Alpha-Tier der Schimpansenhorde.

Sie stieg auf Feigen- und Baobab-Bäume und kaute Lucy die Blätter vor, die sie essen konnte. Sie steckte kleine Stöckchen in Ameisenhügel und danach in ihren Mund und versuchte, schneller zuzubeißen als die Krabbeltiere. Dabei musste sie lächeln, denn für Lucy und die anderen sollte es aussehen, als verspeise sie Leckerbissen. Janis stand nächtelang alle zwei Stunden auf, um Lucy von ihrer Schlafstelle in der Nähe des Käfigs in die Bäume zu jagen. Zu gefährlich war es am Boden, einmal war die Schimpansin schon von einer Schlange gebissen worden. Auch wenn sie nächtelang weinte und jammerte und immer wieder versuchte, zu Janis in den Käfig zu gelangen: Lucy musste sich daran gewöhnen, in einem Baumnest zu schlafen. Erst als Janis mit einer Zange anrückte und ihren Schützling mehrmals des Nachts mit simulierten Schlangenbissen aus dem Schlaf schreckte, blieb Lucy auf den Bäumen. Während aus Lucy allmählich wieder ein wilder Schimpanse wurde, entfremdete sich Janis ihrem Menschsein. Wochenlang traf sie niemanden, mit dem sie sich unterhalten konnte, verständigte

GELERNT IST GELERNT

Malu, eine 19-jährige Schimpansendame, trinkt aus dem Fluss. Von ihrer Mutter hat sie gelernt, dazu die Schale der Frucht eines Baobab-Baums zu benutzen. Die Mutter hatte den Umgang mit »Werkzeug« in ihrer Luxusgefangenschaft erworben. Sie lebte früher bei reichen Amerikanern, hatte einen eigenen Butler und speiste bei McDonald's

sich ausschließlich in der Körpersprache der Schimpansen. Der Stand der Sonne bestimmte den Tagesablauf: »Ich war vollständig frei, von allen Zwängen, von allen Konventionen.« Janis war nicht nur Beobachterin, sie war ein Teil der Gruppe. Je länger sie allein war, desto weniger wollte sie mit Menschen reden. Alle 48 Stunden kamen Mitarbeiter des Auswilderungsprojektes in einem Boot vorbei und schauten, ob sie noch lebte. Meistens winkte sie nur kurz zurück und verschwand dann im Wald. Sie fühlte sich nicht verstanden, wenn sie im Basiscamp neue Vorräte abholte: »Die Schimpansen haben mir Teile meines Inneren gezeigt, die für alle anderen fremd sind und die ich daher auch niemandem so recht begreiflich machen kann. Wie ein Astronaut nicht wirklich erklären kann, wie sich die Schwerelosigkeit auf dem Mond anfühlt.«

Die einzige, die ahnte, was Janis erlebte, war Stella Marsden. Die Engländerin ist die Begründerin des Projektes zur Auswilderung von Schimpansen auf den Inseln im Gambia-Fluss. Geboren auf den Seychellen und aufgewachsen im ersten gambischen Nationalpark, den ihr Vater in der Nähe der Hauptstadt Banjul gegründet hatte, kümmerte sich Stella schon als kleines Mädchen um Schimpansen. Als Janis im Käfig verschwand, kam sie gerade von einem fünfjährigen Aufenthalt im senegalesischen Nationalpark Niokolo-Koba zurück. Völlig auf sich gestellt hatte Stella dort versucht, ihre Gruppe von acht Schimpansen in die Wildnis zu entlassen. Sie lebte in einer primitiven Lehmhütte und lehrte ihre Schimpansen die Vorsicht vor Skorpionen auf Streifzügen durch den Busch. Aber obwohl sie die haarigen Knäuel liebte und sie unbedingt in die Freiheit entlassen wollte, ging sie nicht wie Janis in ihrer Einsamkeit auf: »Manchmal saß ich unter einem Baum und weinte und dachte, ich würde niemals ein normales Leben führen.«

Die 50-jährige Stella Marsden hat das Schimpansenprojekt initiiert. Bevor die befreiten Tiere ausgewildert werden, leben sie in einem Camp und werden auf die Freiheit vorbereitet. Der Mitarbeiter (r.) ist seit 15 Jahren bei dem Projekt beschäftigt

Doch Stellas erstes Auswilderungsprojekt scheiterte: »Ich dachte, meine Schimpansen würden sich in die Gruppe vor Ort integrieren und dann händchenhaltend in den Sonnenuntergang entschwinden.« Aber die wilden Primaten akzeptierten die Fremden nicht. Sie griffen an, und fast hätten sie zwei von Stellas Schützlingen umgebracht. Stella sah Schimpansen bei einem Kriegszug das Blut ihrer Feinde trinken.

»Kleine Schimpansen sind anbetungswürdig«, sagt Stella. »Aber je älter sie werden, desto mehr entwickelt sich ihre Aggressivität. Es wirkt, als lernten sie menschliche Hinterhältigkeit – und vor allem die Männchen können dann

EIN KIND VON TRAURIGKEIT

Esme heißt die zweijährige Schimpansin, die aus dem Senegal stammt, über Paris nach New York flog und dort vom Zoll beschlagnahmt wurde. Sie wird eine der letzten sein, die auf den Inseln ausgewildert werden, weil kein Platz für Neuankömmlinge ist. Die Gefangenschaft hat aus Esme ein verhaltensgestörtes, hyperaktives Tier gemacht, das besonders sorgfältig auf das Leben in Freiheit vorbereitet werden muss

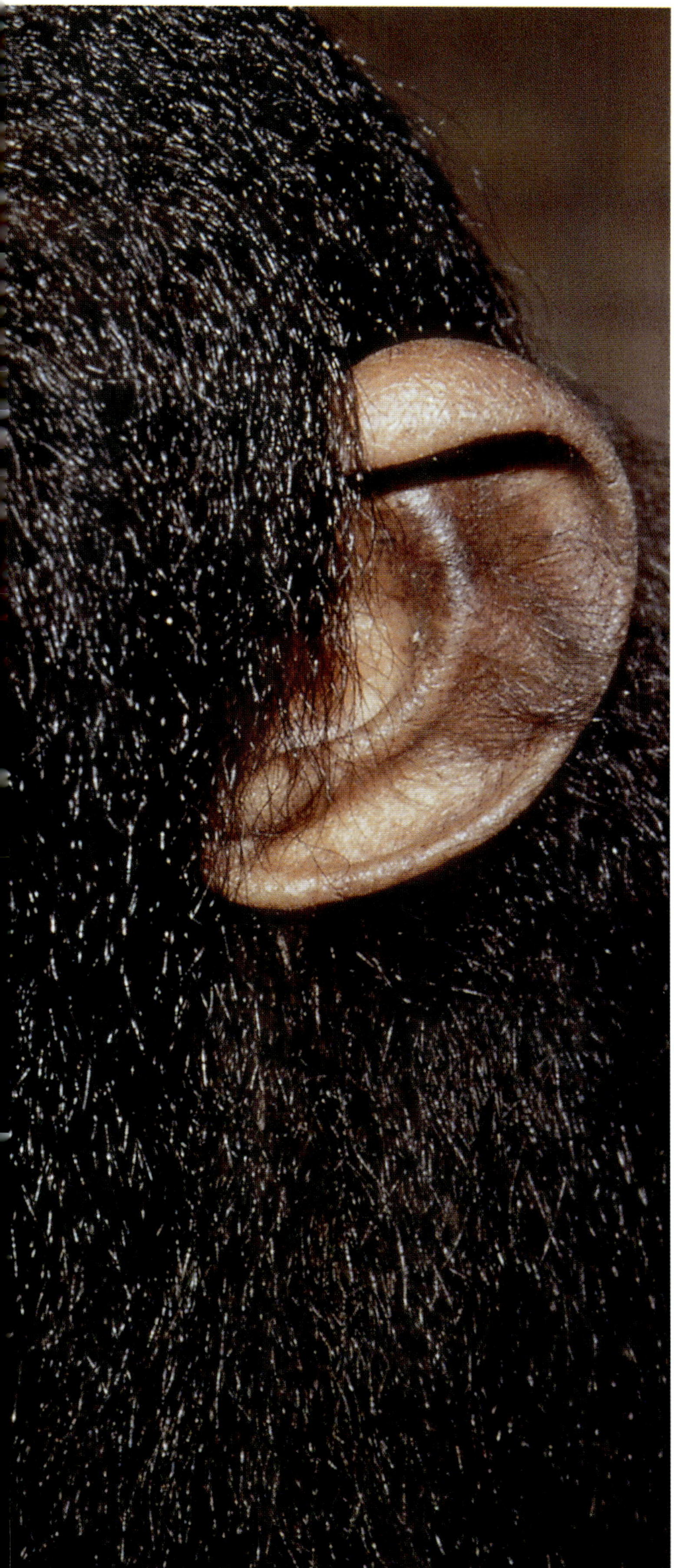

unheimlich werden.« 98,4 Prozent der Erbanlagen bei Schimpansen sind die gleichen wie beim Menschen. Tatsächlich ist der Mensch ihnen genetisch näher als der indische dem afrikanischen Elefanten. »Dennoch sind sie uns nicht gleich, sie haben die Auffassungsgabe eines Dreijährigen. Wir sind ihnen voraus – im Guten wie im Schlechten«, sagt Stella.

Nach dem Angriff wusste Stella, dass ihre zahmen Schimpansen im Senegal keine Chance hatten. Sie machte sich auf den Weg zurück nach Gambia. Dort traf sie auf Janis. Die gambische Regierung bot den beiden Frauen die Inseln im oberen Lauf des Gambia-Flusses als Auswilderungsgebiet an. Aber Stella wollte nicht wieder in die Einsamkeit. Sie warnte Janis davor, sich zu sehr zu verlieren in der Schimpansengemeinschaft: »Es wird ein Ende haben. Wenn sie größer sind, werden sie eines Tages stärker sein als du. Und was machst du dann?« Sie selbst begleitete ihre Gruppe auf dem Weg in die Freiheit mit größerer Distanz. Stella heiratete, bekam ihren ersten Sohn und entschied sich, ihn in England aufzuziehen.

Janis Carter ist 50 und hat sieben Jahre lang fast ohne Kontakt zu Menschen mit den Affen auf den Inseln gelebt, um die natürlichen Lebensumstände der Tiere zu studieren und ihnen optimal helfen zu können

DASH WAR JANIS' LIEBLING, ihr Schimpansen-Sohn. Gemeinsam mit Lucy hatte sie ihn aufgezogen und ihm alles beigebracht, was er für die Freiheit brauchte. Mit zehn Jahren war er der Stärkste auf der Insel. Nacheinander setzte er sich gegen Lucy und die anderen Weibchen durch – es blieb nur noch Janis: »Eigentlich wusste ich, was dann kommen musste.« Eines Morgens packte Dash Janis am Fuß, warf sie auf den Boden und zerrte sie hin und her durch die Dornenbüsche. Dabei heulte er triumphierend, schlug sich auf die Brust. In seinem Eifer, die anderen mit wilden Drohgebärden zu beeindrucken, schleuderte er Janis wie eine Puppe hin und her, zerkratzte sie furchtbar: »Aber am meisten zerbeulte er meine Seele.« Ihr gelang es, sich einen Abhang hinab in Sicherheit rollen zu lassen und zurück in ihren Käfig zu flüchten. Dash hatte sie aus ihrer Alpha-Rolle vertrieben. Sie wusste, sie musste gehen: »Es war, als hätte ich meine Familie verloren.«

Am nächsten Morgen besuchte sie die Gruppe das letzte Mal, zitternd wie Espenlaub. Die Schimpansen ignorierten sie. Sie schaute sich um, kehrte dann zurück zum Käfig. Plötzlich war Dash hinter ihr, seine langen Arme umklammerten sie fest, sein Gesicht drückte sich an ihren Hals. 60 lange Sekunden hing er so an ihr. Jede einzelne davon fürchtete sie, er könne in ihren Hals beißen: »Dabei wollte er wahrscheinlich nur sagen, dass er mich noch immer lieb hat.«

HILFE ZUR SELBST-HILFE

Janis Carter spielt mit Esme und Kumba, den letzten Schimpansenbabys für den Park. Dort werden die Tiere gelegentlich vom Boot aus mit Baobab-Früchten gefüttert, um lockeren Kontakt mit ihnen zu halten. Das Betreten der Inseln ist verboten

Was Dash getan hat, ist für Janis nur natürlich. Er hatte seine Familie gegründet und das Machtgefüge neu definiert. Für Stella aber ist Dash ein Psychokrüppel: »Er war Janis' erster Schimpanse, den sie von Kindesbeinen an aufgezogen hat, und sie hat ihn etwas zu sehr verwöhnt.« Janis kehrte zurück in die menschliche Zivilisation: »Es war wie ein kleiner Tod.« Sie hatte verlernt, mit Menschen zu reden. Gespräche schüchterten sie ein. Noch heute muss sie allein sein, wenn sie in Ruhe nachdenken will. Sie erkennt meist früh, was ihre Gesprächspartner vorhaben: Sie deutet ihre Körpersprache. Sie regte sich schnell auf, beruhigte sich aber auch schnell wieder – wie Schimpansen. Sie ertrug es nicht, wenn jemand ihre Dinge verstellte – sie fühlte, als müsste sie dann ihr Territorium verteidigen: »Heute würde ich mich nie wieder für eine solch lange Zeit von der menschlichen Gesellschaft verabschieden.« Nicht, weil die Erfahrungen es nicht wert seien, sondern weil es zu sehr schmerze, sich der Schimpansengemeinschaft wieder zu entwöhnen.

Lucy verlernte die Zeichensprache nie. Als Stella das erste Mal mit ihrem neugeborenen Sohn im Boot am Ufer auftauchte, wiegte Lucy ihre verschränkten Arme: das Taubstummen-Zeichen für »Baby«. Und bevor sie im Busch verschwand, stellte sie wie immer die Frage: »Wo ist Janis?« Auf Kongressen wird Janis bis heute vorgeworfen, sie habe Lucy der Wissenschaft entwendet. Durch die Auswilderung seien Jahre der Arbeit an Lucy zunichte gemacht worden. Lucy starb mit 22 Jahren, nicht lange nachdem Janis die Insel verlassen hatte. Bei ihrer letzten Begegnung brachte sie Lucys Lieblingsgegenstände aus den Vereinigten Staaten mit. Lucy betrachtete sich intensiv im Spiegel, legte ihn dann aber zur Seite. Als sie mit ihrer Familie im Dschungel verschwand, schaute sie sich noch nicht einmal um: »Sie war zu Hause.«

Heute können Janis und Stella die Inseln nicht mehr betreten. Die vier Alpha-Männchen würden ein Eindringen in ihr Territorium nicht dulden. 61 Schimpansen leben inzwischen auf den Inseln, mehr als die Hälfte ist dort geboren. Kein Boot darf an den Ufern ankern, kein Mensch die Inseln betreten – Besucher könnten Infektionen mitbringen, eine einfache Erkältung kann Schimpansen töten. Auch für die Menschen kann es gefährlich werden: Die ausgewilderten Schimpansen haben im Gegensatz zu ihren wilden Kollegen keine Scheu. Sie wissen, dass sie fünfmal stärker sind als ein Mensch – gefährlich für jedes Boot das zu dicht am Ufer vorbeifährt und so interessante Dinge wie Blechdosen, Erdnüsse oder Baobab-Früchte transportiert.

DIE ISOLATION SCHÜTZT DIE SCHIMPANSEN, birgt aber auch Probleme: Das Geld für das Projekt geht aus. 24 000 Pfund braucht Stella pro Jahr, um die vier Betreuer, Medikamente und Futter zu bezahlen. Sie versucht, über ein Adoptionsprogramm Paten für ihre Schimpansen zu finden (www.chimprehab.com). Aber ohne die Hilfe der Öffentlichkeit wird dies zunehmend schwierig. So befindet sich das Projekt im Spagat zwischen größerer Offenheit und sicherer Abgeschiedenheit.

Noch warten fünf weitere Schimpansenkinder auf die Auswilderung, sie werden die letzten sein. Die zwei Kleinsten zieht Janis zu Hause mit der Milchflasche auf, die übrigen leben im Camp in der Nähe der Inseln, das sie auf die Freiheit vorbereitet. Ein erster Versuch der Annäherung an die Gruppen auf der Insel scheiterte: Die Schimpansenkinder spielten zunächst friedlich miteinander, als aber ein kleiner Streit entbrannte, nahm dies eine Mutter der wilden Familie zum Anlass, auf die Neuankömmlinge loszugehen. Sie erlitten Bisswunden an Händen und Füßen. »Und wir konnten uns glücklich schätzen, dass wir sie ins Boot bekamen, bevor

Schlimmeres passierte«, sagt Stella. Jetzt soll ein Elektrozaun gespannt werden zwischen den Insel-Schimpansen und den Neuankömmlingen – so können sie sich aneinander gewöhnen.

NEUE HEIMAT – FREIHEIT

Die »Starship« ankert auf dem Gambia River und beobachtet drei Tage lang die Inseln der Schimpansen. Hexe, die in Holland beschlagnahmt wurde und nach einem Intermezzo im Frankfurter Zoo nach Gambia kam, gebar dort zwei Söhne. Henry an ihrer Brust ist der jüngste

Außerhalb der Inseln gibt es kaum eine Chance für Stellas Schützlinge. In Gambia leben keine wilden Schimpansen mehr, von Millionen Primaten Anfang der sechziger Jahre sind in ganz Afrika nur noch 187 000 Schimpansen übrig. Die Inseln sind nicht wie andere Schimpansenprojekte durch den Platzbedarf der ständig wachsenden Bevölkerung bedroht. Gambia ist mit 96 Personen pro Quadratkilometer eines der dichtest besiedelten Länder Afrikas. Drei von vier Arbeitsplätzen finden sich in der Landwirtschaft, hauptsächlich dem Erdnussanbau, und der braucht Boden. Dennoch wurde das Schimpansenprojekt von der gambischen Regierung nie in Frage gestellt.

Janis lebt heute in Gambias Hauptstadt Banjul und verwaltet das Projekt. Einmal im Monat fährt sie den Fluss hinauf zu den Inseln, schaut bei den Futterplätzen vorbei und wirft Erdnüsse und Baobab-Früchte ans Ufer, um die Schimpansen aus dem Dschungel zu locken. Manchmal kommen sie, manchmal nicht. Sie brauchen kein Zusatzfutter. Die Leckereien helfen nur, die Schimpansen überhaupt zu Gesicht zu bekommen. So kann Janis ihr Wohlergehen kontrollieren.

Dash ist besonders scheu. Meist blinzelt er nur kurz zwischen den Palmenblättern hervor. Janis ist stolz auf ihren Ziehsohn: »Er ist frei. Er braucht niemanden mehr.« Stellas Schimpansen sind nicht so zurückhaltend, die Gruppe lernte von Nini. »Schimpansen haben alle menschlichen Eigenschaften in sich: Wut, Eifersucht, Mitleid, Herrschsucht. Manchmal lernt man einen Schimpansen kennen, bei dem eine dieser Eigenschaften besonders ausgeprägt ist. Bei Nini war es ihre Großzügigkeit.« Als sie vor zwei Jahren starb, war es Stella, als steche jemand in ihr Herz. Sie hatte Nini die Ängste der Gefangenschaft im Badezimmer einer italienischen Familie aus der Mittelschicht mit walisischen Wiegenliedern weggesungen. Nini war mit Stella in den Senegal gereist und nach dem Scheitern dieses Projektes auf die Inseln gekommen. Dort hatte sie drei Kinder geboren. Eines Tages beobachtete Stella, wie Nini mit ihrer Tochter Nelly auf dem Schoß vorsichtig hin- und herschaukelte und ihr dabei auf den Rücken klopfte. Das walisische Wiegenlied hatte die Grenze zwischen Mensch und Schimpansen übersprungen.

Nelly war noch viel zu klein beim Tod ihrer Mutter Nini. Sie war gerade erst zwei Jahre alt, eigentlich hätte sie noch gesäugt werden müssen. Stella war verzweifelt: Sollte sie zuschauen, wie Nelly starb? Oder eingreifen und damit die Philosophie der Auswilderung unterlaufen? Aber die Schimpansenfamilie half sich selbst: Nellys Bruder Nelson, mit zehn Jahren selbst gerade erst dem Kindesalter entwachsen, nahm sich der Kleinen an, schützte sie gegen die Unwetter der Regenzeit und teilte sein Essen mit ihr. Nelly überlebte. »Das ist die größte Belohnung für uns: dass unsere Schimpansen jetzt unabhängig sind«, sagt Stella. Doch es fällt schwer, sie gehen zu lassen.

Stella sitzt in dem Beiboot der »Starship« am Ufer der Insel und sucht nach Nelly. Da schieben sich die Blätter einer Palme zur Seite und die Kleine schaut heraus. Ihr Blick ruht auf Stella. »Sie hat die Augen ihrer Mutter, die gleiche Wärme. Sie ist so ruhig für eine Vierjährige. Sicher fühlt sie sich manchmal ein bisschen einsam, so ohne ihre Mutter«, flüstert Stella. »Hallo, Nelly-Schatz, wie geht es dir?«, ruft sie in das Palmengrün. Nelly schaut. Dann hangelt sie sich mit Armen und Beinen die Äste hinunter und verschwindet hinter ihrem Bruder Nelson im Busch.

AUS DEM NETZ INS INTERNET

Was die Fischer von Dakar auf althergebrachte Weise aus dem Meer ziehen, verkaufen deren Frauen per Computer und Internet. Sie konnten weder lesen noch schreiben – bis eine kanadische Organisation für Entwicklungshilfe ihnen sogar das Surfen beibrachte

VON CORNELIA FUCHS UND PETER THOMANN (FOTOS)

Diese Geschichte handelt von Frauen und Technik, von Tradition und Erneuerung. Vor allem aber handelt sie von Fisch und dem Internet und den Hoffnungen, die es weckt. Mariama Sarr, 58 Jahre alt, Fischverkäuferin im Senegal, ist eine der Frauen, die auf die Zukunft hoffen. Die vor drei Jahren noch nicht lesen und schreiben konnte und jetzt daran arbeitet, dass ihr Traum Wirklichkeit wird: der Anschluss der Fischmärkte aus den Vororten von Dakar an die Welt.

Mariama besucht das Telezentrum von Kayar, einem kleinen Dorf 60 Kilometer nördlich von Dakar. Hier ist einer der Außenposten ihrer Fischerfrauen-Kooperative. Das Häuschen mit dem aufgemalten Telefon an der Wand ist die Schaltzentrale. Um die Ecke liegt die kleine Bank, hier holen sich die Frauen Kleinkredite ab, 100 Mark, 200 Mark, das reicht, um den halben Fang eines Fischers zu kaufen. Kommt der Fisch an Land, ist im Senegal traditionell das Weitere Sache der Frauen: Sie handeln mit allem, was aus dem Meer kommt. Insgesamt 15 000 Frauen arbeiten im Fischgewerbe, 7000 davon haben die Kooperative mitgegründet.

Um vier Uhr nachmittags kommen die grün-weiß-rot-gelben Holzboote zurück. Der Strand von Kayar füllt sich mit Eimern und Styroporkisten voller Fisch. Den ganzen Tag und manchmal auch die vorausgegangene Nacht waren die Bootsbesatzungen draußen auf dem Meer. 25 Seemeilen fahren sie mit ihren kleinen Außenbordmotoren hinaus, versenken ihre Schleppnetze, die genau abgestimmt sind auf die Fischart, die sie fangen wollen: enge Maschen für Sardinen, weitere Maschen für Heilbutt und Barracuda. Wenn sie wieder am Strand angekommen sind und das Boot durch die Dünung an Land gewuchtet haben, beginnt das Dorf zu pulsieren. Um jedes Boot wuseln Menschen. Die Fischer in ihren gelben Ölmänteln schauen nach den Käuferinnen. Wer bietet am meisten? Preise werden durch die Luft gerufen. Die Frauen ellbogen sich ihren Weg durch die Menge, prüfen die Fische, schreien Vordrängler nieder, feilschen um jeden Franc.

Sie müssen kämpfen um ihr Geschäft. Am Ende des Strandes stehen die Kühlautos, die Türen geöffnet. Sie warten auf die Ladung Frischfisch, um loszubrausen zum Flughafen Yof in Dakar, wo die Maschinen stehen, die die Ware nach Europa mitnehmen. Die Zwischenverkäufer mit Mobiltelefonen und Taschenrechnern, die diese Kühlwagen vollladen, haben Geld und damit Macht. Die Fischer machen die Geschäfte gerne mit ihnen, die Händler nehmen gleich ganze Bootsladungen. Die Frauen können nur dagegen bieten, wenn sie sich zusammentun. Und auch dann bekommen sie oft nur die minderwertige Ware, die Fische, die keiner der Händler für den europäischen Markt haben will, die auch im Senegal immer schwerer zu verkaufen sind. Für 100 senegalesische Franc (30 Pfennig) bekamen die Frauen vor einem Jahr noch vier Fische, heute nur noch einen. Im Januar 2000 wurden bei Kayar über 3,5 Millionen Tonnen Sardinen gefangen, im Januar 2001 waren es magere 200 000. Die Preise steigen, das

TELECENTRE
NDOUMBE SECK
"DÉPUTÉ"
CI TELEPHONE

SCHULTER-SCHLUSS DER STARKEN FRAUEN

Über 7000 Fischerfrauen sind in einer Kooperative vereinigt und vermarkten die Fische gemeinsam. Die Organisation schickt jeden Tag Frauen auf die sechs Fischmärkte von Dakar, um den Fang zu begutachten und aufzukaufen

Feilschen wird härter. Die Hoffnung der Frauen ist das Internet. Sie glauben an den E-Commerce, an ihre Chance, per E-Mail und virtuellem Marktplatz im Datennetz ihre Fische direkt nach Europa zu verkaufen. Sie hoffen, die Zwischenhändler auszuschalten und den ganzen Gewinn einzustreichen, den Fisch guter Qualität vom Strand in Kayar auf dem Pariser Großmarkt einbringen kann. Noch klingt das wie eine Utopie, aber der Wille der Frauen ist da, sie in Realität zu verwandeln.

Das Telezentrum hat das einzige öffentliche Telefon in Kayar. Telezentrum ist ein hochtrabender Name für das armselige Haus, in das der Sand von der Straße hineinweht. Aber das Zimmerchen mit dem Apparat in der Holzkabine ist ein Glücksfall für die Gemeinde. Bevor das Telefon kam, war es fast unmöglich, mit den anderen Vororten Kontakt aufzunehmen, ganz zu schweigen von Geschäftspartnern in anderen Ländern. Die Busverbindungen sind schlecht, die Buschtaxis teuer. Die meisten Frauen kamen aus Kayar nie heraus. Jetzt ist alles vorbereitet für den Einstieg ins Internet. Noch haben die Frauen hier keinen Computer. Aber in der Zentrale der Kooperative in der Hauptstadt sitzt Mariama am Bildschirm und tippt die E-Mails ein, die ihre Kolleginnen per Telefon durchgeben.

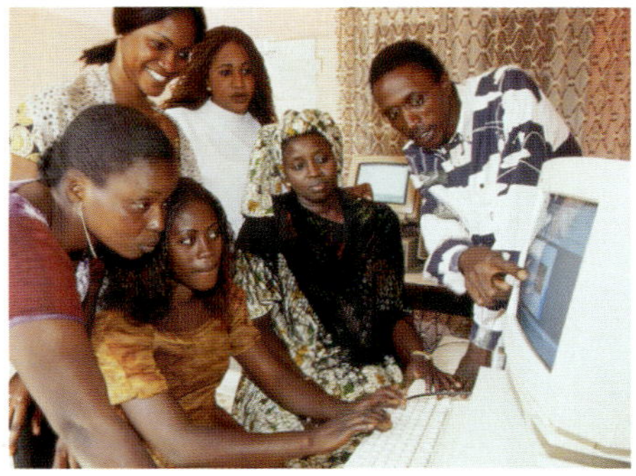

Im Schulungszentrum der Kooperative lernen Frauen lesen und schreiben und die Technik, mit der sie per Computer und Internet Kunden in aller Welt erreichen

NOCH VOR DREI JAHREN konnte Mariama nicht lesen und schreiben. Französisch sprach sie nur gebrochen. Heute leitet sie die Abteilung für Weiterbildung und Information der Fischerfrauen-Kooperative, leitet Seminare für die glücklichen der über 1500 Mitglieder, die einen Platz ergattert haben an den beiden Computern, die im Bürogebäude der Kooperative in Dakar stehen. Und das alles in perfektem Französisch und mit einer Selbstverständlichkeit, als wäre sie seit Jahrzehnten Lehrerin.

Die Hilfsorganisation »Enda Tiers Monde« suchte 1997 junge Leute für eine Ausbildung am Computer. Sie sollten der Anfang sein, das Fundament für das Projekt »Acacia«, das das Internet in die ärmeren Stadtteile Dakars bringen sollte. Die Idee: Je zwei junge Leute sind verantwortlich für eines der acht Internet-Zentren – jedes angeschlossen an bestehende Bürgerinitiativen, die die Zentren unterhalten und nutzen. Eine dieser Organisationen war die Fischerfrauen-Kooperative. Die Frauen sind an der ganzen Küste bekannt für ihre Durchsetzungskraft, an sechs Orten in und um Dakar haben sie ihre Niederlassungen. Sie waren für das Internet-Projekt ideal, denn »Enda Tiers Monde« suchte Partner mit guten Ideen. Die Initiatorin Rabia Abdelkrim-Chikh hat schlechte

AUS DEN WELLEN AUF DEN MARKT

Wenn die Männer in ihren bunten Pirogen am späten Nachmittag zum Strand heimkehren, beginnt die Arbeit der Frauen. Sie verkaufen den Fisch und kümmern sich um dessen Weiterverarbeitung

Erfahrungen mit Multimedia-Projekten in Afrika gemacht, die ihre Computer nur in den Stadtteilen ablieferten: »Einfach hinstellen und einschalten, das funktioniert nicht. Der Computer allein löst keine Probleme. Er ist nur ein Hilfsmittel, um Anschluss zu finden ans weltweite Datennetz – aber warum die Menschen diesen Anschluss finden wollen, darüber müssen sie sich vorher klar werden.«

Eigentlich war Mariama viel zu alt für das Projekt. Rabia stellte sie dennoch ein: »Sie strahlte so viel Kraft aus, dass wir unsere Altersgrenze von dreißig Jahren ignoriert haben.« Die Mutter von fünf Kindern drückte wieder die Schulbank, jeden Tag von neun Uhr morgens bis sechs Uhr abends, neun Monate lang. Sie lernte, wie der Computer funktioniert, wie Internet-Seiten programmiert werden und wie sie mit Geschäftspartnern verhandelt. Wenn sie fertig war, verkaufte sie weiter Fisch auf dem Markt. Denn auch wenn Enda ihr die Ausbildung mit 30 000 senegalesischen Franc (90 Mark) pro Monat vergütete, musste Mariama zusätzlich Geld verdienen, um die Ausbildung ihrer fünf Söhne zu bezahlen. Ihr Mann hat keine Arbeit. Sie ist stolz, dass ihr Ältester Ingenieurwissenschaften an der Universität studiert, der Jüngste geht noch aufs Gymnasium.

Die Frauen sind für das Geschäft zuständig. Vor dem Abtransport der Fische wird heftig über Qualität und Preise gefeilscht

Die Fischerfrauen exportieren bereits. Ihre gesalzenen und eingelegten Fische sind beliebt in Ghana und Guinea-Bissau, ihre Fischsauce ist in Zusammenarbeit mit vietnamesischen Spezialisten entstanden. Per elektronischer Post halten sie Kontakt mit ihren Geschäftspartnern, während sie die Fische weiter in mühseliger Handarbeit unter sengender Sonne haltbar machen.

AUF DER FLÄCHE EINES FUSSBALLFELDES stehen in Kayar die Holzgestelle, mit Fischnetzen bespannt. Darauf liegen Hunderte Reihen silbern glänzernder Fische, die in der Sonne trocknen. Weniger als 50 Zentimeter Platz ist zwischen den Trockengestellen, Mariama passt nur mit Mühe hindurch. Sie manövriert sich zum Holzverschlag, unter dem ihre Freundinnen sich ausruhen. Den ganzen Morgen haben die 63 Frauen Salz gestampft, Fischöl gesiebt, Fische aus den Zementbottichen voller Salz geschaufelt und dann ordentlich zum Trocknen aufgereiht. Zwei Tage verlieren die Fische in den Bottichen ihr Wasser, werden dann ausgelegt auf den Gestellen und weitere zwei Tage getrocknet. Andere werden in rötlich glänzendes Fischöl eingelegt und dann sonnengebleicht. Der Geruch der gesalzenen Fische zieht bis an das Ortseingangsschild von Kayar. Die Fische halten sich über ein Jahr, auch ohne Kühlschrank. Vor dem Verzehr werden sie wie Stockfisch in heißem Wasser gekocht.

Früher wurden die Fische auch geräuchert. Doch die Räucheröfen sind nicht mehr in Betrieb. Sie sollen abgerissen und bald neu gebaut werden, eine Anregung aus dem Ausland. Die Frauen haben mit ihren Kolleginnen in Ghana über das Internet Kontakt, sie tauschen Erfahrungen aus und Rezepte.

Noch immer gibt es Frauen, die nur den Fanganteil ihres Mannes anbieten – und kümmerlichen Gewinn machen. Die Frauen der Kooperative trocknen die sardinenartigen Fische in großem Stil und exportieren sie dann wie Stockfisch

Dass die Zusammenstellung ihres Fischöls, ihres Zitronen-Ingwer-Saftes und der Salz-Fische im Internet nachzulesen sein wird, ist für sie eine wichtige Bestätigung. Die Rezepte wurden bisher nur mündlich weitergegeben, Platz für Veränderungen und Verbesserungen gab es kaum. Der Computer dient ihnen nun als Bibliothek. Die Frauen wollen über das Internet ihr Wissen dokumentieren, der Zugang zu fremden Daten ist für sie zweitrangig. Das Datennetz hilft beim Beweis ihrer Existenz, stellt ihre Erfahrung der ganzen Welt zur Verfügung und macht sie so zum Teil der weltumspannenden Kommunikation. »Wir waren doch bisher immer abgeschnitten«, sagt Mariama. »Jetzt sind wir dabei. Und wir sind stolz darauf.« Auch wenn in Kayar der Zugang zum Internet noch über den Umweg Telefon geht, an dem die Frauen Mariama ihre E-Mails in die Tastatur diktieren.

Im Vorort Hann, etwas südlich von Dakar, sind sie schon einen Schritt weiter. Fatou NDiaye kann jeden Tag ihre E-Mails überprüfen. Von ihrem Fischstand am Strand sind es keine zehn Minuten bis zu dem schmucklosen Raum mit den zwei Computern. Direkt im Haus des Bürgermeisters steht das Internet-Zentrum. Der ist begeistert von ihrem Engagement: »Ohne sie würde hier vieles nicht vorwärtsgehen. Sie sind die stärkste und fortschrittlichste Kraft unserer Gemeinde.« Fatou lacht. Natürlich sind sie die Stärksten, sie lassen sich ja auch nichts mehr sagen von den Männern. Am Anfang war das noch anders, sie kann sich noch erinnern an diese Zeit. Da wurden sie ausgelacht, die Fischerfrauen, die nicht nur Schreiben, sondern auch noch den Computer erlernen wollten. Und sie erinnert sich, dass es schwierig war, damals aufzustehen und die eigene Meinung zu vertreten, zu widersprechen und sich zu organisieren.

SIE HABEN ES ALLEN GEZEIGT, und wenn Fatou sich jetzt durch die Menge am Strand von Hann schiebt, ihre acht Elfenbeinarmbänder laut klappern lässt und ihre dünn geflochtenen Zöpfe noch unter dem Haartuch wippen, dann machen die Menschen Platz, und sie hören ihr zu. Fischer wie Ibrahime Fall sagen: »Sie sind wirklich mutig, diese Frauen.« Fatou will mehr lernen: »Ich weiß noch nicht genug.« Sie arbeitet jeden Tag bis zu 15 Stunden, da bleibt nicht viel Zeit. Fatou kann jetzt lesen und schreiben, und auf dem Computer kann sie ihre Rechnungen ausdrucken und ihre E-Mails abschicken. Ihre Tochter geht zur Universität. Hilft sie der Mutter? Fatou wird fuchtig, wenn sie das gefragt wird: »Ich brauche keine Hilfe. Ich komme mit allem allein zurecht.

Meine Tochter soll lernen, sie soll ein besseres Leben haben.« Nicht die kleine Fischhändlerin soll sie werden, der die Fischer und die Zwischenhändler das Leben schwer machen. Wenn sie schon zurück zum Fischhandel will, dann soll sie gleich auf den Großmarkt, soll dorthin wo Geld und Macht ist: »Unsere Töchter sind unsere Zukunft.«

KHADY IST 28 JAHRE ALT, trägt ihr schreiend mintgrünes Mobiltelefon in der kleinen Handtasche – mit ihr kam das Internet nach Hann. Zusammen mit Mariama hat sie die Ausbildung bei der Hilfsorganisation »Enda Tiers Monde« abgeschlossen, und sie leitet das kleine Internet-Zentrum, das auch die Fischverkäuferin Fatou regelmäßig besucht. »Enda Tiers Monde« wurde auf sie aufmerksam, weil sie als ehrenamtliche Helferin Kindern aus ärmeren Vororten Nachhilfeunterricht gegeben hat – mit sehr viel pädagogischem Feingefühl. Jetzt schreibt sie für die leseunkundigen Fischer E-Mails mit Angeboten von Schwertfisch und Heilbutt, und sie schickt sie bis nach Australien. Ihre Arbeit finanziert sie selber. Sie verkauft Webseiten für die kleinen und mittelständischen Geschäfte, ein kompletter Internetauftritt mit begleitender Beratung für 30 000 senegalesische Francs (90 Mark), ein E-Mailkonto für 5000 (15 Mark). Je mehr sie einnimmt, desto mehr könnte sie in das Zentrum investieren. Aber wie in Kayar scheitern größere Pläne daran, dass die Geräte fehlen. Ein einfacher Pentium-Rechner würde schon reichen. Dann könnte Khady auch tagsüber Schulungen anbieten und Aufträge abarbeiten, während ein Kunde am zweiten Computer selbstständig im Internet surfen würde. Sie könnten genug verdienen, um sich selber zu tragen. In der Not haben sich die acht Internet-Zentren aus dem Projekt »Acacia« zusammengeschlossen. Sie haben ein Solidaritätssystem ausgearbeitet: Die besserverdienenden Zentren zahlen in einen gemeinsamen Topf, sodass auf lange Sicht jedes Zentrum neue Computer anschaffen kann.

Khady gehört zur neuen Generation senegalesischer Jugendlicher. Überall schießen Internet-Cafés aus dem Boden, der Senegal hat die meisten Internetnutzer in West-Afrika: 30 000 von neun Millionen Einwohnern sind online, zehn Firmen nutzen E-Commerce. Neben den Fischerfrauen sind mit Hilfe von »Enda Tiers Monde« die ersten Handwerker und traditionellen Heiler mit virtuellen Verkaufsgalerien im Internet. Das wichtigste Instrument ist dabei die elektronische Post: Die Heiler können sich so über weite Distanzen und aus den entferntesten Ecken des Senegals austauschen, wo welcher Spezialist für welche Krankheit und wo die passenden Kräuter zu finden sind. Khady, Mariama und die anderen Manager der Internet-Zentren sprechen regelmäßig über ihre Probleme und deren Lösungen: Dabei wächst das Wissen über Marketing im Netz ebenso wie über das Reparieren von Modems.

Reges Treiben herrscht auf dem Fischmarkt von Hann, am Strand vor Dakar, wenn die Boote einlaufen und den Fang an Land bringen

Noch verkaufen die Fischerfrauen ihre Ware nicht über das Internet, noch ist das nur ein Wunsch – wie auch ein komplettes Computernetz von Kayar bis Hann. »Aber wir werden es schaffen«, sagt Mariama. Wie sie alles bisher gemeistert haben: das Kreditwesen, die Planung der neuen Räucheröfen für die Fische und die Kurse für die Analphabetinnen. Die Männer wurden schon wütend über den Erfolg der Frauen, über die vielen Angebote fremder Geldgeber, die wussten, dass sie ihre Investitionen hier zurückbekommen würden. Ungerecht sei das. Mariama lacht, dass ihr Haartuch bebt. »Was sollen wir machen?«, fragt sie. »Wir sind eben stark.«

FOTOS: MICHAEL POLIZA

ZURÜCK IN EUROPA

Auf der letzten Etappe kommen noch einmal viele Gäste an Bord der »Starship« wie Olympus-Manager Werner Teufell (l.) und *stern*-Chefredakteur Thomas Osterkorn. Aber die Wiederbegegnung mit Europa löst bei Michael Poliza nicht nur freudige Gefühle aus

Wenn man die Affen von Gibraltar an Backbord gelassen hat und dann den Duft der Balearen wahrnimmt, dieses spezifisch mediterrane Aroma von Berg-Macchia, Früchten und wilden Kräutern, erwachen Heimatgefühle. Europa! Keine komplizierten Grenzen mehr, keine stundenlangen Einreiseformalitäten in den Häfen, keine umständlichen Zollprozeduren beim Import eines Ersatzteils. Schön, wieder zu Hause zu sein.

Auch die Wege sind kurz geworden in Europa. Mallorca ist die Sonnenterrasse Deutschlands, und in den drei Wochen dort haben wir mehr deutsche Besucher an Bord als in den sechs Monaten davor. Alle nutzen schnell noch einmal die Möglichkeit, uns zu besuchen, Sponsoren, Freunde, Chefredakteure, Fernsehteams.

Das Wort schnell ist in diesem Zusammenhang nicht unwichtig. Wer Zeit für uns hat, hat eigentlich keine Zeit. Keiner hat Zeit, denn Time ist plötzlich wieder Money.

In den vergangenen zwei Jahren hatten wir nur gelegentlich Kontakt zu Metropolen wie Singapur oder Kapstadt. Die meiste Zeit waren wir fern der Zivilisation, nah der Natur. Jeder Tag war eine Premiere, jeder Ausflug mit dem Beiboot eine Expedition, jeder Landgang eine Entdeckung.

Und nicht selten waren wir dabei die Entdeckten. Wildfremde Menschen interessierten sich für uns, betrachteten uns, fragten uns aus, über alle Sprachbarrieren hinweg. Und hatten jede Menge Zeit.

Das gilt nicht nur für die glücklichen Inseln Ozeaniens, sondern auch für die zivilisierten Küsten Australiens oder Neuseelands. Wenn wir dort irgendwo über Nacht lagen, passierte es nicht selten, dass wir plötzlich ein E-Mail bekamen: »Hi, ihr ankert vor meinem Haus, und ich habe mir eure Website angesehen. Willkommen! Wollt ihr nicht zum Barbecue rüberkommen?« Und am nächsten Morgen kam garantiert ein Boot mit

Auf den Balearen gewöhnt sich die Crew langsam wieder an Europa. In Palma de Mallorca besucht sie die Kathedrale, in Port de Soller genießt sie mediterrane Beschaulichkeit, vor Ibiza umrundet sie den sagenumwobenen, 368 Meter hohen Vedra-Felsen

einem Brief der örtlichen Schule und der Frage, ob wir zu besichtigen und zu einem Gespräch bereit seien.
Die Landschaften sind dort leerer, es gibt weniger Menschen und deswegen stärkeres Interesse an Kontakten mit anderen. Jeder ist auf Austausch angewiesen.

So kam es immer wieder, und gerade in den entlegenen Gegenden unseres Globusses, zu intensiven Begegnungen mit Menschen, von denen viele Freunde wurden. Wenn ich heute mit einem Finger auf der Seekarte unsere Route nachfahre, tauchen überall Gesichter von Menschen auf. Gesichter und Geschichten. Und ich sehe die langen Abende wieder vor mir, an denen sie erzählt wurden.
Europa ist schnell geworden, eilig, hastig. Deutschland ist voller Menschen, und viele kennen schon alles,

In der Flamenco-Schule von Jerez werden junge Mädchen zu Profis des spanischsten aller Tänze. Nur wer täglich trainiert, hat Karrierechancen – Feurigkeit will gelernt sein

haben alles erlebt, sind übersättigt. Voll Abwehr statt Neugier.
Ein merkwürdiges Phänomen: Je fremder uns die Menschen unterwegs waren, desto näher kamen wir ihnen. Und jetzt, da wir heimkehren in vertraute Verhältnisse und die eigene Sprache, bleiben die Beziehungen zu den nahen Menschen oft distanziert.
Früher ist mir das nicht aufgefallen. Aber jetzt, nach den weltweiten Begegnungen mit Menschen aller Sprachen, Kulturen, Hautfarben und Prägungen löst die Heimkehr nach Europa zwiespältige Gefühle in mir aus.

DIE MÄNNER AM ENDE DER WELT

Das galicische Fischerdorf Finisterre lebt seit Menschengedenken von der See und mit der See. Vieles hat sich in den letzten 50 Jahren verändert. Das Leben ist leichter heute. Doch die Veteranen in den Hafenkneipen fragen sich, ob es auch besser geworden ist

VON TEJA FIEDLER UND THEODOR BARTH (FOTOS)

Gesichter, so verwittert wie die Felsen in der Brandung. Augen, die ein Leben gegen Regen, Gischt und scharfen Wind schmal gemacht hat. Und Hände, die trotz Altersflecken und bläulicher Venen noch immer grob und kräftig sind. Zu schwer fast für die Spielkarten, zu klobig für die Dominosteine auf den Holztischen in der Bar »Traba« direkt über dem Fischerhafen von Finisterre. Nachmittag ist es am Ende der Erde. Ein wolkenverhangener, stürmischer Nachmittag. Ein normaler also. Sogar hier in den molengeschützten Hafen laufen die Wellen mit weißen Schaumkronen ein, und das bedeutet, dass sie draußen, hinter dem Kap, zwei bis drei Meter hoch sind. Zu hoch, um gut zu fischen, zu klein, um nicht hinauszufahren mit den Kuttern. Bald werden sie wieder zurückkommen, die Männer im gelben Ölzeug. Durchgerüttelt, durchgeschüttelt. Schwer geschlagen vom Meer. »Golpes del mar«, Meeresschläge, nennt man an der galicischen Steilküste das, was woanders so harmlos »Wellen« heißt.

Dann werden die alten Männer vom Kartenspielen und Dominolegen aufstehen, ihren gallegelben Kräuterschnaps runterkippen, den Jackenkragen hochschlagen und mit steifen Beinen zur Mole laufen. Eine lebenslange Gewohnheit: Fang begutachten. Dürftig, wieder einmal, wie nicht anders zu erwarten. Das Meer am Ende der Welt ist ziemlich leer gefischt. Und dazu noch dieser Wellengang heute.

Was haben sie da früher an Fischen rausgeholt! Obwohl sie hinausfuhren mit Ruderbooten oder Nussschalen von Kuttern, angetrieben durch stinkende, rußende Dieselmotoren, die bei schwererer See sofort zu spotzen begannen! Merluza, Rape, Congrio, Abadejo, Cabracho und Atún gingen in ihre Netze. Und Schalentiere: Nécora, Arana de Mar, Langosta, Bogavante, Quisquilla und Santiaguino. Die Boote manchmal bis zum Brechen voll. Und die Preise dafür im Keller. Wenn das Meer viel gab, gaben meist die Händler wenig. Fisch verdarb damals, vor dreißig, vierzig Jahren, noch zu schnell. Der lokale Markt konnte die Schwemme kaum aufnehmen. Kühllaster hatte man in Galicien erst später. Gute Straßen nach La Coruña oder Madrid auch.

»Weißt du, was es heißt, sechs Stunden gegen die Strömung anzurudern, um drei, vier Kilometer zurück in den Hafen zu schaffen?«, fragt José Lires Marcote. »Und du durftest nicht aufhören zu rudern, zu rudern und zu rudern. Sonst trieb es dich hinaus aufs offene Meer, und dann auf Wiedersehen.« Als der 75-Jährige ein kleiner Junge war, noch vor dem Bürgerkrieg, erwischte es einmal einen jungen Mann. Tribilión hieß er, erinnert sich José. Hatte es bei stürmischer See schon bis in Sichtweite des Hafens geschafft, als ihn die Kräfte verließen. Flehentlich fuchtelte er mit den Rudern um Hilfe. Um Gottes willen, so holt mich doch! Aber vom Ufer aus musste man tatenlos zusehen, wie das Boot und die wild winkende Gestalt immer kleiner wurden und schließlich hinter den Wellenkämmen verschwanden. Der Seegang war

FEILSCHEN UM DIE BEUTE DES MEERES

In der »Lonja«, der Fischauktionshalle von Finisterre, wird jeden Nachmittag der frische Fang versteigert. Er wird von Jahr zu Jahr geringer, die Aufkäufer aus La Coruña und Madrid müssen immer höhere Preise zahlen

einfach zu hoch, um ihm zu Hilfe zu kommen. »Das Meer ist nie dein Freund«, sagt José. »Du brauchst es zum Leben. Das Meer braucht dich nicht.« Seit er vor zehn Jahren in Rente ging, hat er mit dem Element, das nie sein Freund war, gebrochen. Heute pflanzt José in seinem Gemüsegärtchen Kohl, Kartoffeln und grünen Salat und will mit dem Wasser, auf dem er die Hälfte seines Lebens verbrachte, nichts mehr zu tun haben.

Anders als die meisten alten Männer in Finisterre kann er sich das leisten. José hat keine Kinder und keine Enkel. Niemanden, der heutzutage fischen fährt und die Hilfe des alten Seewolfs gut gebrauchen könnte. Beim Netzeflicken. Beim Boot-Überholen. »Da ist damals was schief gelaufen mit dem Mädchen, das ich heiraten wollte, und so bin ich Junggeselle geblieben.« Er schweigt ein paar Sekunden. Ein schmerzliches Schweigen. Dann redet er weiter über das harte Leben seiner Jugend.

Im Hafen von Finisterre liegen rund 200 Fischerboote, die überwiegend auf Tagesfang fahren. 300 Familien leben von ihnen

Mit elf Jahren aus der Schule raus. Das war normal. Mit zwölf schon konnte man Mitglied bei der Cofradía, der Fischer-Bruderschaft von Finisterre, werden. Voraussetzung: Man war männlichen Geschlechts und – so die Satzung – ein »gläubiger Katholik«. Ein guter Christ ist José noch heute. Seine Junggesellenwohnung ist mit Jesusbildern geschmückt, die Sonntagsmesse in der grün bemoosten Pfarrkirche zur Heiligen Maria von den Stränden verpasst er nie.

SO WENIG WIE DIE RADIOÜBERTRAGUNGEN der Spiele seines Lieblingsclubs Deportivo La Coruña. Während der Woche hält er sich meist stundenlang im Rentnersaal der Hafenmeisterei auf. Dort bietet das moderne Spanien Gymnastikstunden für die alten, rheumatischen Knochen und Gedächtnistraining durch eine diplomierte Sozialarbeiterin für die grauen Köpfe an. José liest aber lieber Zeitung. Und immer sitzt er so, dass er durch die Panoramafenster hinaus aufs Meer blickt, das ihm nichts mehr bedeutet.

Einen knurrenden Magen habe er in seiner Jugend oft gehabt, so José, trotz der Überfülle an Fisch. Eine Seezunge mit Reis und Salat mag ja gesundes, kalorienarmes Essen sein. Heute. Für die Leute in der Stadt, die sich kaum noch bewegten. »Damals genügte uns ein bisschen Fisch nicht nach der Knochenarbeit auf dem Meer.« Was die Fischer in jenen Tagen gebraucht hätten, wären Speck gewesen, Rindersteak oder andere Eiweißbomben. Doch das konnte sich niemand leisten. So gab es Armeleuteessen aus dem Meer. Percebes, Entenmuscheln, zum Beispiel. Mutter kratzte sie vormittags von den Klippen, und wenn die Männer der Familie heimkamen, stand dampfend eine Schüssel voll auf dem Tisch. Niemand mochte die komischen Dinger besonders.

Reden wir von *den* Percebes? Den Meeresfrüchten, für die man jetzt in den besseren Restaurants von Madrid ein kleines Vermögen bezahlt und die ein bisschen unanständig aussehen, so wie schuppige, schwärzliche Penisse? Genau die, grinst Josés Freund Manuel. In seiner Jugend habe man sie sogar ans Vieh verfüttert. Doch dann, in den sechziger Jahren – oder waren es die Siebziger? – hätten irgendwelche verrückten Feinschmecker die Entenmuscheln aus Galicien zu kulinarischen Raritäten aufgewertet, und fortan stieg ein Teil der Fischer von Finisterre auf Percebes um.

Kreuze für die, die »geblieben« sind. Viele Familien haben Angehörige auf dem Meer verloren, ihre Kreuze stehen auf leeren Gräbern

Die Entenmuschel, die biologisch keine Muschel ist, sondern eine Krebsart, die das Laufen verlernt hat, fischt man nicht. Man erntet sie von den Klippen, an denen sie festgewachsen sind und ein Leben lang Plankton in sich hineinstrudeln. Ernten klingt harmlos. Und ist lebensgefährlich. Denn die schmackhaftesten, das heißt auch die teuersten, Percebes gedeihen, wo die Brandung am wildesten gegen die Felsen donnert. Dort, an der Front zwischen Land und Meer, ist der Arbeitsplatz der Percebeiros, der Entenmuschelsammler.

Im Gegensatz zu den Fischern haben Percebeiros keinen langen und auch keinen regelmäßigen Arbeitstag. Nur zwei, drei Stunden, wenn bei Ebbe die Entenmuschelkolonien aus dem Wasser auftauchen und die Wucht der Wellen nachgelassen hat, können die Männer ihre Beute mit spitzen Eisenhaken von den glitschigen Steinen lösen.

Er bewundere die Jungs ja, meint Manuel, wie sie von tanzenden Bötchen aus an den Felsen herumschabten, immer ein Auge auf das Meer hinter ihnen. Um rechtzeitig zu erkennen, ob sich die eine, die große Woge auftürme, mit der das Meer zum tödlichen Schlag ausholen könnte. Dann heiße es, Vollgas zu geben, mit einem Aufröhren des 100-PS-Außenborders wegzukommen von den Klippen, den Wasserberg so weit draußen vor der Küste wie möglich auszureiten. Und ganz schlecht werde ihm, dem Mann des Meeres, wenn die Percebeiros auf die Felsen kletterten, um mit festem Boden unter den Füßen die Percebes abzuschaben.

ARBEIT MIT DER ANGST IM NACKEN

Bei Ebbe kratzen die »Percebeiros« Entenmuscheln von den Klippen. Ihre Arbeit ist einträglicher als die der Fischer. Aber sie ist begleitet von der Furcht vor einer plötzlichen Welle, die den Muschelsammler in die Felsen schleudert. Knochenbrüche gehören zum Alltag

DAS TÄGLICHE WARTEN AUF DIE RÜCKKEHR

Wenn die Fischer auf See sind, ist es ruhig am Hafen. Ein paar Eckensteher warten auf die Schiffe. Auf der neuen Mole, die den Hafen sturmfest gemacht hat, liegen die alten hölzernen Ruderboote, mit denen früher gefischt wurde

»Fester Boden ist natürlich ein schlechter Scherz«, sagt Manuel. »Wen die Brandung dort erwischt, den schleudert sie in die Klippen, Gnade seiner Seele.« Der alte Herr schüttelt sich. Gut, dass zu seiner Zeit die Entenmuscheln noch gering geschätzt wurden. Sonst hätte er sich vielleicht auch verleiten lassen, des Geldes wegen.

Percebeiros verdienen deutlich besser als Fischer. Ein Kilogramm der entarteten Krebse bringt ihnen je nach Qualität zwischen 5000 und 10 000 Peseten, umgerechnet 60 bis 120 Mark. Viel Geld im armen Galicien. Gefährlich, klar, gefährlich sei ihr Beruf schon, sagt Victor Rodriguez und schält sich aus seinem wasserdichten Schutzanzug. Mit seinen zwei Brüdern und seinem Vater ist er gerade von »O Centolo«, einem ergiebigen Percebes-Felsen von der Form eines keltischen Menhirs draußen im Meer, zurückgekommen. Aber so tödlich, wie von übereifrigen Landratten beschrieben, sei der Job nun auch wieder nicht. »Erwischen tut es die Schwarzfischer, die schnell mal ein paar Peseten nebenher verdienen wollen und keine Ahnung haben. Nicht vom Meer und nicht von den Percebes.« In seiner Familie habe es noch keinen Toten gegeben. »Na ja, Victor«, meint sein jüngerer Bruder David, »du vergisst die zwei Söhne unseres Großonkels in Muxia. Die hat das Meer totgeschlagen, und die kannten sich aus.«

Fischer sind Frühaufsteher. Schon kurz nach Einbruch der Dunkelheit sind die Straßen von Finisterre menschenleer. Das Meer diktiert den Rhythmus des Lebens

UND IHN SELBST HABE DIE SEE auch schon böse zugerichtet, wirft sein zweiter Bruder Luís ein. Ein Doppelschlag im vergangenen Jahr. Zuerst klatschte ihn die Brandung gegen die Klippen und ausgerechnet gegen eine vorstehende scharfe Miesmuschel. Das schnitt ihm Sehnen und Venen am Knie durch. Kaum genesen, überrollte ihn eine Riesenwelle, und als es ihn zwischen die Felsen wirbelte, renkte er sich die linke Schulter aus. »Ich sah sie kommen und lief ihr entgegen. Nur weg von den Steinen! Aber ich kam nicht weit genug.« Es tue nebenbei hundsgemein weh, mit einer ausgekugelten Schulter an Land zu schwimmen.

Gut, ein Restrisiko bleibe auch für Profis, räumt Victor ein. Trotzdem denke er nicht daran aufzuhören. Fischen lohne sich nicht so richtig, und die Arbeit in der frischen Luft mache ihm Spaß. Vielleicht brauche er auch den Adrenalinstoß, den ihm das tägliche Duell mit der Brandung verschaffe. »Weißt du, dass man uns auch Toreros der See nennt?« Sechs Kilogramm Percebes pro Mann dürfen heute lizenzierte Percebeiros am Tag

RUHE NACH VIELEN STÜRMEN

Die alten Fischer kommen vom Meer nicht los. Den Tag verbringen sie abwechselnd in den Hafenkneipen und auf der Mole, und ihr Blick sucht die Schiffe auf See. In ihrem Leben wie in ihren Häusern bestimmen Familientradition und die Jungfrau Maria als Schutzheilige der Fischer

abernten. Das bringt mindestens 400 Mark ein. Kein Wunder, dass bei diesen Verdienstmöglichkeiten wilder Raubbau betrieben wurde, als der Percebes-Boom begann. »Bis Anfang der neunziger Jahre fuhren ganze Flottillen auf Entenmuscheljagd«, erinnert sich José, der Fischer. »Die hatten richtige Taucher an Bord, solche mit Helmen und Sauerstoffschläuchen. Die Taucher grasten bei Flut tief unten, wo das Wasser ruhiger ist, systematisch die Felsen ab und brachten bis zu 100 Kilogramm hoch.«

Wie die Büffel der Prärie gerieten die Entenmuscheln an den Rand des Aussterbens. Dann griff die Regierung der Region Galicien ein. Tauchen nach Percebes wurde verboten. Fangquoten sowie Schutzzonen wurden eingerichtet, staatliche Wächter an der Küste stationiert. Die Behörden erlaubten den Percebeiros nur noch Motorboote mit höchstens 50 PS. Sie sollten nicht schnell genug sein, den Patrouillen der Guardia Civil davonzufahren. »Aber wer kontrolliert schon groß, wenn einer eine 150-PS-Maschine einhängt?«, grinst José, »da kann er dann ungestraft ein bisschen mehr an Percebes rausholen als die gesetzlich erlaubte Quote.«

Die Bestände haben sich in den vergangenen zehn Jahren einigermaßen erholt. Heute leben in Finisterre 50 Percebeiros von den Entenmuscheln – deutlich mehr recht als schlecht. Für die echten Fischer sind die Percebes-Sammler eher ungeliebte Halbbrüder, Amphibien, die halb zum Land, halb zum Meer gehören. Sie verdienen einfach zu gut. In Finisterre Fischer zu sein ist immer noch Garantie für ein karges Leben. Und fast jeder in dem 3000-Einwohner-Dorf, der nicht in Entenmuscheln macht, ist Fischer. Die Hälfte des Erlöses, der bei der täglichen Auktion in der Lonja, der Versteigerungshalle am Kai, erzielt wird, geht schon einmal an den Patron, dem das Schiff, die Netze und die Reusen gehören.

War der Fang in Ordnung, springen dann für jeden der drei oder vier Männer auf einem Boot umgerechnet 100 Mark heraus, wenn es hochkommt. Ist das Wetter zu schlecht zum Auslaufen, verdienen sie überhaupt nichts. Das sei schon immer so gewesen, sagt Don Manuel. Schon damals, als es die massive Mole am Hafen noch nicht gab, die heute die schwersten Brecher abhält. »Wir mussten die Boote noch den steilen Strand hochziehen, bis sie außerhalb der Reichweite des Meeres waren. Mann, o Mann, das schlauchte, wenn man vom Rudern sowieso schon kaputt war.«

DAMALS KAM DER ATLANTIK noch vor die Haustür, klopfte mit seinen Gischtkrönchen an die Scheiben der Fischerkneipen, die in jenen Zeiten vorsorglich oben auf die Klippen gebaut wurden. »Einmal schwamm eine ganze Walschule in den Hafen, fast bis ans Ufer, und die Riesentiere bliesen ihre Wasserstrahlen bis fast zur Kirche hoch. Der Lehrer gab den Kindern schulfrei, und aus der Kreisstadt kam ein Pressefotograf. Doch bis der endlich eintraf, waren die Wale schon wieder aufs offene Meer hinausgedriftet.«

Heute haben sich die Wale längst von der galicischen Küste irgendwohin in die Weiten des Atlantiks zurückgezogen, und die riesigen, braunroten Seespinnen treibt der Wind auch nicht mehr an den Strand wie einst. Die Fischerkneipen stehen, neonbeleuchtet, hinter der schützenden Mole gefahrlos auf Seehöhe, und die Dominospieler geraten langsam in die Defensive gegenüber den Jungfischern, die im »Centolo«, im »Delfin«, im »Gaviota« oder im »Puerto« lieber per Pay-TV die Champions League live anschauen wollen.

Natürlich sei auch keiner von den Jungen mehr bereit, nachts rauszufahren wie er und seine Altersgenossen, bemerkt Manuel etwas spitz. Dabei wisse doch jeder Fischer, dass man im Morgengrauen die Netze schon ausgeworfen haben müsse für einen optimalen Fang. »Nachts, wenn das Wasser fluoresziert, sehen die Fische gut, am Tag sowieso. Aber im Zwielicht erkennen sie die Netze nicht und gehen dir blind in die Maschen.« Der alte Mann kichert zufrieden. Expertenstolz. Dann zuckt er resignierend die Schultern. Diese jungen Leute. Einfach zu bequem.

Doch auch schon früher haben junge Leute in Finisterre immer wieder genug gehabt vom harten Fischerdasein. Am Hafen glänzt eine Bronzefigur in der Nachmittagssonne mit einem Köfferchen unter dem einen, einer Hängematte unter dem anderen Arm. Der Mann aus Metall steht für die vielen tausend Auswanderer, die in den vergangenen 200 Jahren ihrem Dorf den Rücken kehrten, um in der Ferne ihr Glück zu machen. Meist hieß die Ferne Argentinien. Im Rathaus hängt ein etwas ungelenkes Gemälde, auf dem sich Fischer unter der antiken Eisenbrücke von Boca/Buenos Aires tummeln. Grüße an die alte Heimat! steht darunter.

ZWANZIGTAUSEND EHEMALIGE FINISTERRER gebe es heute in Argentinien, sagt der Bürgermeister. Jeder der Daheimgebliebenen hoffe, irgendwann einmal in seinem Leben einen offiziell aussehenden Brief aus Südamerika zu erhalten: Glückwunsch, Ihr Großonkel ist gestorben, und Sie sind der einzige Erbe! Der Bürgermeister passt zu seinem Dorf: Er war Leuchtturmwärter. Viele Jahre in Spanisch Sahara. Dort zählte er nachts die Sterne und tags die Kamele. »Kein Job für jemanden, der nicht allein sein kann.« Nach Francos Tod und dem Ende der spanischen Kolonialherrlichkeit ließ er sich in die Heimat zurückversetzen und betreute den Leuchtturm von Finisterre. Er steht auf einem windumtosten Vorgebirge drei Kilometer außerhalb und soll mit seiner 1000-Watt-Lampe hinter geschliffenen Bergkristall-Reflektoren die Schiffe von den Riffen und Klippen der Costa da Morte fern halten.

Costa da Morte. Todesküste. Kein Tourismus-Creativo hätte sich einen besseren Namen für den wild gezackten Abschnitt zwischen Finisterre und Malpica ausdenken können. Todesküste klingt nach Orkan und berstenden Rümpfen, nach Nis Randers und Gott sei meiner Seele gnädig! Doch der Name ist keine romantische Neuschöpfung. Todesküste ist eine alte Bezeichnung. Die Leute von Finisterre verwenden sie so selbstverständlich wie man andernorts Riviera oder Côte d'Azur sagt. Es gibt in Finisterre eine Gärtnerei »Todesküste«, eine Fahrschule gleichen Namens, und in der Zeitung stehen die Regionalnachrichten von der Küste unter der Rubrik »Costa da Morte«.

»Der Tod ist für uns nichts Besonderes«, sagt Manuel, »jede Familie hier hat auf dem Friedhof einen Verwandten, der dem Meer zum Opfer fiel. Oder zumindest eine Gedenktafel, wenn ihn die See nicht mehr hergab.« Der alte Herr tätschelt den riesigen, schwarz lackierten Anker, der nicht weit vom Auswandererdenkmal das Angedenken der Schiffbrüchigen an der Todesküste wach hält. Er stammt vom panamesischen Frachter »Cason«, dessen Ladung, metallisches Natrium, im Winter 1987 vor der Küste von Finisterre explodierte und ein Loch in den Rumpf riss. In Panik sprang die Besatzung ins Wasser. Alle ertranken im stürmischen, eiskalten Meer. Chinesen oder Inder seien das gewesen, sagt Manuel, keine Galicier. Galicier hätten sich nie in dieses Meer gestürzt. Erstens könnten sie sowieso meist nicht schwimmen. Zweitens hätten sie gemerkt, dass der Kiel schon fast auf Grund lag, und daher an Bord auf die Retter gewartet. »Diese Jungs waren keine Seeleute. Die hätten Kartoffeln schälen, sich jedoch nicht auf ein Schiff begeben sollen.« Aber er bete natürlich für ihre unsterblichen Seelen.

18 Leichen habe man rausgefischt und an der Mole aufgebahrt. Dann aber habe die gesamte Bevölkerung Finisterre fluchtartig verlassen, da niemand wusste, welche giftigen Substanzen möglicherweise an Bord des Unglücksschiffs sein könnten. Als man nach drei Tagen zurückkam, war die Explosionsgefahr vorüber. Die Brandung hatte die »Cason« schon kurz und klein geschlagen. Heute ruhen ihre durchgerosteten Reste knapp unter der Wasseroberfläche auf dem Felsengrund.

Jeden Sonntag treffen sich die Fischer im guten Anzug vor der Pfarrkirche Santa Maria das Areas. Zuerst besuchen sie den Friedhof, dann die Heilige Messe

Jeden Sonntag um zwölf füllt sich die Pfarrkirche von Finisterre mit sonnenverbrannten Männern. Erstaunlich vielen Männern. Sie stellen ihre Regenschirme an einem der gotischen Pfeiler ab und knien dann vor dem wundertätigen Bildnis des gekreuzigten Heilands nieder, dessen Fingernägel und Haare angeblich unaufhörlich wachsen. Oder sie flehen die Statue der Heiligen Jungfrau in einem Seitenschiff um Schutz und Hilfe an. Diese Jungfrau Maria schreitet leichtfüßig über ein aufgewühltes Meer und hält mit starkem Arm einen Fischer über Wasser, dessen Kahn zerschellt ist. »Heilige Maria, bitte für uns bei deinem Sohn um Gnade.«

»In Wahrheit meinen wir nicht Gott, in Wahrheit meinen wir das Meer«, sagt José. »Das soll die Mutter Gottes gnädig stimmen.« Nicht , dass die Fischer von Finisterre keine guten Christenmenschen wären. Er bekreuzigt sich. Aber das Meer, irgendwie sei es nicht nur von dieser Welt: »Weißt du, dass kein Fischer weitererzählt, wenn er besonders gute Beute gemacht hat? Nicht, weil er den anderen nicht auch was gönnen würde. Doch damit könnte er das Meer erzürnen, das ihm seine Gnade schenkte.«

FOTOS: MICHAEL POLIZA ; JÖRG WISCHMANN (6)

RÜCKBLICK NACH VORN

Sie waren alle auf demselben Schiff unterwegs – doch jedes der zwei Dutzend Crew-Mitglieder hat seine eigene Reise erlebt. Stellvertretend für alle ziehen sechs von ihnen eine persönliche Bilanz

MICHAEL POLIZA

Gegen Ende der Reise höre ich zwei Fragen immer wieder: Wo war es am schönsten? Und: Was machst du danach? Auf beide Fragen habe ich keine Antwort. Erst mal ankommen, denke ich. Dann muss ich wohl wieder Geld verdienen. Denn das Geld ist alle, und ich möchte die »Starship« gern behalten. Sie ist mir sehr ans Herz gewachsen – immerhin hat sie mich 150 000 Kilometer treu und zuverlässig im Fahrradtempo um die Welt getragen. Aber das wird sich alles ergeben. Davon bin ich überzeugt. Die Taschen sind leer, die Zukunftspläne offen, aber mein Erlebnisspeicher ist voll. Die Reise hat mir viele alte Wunschträume erfüllt. Ich kam an Orte, die mir Freunde gepriesen hatten, oder die ich schon als Kind in Büchern gefunden und die mich seitdem mit Sehnsucht erfüllt hatten. Tatsächlich dorthin zu gelangen ist ein Privileg, das unbezahlbar ist. Aber einen Ort zum schönsten zu erklären? Das wäre so idiotisch wie der alljährliche Unsinn der Wahl zur »Miss Universum«, bei der doch in Wahrheit alle Kandidatinnen auf ihre Weise schön sind.
Grundsätzlich kann ich sagen, dass mir die Orte, an denen ich der Natur am nächsten war, am intensivsten in Erinnerung geblieben sind. Socorro, Cococ, Marquesas, Niue, White Island, Papua Neuguinea, Borneo, Komodo, Aldabra, Namibia, der Gambia-River, um nur einige aufzuzählen. Wo immer wir in diesen abgelegenen und ursprünglichen Teilen der Welt auf Menschen stießen, half uns eine universale Sprache: das Lächeln. Mit ihm kamen wir stets am weitesten. Ob Asien, Afrika oder Polynesien – ein aufrichtiges Lächeln überwindet Sprachgrenzen und Misstrauen, schafft eine Grundlage für Verständigung und Vertrauen.
Es ist mir ein tiefes Bedürfnis, all diesen Menschen zu danken. Sie haben uns Gastfreundschaft und Hilfe gewährt und unser Bild vom Menschen bereichert. Danken möchte ich auch allen Menschen, die in diesen tausend Tagen an Bord waren, das Schiff und das Projekt vorwärts brachten und mich ausgehalten haben. Ein herzliches Dankeschön auch den virtuellen Begleitern unserer Reise, die mit Zuspruch und Kritik, Lob und Tadel ihren Teil zum Gelingen des Projektes beitrugen.

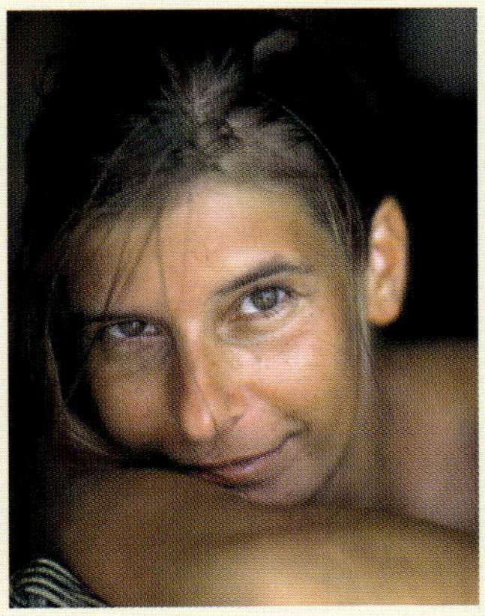

DÖRTE REHREN

Tausend Tage um die Welt – mehr als achthundert war ich dabei. Mindestens ebenso viele Bilder bleiben für den Rest meines Lebens in meinem Gedächnis: die Kraft und die sanfte Eleganz eines Walhais, die Majestät der riesigen Manta-Rochen und ihr Bedürfnis nach Streicheleinheiten, die archaische Gewalt der Drachen von Komodo . . . Noch beeindruckender waren die Begegnungen mit Menschen. Manchmal war ein Gespräch nicht möglich, aber ein Lächeln, eine Geste, ein Blick, eine Berührung führten immer zu Verständigung. Doch wo Licht ist, ist auch Schatten. Es gab Zeiten schwieriger Auseinandersetzungen an Bord, schmerzlicher Lernprozesse, purer Angst vor den Naturgewalten, und manchmal fragte ich mich: Was zum Henker mache ich hier? Doch wenn ich am nächsten Morgen barfuß auf das Achterdeck trat, in das flirrende Licht der aus dem Meer aufsteigenden Sonne blinzelte und mich wohlig in der Wärme streckte, war meine Welt wieder im Lot. Nicht nur mein Horizont hat sich erweitert. Meine persönlichen Grenzen haben sich verändert. Ich bin gelassener geworden, fähiger, den Augenblick zu genießen. Manchmal schließe ich die Augen, und dann spüre ich wieder den Sand der Südsee unter meinen Füßen und höre die Brandung rollen.

RICH DAVIES

Jetzt ist es schon mehr als zwei Jahre her, dass ich die »Starship« verlassen habe, aber immer wieder frage ich mich: Hätte ich an Bord bleiben und die epische Reise mit Michael und seinen Freunden fortsetzen sollen? Alles begann mit einer unschuldigen E-Mail. Daraus wurde eine großartige Reise entlang der pazifischen Küste Nord- und Mittelamerikas, und es endete mit Küssen und Tränen auf Tortola in den British Virgin Islands. Jetzt sitze ich im Regenwald von Nordwest-Australien und sinne über meine Zeit auf der »Starship« nach. Kein Zweifel, ich hatte dort einige der glücklichsten und eindrucksvollsten Erfahrungen meines 34-jährigen Lebens. Manche waren zum Fürchten – beispielsweise antriebslos und 300 Meilen von Land entfernt in schwerer See zu schaukeln –, andere waren faszinierend, wie der Blick aus der Schleusenkammer des Panamakanals auf den Atlantik hinab. Manches hat mich auch bescheiden gemacht. Jedes Mal wenn ich das Journal geschrieben habe für alle, die unsere Reise im Internet verfolgten, wurde mir bewusst, wie glücklich ich war, tatsächlich dabei sein zu können. Natürlich brachte das Leben an Bord auch Nachteile mit sich. Aber sie wurden mehr als aufgewogen durch die vielen Augenblicke reiner Seligkeit.

LOU OLIVER

Wer hofft nicht, in seinem Leben wenigstens an einem unvergesslichen Augenblick teilzuhaben? Auf der »Starship« habe ich das Glück gehabt, einige der wundervollsten Orte auf unserem Planeten zu sehen, und dabei immer wieder unvergessliche Momente erlebt. Man kann kaum erklären, was für ein Gefühl es ist, auf einer abgelegenen Insel im Pazifik Kindern beim Spielen im warmen Tropenregen zuzusehen oder abzutauchen in die geheimnisvolle Welt der Atolle. Mantas bei ihrem schwerelosen Unterwasser-Flug zu beobachten oder Komodo-Warane bei der Jagd. Die »Starship« war mein Zuhause und die Mannschaft meine Familie. Die Erfahrungen, die wir gemeinsam machten, haben uns reicher gemacht, jeden für sich und uns alle zusammen. Und hoffentlich auch die Leser unserer Internet-Logbücher, für die sich unsere Eindrücke vielleicht zu einem Mosaik der Vielfalt und Komplexität unserer Welt zusammensetzten. Für mich wurde ein Traum wahr. Und die Reise kommt mir im Rückblick vor wie die Entwicklung eines Samenkorns zu einer prächtigen Blume. Farbe und Duft dieser Blume werden mich mein Leben lang begleiten.
Happy sailing and calm seas!

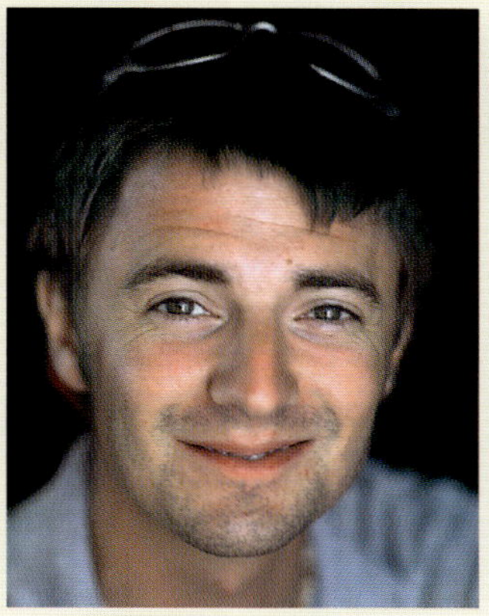

LARS TIGERMARK

Als ich mein Studium unterbrach, um als Koch auf die »Starship« zu gehen, glaubte ich, das sei eine coole Gelegenheit, ein halbes Jahr Auszeit zu nehmen. Ich ging in den Philippinen an Bord, und zwei Fragen machten mich nervös: Erstens hatte ich keine Ahnung, wie es da draußen werden würde, auf den weiten Ozeanen, und zweitens wusste ich nicht, ob ich bei rauher See überhaupt kochen könnte. Wenn ich zurückschaue auf all die Ereignisse und Abenteuer während unserer Reise, stelle ich fest, dass die Zeit auf dem Schiff weit mehr war als eine coole Gelegenheit zum Globetrotten. Ich habe Erfahrungen gemacht, die mein Leben verändern. Am stärksten hat mich beeindruckt, wie leicht es ist, Bekanntschaft – häufig sogar Freundschaft – mit Menschen auf der ganzen Welt zu schließen. Selbst dann, wenn man ihre Sprache nicht spricht und manchmal sogar Ausdrücke ihrer Körpersprache nicht versteht. Ich machte die Erfahrung, dass es einfacher sein kann, sich mit einem Fischer auf einem entlegenen Eiland Indonesiens zu verstehen als einem Taxifahrer in einer spanischen Großstadt begreiflich zu machen, wohin man will. Menschen in den sogenannten Entwicklungsländern versuchen alles, um dich zu verstehen, während wir Bewohner der entwickelten Welt zu bequem sind, auf andere zuzugehen. Der Unterschied zwischen den Kulturen war wirklich auffällig. Und dann waren da noch die Orang-Utans . . .

JAMES FRANKHAM

Wenn ich über meine lange Zeit auf dem Schiff nachdenke, weiß ich nicht, was mich stärker beeindruckt hat: die hautnahen Kontakte zu wilden Tieren, die unberührten Landschaften und die liebenswerten Menschen, denen wir begegneten; oder die Erfahrungen an Bord, das enge Zusammenleben mit den anderen, die aus unterschiedlichen Ländern und Kulturen kommen. Auf jeden Fall hat mich beides reicher gemacht. So wurden aus sechs ursprünglich geplanten Monaten an Bord erst zwölf, und zu meiner eigenen Überraschung verlasse ich das Schiff erst nach anderthalb Jahren im Hafen von Hamburg.
Es war auch eine harte Zeit, weit weg von Familie und Freunden, es gab viel Arbeit, und oft war die See alles andere als komfortabel. Aber ich gehe von Bord, übervoll von unvergesslichen Erinnerungen. Was mich mit besonderem Stolz erfüllt, ist, dass ich viele davon auf Film festhalten konnte. Wieder an Land, kann ich jetzt alle diese Schönheiten, die ich gesehen habe, wiedersehen und mich mit anderen an ihnen freuen. Und wie ich werden sie dabei feststellen, dass es jeden Einsatz lohnt, die großartige Vielfalt unseres Planeten über und unter Wasser zu erhalten. Ich verlasse die »Starship« voll Dankbarkeit und Trauer, kehre zurück an meine heimatliche Küste und werde die letzten 18 Monate meines Lebens niemals vergessen.

NACH DEM LETZEN LANDFALL

Lange Tage und Nächte auf hoher See verbringen, Stürmen trotzen, Monotonie ertragen, erste Fußabdrücke auf fernen Stränden hinterlassen, fremde Kulturen entdecken, fabelhaften Tieren begegnen – was bleibt haften, was bereichert, was verändert, was prägt?

Ein Schiff scheint zu schweben: Klar wie die Luft ist das Wasser des Great Barrier Reef. Noch durch sieben Meter Tiefe ist der Grund deutlich zu sehen. Vor Anker gehen will die »Starship« hier nicht, um keine Korallen zu beschädigen

FOTO: MICHAEL POLIZA

Weltweite Begleiter der »Starship« waren Möwen. Es gibt mehr als 40 Arten, über alle Weltmeere verteilt. Besonders schöne Exemplare sind diese Azteken-Möwen, Flugkünstler an den Küsten der Karibik

FOTO: MICHAEL POLIZA

FOTO: MICHAEL POLIZA

Vögel haben sich zum Schlafen in den Bäumen niedergelassen, idyllische Abendstimmung liegt über James' Island, einer kleinen Insel in der Mündung des Gambia River. Früher diente die Insel als Zwischenlager für Sklaven, die in die Neue Welt verschifft wurden

Der Zukunft zugewandt: Nicht überall in Afrika herrscht Hoffnungslosigkeit. Die Frauen der Fischer-Kooperative von Dakar lernen moderne Methoden, mit dem Fang ihrer Männer die Zukunft ihrer Kinder zu sichern – und haben dabei nicht verlernt, sich ihres Lebens zu freuen

FOTO: MICHAEL POLIZA

FOTO: JAMES FRANKHAM/MICHAEL POLIZA

Heimleuchtung: Auf einem Kap bei Brest steht der Leuchtturm von Saint Mathieu, Frankreichs westlichstem Vorposten. 1935 wurde er neben einer Klosterruine gebaut. Bis heute weisen sein Leitfeuer und der jüngere Radar-Turm den Schiffen ihren Weg in den Ärmelkanal

Elisabeth Mann Borgese

GEDANKEN AM ENDE DER REISE

Von ihrem Vater erbte sie die Liebe zum Meer. Vor 35 Jahren beschloss die jüngste Tochter von Thomas Mann den Schutz der Meere zu ihrer Lebensaufgabe zu machen. Sie ist Gründungsmitglied des »Club of Rome« und Begründerin des »International Ocean Institute«. In Vorträgen und Veröffentlichungen plädiert die in Halifax lebende Professorin für Seerecht für ein neues Verhältnis zum Meer. Ihr jüngstes Buch heißt »Mit den Meeren leben – Über den Umgang mit den Ozeanen als globaler Ressource«

Ich kann mich genau erinnern: Es war gegen Abend, kühl, und ich zitterte ein wenig, teils wegen der Kälte, teils aus Erregung.Wir standen am Strand. Ich, etwa fünf Jahre, an der Hand meines Vaters, und mein kleiner Bruder Michael, vierjährig. Wir schauten aufs Meer hinaus – das erste Mal in unserem Leben. Mein Vater war sehr stolz, uns das Meer zu zeigen. Er war immer sehr stolz auf sein Meer: die Ostsee bei Travemünde. Was mich am tiefsten beeindruckte, war der Horizont, der sich fest und ungebrochen, wie von einem überdimensionalen Zirkel gezeichnet, von einem Ende des Blickfeldes zum anderen hinzog. »Das ist der Horizont«, erklärte mein Vater.

»Und was ist hinter dem Horizont?«, fragte ich. »Der Horizont und dahinter wieder der Horizont. Je weiter du hinausruderst, umso weiter zieht sich der Horizont zurück, sodass du immer nur einen Horizont siehst, bis ganz, ganz zuletzt Land in Sicht kommt, und dann ist der Horizont verschwunden. Du kannst ihn dann aber wieder sehen, wenn du dich herumdrehst.«

Wir fuhren jeden Sommer ans Meer: ans Mittelmeer nach Ischia und an die ligurische Küste. An die Ostsee und an die Nordsee, nach Sylt. Lauter unterschiedliche Meere, jedes mit eigenen Farben, eigenen Wellen und eigenem Geruch. Aber alle diese Meere hatten einen Horizont! Und an jedem Strand gab es Sand und Muscheln, mit denen man Burgen bauen und verzieren konnte, in deren Schutz man Ruhe fand. Währenddessen saß mein Vater seemännisch gekleidet – weiße Hose, blaue Jacke und Kapitänsmütze – im Strandkorb und schrieb.

In den Sommertagen meiner Kindheit begann meine Liebe zum Meer. Und sie hat ein Leben lang gehalten. An vielen Küsten habe ich es erlebt und aus vielen Perspektiven, ich war auf Forschungsschiffen, einer Ölbohrinsel, sogar in einem U-Boot – das Meer ist immer faszinierend. Heute lebe ich am Meer, blicke aus meinem Arbeitszimmer auf den Atlantik und werde dieses Blicks nie müde.

Neben dieser emotionalen gibt es eine intellektuelle Beziehung zu den Meeren. Schon in der Nachkriegszeit hatte ich mit anderen Wissenschaftlern der Universität von Chicago den Gedanken verfolgt, dass die vier Elemente des Lebens – Wasser, Erde, Luft und Feuer (Energie in jeder Form) – als Gemeinschaftsgüter der gesamten Menschheit betrachtet werden müssen. 1967 hielt dann Arvid Pardo, der UN-Botschafter Maltas, die berühmte Rede, in der er forderte, dass die Weltmeere und ihre Bodenschätze im gemeinschaftlichen Interesse der Menschheit und ihrer künftigen Generationen genutzt und verwaltet werden sollen. Da entschied ich mich, den Schutz der Meere und damit das Seerecht zu meiner Lebensaufgabe zu machen.

Seitdem habe ich gelernt, wie dramatisch die Abhängigkeit der Menschheit von den Ozeanen zunimmt, gleichgültig ob es um Nahrung, Metalle und Mineralien oder Energie geht. Deswegen kommt es mehr denn je darauf an, die Nutzung der Meere so zu gestalten, dass sie keinen Schaden anrichtet.

Doch unser Verhalten gegenüber den Meeren ist bis heute von Ignoranz geprägt. Wir kippen Abfall hinein, leiten Gifte ein, vernichten seine Ökosysteme und räubern seine Fischgründe. Denken Sie nur an die russische Raumstation Mir: Anscheinend findet niemand etwas dabei, wenn 137 Tonnen Schrott und Sondermüll einfach ins Meer entsorgt werden.

I have a dream . . . Für mich sind die Meere ein »großes Laboratorium«, in dem wir eine neue Weltordnung schaffen können. Denn das Meer zwingt uns, anders zu denken und zu handeln. Wie das Jagen und Sammeln als Lebensgrundlage vor 10 000 Jahren von Ackerbau und Viehzucht abgelöst wurde, wird die traditionelle Fischerei durch die Zucht von Wasserpflanzen und Domestikation von Meerestieren ersetzt werden. Der Kollaps der Fischerei hier in Kanada beispielsweise war ein wirtschaftliches und soziales Desaster und zeigt, was passiert, wenn einfach so weitergemacht wird wie bisher. Es gibt inzwischen Schutzkonventionen und Verbote wie das der Treibnetze. Aber es gibt immer noch die Langleinen-Fischerei, die ganze Fischarten auszurotten droht, und die Jahr für Jahr Tausende von Albatrossen vernichtet.

Gefährliche Entwicklungen gibt es vor allem an den Küsten. Sie sind die fruchtbarsten, aber auch die gefährdetsten Teile der Meere, denn sie müssen immer größere Schadstoff-Frachten aus der industrialisierten Landwirtschaft und den explodierenden Mega-Citys aufnehmen. 65 Prozent der Menschheit leben heute schon am Meer. Bald werden es 80 bis 85 Prozent sein.

Für sie wird das Meer ein wichtiger Nahrungslieferant sein, aber nicht, wenn es gleichzeitig vergiftet und geplündert wird. Sanfte Formen des Fish-Farmings, Zuchtfische, die nicht Räuber wie der Lachs, sondern Pflanzenfresser wie der Katzenfisch sind, müssen die Meereswirtschaft der Zukunft prägen. Und eine neue Wahrnehmungsperspektive, die wir von der Kultur der polynesischen Inseln lernen können. Dort sehen die Menschen den Ozean nicht als unbedeutende Verlängerung des Landes, sondern sie betrachten umgekehrt ihre Inseln als marginale Bestandteile des Pazifiks und den als ihren großen Lebensraum.

FOTOS: HARALD SCHMITT

Es gibt auch in den Industriestaaten positive Entwicklungen. Die positivste ist die der Menschen. Immer mehr sind sich der Bedeutung und des Wertes der Meere bewusst und sind bereit, deren Schutz zu unterstützen. Das »International Ocean Institute« (IOI), dessen Vorsitzende ich lange war, hat in Malta, Italien, Griechenland und Ägypten viersprachige Fragebögen an Urlauber verteilen lassen, ihnen die Probleme des Mittelmeers erläutert und sie gefragt, ob sie bereit wären, einen Dollar für Schutzmaßnahmen zu spenden. Alle Befragten waren es, fast ohne Ausnahme! 200 Millionen Touristen kommen alljährlich ans Mittelmeer – 200 Millionen Dollar pro Jahr könnten dringend notwendige Säuberungsprogramme finanzieren.

WIR MÜSSEN AUF DIE MENSCHEN SETZEN. Auf die Regierungen darf man sich nicht verlassen. Es fehlt ja nicht an Schutzkonventionen für die Meere, aber es fehlt an Umsetzungen. Die Regierungen sind Gefangene ihrer eigenen Wirtschaftsordnung, und obendrein ist in Ländern wie Japan, Taiwan, Norwegen, Polen, Russland, Spanien und Portugal die Fischindustrie immer noch mächtig. Deswegen ist es gut, dass es Organisationen wie Greenpeace gibt, den WWF und unser IOI, das international handelt, sich als Anwalt der gesamten Menschheit versteht, bei Seerechtskonferenzen und sogar vor den Vereinten Nationen auftreten darf. Selbstverständlich kann man im lokalen und regionalen Bereich der Küsten vieles tun für die Sauberhaltung und den Schutz der Ozeane; aber für die Weltmeere kann wirksamer Schutz nur durch internationale Aktionen und Abkommen erzielt werden. Was wir brauchen, ist eine neue Ordnungspolitik für die Ozeane, ich nenne sie »Meerespolitik«.

»Das Meer ist keine Landschaft, es ist das Erlebnis der Ewigkeit, des Nichts und des Todes, ein metaphysischer Traum; und mit den luftverdünnten Regionen des ewigen Schnees steht es sehr ähnlich. Meer und Hochgebirge sind nicht ländlich, sie sind elementar im Sinne letzter und wüster außermenschlicher Großartigkeit«.
THOMAS MANN

Dafür müssen wir die Menschen gewinnen. Ihnen die Bedrohtheit der Meere bewusst machen, ihnen aber auch das Bild ihrer Schönheit vermitteln und Einsichten in die komplexen Zusammenhänge des Lebens im Meer und unseres Lebens mit dem Meer. Nur aus Liebe und Verständnis erwächst Einsatz.

Wir, die Vermittler, lernen aber selbst ständig dazu. Die allerwichtigste Erkenntnis war, wie wenig wir wissen. Der größte Teil unseres Planeten, seine Ozeane, ist so gut wie unbekannt. Und auch bei äußerster Beschleunigung des Forschungstempos werden wir nie alles wissen. Wir werden mit Ungewissheiten leben und Ungewissheit als Management-Prinzip lernen müssen.

Gerade die großen Wissenschaftler sind viel bescheidener geworden, demütig geradezu. Früher haben wir an Modelle geglaubt, in denen man alles darstellen kann, und als Konsequenz daraus an Gesetze, in denen man alles festlegen kann. Heute wissen wir, dass beides nicht geht.

Das haben wir von den Meeren gelernt.

An der elementaren Großartigkeit der Meere wollen und können wir nichts ändern. Eingreifen wollen wir nur bei menschlichen Eingriffen und Übergriffen. Die majestätische Größe des Meeres empfinde ich heute noch so wie bei meinem ersten Blick auf die Ostsee vor beinahe achtzig Jahren.

EIN GROSSER DANK

gilt den deutschen und internationalen Firmen und Organisationen, ohne deren Hilfe dieses Projekt nicht hätte zustande kommen können. Wobei wir uns insbesondere bei den dahinter stehenden Verantwortlichen für das Vertrauen bedanken möchten, denn letztlich sind es ja die Menschen, die Entscheidungen fällen und auf die man sich verlassen kann. Es sind leider zu viele, um sie an dieser Stelle alle zu erwähnen.

Technologiepartner und Hauptsponsoren:
MICROSOFT
OLYMPUS
SONY
DEUTSCHE TELEKOM

Wissenschaftliche Partner:
WWF Deutschland
Brockhaus
DLR

Ausrüster:
MAN AG (http://www.man.de), Nürnberg
SIMRAD, Emden & Seattle USA
TRANSAS, Hamburg
ZF Marine (http://www.zf-marine.com), Friedrichshafen
BAUER Kompressoren, München
FASTNET Radio AG, Hamburg
ZODIAC-HURRICANE, Deutschland und Kanada
HONDA Marine Motoren, Offenbach
CYNAPSIS, Münster
Nautical Structures, Florida USA
Headhunter Inc., Fort Lauderdale Florida
Mahler and Associates Inc., Seattle USA
Kahlenberg Bros (http://www.kahlenberg.com), Co. Two Rivers Wisconsin USA
Village Marine Tec, Gardena California USA
Silvia Bolton Design (http://www.SBDDesign.com), Seattle USA
STIDD Systems Inc., Greenport, NY USA
MUIR Winches, Tasmania, Australia
NAIAD Marine, Connecticut USA
Lunde Electronics, Seattle, WA USA
SINCLAIR marine electric, Inc., Mill Creek, WA USA
American Pioneer, Seattle, WA USA
SEATEL Inc (http://www.seatel.com), Concorde, California
PELICAN PRODUCTS, Torrance, California
CANTO Software (http://www.canto-software.com), San Francisco, California
FORTIS SWISS WATCHES, Official Cosmonauts Chronograph, Sarstedt/Germany
ULYSSE NARDIN WATCHES, Marine Chronometer, Le Locle, Switzerland
Schiller AG (http://www.schiller-ag.ch), Baar, Switzerland
Physio Control GmbH (http://www.physio-control.com), Fernwald, Germany
Aqua-Air Inc (http://www.aquaair.com), Hialeah, Florida
Tektronix Inc., Oregon USA
AWT Applied Weather Technology (http://www.appliedeweather.com), Sunnyvale, California

WENN SIE LUST AUF EINE BESONDERE REISE HABEN...

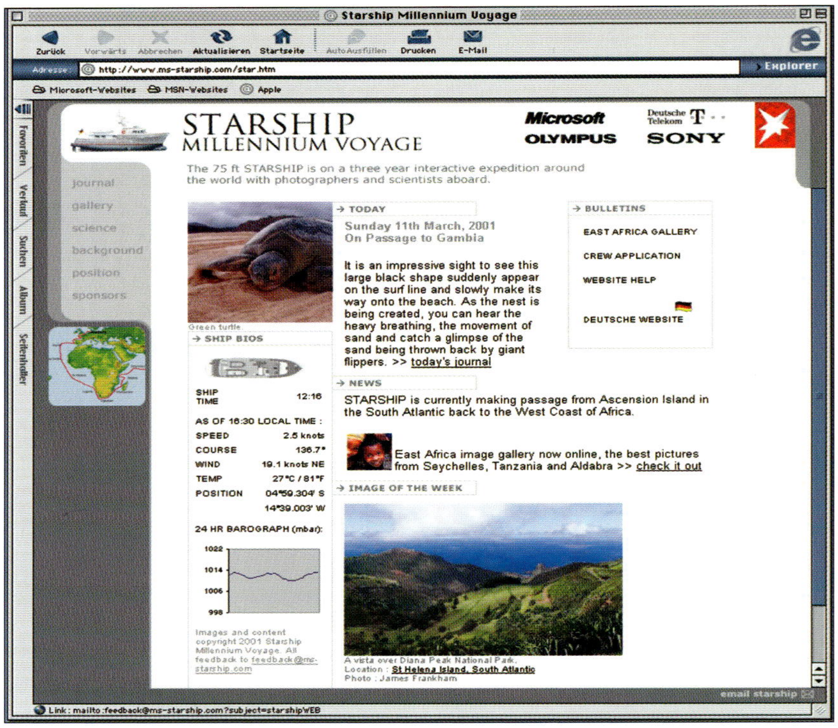

Die Fahrt der »Starship« war eine interaktive Reise. Täglich konnten im Internet Interessierte die Erlebnisse der Mannschaft verfolgen und kommentieren. Dieses Multimedia-Logbuch, das in deutscher und englischer Version vorliegt, steht nach wie vor im Internet, sodass auch jetzt noch einzelne Stationen, Details und Specials nachgelesen werden können. Wer also Lust hat, sich noch einmal an Bord zu begeben, der findet das Schiff unter http://www.ms-starship.com

KLAUS
KLAUS